21世纪高等学校
经济管理类规划教材
高校系列

EXCEL IN ACCOUNTING

Excel 在会计中的应用

姬昂 编著
崔婕 崔杰 副主编

ECONOMICS AND MANAGEMENT

人民邮电出版社
北京

图书在版编目（CIP）数据

Excel在会计中的应用 / 姬昂主编. -- 北京 : 人民邮电出版社, 2013.4(2019.8重印)
21世纪高等学校经济管理类规划教材. 高校系列
ISBN 978-7-115-30269-4

Ⅰ. ①E… Ⅱ. ①姬… Ⅲ. ①表处理软件－应用－会计－高等学校－教材 Ⅳ. ①F232

中国版本图书馆CIP数据核字(2013)第024518号

内容提要

本书以图文并茂的方式，结合大量实例和详尽的操作步骤说明，全面地向读者介绍了Excel 2003在会计核算与资产管理中的具体运用。本书共分三大部分：第一部分由浅入深地介绍了Excel 2003的基础知识；第二部分介绍了如何利用Excel 2003对会计日常账务核算流程进行处理；第三部分介绍了如何利用Excel 2003进行企业常见的资产管理以及财务分析等。

本书实例丰富、针对性强，既可作为高等院校信息系统、信息管理专业、会计电算化及相关专业的教材，又可作为Excel会计应用的培训教材，也是广大Excel使用者不可多得的一本参考书。

◆ 主　　编　姬　昂
副 主 编　崔　婕　崔　杰
责任编辑　武恩玉
执行编辑　王　伟

◆ 人民邮电出版社出版发行　　北京市丰台区成寿寺路11号
邮编　100164　　电子邮件　315@ptpress.com.cn
网址　http://www.ptpress.com.cn
固安县铭成印刷有限公司印刷

◆ 开本：787×1092　1/16
印张：18　　　　2013年4月第1版
字数：441千字　　　　2019年8月河北第10次印刷

ISBN 978-7-115-30269-4

定价：36.00元

读者服务热线：(010)81055256　印装质量热线：(010)81055316
反盗版热线：(010)81055315

前言

Excel是Office系列软件中用于创建和维护电子表格的应用软件，它不仅具有强大的制表和绘图功能，而且还内置了数学、财务、统计和工程等多种函数，同时也提供了数据管理与分析等多种方法和工具。通过Excel可以进行各种数据处理、统计分析和辅助决策操作，因此被广泛地运用于财务、会计和管理工作等方面。

本书以图文并茂的方式，结合大量实例和详尽的操作步骤说明，全面地向读者介绍了Excel 2003在会计核算与资产管理中的具体运用。本书共分三部分：第一部分由浅入深地介绍了Excel 2003的基础知识；第二部分介绍如何利用Excel 2003对会计日常账务核算流程进行处理；第三部分介绍如何利用Excel 2003进行企业常见的资产管理，以及财务分析等。各章的具体内容如下：

第1～2章主要让读者了解Excel 2003的工作界面，掌握单元格和工作表编辑的各种操作方法，掌握公式、函数等功能在Excel中的应用；第3章在读者掌握基本知识的基础上，介绍Excel数据管理与分析、Excel的图表、Excel图形与艺术字等高级功能的使用，使读者对Excel的掌握再上一个新台阶；第4～6章结合会计工作的账务处理程序，分别讲解如何利用Excel编制会计凭证、登记账簿和编制会计报表等；第7章是Excel进行会计核算的综合案例，运用第4～6章所学的知识，通过一套完整的案例，使读者对使用Excel进行会计核算有更深入、更全面的认识；第8章介绍利用Excel对应收账款进行管理，主要包括对现有应收账款统计、对逾期应收账款进行分析以计提坏账准备等；第9章介绍Excel在工资账务处理流程中的应用，主要包括工资数据的查询、汇总分析等；第10章介绍Excel在固定资产管理的运用，主要包括如何计算固定资产的累计折旧、账面价值等；第11章介绍Excel针对编制完成的财务会计报表进行财务分析的应用，主要包括利用Excel对企业财务报表进行比率分析、趋势分析、比较分析和综合财务分析等。

本书实例丰富、针对性强，既可作为高等院校信息系统、信息管理专业、会计电算化及相关专业的教材，又可作为Excel会计应用的培训教材，也是广大Excel使用者不可多得的一本参考书。

本书为河南省高等学校青年骨干教师资助计划（课题号码：2014 GGJS-154）阶段性成果，是多人智慧的结晶。编者都是从事多年教学工作并有丰富实践经验的老师。本书由姬昂担任主编，负责大纲拟订、全书总纂，崔婕、崔杰担任副主编。具体编写分工如下：崔杰编写第1、2、3、9章；崔婕编写第4、5、6章；姬昂编写第7、8、10、11章。除以上编者外，本书编纂工作还得到了高光辉、董帅、付强等人的支持与帮助，在此特向他们表示感谢。在本书的编写过程中，参考了一些相关著作和文献，在此向这些著作文献的编者深表感谢。由于编者水平有限，本书不足之处在所难免，欢迎广大读者批评指正。

编　者

2012年12月

目录

第1章 Excel 概述

Excel 是微软公司开发的用于进行图表数据处理的工具，是目前市场上最强大的电子表格制作软件之一，它与 Word、PowerPoint、Access 等软件一起，构成了 Microsoft Office 办公软件的完整体系。它不仅具有强大的数据组织、计算、分析和统计功能，还可以通过图表、图形等多种形式将处理结果形象地显示出来，并且能够方便地与 Office 其他软件互相调用数据，能够通过 Internet 功能实现资源共享。Excel 自发布以来得到了广大用户的普遍认可，至今已发布了多个版本，本书以 Excel 2003 为基础来介绍相关内容。

对于未曾用过 Excel 的用户来说，第一次运行 Excel 时，一定会因不熟悉 Excel 的界面、菜单栏和工具栏而不知所措。本章的主要目的便是帮助初学者建立对 Excel 的感性认识。实际上，Excel 的工作界面与 Office 系列的其他软件的工作界面类似。如果你以前曾经用过 Office 的其他组件，就可以轻松掌握本章内容。

本章的学习目标

- 认识 Excel 的工作界面。
- 熟悉自定义工作环境。

1.1 Excel 的工作界面

随着计算机对人类社会的全方位渗透，面向各行各业的计算机应用应运而生。电子报表软件为人们提供了一种高效的数据通信、组织、管理和分析工具，备受众人瞩目。办公自动化不可缺少的 Excel，正是其中的佼佼者。

与以前的版本相比，Excel 2003 的工作界面颜色更柔和一些，更贴近于 Windows XP 操作系统，如图 1-1 所示。Excel 2003 的工作界面主要由菜单栏、工具栏、工作表区域、滚动条、状态栏和任务窗格等组成。

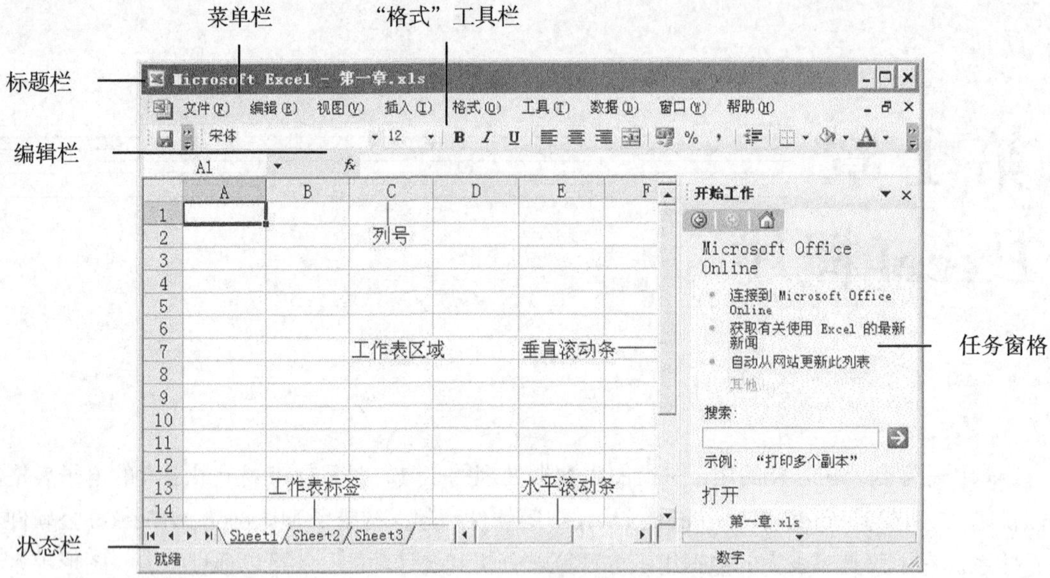

图 1-1　Excel 2003 的工作界面

1.1.1　任务窗格

Excel 的任务窗格为用户新建任务提供了非常简洁的提示界面，图 1-2 为新建工作簿时的任务窗格。

“新建工作簿”任务窗格以超链接的形式向用户提供多种形式的选择，在这里，用户可选择打开工作簿，也可选择新建一个新的工作簿；还可以根据 Excel 提供的设计模板，选择使用模板向导来创建符合需求的工作簿。其中的各种功能均以超链接的形式提供给用户，只要单击超链接文本即可。

如果需要关闭任务窗格，则只需在任务窗格上单击“关闭”按钮即可。

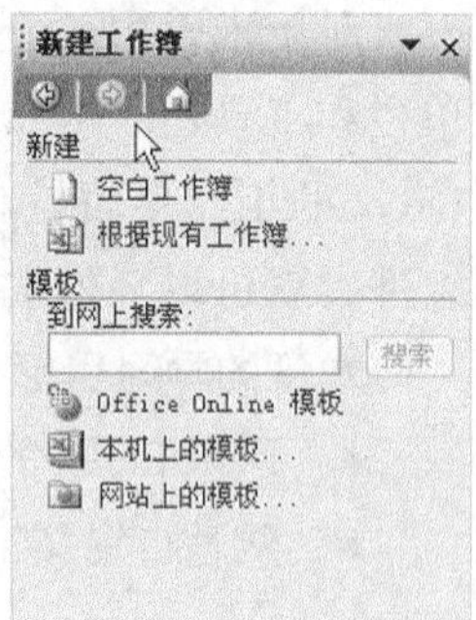

图 1-2　任务窗格

1.1.2　标题栏

标题栏位于 Excel 窗口的最上方，如图 1-3 所示。最左边的是 Excel 的图标，单击这个图标将会弹出一个下拉菜单，其中的命令能实现对窗口的各种基本操作。

图 1-3　程序标题栏

Excel 图标的旁边是 Microsoft Excel 字样和当前文件的名称。

标题栏的最右端是对 Excel 窗口进行操作的 3 个按钮，分别用来最小化、最大化/还原和关闭窗口。

1.1.3　菜单栏

菜单栏位于标题栏下方，如图 1-4 所示。菜单栏是 Excel 的完整命令集合，所有的操作都可以通过菜单栏实现。

图 1-4　菜单栏

菜单栏由“文件”、“编辑”、“视图”、“插入”、“格式”、“工具”、“数据”、“窗口”和“帮助”9 个菜单组成。

菜单中可以包含子菜单。“即时问答”文本框的作用是提供即时、方便的问题解答功能，只需在其中输入问题的关键词即可。如图 1-5 所示，在“即时问答”文本框中输入关键词“工作表”，像帮助中的搜索一样，Excel 将在任务窗格中列出相关问题及其解答。

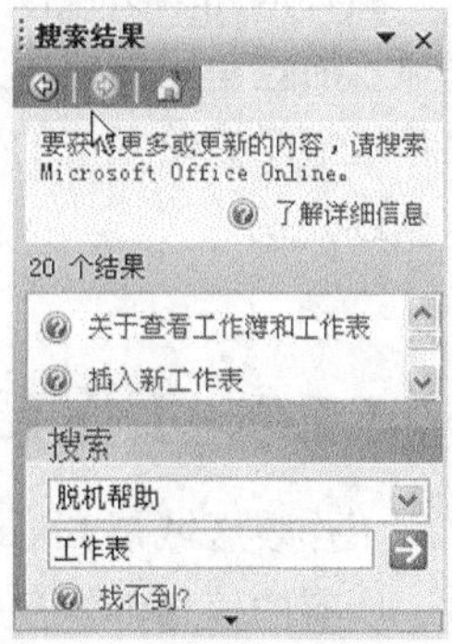

图 1-5　“即时问答”文本框

1.1.4　工具栏

Excel 2003 具有 20 多个包含按钮的工具栏，利用这些工具可以更快速、更方便地工作。默认情况下，“常用”工具栏和“格式”工具栏显示在菜单栏下方。图 1-6 为处于浮动状态的“常用”工具栏和“绘图”工具栏。使用工具栏的方法很简单，只需单击需要使用的工具按钮即可。鼠标指向某个工具按钮并在其上停留片刻，将会出现该按钮的功能说明。

图 1-6　“常用”工具栏和“绘图”工具栏

如果要显示当前隐藏的工具栏，可在任意工具栏上单击鼠标右键，系统将会弹出一个快捷菜单，如图 1-7 所示，从中选择命令来显示相应的工具栏；用户也可以选择“视图”|“工具栏”|“自定义”命令，打开“自定义”对话框，在“工具栏”选项卡的“工具栏”列表框中进行选择，如图 1-8 所示。

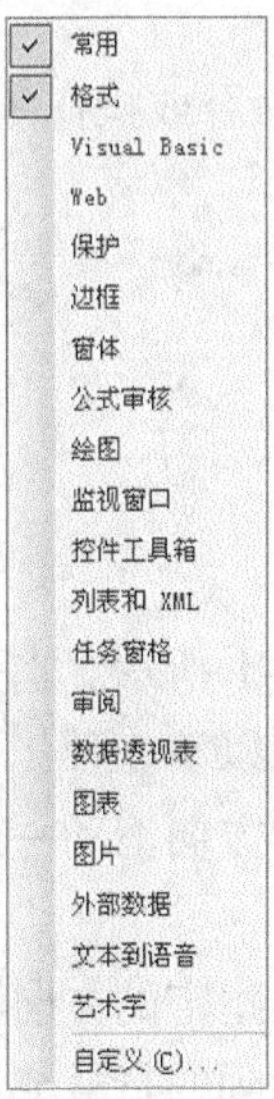

图 1-7　工具栏快捷菜单

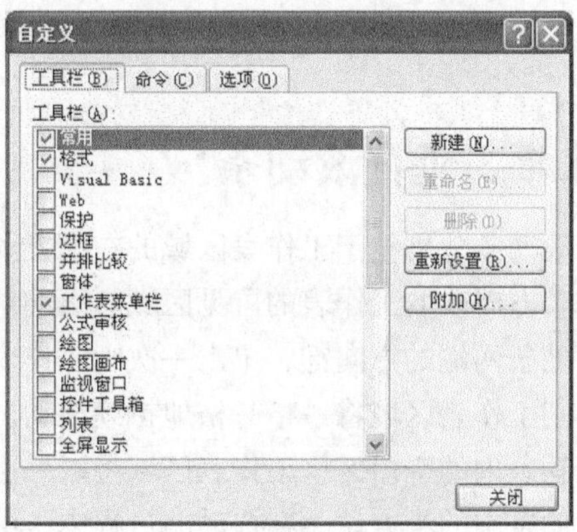

图 1-8　“自定义”对话框

1.1.5 名称框与编辑栏

名称框和编辑栏位于工具栏的下方，如图 1-9 所示。名称框用来显示所选单元格或单元格区域的名称，如果单元格还未命名，则名称框显示该单元格的坐标。编辑栏可以用来显示活动单元格中的数据或公式。

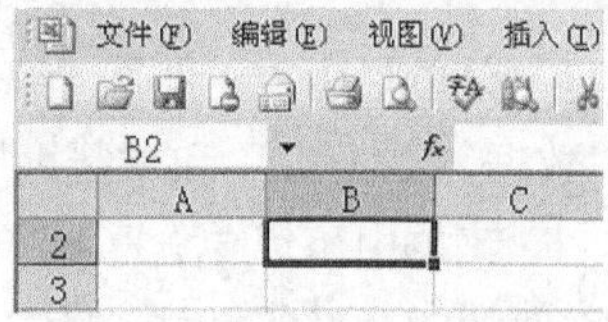

图 1-9 名称框和编辑栏

1.1.6 工作表区域

工作表区域是 Excel 的主要工作区，如图 1-10 所示。它是占据屏幕最大且用于记录数据的区域，所有的信息都将存放在这张表中。

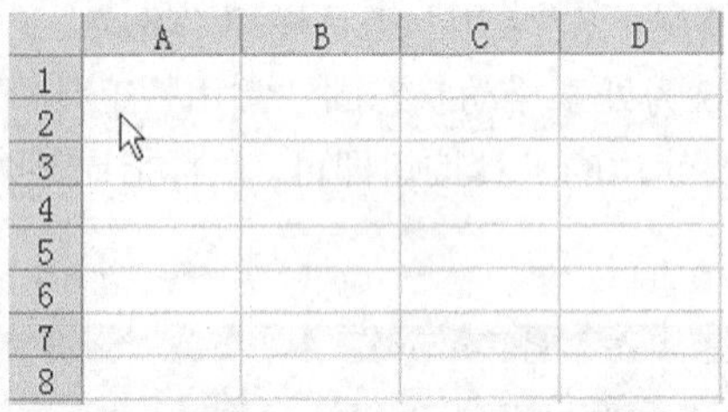

图 1-10 工作表区域

1.1.7 工作表标签

工作表标签位于工作表区域的左下方，如图 1-11 所示。工作表标签用于显示工作表的名称，可以通过单击这些标签来切换工作表，即只需要单击工作表标签，就能够激活相应的工作表。

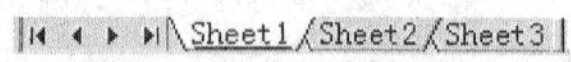

图 1-11 工作表标签

1.1.8 状态栏

状态栏位于工作表区域的下方，如图 1-12 所示，用于显示当前命令或操作的相关信息。

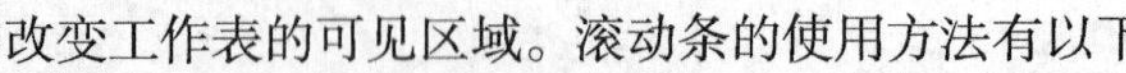

图 1-12 状态栏

1.1.9 水平、垂直滚动条

水平、垂直滚动条分别位于工作表区域的右下方和右边，如图 1-1 所示。水平、垂直滚动条用来在水平、垂直方向改变工作表的可见区域。滚动条的使用方法有以下 3 种：

（1）单击滚动条两端的方向键，单击一次则工作表区域向指定的方向滚动一个单元格位置；如果按住鼠标，则工作表区域将一格一格地持续滚动。

（2）单击滚动条内的空白区，工作表区域将以一次一屏的频率向指定的方向滚动。

（3）拖动滚动条中的小方块，在拖动的过程中，屏幕将显示移动到的行号或者列号，释放鼠标后，工作表区域将显示所移动到的区域。

1.2　自定义工作环境

用户在使用 Excel 2003 进行数据处理时，如果要对工作环境中的某些参数进行设置，如设置工作表中网格线的颜色，设置是否显示滚动条等，都可以通过系统设置来实现。

1.2.1　设置屏幕显示

工作表的多数操作都与定制的屏幕显示相关。例如，在工作表窗口中是否显示网格线，单元格中是否显示公式或值，以及显示或隐藏批注等。更改屏幕显示通常使用“选项”对话框。

选择“工具”|“选项”命令，打开“选项”对话框，切换到“视图”选项卡，如图 1-13 所示。“视图”选项卡包括 4 个选项组，下列分别进行介绍。

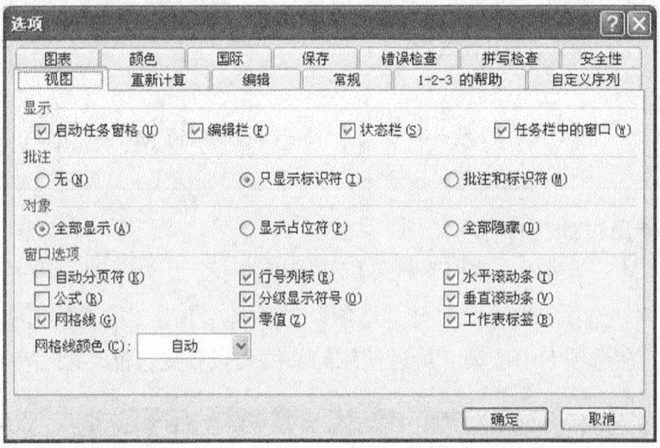

图 1-13　“选项”对话框中的“视图”选项卡

1. “显示”选项组

该选项组用于控制是否在 Excel 2003 中显示任务窗格、编辑栏、状态栏和任务栏中的窗口，用户只需选中或取消相应的复选框即可。

2. “批注”选项组

该选项组用于控制显示或隐藏带批注单元格的批注及其标识符。选中“无”单选按钮，表示隐藏批注及其标识符；选中“只显示标识符”单选按钮，表示只显示带批注的单元格右上角的红色小三角；选中“批注和标识符”单选按钮，表示同时显示批注内容和标识符。

3. “对象”选项组

该选项组用于控制对象的显示。如果要显示所有的图形对象、按钮、文本框、绘制对象和图片，只需选中“全部显示”单选按钮即可；如果仅需显示对象占位符，可选中“显示占位符”单选按钮；若要隐藏这些对象，则选中“全部隐藏”复选框。

4. “窗口选项”选项组

该选项组用于设置在工作窗口中是否显示自动分页符、行号列标、水平滚动条、垂直滚动条、网格线和工作表标签等，只需选中或取消选中相应的复选框即可。要设置网格线的颜色，单击“网格线颜色”右侧的下三角按钮，在打开的调色板中选择所需的颜色即可。

1.2.2 设置默认值

如果不对 Excel 2003 进行设置，Excel 2003 总是使用其默认设置。在实际应用中，如果对一些经常用到的默认值感到不满，可以对其进行修改。

1. 显示和隐藏关于工具栏的屏幕显示

在使用 Excel 2003 时，当将鼠标指向工具栏上的工具按钮并停留片刻时，系统随即会显示该工具按钮的提示信息。用户可根据需要来显示和隐藏关于工具栏的屏幕提示。

要显示和隐藏关于工具栏的屏幕提示，首先选择“工具”|“自定义”命令，打开“自定义”对话框，然后单击“选项”选项卡，打开如图 1-14 所示的“选项”选项卡，在“其他”选项组内选中或取消“显示关于工具栏的屏幕提示”复选框。

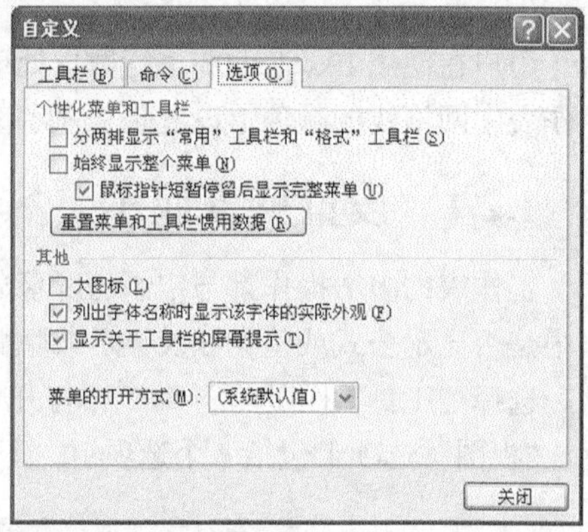

图 1-14 “自定义”对话框中的“选项”选项卡

提示 在“选项”选项卡中更改设置后，将影响所有的 Microsoft Office 程序。

2. 显示和隐藏使用过的工作簿

在菜单栏中的“文件”菜单中，可以看到最近使用过的 4 个工作簿名，用户也可以把工作簿名称隐藏起来。选择“工具”|“选项”命令，打开“选项”对话框，单击“常规”选项卡，打开如图 1-15 所示的“常规”选项卡。在选项卡中取消“最近使用的文件列表”复选框，最后单击“确定”按钮即可。

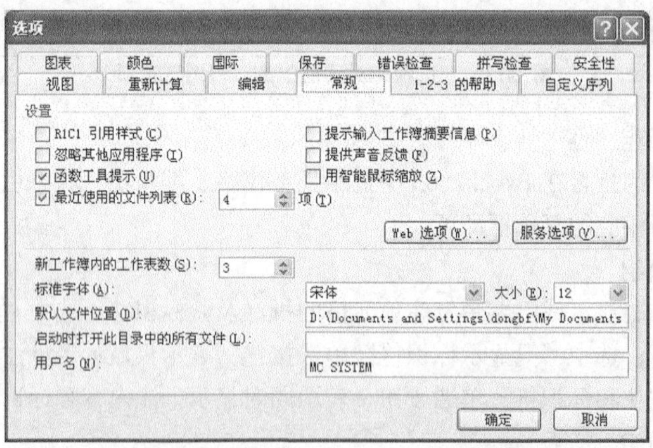

图 1-15 “选项”对话框中的“常规”选项卡

默认状态下，Excel 2003 列出了最近使用过的 4 个工作簿，要想增加或减少显示的工作簿数，可以先选中“最近使用的文件列表”复选框，然后单击“微调”按钮设置新值，最后单击“确定”按钮即可。

3. 设置默认文件位置

设置默认文件位置时，选择“工具”|“选项”命令，打开“选项”对话框，单击“常规”选项卡，打开如图 1-15 所示的“常规”选项卡。在该选项卡的“默认文件位置”文本框中，输入默认文件夹的路径，然后单击“确定”按钮即可。

4. 设置工作表中的字体和大小

想要设置工作表中的字体及其大小，选择“工具”|“选项”命令，打开“选项”对话框，然后单击“常规”选项卡，打开“常规”选项卡，在“标准字体”组合框中单击字体框的下拉箭头，从下拉列表中选择需要使用的字体，单击“大小”右边的下拉箭头，在下拉列表中选择需要使用的字号，最后单击“确定”按钮即可。

1.2.3 自定义工具栏

在 Excel 2003 中，用户也可以根据需要自定义工具栏。选择“工具”|“自定义”命令，打开“自定义”对话框，默认打开“工具栏”选项卡，如图 1-8 所示，在“工具栏”列表中，通过选中相应工具栏的复选框，可以在窗口中显示系统定义的指定工具栏。单击“选项”选项卡，将打开“选项”选项卡，在“其他”选项组中选中“大图标”复选框，然后单击“确定”按钮，工具栏中的按钮将以大图标方式显示，如图 1-16 所示。

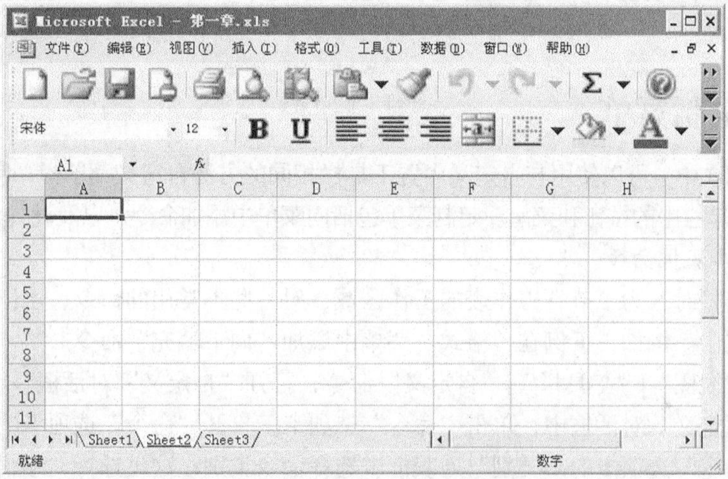

图 1-16 以大图标方式显示工具栏按钮

如果要自定义工具栏，可在“工具栏”选项卡中单击“新建”按钮，创建一个工具栏，然后使用“命令”选项卡添加工具按钮，下面通过一个实例来讲解。自定义如图 1-17 所示的工具栏。

（1）选择“视图”|“工具栏”|“自定义”命令，打开“自定义”对话框。

（2）在“工具栏”选项卡中单击“新建”按钮，打开“新建工具栏”对话框，并在“工具栏名称”文本框中输入自定义的工具栏名称，如“我的工具栏”，如图 1-18 所示。

图 1-17 创建的自定义工具栏

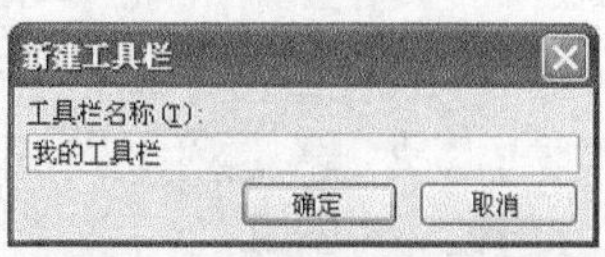

图 1-18 “新建工具栏”对话框

（3）单击“确定”按钮，返回“自定义”对话框，此时在工作窗口中将显示新建的工具栏：“我的工具栏”。

（4）在“自定义”对话框中单击“命令”选项卡，打开“命令”选项卡，如图 1-19 所示。选择“类别”列表框中的“文件”选项，然后在“命令”列表框中选择“打开”选项，并将其拖动到创建的“我的工具栏”中，此时将在该工具栏中添加第一个工具按钮，自定义的工具栏如图 1-20 所示。

（5）重复上一步骤，使用同样的方法添加其他的命令按钮，结果如图 1-17 所示。

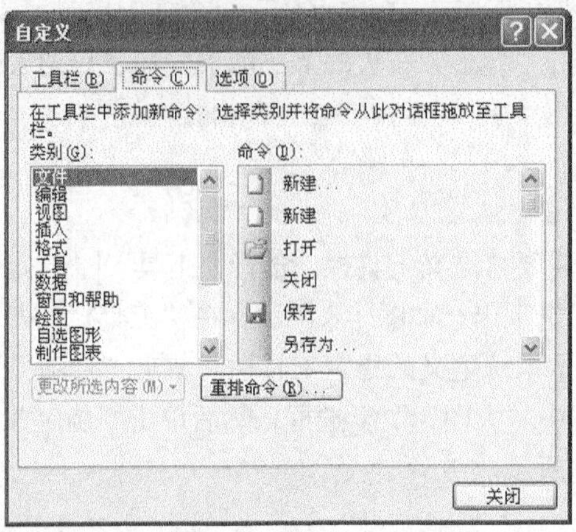

图 1-19 “命令”选项卡

图 1-20 添加第一个按钮

1.2.4 定制菜单

在 Excel 2003 中，可以使用与自定义内置工具栏相同的方法自定义菜单栏，例如，用户可以快速添加和删除菜单栏中的按钮和菜单。定制菜单包括向菜单中添加命令，以及设置菜单的打开方式。

1. 向菜单中添加命令

在使用工具栏时，为了节省工作表的工作区域，对一些不常用的命令，可以删除它们，而后将其添加到菜单中。例如，下例在“格式”菜单中添加“向下填充”命令。

（1）选择“视图”|“工具栏”|“自定义”命令，打开“自定义”对话框。

（2）在“自定义”对话框中，单击“命令”选项卡，打开“命令”选项卡。

（3）在“命令”选项卡的“类别”列表框中选择命令类别，这里选择“编辑”选项，在“命令”列表框中，从相应类别的命令中选中需要添加的命令，这里选择“向下填充”选项。

（4）单击并拖动所选命令到需要添加命令的菜单上，如图 1-21 所示，拖到合适的位置后释放鼠标即可。

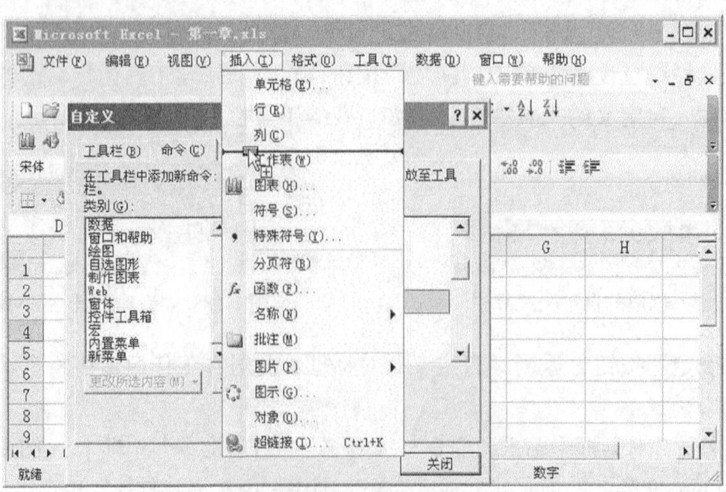

图 1-21 向菜单中添加命令

2. 设置菜单的显示及打开方式

设置菜单的显示及打开方式，首先选择“视图”|“工具栏”|“自定义”命令，打开“自定义”对话框，然后单击“选项”选项卡，打开“选项”选项卡，如图 1-14 所示，通过“选项”选项卡即可设置菜单的显示及打开方式。

在“个性化菜单和工具栏”选项组中选中“始终显示整个菜单”复选框，则系统显示菜单时，将显示本级菜单中所有的命令。

选中“鼠标指针短暂停留后显示完整菜单”复选框，当打开菜单时，当鼠标指针短暂停留后显示完整菜单，如果打开菜单后能找到需要使用的命令，只需单击该命令即可；如果找不到，用鼠标指到下拉箭头，短暂停留后将会显示完整的菜单。这样做可以节省用户寻找命令的时间。

设置菜单的打开方式时，打开“菜单打开方式”下拉列表，从中选择菜单的打开方式即可。

本章小结

本章是使用 Excel 的基础，通过本章的学习，读者应该对 Excel 的工作界面有了足够的认识，并对 Excel 的基本操作有所了解。学完本章，应该掌握以下内容：熟悉 Excel 的工作界面，知道各部分的名称、用途；学会使用水平、垂直滚动条；了解 Excel 的菜单类型及操作；学会识别各种命令符号的含义，掌握快捷键的使用；学会使用 Excel 对话框，了解对话框中的各种选项及其操作方法。

思考练习

1. 填空题

（1）Excel 2003 的工作界面主要由________________等组成。

（2）“新建工作簿”任务窗格以________的形式向用户提供多种形式的选择。

（3）标题栏的最右端是对 Excel 窗口进行操作的 3 个按钮，分别用来________、________、________。

（4）如果要自定义工具栏，可在“工具栏”选项卡中单击________按钮，创建一个工具栏，然后使用________选项卡添加工具按钮。

（5）菜单栏由________________等 9 个菜单组成。

2. 上机操作题

在“格式”菜单中添加“打印预览”命令。

第2章 Excel进阶

作为功能强大的电子表格软件，Excel 具有很强的数据计算功能。用户可以在单元格中直接输入公式或者使用 Excel 提供的函数对工作表中的数据进行计算与分析。通过本章的学习，读者应能够熟练使用 Excel 的基本功能进行数据计算。

本章的学习目标

- 掌握 Excel 的基本操作。
- 了解 Excel 的公式并熟练运用。
- 了解 Excel 的常用函数并可以灵活运用。

2.1 基本操作

Excel 的基本操作主要包括 Excel 的基本操作对象、创建工作表、编辑工作表和修饰工作表等内容，下面分别进行详细介绍。

2.1.1 Excel 的操作对象

Excel 的基本操作对象包括单元格、工作表、工作簿和工作范围，以下分别对其进行介绍。

1. 单元格

可以说单元格是工作簿的基本对象的核心，也是组成 Excel 工作簿的最小单位，如图 2-1 所示，图中的白色长方格就是单元格。单元格可以记录字符或者数据。在 Excel 的操作中，一个单元格内记录信息的长短并不重要，关键是以单元格作为整体进行操作。实际上，单元格的长度、宽度及单元格内字符串的类型是可以根据需要进行改变的。

单元格可以通过位置对其进行标志，每一个单元格均有对应的列号（列标）和行号（行标）。一般来说，如图 2-1 所示，B2、C4、D6 等就是相应单元格的位置，可以向上找到列号字母，再向左找到行号数字，将它们结合在一起就可以作为该单元格的标志。

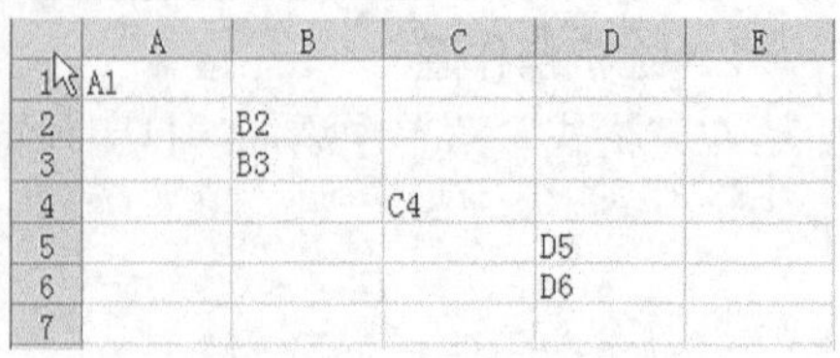

图 2-1 单元格示例

2. 工作表

使用工作表可以对数据进行组织和分析，可以同时在多张工作表上输入并编辑数据，并且可以对来自不同工作表的数据进行汇总计算。在创建图表之后，既可以将其置于源数据所在的工作表上，也可以放置在单独的图表工作表上。工作表由单元格组成，纵向为列，分别以字母命名（A，

B，C，…）；横向为行，分别以数字命名（1，2，3，…），如图 2-2 所示。

工作表的名称显示于工作簿窗口底部的工作表标签上。要从一个工作表切换到另一工作表进行编辑，可以单击“工作表”标签。活动工作表的名称以下划线显示。可以在同一工作簿内或两个工作簿之间对工作表进行改名、添加、删除、移动或复制等操作。

图 2-2 所示的工作表，当前的名字为 Sheet2。每张工作表均有一个标签与之对应，标签上的内容就是工作表的名称。一张工作表最多可以有 65 536 行、256 列数据。将鼠标移到工作表中的某一单元格上单击，该单元格的边框将变为粗黑线，表示该单元格已被选中。在图 2-2 中，选中的单元格是 C7，即 C 列第 7 行。在工作表中选中单元格后，即可输入字符串、数字、公式和图表等信息。

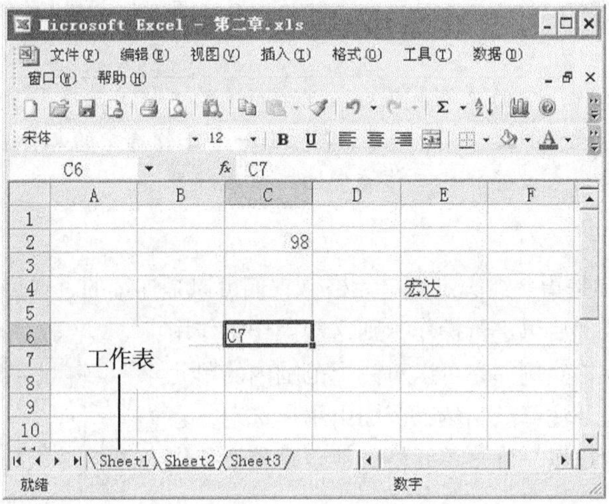

图 2-2　工作表

3. 工作簿

Excel 工作簿是计算和储存数据的文件，每一个工作簿都可以包含多张工作表，因此，可在单个文件中管理各种类型的相关信息。图 2-2 所示的工作簿就有 3 个工作表，分别是 Sheetl、Sheet2 和 Sheet3，当前的工作表是 Sheet2。

在工作簿中，要切换到相应的工作表，只需单击工作表标签，相应的工作表就会成为当前工作表，而其他工作表就被隐藏起来。如果想要在屏幕上同时看到一个工作簿的多个工作表（如 Sheetl 和 Sheet2），只需打开该工作簿并且显示其中的一个工作表 Sheet1，然后执行以下操作步骤：

（1）选择“窗口”|“新建窗口”命令。

（2）单击新建窗口中的 Sheet2。

（3）然后选择“窗口”|“重排窗口”命令。

（4）系统将打开“重排窗口”对话框，选择“水平并排”选项，然后单击“确定”按钮。

这样就可以同时看到工作簿 Book2 的 Sheetl 和 Sheet2 工作表，如图 2-3 所示。

可以根据需要决定一个工作簿包含多少工作表，具体操作步骤如下：

（1）选择“工具”|“选项”命令。

（2）打开“选项”对话框，切换到“常规”选项卡，如图 2-4 所示。

（3）修改“新工作簿内的工作表数”文本框中的数字，然后单击“确定”按钮。

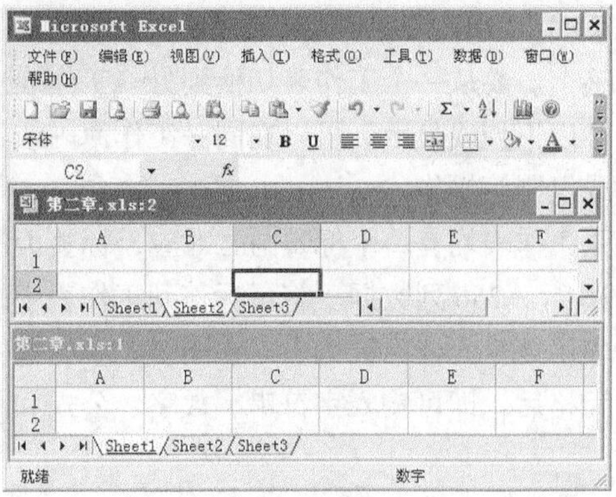

图 2-3　一个工作簿有多个工作表

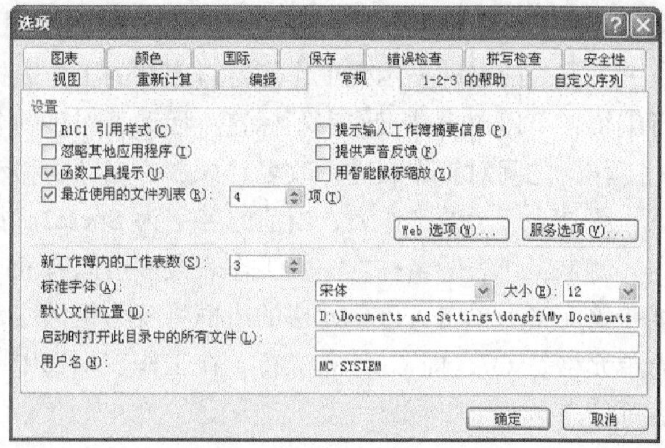

图 2-4　设置工作表的数目

注意　设置了工作簿中的工作表数后，以后新建的工作簿就将采用新的工作表数目，当前工作簿的工作表数并不改变，而且，实际上一个工作簿中的工作表可以任意增加和删减，上述方法只是用来设置新建工作簿中的工作表数目。

4．工作范围

在 Excel 中的范围是指一组选定的单元格，它们可以是连续的，也可以是离散的，如图 2-5 所示。如果选定一个范围后再进行操作，则这些操作将作用于该范围内的所有单元格。例如，可以对一个范围内的单元格同时设置大小、边框和注释。当然，范围由用户选定，它可以是一个单元格，也可以是许多单元格，甚至是整个工作表和整个工作簿。

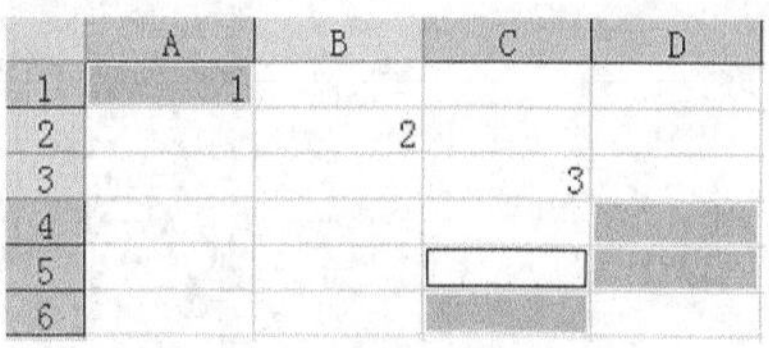

图 2-5　工作范围

工作范围是一个单元格的操作很简单，只要单击该单元格就可以选中这个工作范围。但是，工作范围一般都是选中若干单元格，这又分为以下几种情况。

（1）如果要选中工作表中的一片连续区域，可以在要选区域一角的单元格上单击并按住鼠标左键，然后拖动鼠标，这时屏幕上会出现一片黑色区域，当这片黑色区域刚好覆盖要选中的区域时，释放鼠标左键，此区域就被选中为工作范围。

（2）如果要选择几片不相连的区域或单元格，可以按住 Ctrl 键，再选择单个或多个单元格即可选定所需的工作范围。

（3）如果要选中一行或一列，可以单击列号区的字母或者行号区的数字，则该列或者该行就被选中为工作范围。

（4）如果单击行号区和列号区的交界处，即选中左上角的单元格。则整个工作表都被选中为工作范围。

2.1.2　创建工作表

本节主要通过输入文字、数字等数据建立若干张表格，然后通过运用公式，使表格具有自动计算功能，最后介绍如何快速输入及填充有规律的数据，提高创建工作表的速度。

1．命名和保存工作表

启动 Excel 后，首先为文件命名，这里将文件命名为“销售收入表”。为新文件命名的步骤如下：

（1）单击“常用”工具栏中的“保存”按钮或者选择“文件”|“保存”命令，如图 2-6 所示，打开“另存为”对话框，如图 2-7 所示。

（2）在“文件名”组合框中输入“销售收入表”。

（3）单击“保存”按钮完成操作。

这样即可将新文件命名为“销售收入表”。由于采用了默认工作路径，所以，这个工作表被存放在 Office 所在驱动器的 My Documents 目录下，也可以根据需要选择工作路径。

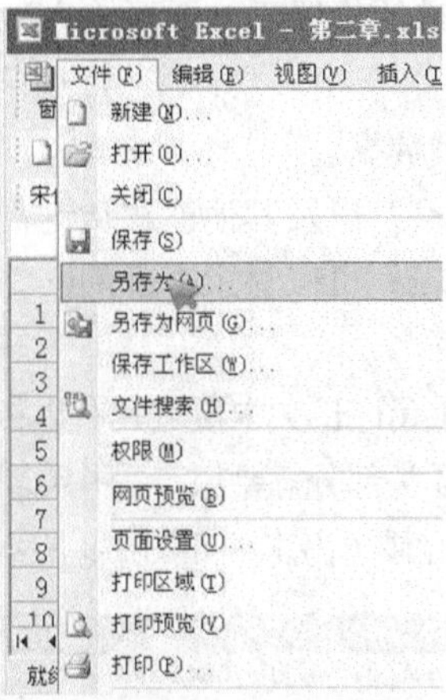

图 2-6　文件操作

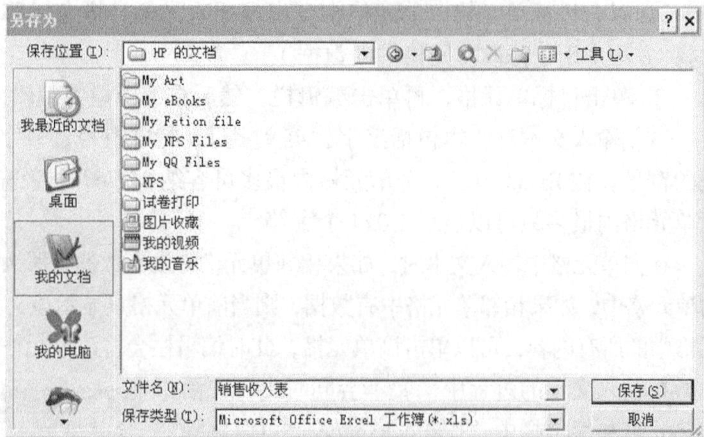

图 2-7　“另存为”对话框

在图 2-7 中的“保存类型”下拉列表框中可以改变文件的格式，这样可以在其他程序中使用 Excel 制作的电子表格。

选择“文件”|“保存”命令或单击工具栏中的“保存”按钮，可以使用原有的文件名保存当前已被修改过的文件；单击“文件”|“另存为”命令，可以用不同的文件名来保存当前文件，但原有文件不会被修改。用“另存为”命令的方式保存文件时需要用户指定新文件名，具体方法如图 2-7 所示。

当工作告一段落或者需要进行其他工作的时候，就需要对已经完成的工作进行保存。保存操作可以将所完成的操作从内存中储存至硬盘上。在实际使用 Excel 的过程中，随时保存是十分重要的，这样可以避免数据的意外丢失。

使用以下设置还可以实现对文件的自动定时保护。

选择“工具”|“选项”命令，在打开的“选项”对话框中单击“保存”标签，然后设置保存自动恢复信息的时间间隔，如图 2-8 所示，一般系统默认的时间间隔为 10 分钟。

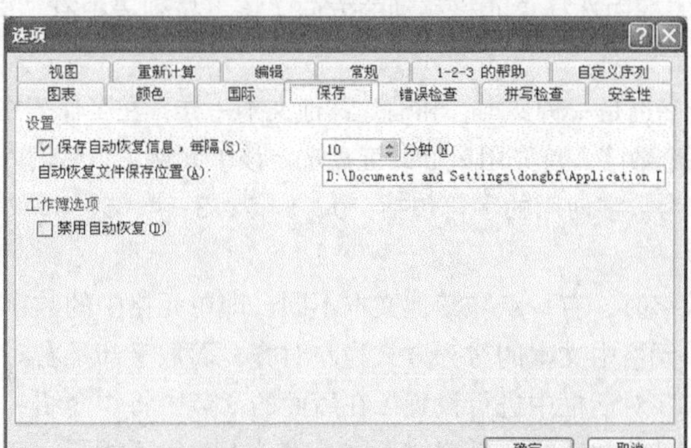

图 2-8　文件的自动定时保护

2. 数据的输入

要创建工作表，就必须在单元格中输入数据。当启动所需的输入法并选中目标单元格后，即可开始输入数据。在工作表的单元格中，可以使用两种基本数据格式：即常数和公式。常数是指文字、数字、日期和时间等数据；而公式则是指包含等号“=”的函数、宏命令等。

在向单元格中输入数据时，需要掌握以下 3 种基本输入方法。

① 单击目标单元格，然后直接输入。

② 双击目标单元格，单元格中会出现插入光标，将光标移到所需的位置后，即可输入数据（这种方法多用于修改单元格中的数据）。

③ 单击目标单元格，再单击编辑栏，然后在编辑栏中编辑或修改数据。

（1）输入文本。文本包括汉字、英文字母、特殊符号、数字、空格，以及其他能够从键盘输入的符号。在 Excel 中，一个单元格内最多可容纳 32 767 个字符，编辑栏可以显示全部的字符，而单元格内最多只可以显示 1 024 个字符。

在向单元格中输入文本时，如果相邻单元格中没有数据，那么 Excel 允许长文本覆盖其右边相邻的单元格中；如果相邻单元格中有数据，则当前单元格只显示该文本的开头部分。要想查看并编辑单元格中的所有内容，可以单击该单元格，此时编辑栏会将该单元格的内容显示出来，如图 2-9 所示。

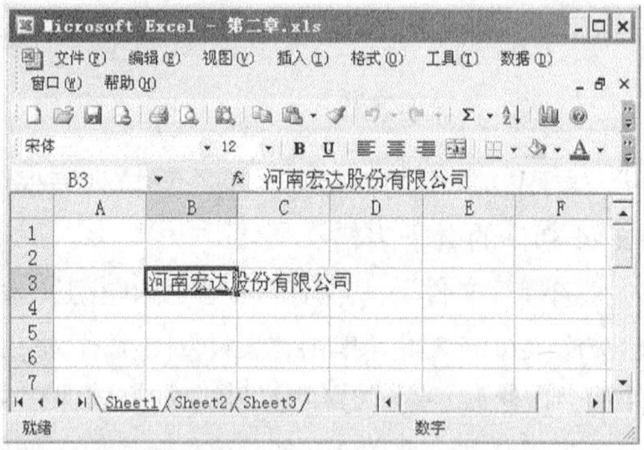

图 2-9 显示单元格中的所有内容

在输入文本的过程中，文本会同时出现在活动单元格和编辑栏中，按 Backspace 键可以删除光标左边的字符；如果要取消输入，可单击编辑栏中的“取消”按钮，或按 Esc 键。

在单元格中输入文本后，如果要激活当前单元格右侧相邻的单元格，可按 Tab 键；如果要激活当前单元格下方相邻的单元格，可按 Enter 键；如果要使当前单元格成为活动单元格，可单击编辑栏中的“输入”按钮。

默认情况下，按 Enter 键后单元格会向下移动。如果要改变按 Enter 键后单元格的移动方向，具体操作步骤如下：

① 选择“工具”|“选项”命令，打开“选项”对话框。

② 单击“编辑”选项卡，打开“编辑”选项卡，如图 2-10 所示。

③ 选中“按 Enter 键后移动”复选框。

④ 在“方向”列表框中选择单元格移动的方向（该下拉列表中有“向下”、“向右”、“向上”和“向左”4 个选项）。

（2）输入数字。数字也是一种文本，和输入其他文本一样，在工作表中输入数字也很简单。要在一个单元格中输入一个数字，首先用鼠标或键盘选定该单元格，然后输入数字，最后按 Enter 键。

在 Excel 中，可作为数字使用的字符包括：0、1、2、3、4、5、6、7、8、9、-、()、.、e、E、,、/、$、¥、%。

在单元格中输入数字时，有一点与其他文本不同，即单元格中的数字和其他文本的对齐方式不同。默认情况下，单元格中文本的对齐方式为左对齐，而数字却是右对齐。如果要改变对齐方式，可在“单元格格式”对话框中进行设置（在后面的章节中将作介绍）。

在向单元格中输入某些数字时，其格式不同，输入方法也不相同。下面着重介绍分数和负数的输入方法。

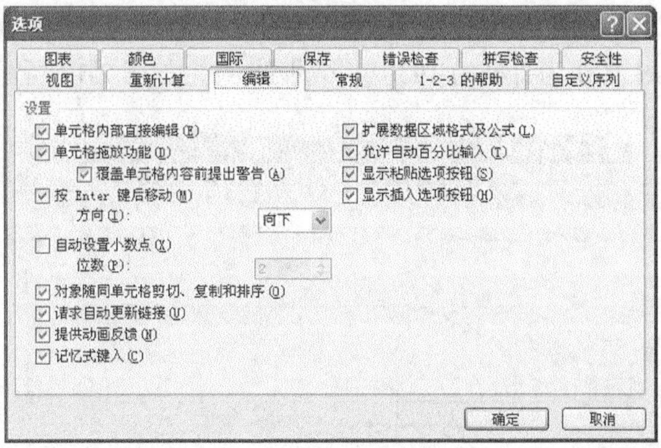

图 2-10　“编辑”选项卡

① 输入分数。在工作表中，分式常以斜杠“/”来分界分子和分母，其格式为“分子/分母”，但日期的输入方法也是以斜杠来分隔年月日，如“2012 年 6 月 28 日”可以表示为“2012/6/28”，这就有可能造成在输入分数时系统会将分数当成日期的错误。

为了避免发生这种情况，Excel 规定：在输入分数时，须在分数前输入 0 作区别，并且 0 和分子之间用空格隔开。例如，要输入分数 7/8，需输入“0 7/8”。如果没有输入 0 和一个空格，Excel 会将该数据作为日期处理，认为输入的内容是“7 月 8 日”，如图 2-11 所示。

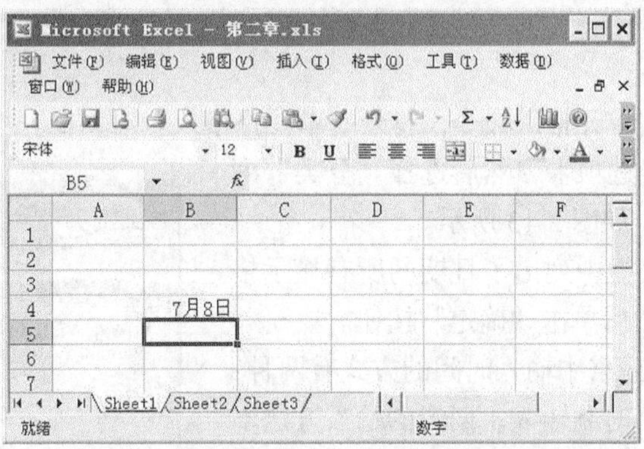

图 2-11　没有输入“0”和空格后的显示结果

② 输入负数。在输入负数时，可以在负数前输入减号“−”作为标志，也可以将数字置于括号“()”中，例如，在选定的单元格中输入“(1)”，再按 Enter 键，即显示为−1。

（3）输入日期和时间。日期和时间实际上也是一种数字，只不过有其特定的格式。Excel 能够识别绝大多数用普通表示方法输入的日期和时间格式。在输入 Excel 可以识别的日期或时间数据之后，该日期或时间在单元格中的格式将变为 Excel 某种内置的日期或时间格式。

① 输入日期。用户可以使用多种格式来输入一个日期，可以用斜杠“/”或“−”来分隔日期的年、月和日。传统的日期表示方法是以两位数来表示年份的，如 2012 年 6 月 28 日，可表示为 12/6/28 或 12-6-28。当在单元格中输入 12/6/28 或 12-6-28 并按 Enter 键后，Excel 会自动将其转换为默认的日期格式，并将两位数表示的年份更改为 4 位数的表示年份。

默认情况下，当用户输入以两位数字表示的年份时，会出现以下两种情况：

A. 当输入的年份为 00～29 的两位数年份时，Excel 将解释为 2000—2029 年。例如，如果输入日期 29/6/28，则 Excel 将认为日期为 2029 年 6 月 28 日。

B. 当输入的年份为 30～99 的两位数年份时，Excel 将解释为 1930—1999 年。例如，如果输入日期 30/6/28，则 Excel 将认为日期为 1930 年 6 月 28 日，如图 2-12 所示。

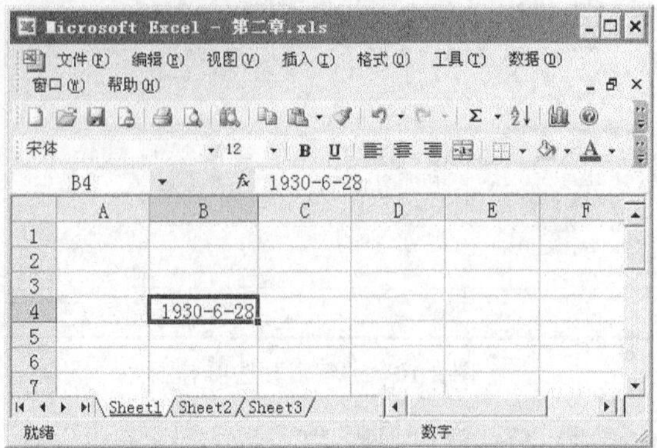

图 2-12　输入 30/6/28 后显示的结果

提示　为了尽可能地避免出错，建议用户在输入日期时不要输入以两位数字表示的年份，而要输入 4 位数字表示的年份。

图 2-12 所示的是多种日期显示格式中的一种。如果要设置日期的其他显示格式，具体操作步骤如下：

A. 选定目标单元格。

B. 选择“格式”|“单元格”命令，打开“单元格格式”对话框。

C. 切换到“数字”选项卡，然后选择“分类”列表框中的“日期”选项，如图 2-13 所示。

D. 在“类型”列表框中列出了日期的所有显示格式，选择所需的格式，然后单击“确定”按钮。

② 输入时间。在单元格中输入时间的方式有两种：即按 12 小时制或按 24 小时制输入。两者的输入方法不同。如果按 12 小时制输入时间，要在时间数字后加一空格，然后输入 a(AM)或 p(PM)，字母 a 表示上午，p 表示下午。例如，下午 4 时 30 分 20 秒的输入格式为：4:30:20p。而如果按 24 小时制输入时间，则只需输入 16:30:20 即可。如果用户只输入时间数字，而不输入 a 或 p，则 Excel 将默认是上午的时间。

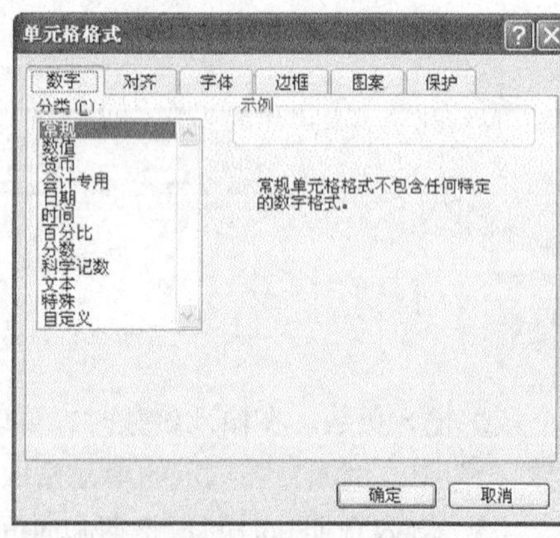

图 2-13　“数字”选项卡

提示　在同一单元格中输入日期和时间时，须用空格分隔，否则 Excel 将把输入的日期和时间当做文本。在默认状态下，日期和时间在单元格中的对齐方式为右对齐。如果 Excel 无法识别输入的日期和时间，也会把它们当做文本，并在单元格中左对齐。此外，要输入当前日期，可使用 Ctrl+; 快捷键；而要输入当前时间，则使用 Ctrl+Shift+; 快捷键。

（4）输入公式。公式指的是一个等式，利用它可以从已有的值计算出一个新值。公式中可以包含数值、算术运算符、单元格引用和内置等式（即函数）等。

Excel 最强大的功能之一是计算。用户可以在单元格中输入公式，以便对工作表中的数据进行计算。只要输入正确的计算公式，经过简单的操作步骤后，计算的结果将显示在相应的单元格中。如果工作表内的数据有变动，系统会自动将变动后的答案计算出来。

在 Excel 中，所有的公式都以等号开始。等号标志着数学计算的开始，它也告诉 Excel 将其后的等式作为一个公式来存储。公式中可以包含工作表中的单元格引用。这样，单元格中的内容即可参与公式中的计算。单元格引用可与数值、算术运算符以及函数一起使用。

要输入公式，具体操作步骤如下：

① 选中要输入公式的单元格。

② 在单元格中输入一个等号“=”。

③ 输入公式的内容，如 3+5、A2+A3、Al+5 等。

④ 按 Enter 键。

（5）输入符号和特殊字符

① 输入符号。如果要输入键盘上没有的符号，具体操作步骤如下：

A. 选中目标单元格。

B. 选择“插入” | “符号”命令，打开“符号”对话框，系统默认打开“符号”选项卡，如图 2-14 所示。

C. 在该选项卡的列表框中选择所需的符号，然后单击“插入”按钮。

D. 此时“取消”按钮将变为“关闭”按钮，单击该按钮，即可在单元格中输入所需的符号。

② 输入特殊字符。如果要输入键盘上没有的特殊字符，具体操作步骤如下：

A. 选中目标单元格。

B. 选择“插入” | “符号”命令，打开“符号”对话框，然后切换到“特殊字符”选项卡，如图 2-15 所示。

图 2-14 “符号”选项卡

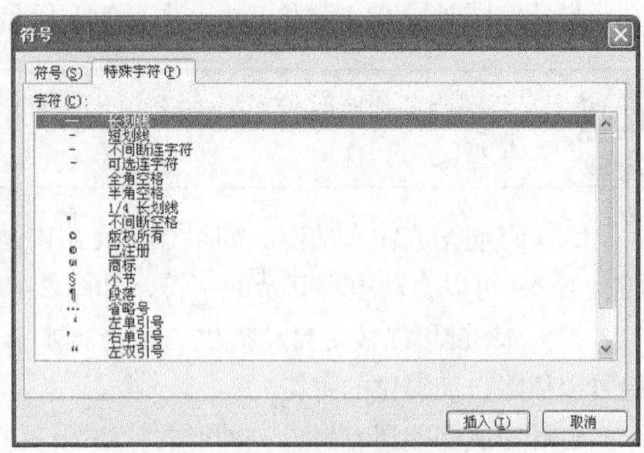

图 2-15 “特殊字符”选项卡

C. 在该选项卡的“字符”列表框中选择所需的特殊字符，然后单击“插入”按钮。

D. 此时“取消”按钮将变为“关闭”按钮，单击该按钮，即可在单元格中输入所需的特殊字符。

（6）输入多行数据。如果希望在一个单元格中输入两行数据，那么只要同时按 Enter 和 Alt 两键，就可以在第二行开始输入了，如图 2-16 所示。

选择“格式” | “单元格”命令，打开“单元格格式”对话框，单击“对齐”标签切换到如图 2-17 所示的“对齐”选项卡。如果选中“自动换行”复选框，那么 Excel 会自动将超出单元格宽度的内容转到第二行显示。

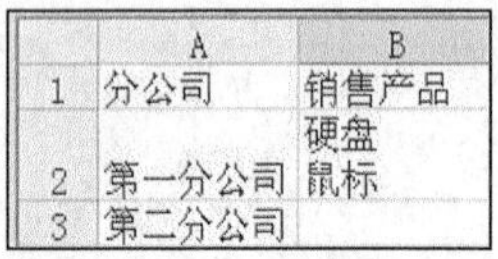

图 2-16　输入多行数据

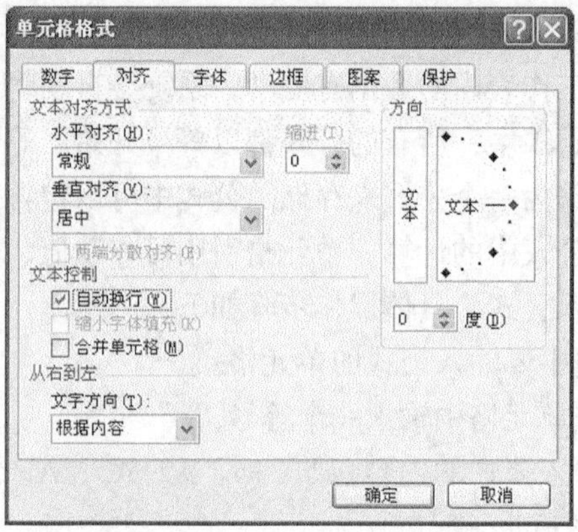

图 2-17　“自动换行”选项

3. 数据的快速填充

在表格中经常要输入一些有规律的数据，如果按常规逐个输入这些数据，既费时又容易出错。下面介绍如何又快又准确地输入这些有规律的数据。

（1）在多个单元格中输入相同的数据。

如果表格中有很多单元格的内容是相同的，显然逐个单元格重复输入是很麻烦的。有没有一次就可以填充多个单元格的方法呢?答案是肯定的。

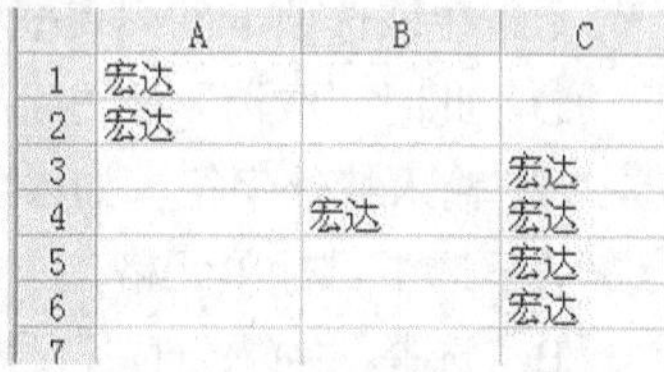

图 2-18　输入数据

首先选择需要输入相同数据的多个单元格，然后输入数据。这时候，只在活动单元格（最后选取的单元格）中显示输入的内容，如图 2-18 所示。

最后，同时按 Ctrl 键和 Enter 键，在所有选中的单元格中都将出现相同的输入数据。

注意　一定要同时按 Ctrl 和 Enter 两键。如果只按 Enter 键，那么只会在活动单元格中输入数据。

（2）自动完成输入功能。如果在单元格中输入的起始字符与该列已有单元格中的内容相符，那么 Excel 可以自动填写其余的字符，如图 2-19 所示。

按 Enter 键可以接受自动提供的字符。如果不想采用，继续输入就可以忽略它。按 Backspace 键可以清除自动提供的字符。

自动完成功能还有另外一种形式。如图 2-20 所示，右击单元格，然后在弹出的快捷菜单中选择“从下拉列表中选择”命令，Excel 将列出所在列所有相邻单元格中的内容供用户选择。

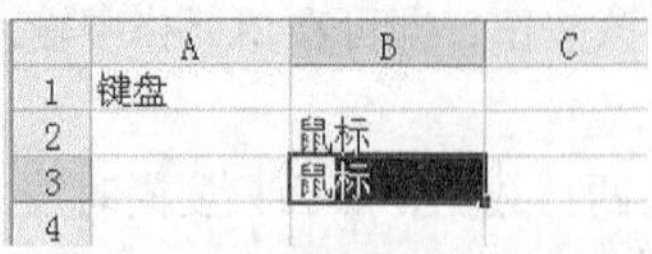

图 2-19　自动完成

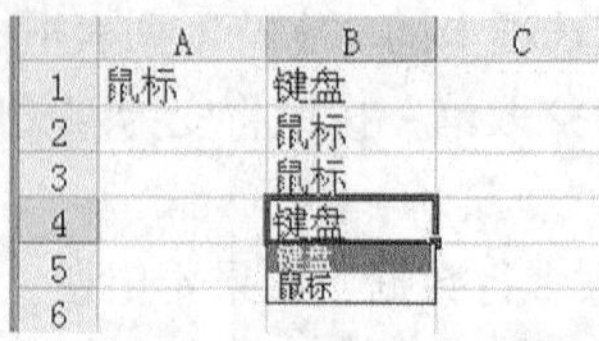

图 2-20　选择列表

（3）自动填充。如果需要输入的数字或文字数据并不是完全一样，而是遵循某种规律，那么该如何处理呢？例如，需要输入从 1～100 作为编号。显然，逐个手动输入是很麻烦的。这时就需要用到 Excel 的自动填充功能在连续的单元格内产生有规律的序列。

首先，应建立一段有规律的数据，然后选中它们。这段有规律的数据既可以在同一列，也可以在同一行，但是必须在相邻的单元格中。

假设建立了从 2～4 的一个序列，如图 2-21 所示。

单击按住填充控制点，向下拖动到合适的位置后释放鼠标，Excel 就会按照已有数据的规律来填充选中的单元格，如图 2-22 所示。

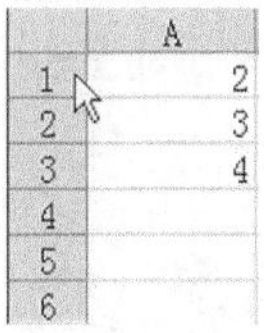

图 2-21　自动填充前

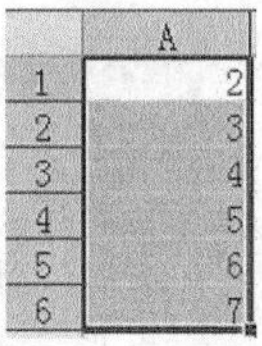

图 2-22　自动填充后

自动填充还有另外一种方式。如果用鼠标右键拖动填充控制点，那么将会弹出如图 2-23 中所示的快捷菜单。在这个快捷菜单中，可以改变填充的方式或指定填充的规律。各命令含义如下。

1）“复制单元格”指用选中的单元格中的内容填充到拖动范围内其他的单元格中。

2）“以序列方式填充”指按照选中的单元格中数据的规律进行填充。

3）“仅填充格式”指仅仅填充格式而不会填充数据。

4）“不带格式填充”指按照新单元格的格式填充数据。

5）“等差序列”和“等比序列”分别指根据已有的数据按照等差序列或等比序列的规律填充其他单元格。

6）选择“序列”命令，将打开“序列”对话框。在该对话框中，可以设置自动填充的规律。单击“确定”按钮即可完成自动填充操作。

使用 Excel 处理日常事务时，经常需要填充日期序列。Excel 提供了十分方便的日期填充功能。首先在单元格中输入一个日期，例如，2012-7-7，然后用鼠标右键拖动填充控制点，在打开的快捷菜单中选择日期的填充方式，结果将用日期填充拖动的区域。如图 2-24 所示，一共有 4 种填充方式：“以天数填充”指依次填入以输入日期开始的每一天；“以工作日填充”指跳过周六和周日，只填充工作日；“以月填充”指填充每月中和输入日期同处在一天的日期；“以年填充”指填充每年中和输入日期处在同一月、同一天的日期（即仅改变年份）。

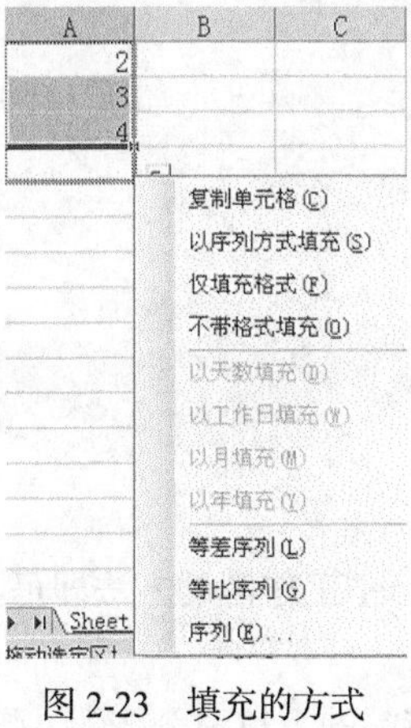

图 2-23　填充的方式

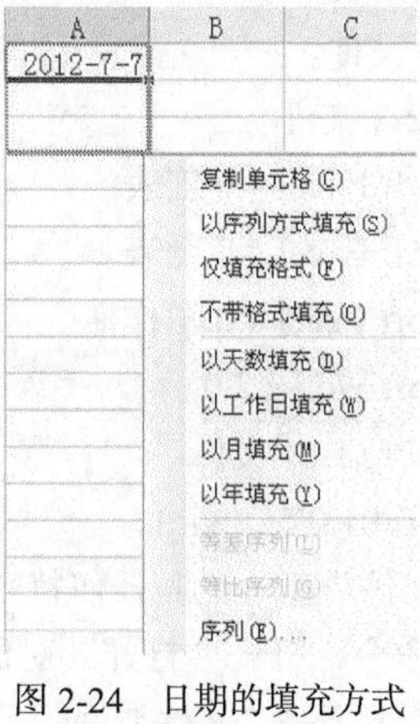

图 2-24　日期的填充方式

（4）用户自定义填充序列。Excel 本身提供了 11 种预定义的序列，除此之外，还允许用户根据实际需要自定义序列，如图 2-25 所示。自定义序列的具体操作步骤如下：

1）选择“工具”|“选项”命令，打开“选项”对话框。

2）在“选项”对话框中打开“自定义序列”选项卡，如图 2-25 所示。

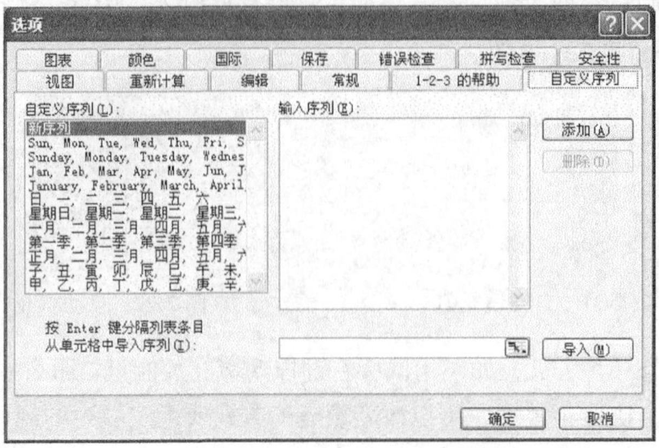

图 2-25　自定义填充序列的设置

3）单击“输入序列”文本框，使文本框中出现闪烁的竖线“|”光标。

4）输入新序列，序列内容之间按 Enter 键隔开，如输入“中，法，美”。

5）单击“添加”按钮，此时自定义序列下方出现新建序列内容。

6）单击“确定”按钮完成自定义序列的设置，并返回工作界面。

此时，单击工作表中的某一单元格，输入“中”，然后向右拖动填充柄，释放鼠标即可得到自动填充的“中，法，美”序列内容，如图 2-26 所示。

图 2-26　自定义填充序列

4. 获取外部数据

前面介绍了如何在一张空表中输入具体的数据。下面将介绍如何获取外部数据。

（1）打开外部数据文件。所谓外部数据文件是指以非文件格式保存的数据文件，通常是由其他应用程序产生的。Excel 可以轻而易举地打开多种外部数据文件，使其使用起来就像 Excel 文件一样。以下是 Excel 能够打开的文件列表。

1）DIF 数据交换文件。

2）dBASE 文件。

3）Lotusl-2-3 文件。

4）Microsoft Excel 4.0 宏表。

5）Microsoft Excel 4.0 图表。

6）Microsoft Excel 4.0 工作簿。

7）Microsoft Works 2.0。

8）QuattroPro/Dos 文件。

9）QuattroPr01.0/5.0(win)。

对于上述文件类型，无需任何特殊操作，使用打开 Excel 工作簿的方法即可实现。选择“文件”|“打开”命令，打开“打开”对话框，如图 2-27 所示。

该对话框的下方是“文件类型”下拉列表框，单击其右端的下拉箭头按钮，弹出一下拉列表，其中列出了各种文件夹类型名。选中要打开的文件类型，将在对话框中的显示区域中显示所有属于这种类型的文件，单击“打开”按钮，即可获取外部文件中的数据。

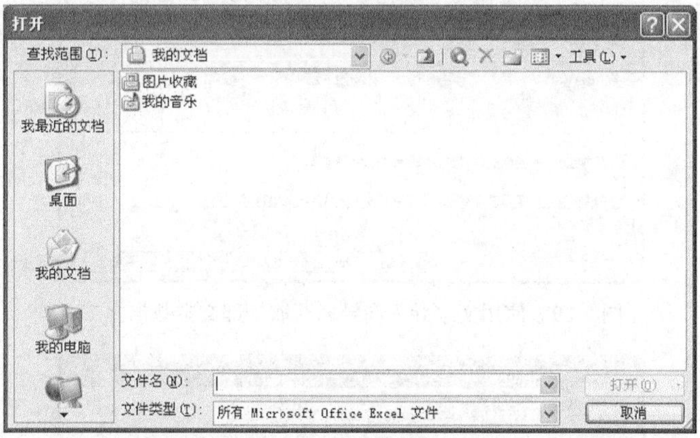

图 2-27　打开外部数据文件

（2）使用文本导入向导来获取外部文本数据。Excel 还可以利用“文本导入向导”来获取外部文本数据，例如，在桌面有一个名称为“三十六计创业”的写字板文档，下面是使用文本导入向导获取“三十六计创业”中文本数据的具体操作步骤。

1）选择“文件”|“打开”命令，打开“打开”对话框，单击“文件类型”下拉列表框，选择“文本文件”选项，在“查找范围”中选择需要打开的文本文件所在的位置。

2）选择需要打开的文件，本例为“三十六计创业”，单击“打开”按钮，打开“文本导入向导—3 步骤之 1”对话框，如图 2-28 所示。对话框下方显示导入文本的具体内容，根据文件的内容组成格式选择数据的分隔方法，若要导入起始行的位置，可更改“导入起始行”增减器中的数字。

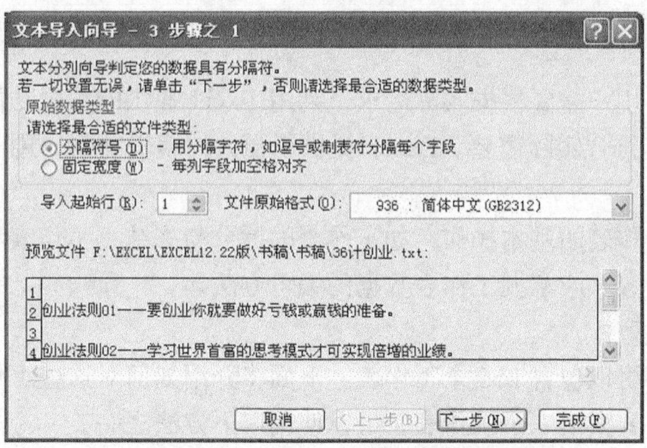

图 2-28　使用文本导入向导来获取外部文本数据之一

3）单击“下一步”按钮，打开“文本导入向导—3 步骤之 2”对话框，如图 2-29 所示，如果在第一步中选择了分隔符号文件类型，那么需要在这一步中明确分隔数据的分隔符号，本例使用 Tab 键作为分隔符号。

4）单击“下一步”按钮，打开“文本导入向导—3 步骤之 3”对话框，在该对话框中，可根据需要设置第一列的数据格式，如图 2-30 所示。

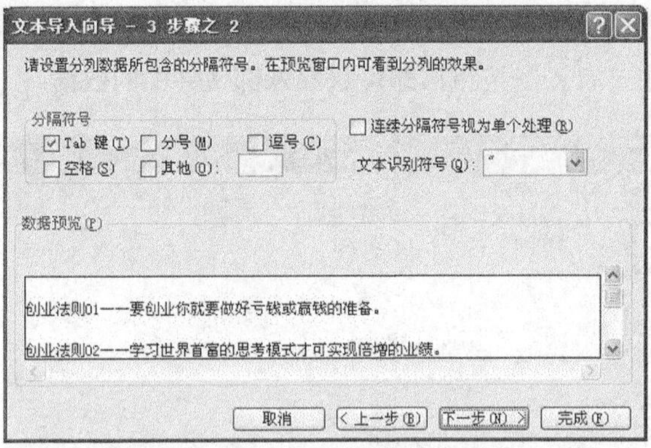

图 2-29　使用文本导入向导来获取外部文本数据之二

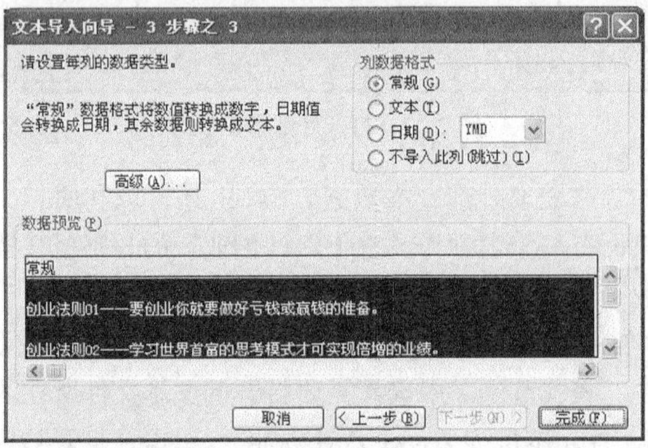

图 2-30　使用文本导入向导来获取外部文本数据之三

5）设置完毕后，单击“完成”按钮，完成将文本文件“三十六计创业”中的数据导入工作表中的操作。

2.1.3　编辑工作表

建立工作表之后，用户需要根据实际需求，利用 Excel 提供的编辑功能，对工作表中的数据进行修改和调整，使其符合实际需要。Excel 提供了强大的编辑功能，用于对工作表及其数据进行各种操作。

本节将详细介绍工作表的基本操作，如工作表的拆分与冻结、工作表和工作簿的保护、模板应用。通过学习本节内容，应掌握工作表数据的编辑方法。

1. 工作表的基本操作

一个工作簿中最多可以包含 255 个工作表。下面将介绍如何对这些工作表进行操作。

（1）激活工作表。要激活一个工作表，可以使用以下方法之一。

1）单击工作簿底部的“工作表”标签。

2）使用键盘，按 Ctrl + Page Up 快捷键激活当前页的前一页工作表，然后按 Ctrl + PageDown 快捷键激活当前页的后一页工作表。

3）使用工作表“标签滚动”按钮。当在工作簿中显示不了过多的工作表标签时，可以单击“标签滚动”按钮对“工作表”标签进行翻页。“标签滚动”按钮在工作簿的左下方，如图 2-31 所示。

图 2-31　“标签滚动”按钮

如果要滚动显示其他工作表标签，在所需方向上连续单击“标签滚动”按钮中的滚动箭头，直到所需“工作表”标签显示在屏幕上；如果要一次滚动多个工作表，按 Shift 键，再单击“标签滚动”按钮中的标签滚动箭头；如果要显示最前或者最后一个工作表，则可以单击“标签滚动”按钮左侧或者右侧的标签滚动按钮。

如果右击“标签滚动”按钮，则可以直接从弹出的当前工作簿的所有工作表列表中选择需要切换到的“工作表”标签。

（2）插入和删除工作表。在编辑过程中，经常要在一个已有的工作表中插入一个新的工作表，可以使用以下操作方法之一。

1）选择“插入”|“工作表”命令。

2）在需要插入工作表的后一个“工作表”标签上单击鼠标右键，在弹出的快捷菜单中选择“插入”命令。如果要删除某个工作表，可以使用以下操作方法之一。

① 选择“编辑”|“删除工作表”命令，在打开的消息对话框中单击“确定”按钮。

② 在需要删除的工作表标签上单击鼠标右键，从弹出的快捷菜单中选择“删除”命令，在打开的消息框中单击“确定”按钮。

注意　一张工作表被删除以后将无法恢复，所以在删除之前要慎重考虑。

（3）移动和复制。Excel 的工作表可以在一个或者多个工作簿中移动。如果要将一个工作表移动或者复制到不同的工作簿，两个工作簿必须是打开的。

1）使用菜单。使用菜单移动或复制工作表的具体步骤如下：

① 激活要移动的工作表。

② 选择“编辑”|“移动或复制工作表”命令，打开“移动或复制工作表”对话框，如图 2-32 所示。

③ 在“移动或复制工作表”对话框中的“工作簿”下拉列表框中选择需要移到的工作簿，接着在“下列选定工作表之前”列表框中选择要移至位置之后的工作表，如果是要移动，则取消选择“建立副本”复选框；如果要复制，则应选中“建立副本”复选框，最后单击“确定”按钮。

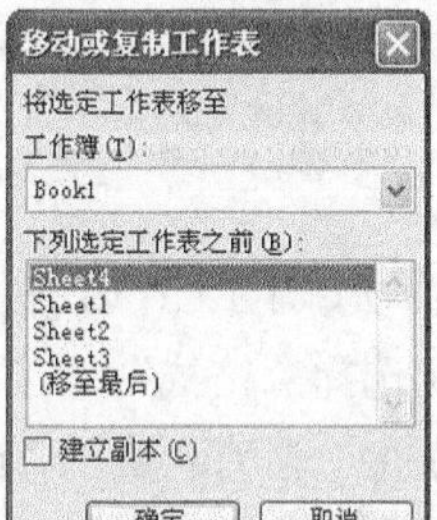

图 2-32　“移动或复制工作表”对话框

2）使用鼠标。单击需要移动的工作表标签，将它拖动到指定的位置，然后释放鼠标。在拖动的过程中鼠标变成一个小表和一个小箭头。如果是复制操作，则需要在拖动鼠标时按住 Ctrl 键。

注意　若将一个工作表从一个工作簿移动到另外一个工作簿，而目标工作簿含有与此工作表同名的工作表，Excel 将自动改变此工作表的名称并使之变为唯一的名称。例如，Sheet2 变为 Sheet2（2）。

（4）对多个工作表同时进行操作。可以一次对多个工作表进行操作，方法是先选中多个工作表，然后执行移动、复制和删除等操作。

选择多个工作表的方法有以下两种。

1）单击工作表标签的同时按 Ctrl 键，则该工作表与以前选择的工作表同时被选中。

2）单击工作表标签的同时按 Shift 键，则选中连续的工作表。

注意　要取消选中工作表中的其中一个，可以按 Ctrl 键的同时单击该工作表标签。如果要取消所有被选中的工作表，可以右击某个选中的“工作表”标签，然后在弹出的快捷菜单中选择“取消成组工作表”命令；或者不按键盘，直接单击一个未选中的工作表标签。

（5）重命名工作表。为工作表起一个有意义的名称，以便于辨认、查找和使用是很有必要的。为工作表命名有以下 3 种方法。

1）单击工作表标签（如表 Sheet 1），然后选择“格式”|“工作表”|“重命名”命令，此时工作表标签 Sheet 1 的颜色变黑，如图 2-33 所示，输入新的工作表名称后如图 2-34 所示。

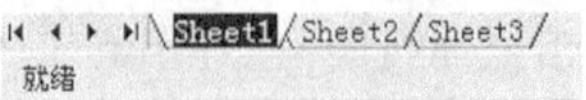

图 2-33　重命名工作表

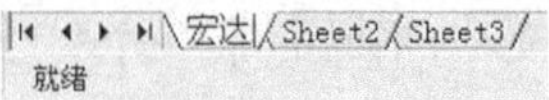

图 2-34　重命名工作表后

2）在工作表标签上单击鼠标右键，从弹出的快捷菜单中选择“重命名”命令，工作表标签颜色变黑后，输入新的工作表名称即可。

3）双击工作表标签，工作表标签的颜色变黑后，输入新的工作表名称即可。

（6）隐藏工作表。如果不希望被他人查看某些工作表，可以使用 Excel 的隐藏工作表功能将工作表隐藏起来。隐藏工作表还可以减少屏幕上显示的窗口和工作表，避免不必要的改动。例如，可隐藏包含敏感数据的工作表。当一个工作表被隐藏后，它的标签也被隐藏起来。隐藏的工作表仍处于打开状态，其他文档仍可以利用其中的信息。

隐藏工作表的操作步骤如下：

1）激活需要隐藏的工作表。

2）选择“格式”|“工作表”|“隐藏”命令。

注意　不能将工作簿中所有的工作表都隐藏起来，每一个工作簿至少应有一个可见的工作表。

显示隐藏的工作表的步骤如下：

1）选择“格式”|“工作表”|“取消隐藏”命令，打开“取消隐藏”对话框，如图 2-35 所示。

2）在“取消隐藏”对话框中选择需要取消隐藏的工作表，然后单击“确定”按钮即可。

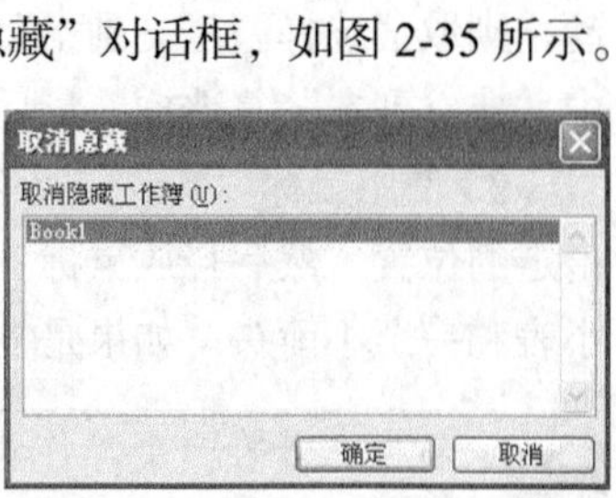

图 2-35　“取消隐藏”对话框

2. 拆分和冻结工作表

Excel 提供了拆分和冻结工作表窗口的功能，利用这些功能可以更加有效地利用屏幕空间。拆分和冻结工作表窗口是两个非常相似的功能。

拆分工作表窗口是把工作表当前活动的窗口拆分成若干窗格，并且在每个被拆分的窗格中都可以通过滚动条来显示工作表的每一个部分。所以，使用拆分窗口功能可以在一个文档窗口中查看工作表不同部分的内容，如图 2-36 所示。

冻结工作表窗口功能也是将当前工作表活动窗口拆分成窗格，所不同的是，在冻结工作表窗口时，活动工作表的上方和左边窗格将被冻结，即当垂直滚动时，冻结点上方的全部单元格不参与滚动；当水平滚动时，冻结点左边的全部单元格不参与滚动。通常情况下只冻结行标题和列标题，然后通过滚动条来查看工作表的内容，如图 2-37 所示。

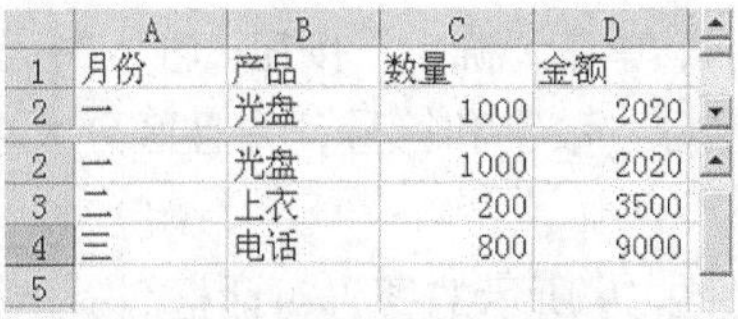

图 2-36 拆分工作表窗口

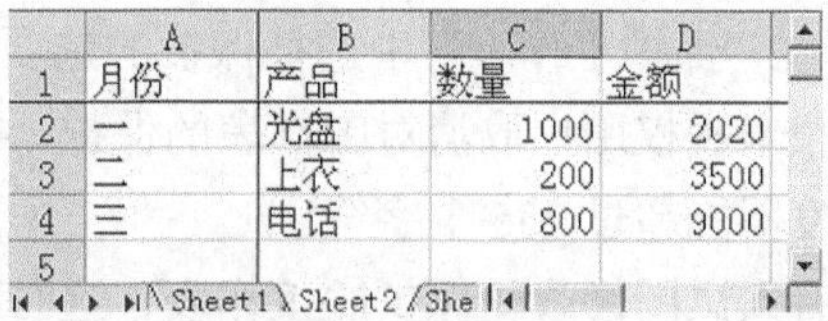

图 2-37 冻结工作表窗口

（1）拆分工作表。下面介绍如何拆分和取消拆分工作表。

1）拆分。拆分工作表窗口有以下两种方法。

① 使用菜单。

A. 选定拆分分隔处的单元格，该单元格的左上角就是拆分的分隔点。

B. 选择“窗口”|“拆分”命令即可。

② 使用鼠标。

A. 将鼠标移到垂直滚动条的顶端或水平滚动条右端的拆分框上。

B. 单击并拖动鼠标到工作表中需要进行拆分的单元格上，然后释放鼠标即可。

将工作表拆分后，拆分框仍然可以移动，操作步骤与使用鼠标进行拆分的步骤相同。

提示：所谓拆分框就是位于垂直滚动条和水平滚动条之间的横格条。

2）取消拆分。取消拆分窗口有以下两种方法。

① 选择“窗口”|“撤销拆分窗口”命令。

② 在分割条的交点处双击；如果要删除一条分割条，在该分割条上方双击。

（2）冻结工作表。对于比较大的工作表，屏幕无法在一页里同时显示标题和数据。

Excel 提供的冻结工作表窗口功能，可以将工作表中选定的单元格的上窗格和左窗格冻结在屏幕上，使得在滚动工作表时屏幕上一直显示行标题和列标题，而且使用冻结工作表窗口功能不影响打印。

1）冻结。

① 首先选择一个单元格作为冻结点，在冻结点上方和左边的所有单元格都将被冻结，并保留在屏幕上。

② 选择“窗口”|“冻结窗格”命令。

2）撤销冻结

要撤销被冻结的窗口，可以选择“窗口”|“撤销窗口冻结”命令。

3. 保护工作表和工作簿

如果必须放下手中的工作，但又不想退出 Excel，此时可以为工作表和工作簿建立保护，这样能防止因误操作而造成对工作表数据的损害。

（1）保护工作表。保护工作表功能可以防止修改工作表中的单元格、Excel 宏表、图表项、对话框编辑表项和图形对象等。保护工作表的具体操作步骤如下：

1）激活需要保护的工作表。

2）选择“工具”|“保护”|“保护工作表”命令，打开“保护工作表”对话框，如图 2-38 所示。

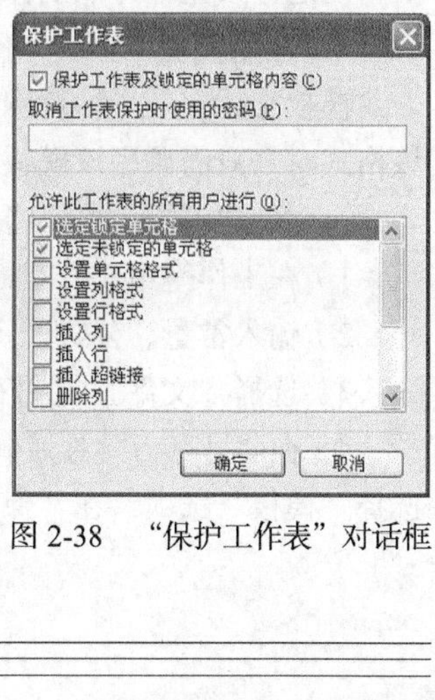

图 2-38 “保护工作表”对话框

3）在“保护工作表”中选择保护的选项并输入密码后，单击“确定”按钮。输入密码（可选）可以防止未授权用户取消对工作表的保护。密码可以为字母、数字和符号，并且区分大小写。密码的长度不能超过 255 个字符。

若有人试图修改受保护的工作表，这时就会弹出如图 2-39 所示的警告对话框。

图 2-39　工作表受到保护后

（2）保护工作簿。保护工作簿功能可以保护工作簿的结构和窗口，防止对工作簿进行插入、删除、移动、隐藏、取消隐藏以及重命名工作表等操作；保护窗口不被移动或改变大小。启用保护工作簿功能的操作步骤如下：

1）激活需要保护的工作簿。

2）选择“工具”|“保护”|“保护工作簿”命令，打开“保护工作簿”对话框，如图 2-40 所示。

3）在“保护工作簿”对话框中选择需要保护的选项并输入密码后，单击“确定”按钮，在打开的“保护工作簿”对话框中，选择对工作簿的保护功能。这些功能如下。

①　“结构”：保护工作簿的结构，避免删除、移动、隐藏、取消隐藏、插入工作表或者重命名工作簿。

②　“窗口”：保护工作簿的窗口不被移动、缩放、隐藏、取消隐藏或关闭。

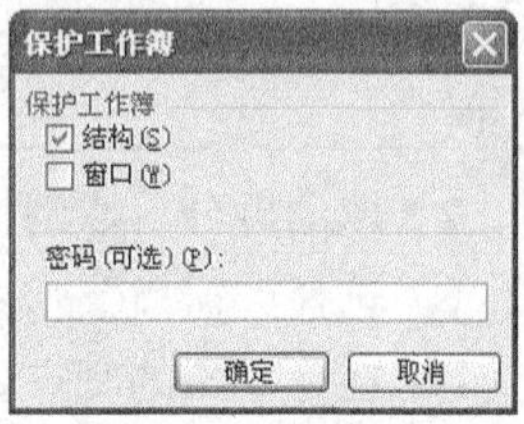

图 2-40　“保护工作簿”对话框

③　“密码（可选）”：与“保护工作表”中的密码功能相同，可以防止未授权用户的非法操作。

（3）取消保护。如果要取消工作表或者工作簿的保护状态，可以选择“工具”|“保护”命令，在弹出的子菜单中，原来的“保护工作表”或“保护工作簿”将变为“撤销工作表保护”或“撤销工作簿保护”，选择相应的命令即可。

如果原来没有设置密码，选择所需命令即可取消保护；如果原来设置了密码，选择所需要的命令后将打开“撤销工作表保护”对话框或“撤销工作簿保护”对话框，输入正确的密码后，单击“确定”按钮即可取消保护。

4. 应用模板

模板实际上是一种特殊的工作表。将常用的工作表格式以模板的形式保存，当需要再次使用该格式时，只需调用该模板即可。

（1）创建模板。可以将任意工作簿建成模板，具体操作步骤如下：

1）在工作簿中建立空的表格。

2）输入常量、公式及定义各种格式，也可以包括图表和宏等。

3）选择“文件”|“另存为”命令，打开“另存为”对话框。

4）在“另存为”对话框的“文件名”文本框中输入模板名称，在“保存类型”下拉列表框中选择“模板”选项，在“保存位置”下拉列表框中选择 Excel 默认文件夹即可。

注意　在保存模板时，如果不把模板保存在 Excel 默认文件夹中，该模板将不能显示在“新建”对话框的“常用”选项卡上，Excel 默认文件夹一般是 Microsoft\templates\电子表格模板。

（2）使用模板。

1）选择“文件” | “新建”命令，打开“新建”对话框。

2）在“新建”对话框中，为需要新建的工作簿选择模板，然后单击“确定”按钮。

在“新建”对话框中，有“常用”和“电子表格模板”选项卡。“常用”选项卡列出了“工作簿”模板和用户自创建的其他模板；在“电子表格模板”选项卡中，有 Excel 内置的多种模板。

（3）修改模板。要修改一个已经存在的模板，可以打开该模板文件（扩展名为.xlt），然后按照对工作簿编辑的方法对模板进行修改，并重新存盘即可。

2.1.4　修饰工作表

一个专业的电子表格不仅需要有翔实的数据内容和公式分析、统计功能，而且还应配有外观。本节将通过对表格外观参数（文字大小、字体、颜色、对齐方式、单元格的边框线、底纹以及表格的行高和列宽等）的设置来美化工作表，从而更有效地显示数据内容。

1. 设置单元格格式

可以对 Excel 中的单元格设置各种格式，包括设置单元格中数字的类型、文本的对齐方式、字体、单元格的边框以及单元格保护等。不仅可以对单个单元格和单元格区域设置格式，还可以同时对一个或多个工作表设置格式。设置单元格格式的操作步骤如下：

（1）选择需要进行格式设置的单元格或者单元格区域。

（2）选择“格式” | “单元格”命令，打开“单元格格式”对话框，如图 2-41 所示。或者在选中的单元格上单击鼠标右键，在弹出的快捷菜单中选择“设置单元格格式”命令，同样打开“单元格格式”对话框。

（3）在“单元格格式”对话框中设置单元格的格式后，单击“确定”按钮即可。

1）设置数据的对齐方式。为了排版整齐，单元格中的数据一般需要对齐。默认情况下，单元格中的文字是左对齐，数字是右对齐。

如果需要改变数据的对齐方式，将“单元格格式”对话框切换到“对齐”选项卡，如图 2-42 所示，在“对齐”选项卡中进行文本对齐方式的设置。

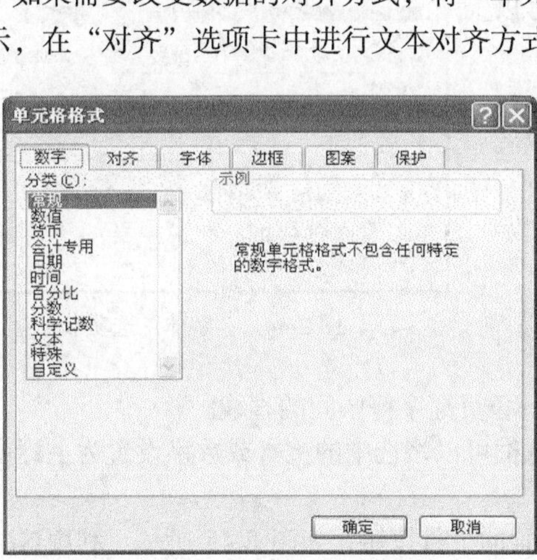

图 2-41　“单元格格式”对话框

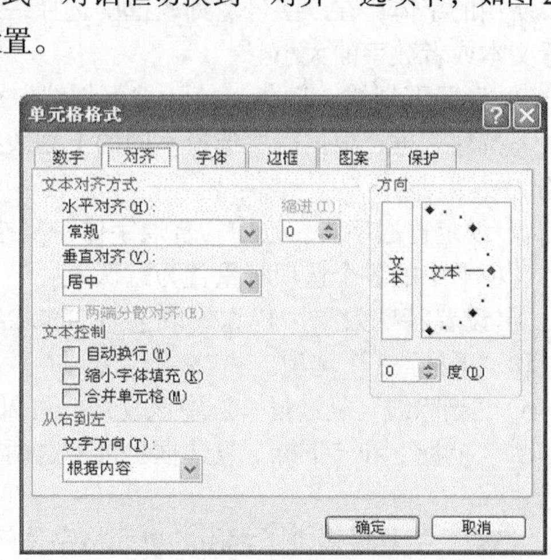

图 2-42　“对齐”方式

① 设置水平对齐方式。“水平对齐”下拉列表框中包含常规、左（缩进）、居中、靠右、填充、两端对齐、跨列居中和分散对齐等选项，默认选项为常规，即文本左对齐，数字右对齐，逻辑值和错误值则居中对齐。

② 设置垂直对齐方式。“垂直对齐”下拉列表框中包含常规靠上、靠下、居中、两端对齐和分散对齐等选项，默认选项为常规选项，即文本靠下垂直对齐。

“缩进”列表框是将单元格内容从左向右缩进，缩进的单位是一个字符。

③ 设置文本控制选项。“文本控制”包括“自动换行”、“缩小字体填充”和“合并单元格”3个复选框。

A. “自动换行”复选框：选中该复选框，单元格中的文本自动换行，行数的多少与文本的长度和单元格的宽度有关。

B. “缩小字体填充”复选框：选中该复选框，Excel 会根据列宽自动缩小单元格中字符的大小，使之一致。

C. “合并单元格”复选框：选中该复选框，所选单元格将被合并成一个单元格，如果所选的单元格都有数据，则单击“确定”按钮后，Excel 会弹出一个消息框，提示只保留左上方单元格内容，单击消息框的“确定”按钮即可。

④ 设置文本的旋转方向。“方向”用来改变单元格中文本旋转的角度，例如，要将文本从右上往左下转，使用负数，反之使用正数。

图 2-43 “格式”工具栏中的文本对齐方式的快捷键

“格式”工具栏中提供了常用的文本对齐方式的快捷键，如图 2-43 所示。利用这些按钮可以大大提高工作效率。

2）设置单元格字体。要设置单元格字体，将“单元格格式”对话框切换到“字体”选项卡，如图 2-44 所示，然后在“字体”选项卡中对字体、字形、字号、下划线、颜色和特殊效果进行设置。

① 设置字体、字形、字号。Excel 提供的字体包括宋体、仿宋体和楷体等各种字体，可以在“字体”列表框中选择任意一种字体。

Excel 提供的字形包括常规、倾斜、加粗和加粗倾斜，可以在“字形”列表框中选择任意一种字形。

字体的大小由字号决定，可用字号取决于打印机和文本所用的字体，在“字号”列表框中选择一种字号以设置文本或者数字的大小。

② 设置下划线、颜色。打开“下划线”或者“颜色”下拉列表框，根据需要选择不同的下划线类型或者颜色。

③ 设定普通字体。选中“普通字体”复选框，“字体”选项卡中的各个选项将重置为默认值。

④ 设置特殊效果。特殊效果包括“删除线”、“上标”和“下标”3 个选项。

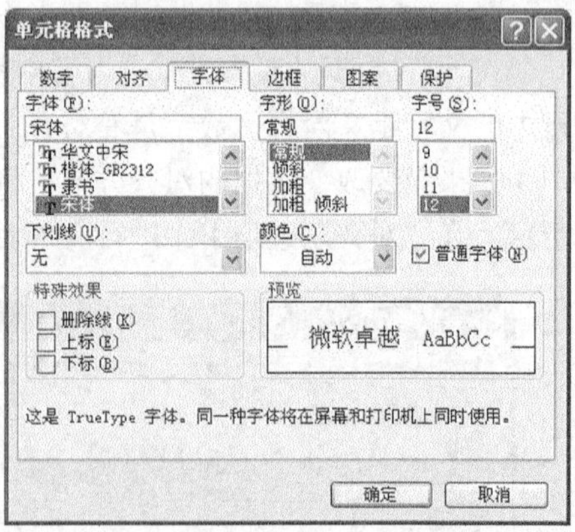

图 2-44 “字体”选项卡

A. “删除线”复选框：选中该复选框可以产生一条贯穿字符中间的直线。

B. “上标”和“下标”复选框：选中这两个复选框可以将选中的文本或数字设置为上标或者下标。

“格式”工具栏提供了常用的单元格字体格式设置的工具按钮，如图 2-45 所示。利用这些按钮可以使工作变得方便。

图 2-45　“格式”工具栏中的单元格字体格式设置的工具按钮

3）设置单元格边框。在工作表中给单元格添加边框可以突出显示工作表数据，使工作表更加清晰明了。要设置单元格边框，将“单元格格式”对话框切换到“边框”选项卡，如图 2-46 所示，然后在该选项卡中进行设置即可。

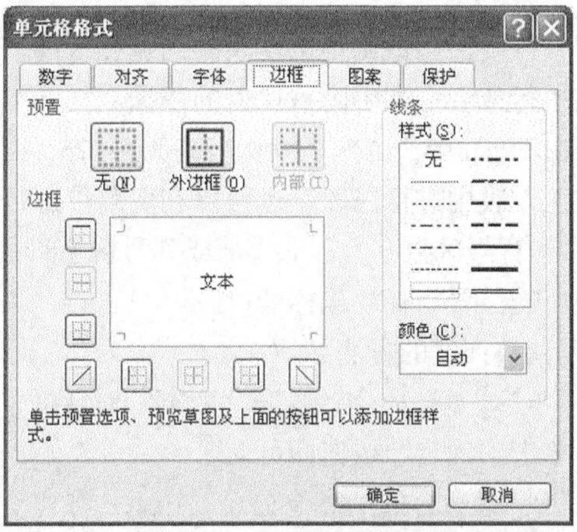

图 2-46　“边框”选项卡

技巧

可以利用边框产生三维效果。方法是将浅色作为背景色，以白色作为边框顶部和左部的颜色，黑色作为边框底部和右部的颜色，这样就会产生凸的效果，反之则产生凹的效果。

4）设置单元格图案。如果想改善工作表的视觉效果，可以为单元格添加图案，Excel 提供了设置单元格图案的方法。要设置单元格图案，将“单元格格式”对话框切换到“图案”选项卡，如图 2-47 所示，然后在“图案”选项卡中进行图案的设置。

在“图案”选项卡中可以对单元格的底色、单元格底纹的类型和颜色进行设置。在“示例”预览框中可以预览设置的效果。

5）单元格保护。可以为单元格设置保护，防止非法的修改。在此之前必须设置工作表保护。当设置工作表保护后，只需将“单元格格式”对话框切换到“保护”选项卡，如图 2-48 所示，即可对单元格进行保护设置。

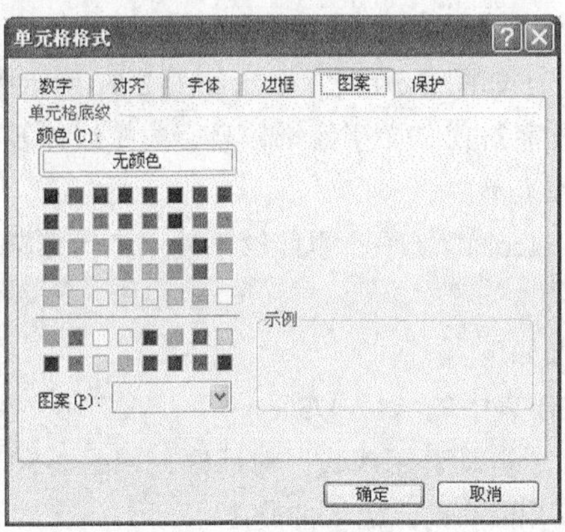

图 2-47　“图案”选项卡

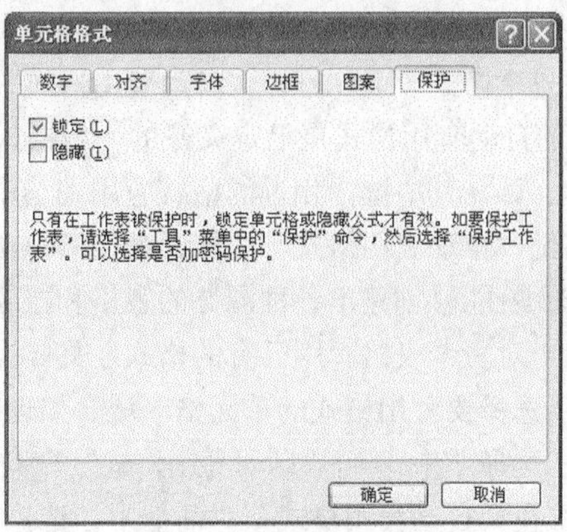

图 2-48　“保护”选项卡

技巧 当定义一个单元格格式后，又要把此单元格格式用于另外的单元格时，使用格式刷能够快速地实现此功能。选中已经定义了格式的单元格或范围，单击“常用”工具栏中的“格式刷”按钮，然后单击需要复制单元格格式的单元格或单元格区域。

2. 格式化行和列

为了使工作表更加美观，需要适当地调整工作表的列宽和行高。适当的调整会有助于在一页中显示更多的数据，甚至在一行或者一列中隐藏保密的数据。

（1）调整行高和列宽。在 Excel 中，工作表默认行高为 14.25，列宽为 8.38。想要改变行高和列宽，可以使用鼠标直接在工作表中进行修改，也可以利用菜单进行修改。

① 使用鼠标。将鼠标移到行号区数字上、下边框或列号区字母的左、右边框上，按住鼠标左键并拖动调整行高或列宽至所需位置后释放鼠标即可。

② 使用菜单。使用菜单调整列宽的方法如下。

A. 选择“格式”|“列”|“列宽”命令，打开“列宽”对话框，如图 2-49 所示。在“列宽”文本框中输入列宽值，然后单击“确定”按钮即可。

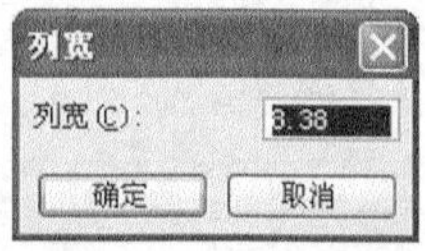

图 2-49 “列宽”对话框

B. 选择“格式”|“列”|“最适合的列宽”命令，Excel 将自动调整列宽，使之适合列中最长的单元格的高度。

C. 选择“格式”|“列”|“标准列宽”命令，在打开的“标准列宽”对话框中输入新的默认列宽，然后单击“确定”按钮，则所有的默认列宽将变为此标准列宽。

调整行高和调整列宽相似，只是应选择“格式”|“行”命令，弹出的子菜单中的内容与“列”子菜单是对应的，只是少了与“标准列宽”相对应的选项。

（2）隐藏与取消隐藏。要将某些行和列隐藏起来，首先选中需要隐藏的行的行号区数字或列的列号区字母，然后选择“格式”|“行”或“列”命令，接着在弹出的子菜单中选择“隐藏”命令即可。

要将隐藏的行和列显示出来，先选择包含隐藏行或列的上下行行号区数字或左右列的列号区字母，然后选择“格式”|“行”或“列”命令，在弹出的子菜单中选择“取消隐藏”命令即可。

3. 自动套用格式

Excel 为用户提供了多种工作表格式，用户可以使用“自动套用格式功能”为自己的工作表穿上一件 Excel 自带的“修饰外套”，这样既可以美化工作表，还能节省大量的时间。

通过“格式”菜单打开“自动套用格式”对话框，如图 2-50 所示。从如图 2-51 所示中可知，Excel 的自动套用格式是已定义好的一组格式，有数字格式、文字修饰信息、边框线以及行高和列宽等，可在其中选择相近的格式应用到选中的工作表上。

借助“自动套用格式”功能，即使第一次使用 Excel 的新手，也能够不使用任何复杂的格式化操作，就能够创建出各种漂亮的表格和报告。

（1）对一个表格套用已有的格式。具体操作步骤如下：

1）选择要套用格式的单元格区域，如选中某工作表中的 A1～D5。

2）选择“格式”|“自动套用格式”命令，打开“自动套用格式”对话框，如图 2-50 所示。

3）在“自动套用格式”对话框中，选择需要套用的格式，如“古典 3”。

4）单击“确定”按钮返回工作表，套用“古典 3”格式化后的效果如图 2-51 所示。

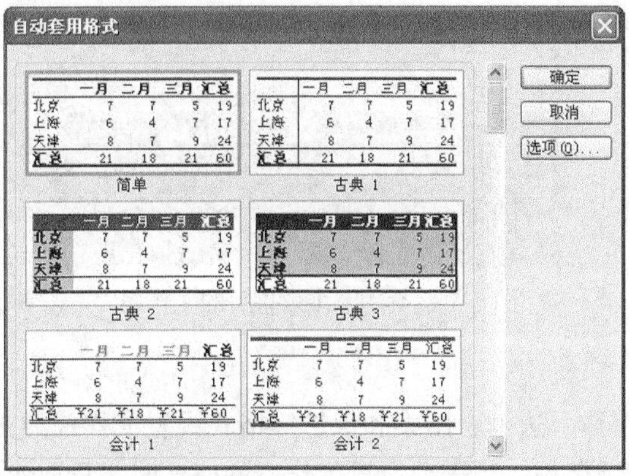

图 2-50　“自动套用格式”对话框

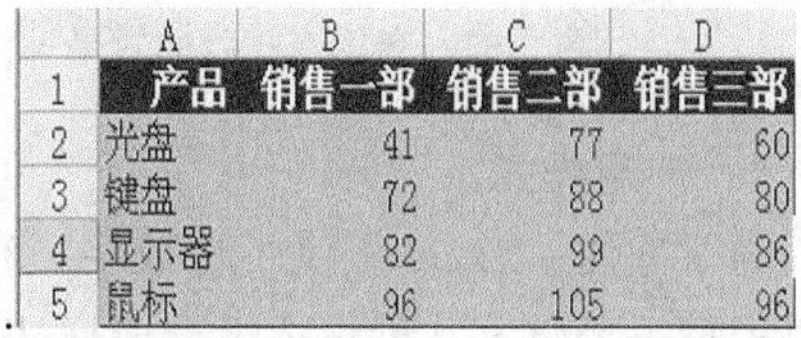

图 2-51　自动套用格式后的表格

（2）只使用套用格式的部分信息。在“自动套用格式”对话框中，“选项”按钮用来显示或隐藏“自动套用格式”对话框下部的“要应用的格式”选项组，在“要应用的格式”选项组中包含 6 个复选框，可以根据需要来选择其中的几种格式类型。

如果看中了“会计 3”格式的边框线，同时又希望具有“三维效果 2”格式的其他格式，即可借助自动套用格式中的选项按钮来组合。具体操作步骤如下：

1）选中需要套用格式的工作表区域，如某工作表中的 A1～D5。

2）选择“格式”|“自动套用格式”命令，打开“自动套用格式”对话框。

3）从中选择“会计 3”格式，然后单击“选项”按钮，对话框底部将增加一组“要应用的格式”选项组，在“要应用格式”选项组里删除不想要的格式，仅选中“边框”复选项，如图 2-52 所示。

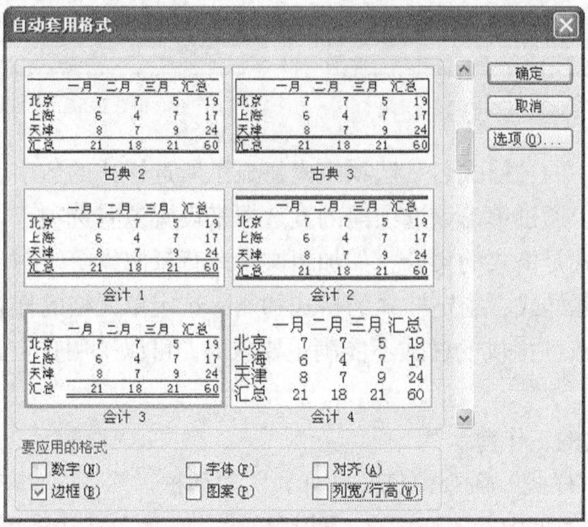

图 2-52　自动套用格式对话框

单击“确定”按钮返回工作表，此时选中区域性上仅套用了“会计 3”格式的边框修饰效果，如图 2-53 所示。

4）再次选择“格式”|“自动套用格式”命令，打开“自动套用格式”对话框，从中选择“三维效果 2”格式，然后在新增加的“要应用格式”选项组中取消“边框”复选框。

5）单击“确定”按钮返回工作表，此时选中区域在“会计 3”格式的边框修饰基础上又套用了“三维效果 2”的其他修饰信息，如图 2-54 所示。

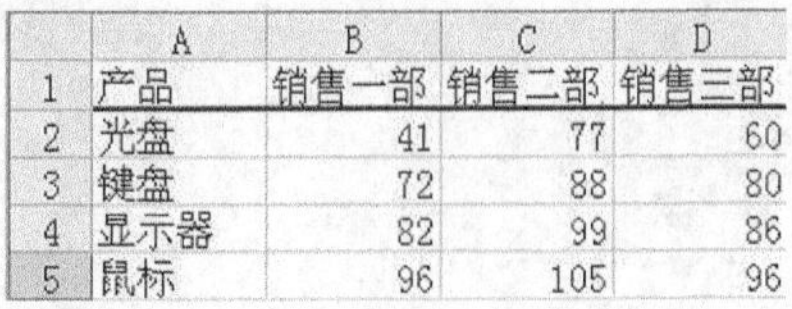

	A	B	C	D
1	产品	销售一部	销售二部	销售三部
2	光盘	41	77	60
3	键盘	72	88	80
4	显示器	82	99	86
5	鼠标	96	105	96

图 2-53　套用格式后的效果

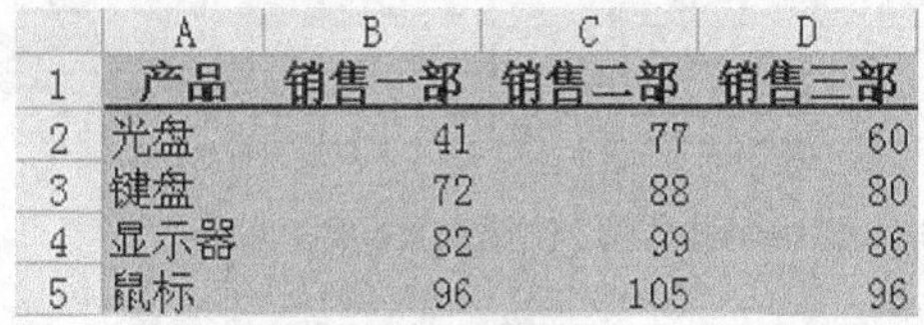

	A	B	C	D
1	产品	销售一部	销售二部	销售三部
2	光盘	41	77	60
3	键盘	72	88	80
4	显示器	82	99	86
5	鼠标	96	105	96

图 2-54　套用三维效果后的工作表

4. 使用样式

为了方便，Excel 提供了将数字、对齐、字体、边框、图案和保护等格式设置成样式的方法。可以根据需要将这几种格式组合成样式，并赋予名称。当需要设置工作表的格式时，只要使用样式功能将所定义的样式应用于选中的单元格区域，而不必使用“单元格格式”功能逐项设置。要使用样式功能，必须打开“样式”对话框。

选择“格式”|“样式”命令，打开“样式”对话框，如图 2-55 所示。

（1）Excel 内部样式。Excel 的样式包括内部样式和自定义样式两种。内部样式是由 Excel 提供的内部预定义的样式，包括数字的各种样式，如货币、百分比和千位分隔等。单击“样式名”下拉列表框右边的箭头即可浏览 Excel 提供的样式，如图 2-56 所示。

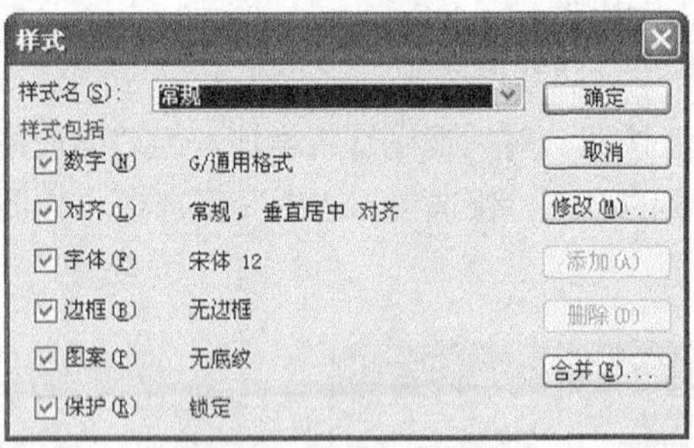

图 2-55　“样式”对话框

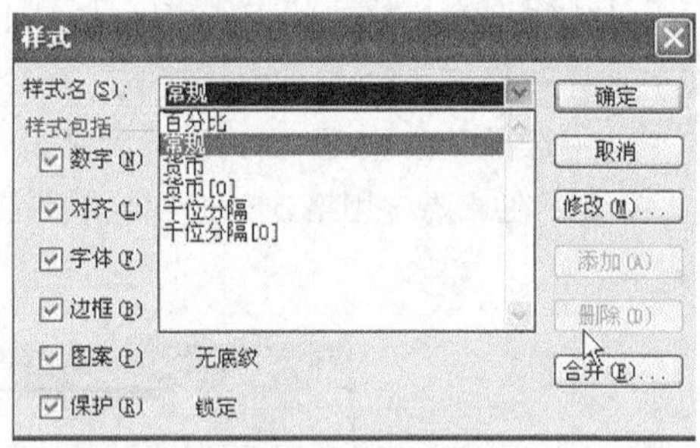

图 2-56　Excel 提供的样式

在“样式”对话框中的“样式名”选项组内将显示所选样式的数字、字体、对齐、边框、图案和保护格式选项，可以通过单击该选项前的复选框来设置这些选项。

（2）使用样式。样式是格式的集合，如加粗文本或背景底纹等。对于样式的操作有很多，如创建新样式、修改或删除样式、指定样式的格式和删除选定单元格的样式。

1）添加样式。当 Excel 提供的样式不能满足要求时，可以采用自定义样式。添加自定义样式的操作步骤如下：

① 选择要添加样式的工作簿。

② 选择“格式”|“样式”命令，打开“样式”对话框。

③ 在“样式名”文本框中输入样式名，然后单击“添加”按钮即可。

2）修改样式。对于已建立的样式，可以对其进行修改，具体操作步骤如下：

① 选择要修改样式的工作簿。

② 选择“格式”|“样式”命令，打开“样式”对话框。

③ 在“样式名”列表框中选择需要更改格式的样式。

④ 在“样式包括”选项组中选择要设置的格式类型，然后单击“更改”按钮，打开“单元格格式”对话框。

⑤ 设置“单元格格式”对话框中相应的选项，然后单击“确定”按钮返回“样式”对话框。

⑥ 单击“样式”对话框中的“确定”按钮完成操作。

3）删除样式。当不再需要某种样式时，可以将其删除，具体操作步骤如下：

① 选择要删除样式的工作簿。

② 选择“格式”|“样式”命令，打开“样式”对话框。

③ 在“样式名”中选择需要删除格式的样式。

④ 单击“删除”按钮返回“样式”对话框，然后单击“确定”按钮完成操作。

注意　样式一旦删除将不能恢复，只能重新创建，因此“常规”样式是不能被删除的。

4）合并样式。如果要把在一个工作簿已经设置的样式应用于另一个工作簿，可以使用合并样式功能。合并样式的操作步骤如下：

① 打开源工作簿（已经设置好样式的工作簿）和目标工作簿（要并入样式的工作簿），并激活目标工作簿。

② 在目标工作簿上选择“格式”|“样式”命令，打开“样式”对话框。

③ 单击“合并”按钮，将弹出“合并样式”对话框，如图 2-57 所示。

④ 在“合并样式”对话框中的“合并样式来源”列表框中选择源工作簿，然后单击“确定”按钮返回“样式”对话框。

⑤ 在“样式”对话框中单击“确定”按钮即可。

（3）用样式定义选中的单元格。

1）选中要定义的单元格或单元格区域。

2）选择“格式”|“样式”命令，打开“样式”对话框。

3）在“样式”对话框中选择一种样式，然后单击“确定”按钮。

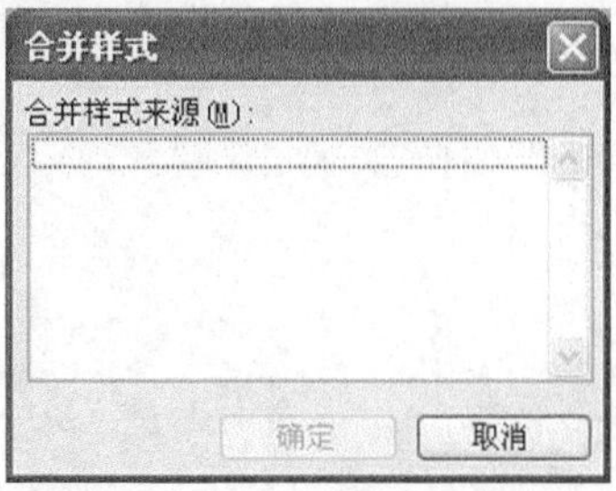

图 2-57　“合并样式”对话框

2.1.5　打印工作表

打印是电子表格软件的一个重要内容，这是使用电子表格的一个关键步骤。事实上，当在屏幕上编制好工作表后，Excel 就会按默认设置安排好打印过程，只需要单击“标准”工具栏中的“打印”按钮即可开始打印。但是，不同行业的用户需要的报告样式是不同的，每个用户都会有自己的特殊要求。为方便用户，Excel 通过页面设置、打印预览等命令提供了许多用来设置或调整打印效果的实用功能，本节将介绍怎样利用这些功能，以便打印出完美的、具有专业化水平的工作表。

1．预览打印结果

在准备打印和输出工作表之前，还有一些工作要做。例如，可以使用“打印预览”功能来快速查看打印面的效果，然后通过“页面设置”相关功能高速预览效果与最终期望的输出结果之间的差距，以达到理想的打印结果。

打开“宏达公司五月份销售情况”工作表，如图 2-58 所示，这个工作表由表格和曲线图两部分组成。

	A	B	C	D	E	F	G
1			宏达公司五月份销售情况				
2							
3		光盘	鼠标	显示器	键盘	主机	调制解调器
4	1	3234	345	85	5466	321	310
5	2	984	235	64	984	235	64
6	3	32132	789	3213	32132	789	3213
7	4	99	32	31	99	32	31
8	5	65	64	31	65	64	31
9	6	887	654	4	887	654	4
10	7	998	5465	531	998	5465	531
11	8	362	654	64	362	654	64
12	9	25	875	64	25	875	64
13	10	455	55	646	455	55	646
14	11	45	87	321	45	87	321
15	12	6666	456	313	6666	456	313
16	13	564	561	879	564	561	879
17	14	987	321	95	987	321	95
18	15	343	97	45	343	97	45

图 2-58　宏达公司五月份销售情况

下面，查看“宏达公司五月份销售情况”的打印预览结果，具体操作步骤如下：

（1）选中“宏达公司五月份销售情况”。

（2）选择“文件”|“打印预览”命令，或直接单击“常用”工具栏中的“打印预览”按钮，进入打印浏览状态，如图 2-59 所示。

宏达公司五月份销售情况

	光盘	鼠标	显示器	键盘	主机	调制解调器
1	3234	345	85	5466	321	310
2	984	235	64	984	235	64
3	32132	789	3213	32132	789	3213
4	99	32	31	99	32	31
5	65	64	31	85	64	31
6	887	654	4	887	654	4
7	779	5465	531	998	5465	531
8	362	654	64	362	654	64
9	25	875	64	25	875	64
10	455	55	646	455	55	646
11	45	87	321	45	87	321
12	6666	456	313	6666	456	315
13	564	561	879	564	561	879
14	987	321	95	987	321	95
15	343	97	45	343	97	45

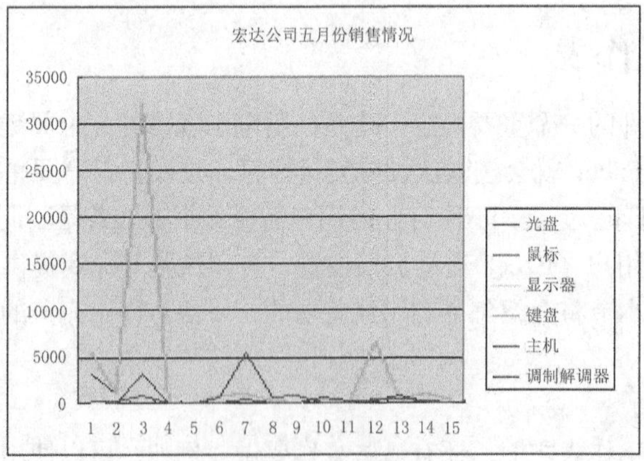

图 2-59　打印预览

（3）在打印预览状态下，鼠标形状将变成放大镜形状，此时，可将鼠标移到要查看的区域然后单击鼠标，即可把工作表放大，同时鼠标形状又变回箭头形状，再次单击，工作表将恢复原状。

（4）如果一页打印不下，则预览窗口底部状态栏信息“第 1 页　共 2 页”说明这个工作表内容需要用两页纸打印出来，Excel 对于超过一页信息的内容，根据打印纸张的大小自动进行分页处理，单击窗口顶部“下一页”按钮或直接按 PageDown 键，依次浏览余下几页的打印预览效果，如图 2-60 所示。

单击“关闭”按钮即可关闭打印预览窗口，并返回工作表的常规显示状态。

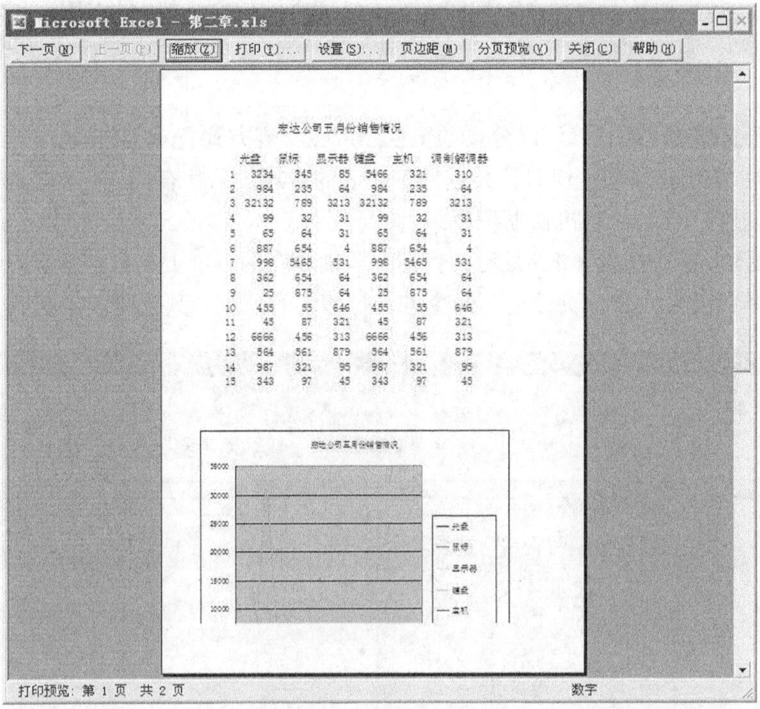

图 2-60（a） 预览效果第一页

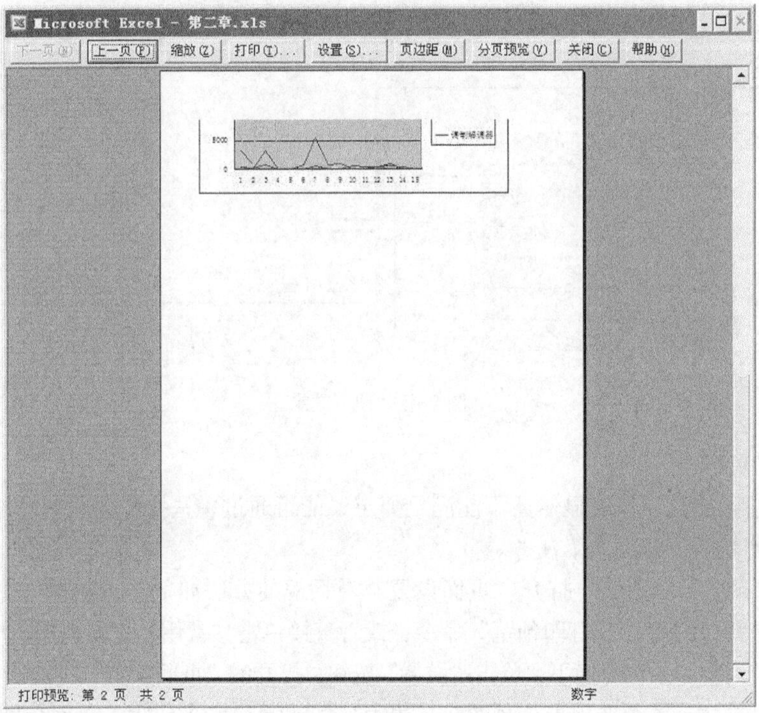

图 2-60（b） 预览效果第二页

打印预览窗口中各功能按钮的作用如下。

①“下一页”：显示当前页的下一页内容。

②“上一页”：显示当前页的上一页内容。

③“缩放”：使当前的内容在全页视图和放大视图之间切换，但它并不影响实际打印的大小。

④“页边距”：显示或隐藏用来拖动调整页边距、页眉和页脚边距以及表格列宽的黑色小方块。

⑤“分页预览/普通视图”：可以分页预览视图或按常规方式查看工作表。

⑥“关闭”：关闭打印预览窗口，并返回工作表的常规显示状态。

⑦“帮助”：打开 Excel 联机帮助程序。

图 2-60 所示的是“宏达公司五月份销售情况”内容在两页纸上的打印情况。

还可以选择“视图”|“分页预览”命令进行打印前的预览，其预览效果如图 2-61 所示。

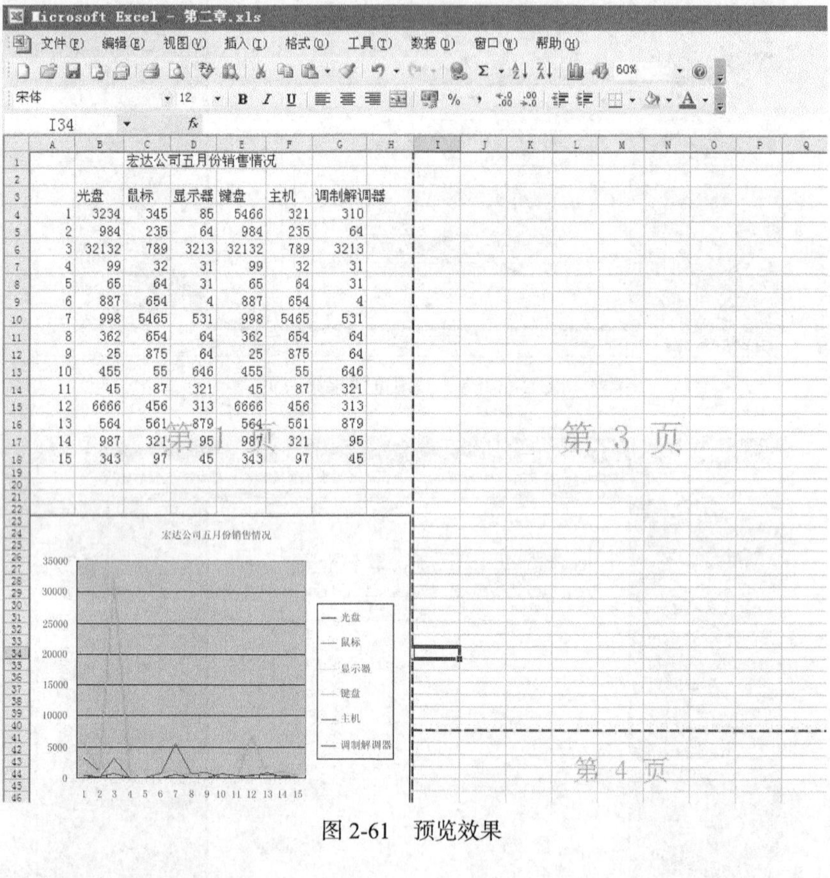

图 2-61　预览效果

2. 打印设置

按上一节打印出的工作表显然还不能满足要求，能否通过一些操作使得打印结果更加符合要求呢？本节内容就是要解决这个任务。

（1）“页面设置”对话框。打开“页面设置”对话框的方法如下。①选择“文件”|“页面设置”命令。②选择“文件”|“打印预览”命令；或者直接单击“常用”工具栏中的“打印预览”按钮。这时会切换到打印预览环境下，单击“设置”按钮，打开的“页面设置”对话框如图 2-62 所示，可以看到，对话框中有 4 个选项卡：页面、页边距、页眉/页脚和工作表，下面分别进行介绍。

1）页面。将“页面设置”对话框切换到“页面”选项卡，按照下面各项进行设置。

① 设置打印方向。可以按纵向和横向两个方向来设置文件的打印方向。纵向是以纸的短边为水平位置打印；横向是以纸的长边为水平位置打印。

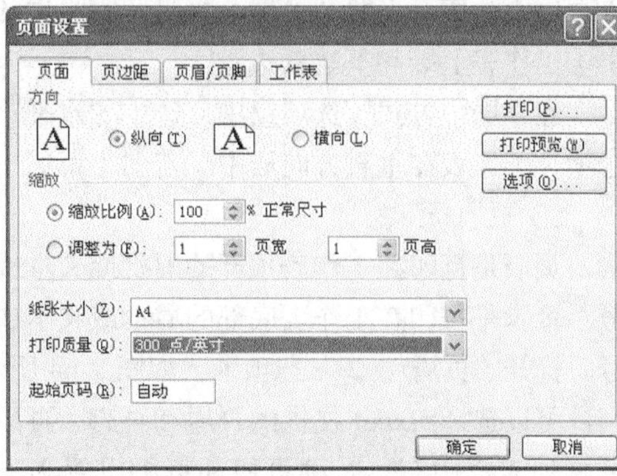

图 2-62　“页面设置”对话框

在“页面”选项卡的上部有一个“方向”选项组，可以在上面选择打印的方向。

② 设置缩放比例。在“页面”选项卡的中部有一个“缩放”选项组，用户可以通过单击“缩放比例：100%正常尺寸”选项中间的向上或向下的箭头，或者在选项中的小方框内输入数字来设置放大或缩小打印的工作表比例。Excel 允许用户将工作表缩小到正常大小的 10%，放大到 400%。

“缩放”选项组中的“调整为：1 页宽 1 页高”选项是个很有用的选项。可以通过该选项让 Excel 根据定义的纸张大小来自动计算工作表缩放的比例。例如，假设有一个需要 A3 大小的纸才能打印完的工作表，但是，打印机最大只能打印 A4 幅面。这时有以下两种选择：

A. 将工作表打印到两张 A4 大小的纸上，然后再拼接。在“页宽”文本框中输入 2；在“页高”小方框中输入 1。

B. 将工作表缩小打印到一张 A4 大小的纸上。在“页宽”文本框中输入 1；在“页高”文本框中输入 1。

③ 设置纸张大小。“纸张大小”设置选项在“页面”选项卡的下半部，单击“纸张大小”列表框右边向下的箭头，在下拉列表中，有适合当前打印机的纸张类型，用户可以在该列表中选择需要的纸张大小。

④ 设置打印质量。单击“打印质量”列表框右边向下的箭头，可以打开适合当前打印机的打印质量或分辨率的列表，用户可以在列表中选择一种分辨率。

⑤ 设置起始页码。用户可以在“起始页码”文本框内输入需要打印的工作表起始页号。Excel 默认的“自动”设置的意思是从当前页开始打印。

2）页边距。“页边距”选项卡如图 2-63 所示，可以通过它为需要打印的工作表设置上、下、左、右页边的距离，可以设置页眉/页脚距页边的距离，操作步骤如下。

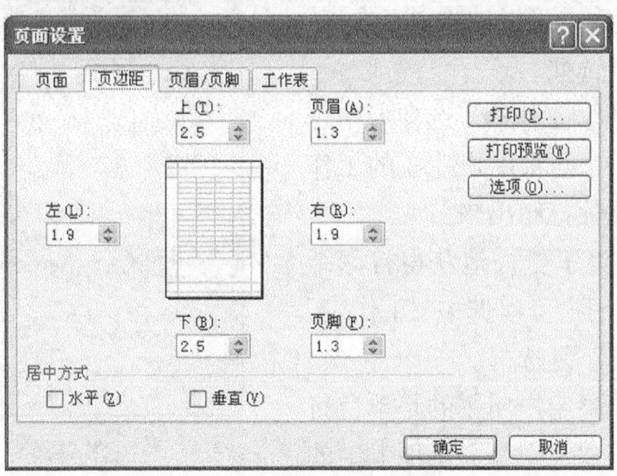

图 2-63　“页边距”选项卡

单击文本框右边的向上或向下的箭头，就可以调整页边距。也可以在相应的文本框中直接输入页边距数值。设置“页眉、页脚”距页边的距离的方法同上。只是页眉和页脚距页边的距离应小于工作表上端和下端页边距。

在“居中方式”选项组中，选中“水平”复选项，工作表在水平方向居中；选中“垂直”复选项，工作表在垂直方向居中。若两个都选中，则工作表位于页面中间。

3）页眉/页脚。

页眉是打印在工作表顶部的眉批或文本或页号。页脚是打印在工作表底部的眉批或文本或页号。打开“页眉/页脚”选项卡，如图 2-64 所示，用户可以选择 Excel 提供的页眉和页脚（页眉和页脚列表框中有 17 种页眉和页脚设置和一种“无”设置方式）。

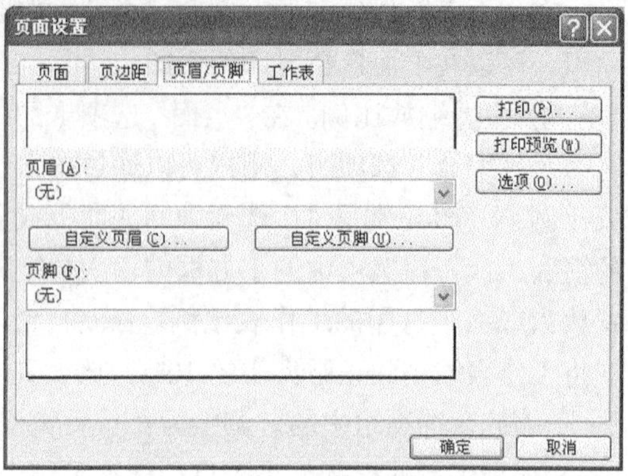

图 2-64　“页眉/页脚”选项卡

如果页眉和页脚列表框中没有用户需要的格式，还可以自己定义页眉和页脚。单击“自定义页眉”或“自定义页脚”按钮，系统会出现“页眉”或“页脚”对话框，如图 2-65 所示。可以通过对话框中的“文字”、“页号”、“总页数”、“日期”、“时间”、“文件名”和“标签名”按钮定义页眉或页脚。

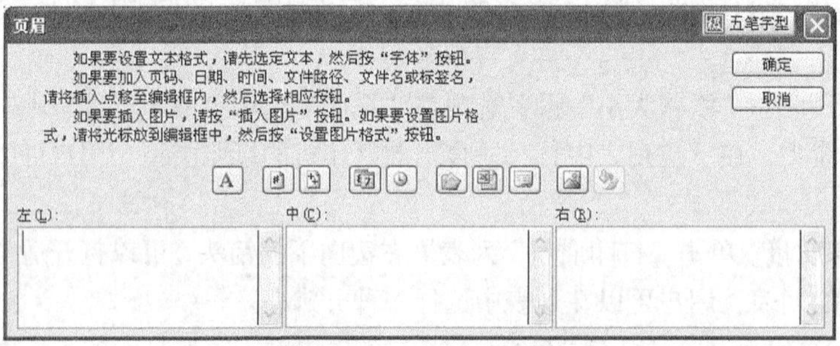

图 2-65　“页眉”对话框

4）工作表。“工作表”选项卡如图 2-66 所示。

① 设置打印网络线。通常，网格线是用户根据需要设计的。打印前，用户可以选中“工作表”选项卡中的“网格线”复选框。

② 设置打印批注。在“工作表”选项卡中选择“批注”选项后，Excel 会将用户建立的工作表单元格上的批注全部单独打印出来。

③ 设置打印草稿。为了更快地获得打印结果，而不在乎打印质量，用户可以选中“工作表”选项卡中的“按草稿方式”复选框。

④ 设置单色打印。如果用户使用的是单色打印机，可以在打印前选中“工作表”选项卡中的“单色打印”复选框，忽略单元格或图案的颜色。

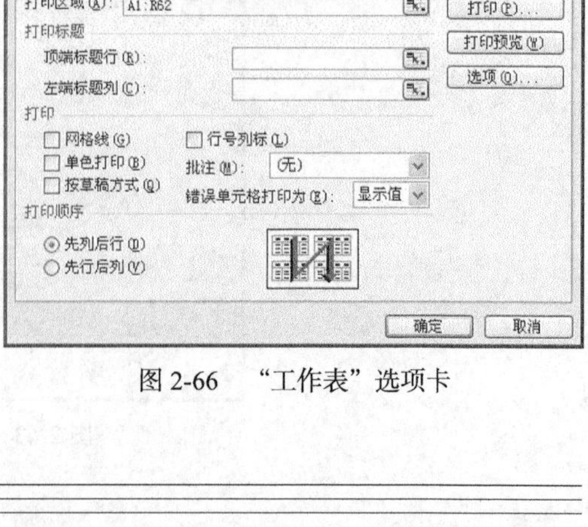

图 2-66　“工作表”选项卡

⑤ 打印行号和列号。如果用户要打印出工作表的行号和列号，可以在“工作表”选项卡中选中“行号列标”复选框。

⑥ 指定打印区域。用户若只需要打印工作表中的某一部分，可以单击“打印区域”选项右边的按钮，然后在工作表中用鼠标选择需要打印的单元格区域，按 Enter 键；或者直接在“打印区域”选项右边的方框内输入区域范围或区域名称。

⑦ 长宽表的打印。如果有一个很长的列表或数据库，标题和表头是相同的，用户可以通过“工作表”选项卡中的“打印标题”选项，设置重复打印的标题和表头的范围。可以设置顶端标题行和左端标题列的单元格区域，设置的方法与指定打印区域相同。设置完成后，打印时 Excel 就会把所指定的行和列的表头打印在每一页上。

5）其他按钮。“页面设置”对话框上除了选项卡以外，还有 3 个特别的按钮：“打印”按钮、“打印预览”按钮和“选项”按钮，其用法分别介绍如下。

①“打印”按钮：显示“打印”对话框。

②“打印预览”按钮：显示“打印预览”窗口。

③“选项”按钮：显示设置“打印机属性”对话框，此对话框中包含“页面”、“高级”和“关于”3 个选项卡。

（2）将指定内容打印在一页纸上。首先，有必要对“打印纸张”作简单介绍。“打印纸张”实际上就是所用的打印纸，所以它有具体的物理尺寸。例如，常用的 A4 纸张，其物理尺寸为宽 210mm、高 297mm。为了达到一个美观的整体效果，Excel 2003 将“打印纸张”划分为几个区域：内容区、页眉页脚区和页边四周的空白区；通常打印准备工作的重点是在调整“打印纸张”上的这些布局区域，以便获得最满意的打印结果。

对于超过一页信息的内容，可根据打印纸张的大小自动进行分页处理。通常，工作表中的分页符是不显示出来的。要在工作表中显示分页符，应选择“工具”|“选项”命令，在打开的“选项”对话框中，切换到“视图”选项卡，在其中选中“自动分页符”复选框，如图 2-67 所示；单击“确定”按钮返回工作表窗口，分页符以虚线的形式出现在工作表窗口中。

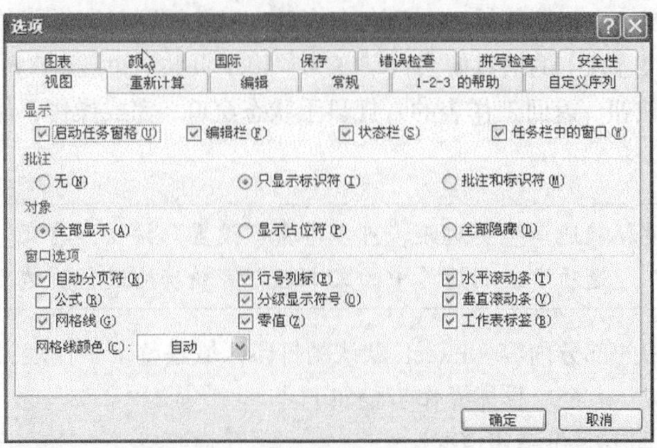

图 2-67 自动分页符

下面通过实际操作来实现将内容打印在一页纸上。

1）选中“宏达公司五月份销售情况”工作表中的嵌入式图表，选择打印预览，预览结果显示为两页。

2）关闭预览状态，将鼠标移到图表右侧的黑色小方块上，当鼠标形状变成双箭头时，按住鼠标左键并拖动，将图表宽度调整到分页符左侧，将鼠标移到图表底部的黑色小方块上，当鼠标形状变成双箭头时，按住鼠标左键并拖动，将图表高度调整至分页符上侧，图表尺寸调整完毕后，单击工作表中任一单元格，撤销图表选中状态。

3）选择“文件”|“打印预览”命令，打开打印预览状态窗口，此时图表可能仍显示为两页，状态栏中也显示为“第 1 页共 2 页”，如图 2-68（a）和图 2-68（b）所示。

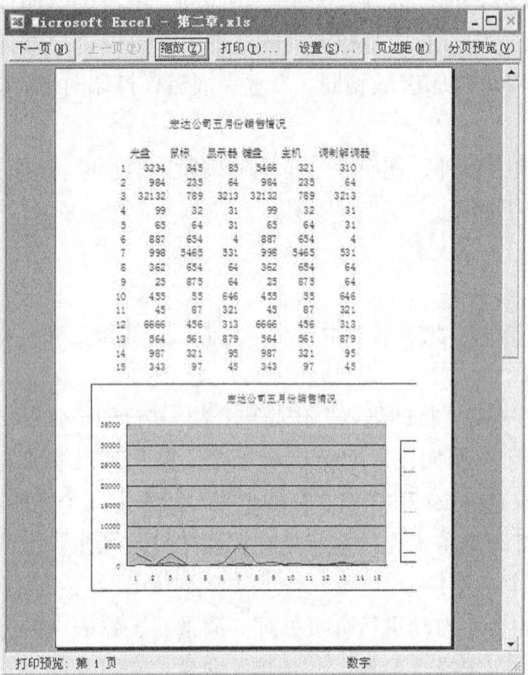

图 2-68（a） 预览效果第 1 页

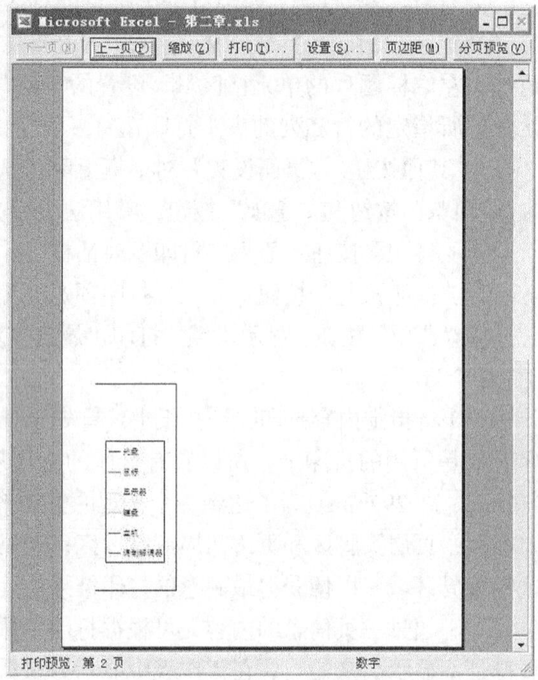

图 2-68（b） 预览效果第 2 页

4）单击“页边距”按钮，页面四周将出现一些黑色小方块，将鼠标移到页面顶部最右侧（或者最左侧）的黑色小方块上，按住鼠标左键向右拖动，以此调宽打印纸张的内容区，当内容区能够容纳所有内容时，状态栏中的信息便会自动变为“第 1 页共 1 页”。

5）单击“关闭”按钮，返回工作表的常规显示状态窗口，完成操作，最后打印的图形效果如图 2-69 所示。

提示

如果需要精确地调整页边距，可以单击“设置”按钮，打开“页面设置”对话框，选中“页边距”选项卡，利用其中的文本框即可精确地进行页边距的设置。

（3）打印工作表中的部分内容。Excel 默认的打印区域是整个工作表，如果需要打印局部内容，可利用“打印区域”命令。具体操作步骤如下：

1）选中“宏达公司五月份销售情况”。

2）选择需要隐藏的行和列，然后选择“格式”|“行”或“列”中的“隐藏”命令。

3）选择整个数表区域。

4）选择“文件”|“打印区域”|“设置打印区域”命令，实现只打印等距的区域内容。

5）选择“文件”|“打印预览”命令，检查打印结果，看看是否实现了打印局部内容的目的。

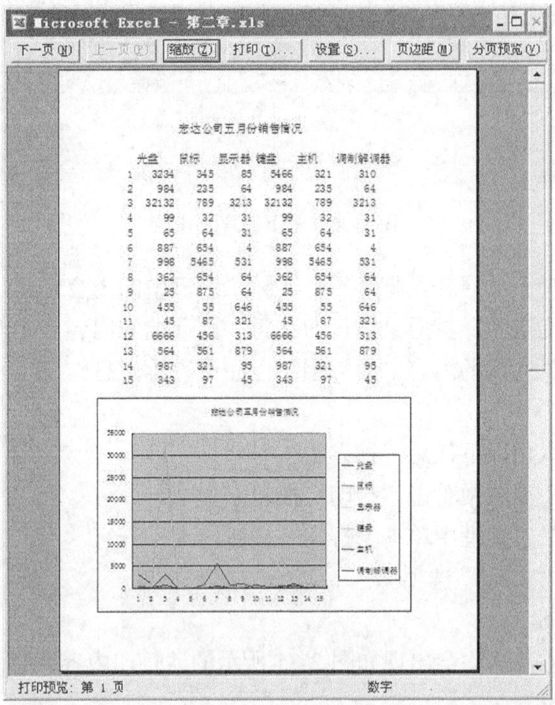

图 2-69　打印效果

> **提示** 如果在工作表中定义了打印区域，Excel 2003 将只打印该打印区域。如果在打印前选择了要打印的单元格区域，并在“打印”对话框中选中了“选定区域”单选按钮，Excel 2003 将只打印选中区域而忽略工作表中任何已定义的打印区域。

（4）重复打印表格标题。要在每一页中都打印相同的行或列作为标题，可以使用“文件”|“页面设置”命令来实现，具体操作步骤如下（以前面的例子继续练习）：

1）选择“宏达公司五月份销售情况”。

2）选择“文件”|“页面设置”命令，打开“页面设置”对话框，切换到“工作表”选项卡，如果需要设置某几行内容作为每一页的水平标题，选择“顶端标题行”。如果希望将某几列内容作为每一页的垂直标题，选择“左端标题列”，然后在工作表中要作为标题的行或列中选择一个单元格。

3）最后选择“文件”|“打印预览”命令，利用“下一页”或“上一页”按钮检查打印结果。

（5）设置每一页的打印内容。Excel 2003 对于超过一页信息的文件均自动进行分页，如果需要将文件强制分页，可使用“插入”|“分页符”命令手动插入一个人工分页符。

人工分页符包括垂直方向和水平方向两种。插入人工分页符分两个步骤实现：首先选择需要开始新页的单元格所在行或列，然后选择“插入”|“分页符”命令。下面举例说明。

1）打开“宏达公司五月份销售情况”。

2）首先选择第 11 行数据，然后选择“插入”|“分页符”命令，在 11～12 行之间插入人工分页符，如图 2-70 所示（右边为插入之后效果）。

> **提示** 要删除一个人工分页符，可选中人工分页符下面的第一行数据（对于垂直分页符选择分页符右边的第一列单元格），然后选择“插入”|“删除分页符”命令，即可删除等距的分页符。

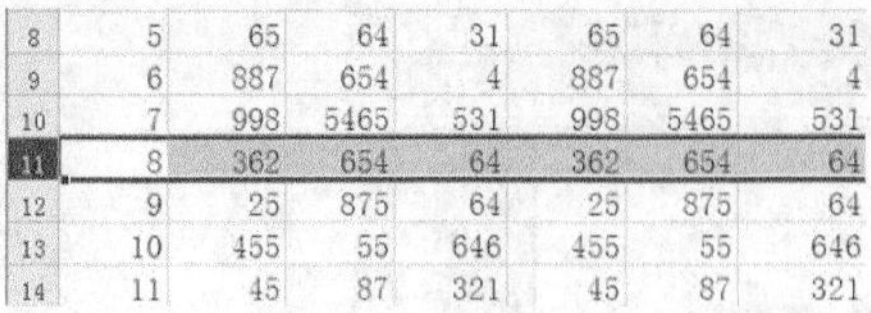

8	5	65	64	31	65	64	31
9	6	887	654	4	887	654	4
10	7	998	5465	531	998	5465	531
11	8	362	654	64	362	654	64
12	9	25	875	64	25	875	64
13	10	455	55	646	455	55	646
14	11	45	87	321	45	87	321

（a）

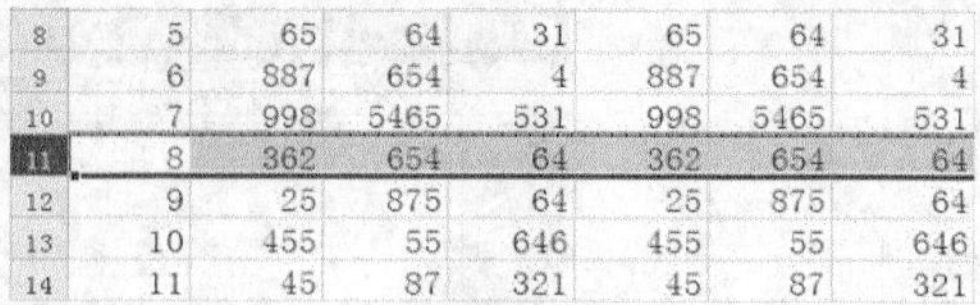

8	5	65	64	31	65	64	31
9	6	887	654	4	887	654	4
10	7	998	5465	531	998	5465	531
11	8	362	654	64	362	654	64
12	9	25	875	64	25	875	64
13	10	455	55	646	455	55	646
14	11	45	87	321	45	87	321

（b）

图 2-70　分页符效果比较

（6）设置页眉和页脚。页眉和页脚并不是实际工作表中的内容，而是打印纸张中的一部分，并且由打印纸张单独分配空间。页眉是被打印在每一页顶端的内容，一般用于标明报表标题等，页脚则是被打印在每一页底部的内容，通常用于标注页码等信息。

3. 打印

想打印工作表，可以用以下任意一种方法：

（1）在“打印预览”视图中单击“打印”按钮。

（2）在“页面设置”对话框中单击“打印”按钮。

（3）选择“文件”|“打印”选项。

（4）按 Ctrl+P 快捷键。

通过以上任意一种方法，均会出现如图 2-71 所示的“打印内容”对话框，单击“确定”按钮执行打印命令。

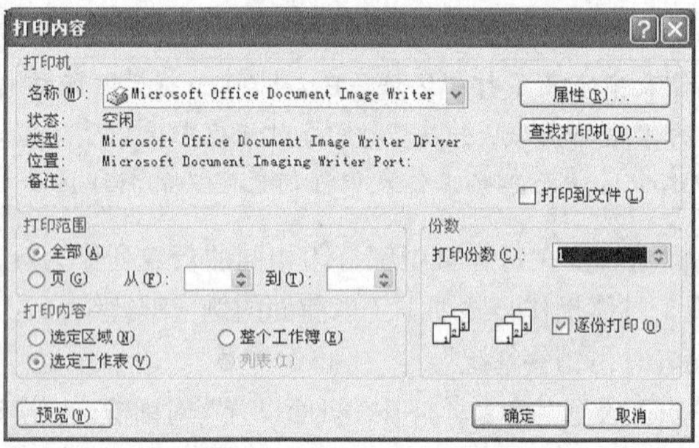

图 2-71　“打印内容”对话框

如果用户只想打印工作表中的内嵌图表而不打印其他内容，在打印之前，双击需要打印的图表，使选中的图表周围出现实心小方块（表示选定此图表），然后再选择“文件”|“打印”命令。

下面介绍“打印内容”对话框中的主要选项。

（1）“选定区域”单选按钮：选中此选项后，只打印工作表中的选定单元格区域。

（2）“选定工作表”单选按钮：选中此选项后，打印当前工作表的所有区域，按选择的页号逐页打印。如果没有定义打印页号区域，则打印整个工作表。

（3）“整个工作簿”单选按钮：选中此选项后，打印工作簿的整个打印区域。

（4）“打印份数”列表框：可以选择打印的份数；当份数大于 1 时，可以选择分页打印。

（5）“全部”单选按钮：打印所选工作表的全部内容。

（6）“页”单选按钮：打印“从…到…”组合框中指定的页。

（7）“属性”按钮：单击此按钮将打开当前打印机的“属性”对话框。

（8）“打印到文件”复选框：如果用户要将选定的范围保存到硬盘或软盘上，保存为 Excel 的打印输出格式，可以选择此项。

（9）“预览”按钮：显示打印预览窗口。

设置完成后，单击对话框中的“确定”按钮即可以开始打印。此外，单击“标准”工具栏中的“打印”按钮，可以不打开“打印”对话框而直接开始打印。

4. 视图管理器

视图管理器是为工作表创建不同视图，并管理这些视图的一个 Excel 自带的程序。通过命名创建的视图，可以在这些命名的视图之间进行快速切换，不必将不同的视图存为多张工作表就可以显示、打印和储存不同的视图。

使用视图管理器必须先为视图命名，操作步骤如下：

（1）在工作表中选择一视图区域。

（2）选择“视图”|“视图管理器”命令，打开“视图管理器”对话框，如图 2-72 所示。

（3）单击“添加”按钮，打开“添加视图”对话框，如图 2-73 所示。在“名称”文本框中为视图输入一个名称，并重新设置复选框，单击“确定”按钮即可保存该视图。

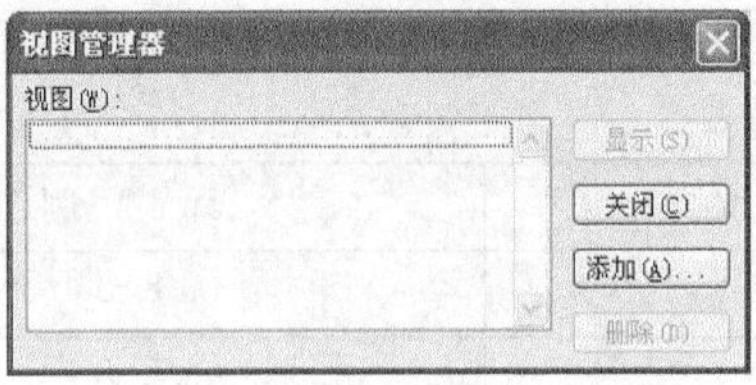

图 2-72　“视图管理器”对话框

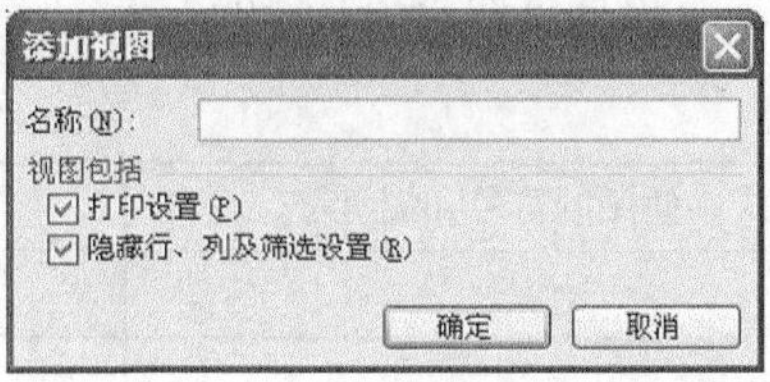

图 2-73　“添加视图”对话框

视图的命名将显示在“视图管理器”对话框的“视图”列表框中。如果想切换到某个已经定义的视图，在“视图管理器”对话框中单击“显示”按钮，即可快速切换到对应的视图。

2.2　公　式

本节介绍公式的一些基本概念和语法，然后详细介绍如何建立、修改、移动和复制公式，公式的引用，公式的审核，用数组公式进行计算等内容。

2.2.1　公式概述

公式主要用于计算。可以说，没有公式的 Excel 就没有使用价值。使用公式可以进行简单的计算，如加、减、乘和除等；也可以完成很复杂的计算，如财务、统计和科学计算等；还可以使用公式进行比较或者操作文本和字符串。工作表中需要计算结果时，使用公式是最好的选择。

简单地说，公式就是一个等式，或者说是连续的一组数据和运算符组成的序列。

考察以下公式：

=10*2/3+4

=SUM(A1:A3)

=B5&C6

第一个公式是用户所熟悉的，只是等号左边是省略的单元格。第二、第三个公式可能以前没有接触过。在 Excel 中，公式有其本身的特点，并且有自己的规定，或者叫做语法。

在工作表单元格中输入公式以后，公式的结果就会显示在工作表中。要想查看产生结果的公式，只需选中该单元格，公式就会出现在公式栏中。要在单元格中编辑公式，双击该单元格或者按 F2 键。

操作实例 2-1　查看工作表中所有的公式内容

（1）选择“工具”|“选项”命令，打开“选项”对话框。

（2）将“选项”对话框切换到“视图”选项卡，选中“公式”复选框。

（3）单击“确定”按钮完成操作。

这时公式就出现在单元格中。在显示公式与结果之间切换的快捷键是 Ctrl+`（符号`就在 1 键左边）。一般用户都不想显示工作表中的公式，但调试工作表时查看工作表的公式是很有用的。

下面介绍公式中的运算符和公式的运算顺序。

1. 运算符

在 Excel 中，运算符可以分为 4 类：算术运算符、比较运算符、文本运算符和引用运算符。

用户通过算术运算符可以完成基本的数学运算，如加、减、乘、除、乘方和求百分数等，Excel 中所有的算术运算符如表 2-1 所示。

表 2-1　Excel 中的算术运算符

公式中使用的符号和键盘符	含　义	示　例
+	加	8+8
-	减	8–8
-	负号	–8
*	乘	8*8
/	除	8/8
^	乘方	8^8
%	百分号	88%
()	括号	(3+3)*3

比较运算符用于比较两个数值，并产生逻辑值 TRUE 和 FALSE，Excel 中所有的比较运算符如表 2-2 所示。

表 2-2　Excel 中的比较运算符

公式中使用的符号和键盘符	含　义	示　例
=	等于	C1=C2
>	大于	C1>C2
<	小于	C1<C2
>=	大于等于	C1>=C2
<=	小于等于	C1<=C2
<>	不等于	C1<>C2

文本运算符可以将一个或者多个文本连接为一个组合文本。文本运算符只有一个：&，其含义是将两个文本值连接或串联起来产生一个连续的文本值，如 CLASS&ROOM 的结果是

CLASSROOM。

引用运算符可以将单元格区域合并运算，Excel 中所有的引用运算符如表 2-3 所示。

表 2-3　　Excel 中的引用运算符

公式中使用的符号和键盘符	含　义	示　例
:（冒号）	区域运算符，对于两个引用之间，包括两个引用在内的所有单元格进行引用	A1:B5
,（逗号）	联合运算符，将多个引用合并为一个引用	SUM(Al:B2，A3:A4)
（空格）	交叉运算符，产生同时属于两个引用的单元格区域的引用	SUM(A4:H4　B3:B8)

2. 运算顺序

当公式中既有加法，又有乘法、除法，也有乘方，Excel 是怎样确定其运算先后顺序呢?这就需要理解运算符的运算顺序，也就是运算符的优先级。对于同级运算，则按照从等号开始由左到右进行运算；对于不同级的运算符，则按照运算符的优先级进行运算。常用运算符的运算优先级如表 2-4 所示。

表 2-4　　公式中运算符的优先级

运　算　符	说　明
:（冒号）	区域运算符
,（逗号）	联合运算符
（空格）	交叉运算符
()	括号
–（负号）	如–5
%	百分号
^	乘方
*和/	乘和除
+和-	加和减
&	文本运算符
=、<、>、>=、<=、<>	比较运算符

3. 文本运算

文本运算符（&）用于连接字符串，例如，公式：“我爱”&“伟大的”&“中国”的结果是“我爱伟大的中国”。当然，文本运算符还可以连接数字，例如，公式=12&34 的结果是 1234 字符串。

注意　当用&来连接数字时，数字串两边的双引号可以没有，但对于连接一般的字母、字符串和文本时，双引号不可去掉，否则公式将返回错误值。

4. 比较运算

比较运算符可以对两个数字或者两个字符串进行比较，以产生逻辑值 TRUE 或 FALSE。例如，公式=200<400 的结果是 TRUE；而公式=100>400 的结果则是 FALSE。

注意　用比较运算符对字符串进行比较的时候，Excel 会先将字符串转化成内部的 ASCII 码，然后再作比较。因此公式= “AB” > “BC” 的结果是 FALSE。

5. 数值转换

在公式中，每个运算符都需要特定类型的数值与之对应。如果输入数值的类型与所需的类型不同，Excel 有时可以对这个数值进行转换。下面举几个例子来说明公式中数值的转换。

例如，公式= “1” + “2”，产生的结果是 3。这是因为使用（+）时，Excel 会认为公式中运算项为数值。虽然公式中的引号说明 “1” 和 “2” 是文本型数字，但 Excel 会自动将文本数字转换成数值。再如，公式= “1” + “$2.00”，结果也是 3，其原因与此相同。又如，使用函数的公式 =SQRT(“9”)，则公式也会先将字符 “9” 转换成数值 9，然后再计算 SQRT()函数，即对 9 的开方（有关函数的使用参看本章后面的章节），得到结果 3。

例如，公式="A"&TRUE，产生的结果是 ATRUE。这是因为需要文本时，Excel 会自动将数值和逻辑型值转换成文本。

6. 日期和时间

在 Excel 中，不仅可以对数字或者字符进行运算，同样可以对日期进行运算。Excel 会将日期存储为一系列的序列数，而将时间存储为小数，因为时间可以被看成日期的一部分。

用户可以用一个日期减去另外一个日期来计算两个日期的差值。例如，公式= “98/10/1” - “97/8/1” 的结果为 426。即 1998 年 10 月 1 日和 1997 年 8 月 1 日之间相差 426 天。

同样可以对日期进行其他的混合运算，例如，公式= “98/10/1” - “97/8/1” / “98/10/1” 的结果为 36068.01。

提示　当在 Excel 中输入日期，并且年份输入为两位数时，Excel 会将在 00～29 的输入数解释为 2003−2029 年，而将在 30～99 的输入数解释为 1930−1999 年。例如，对于 12/7/7，Excel 会认为这个日期为 2012 年 7 月 7 日，而将 95/10/1 认为是 1995 年 10 月 1 日。

7. 语法

所谓公式的语法，就是公式中元素的结构或者顺序。Excel 中的公式遵循一个特定的语法：最前面是等号 “=”，后面是参与运算的元素和运算符。元素可以是常量数值、单元格引用、标志名称以及工作表函数。

2.2.2 公式的基本操作

公式的运用在 Excel 中占有很重要的地位。下面介绍公式的一些基本常用操作。

1. 建立公式

公式的建立在前面的一些例子中都曾经提到过，这一节正式介绍怎样通过键盘和公式选项板来创建公式。

（1）输入公式。用键盘创建公式的操作步骤如下：

1）选择要输入公式的单元格。

2）先输入等号 “=”，然后输入计算表达式；如果使用的是函数向导向单元格输入公式，Excel 会自动在公式前面插入等号。

3）按 Enter 键完成公式的输入。

注意　如果在某一区域内输入同一个公式，单个输入显然太慢了。这时可以选中该单元格区域，输入所需要的公式，然后按 Ctrl+Enter 组合键，则 Excel 会自动将所有单元格都粘贴上该输入公式。这不仅对公式有效，而且对其他文本和字符都有效。

（2）公式选项板。使用公式选项板来输入公式。如果创建含有函数的公式，那么公式选项板有助于输入工作表函数和公式。

要显示公式选项板，可以单击编辑栏中的按钮 fx，当在公式中输入函数时，公式选项板会显示函数的名称、函数中的每个参数、函数的当前结果和整个公式的结果等。“函数参数”对话框，如图 2-74 所示。

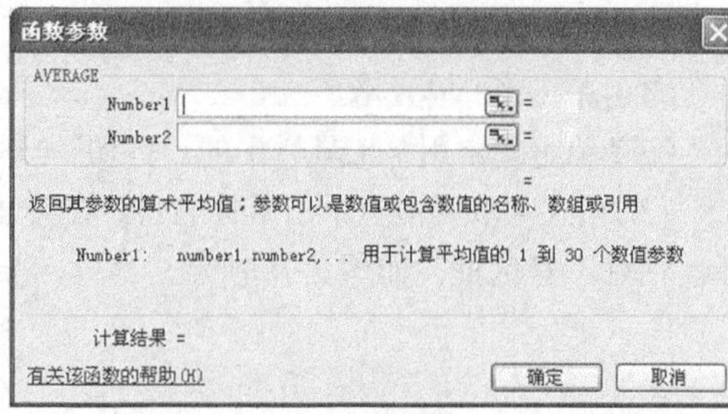

图 2-74　“函数参数”对话框

下面以计算 10、25 和 30 的平均值为例，说明公式选项板的使用，这里要借助 AVERAGE 函数。

操作实例 2-2　平均值的计算

1）选中一个单元格。

2）在编辑栏中输入“=AVERAGE()”，如图 2-75 所示，此时为了预览结果，可以用公式选项板。

3）单击编辑栏中的 fx 按钮，将会弹出公式选项板，并且公式选项板上会自动增加 AVERAGE 函数的使用选项。

4）在公式选项板的函数 AVERAGE 参数栏中分别输入 10、25 和 30。

5）输入完毕后，计算结果将出现在公式选项板上，如图 2-76 所示。

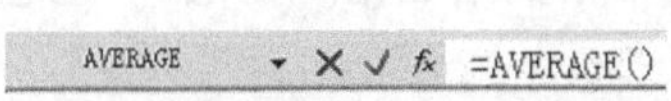

图 2-75　在编辑栏中输入函数公式

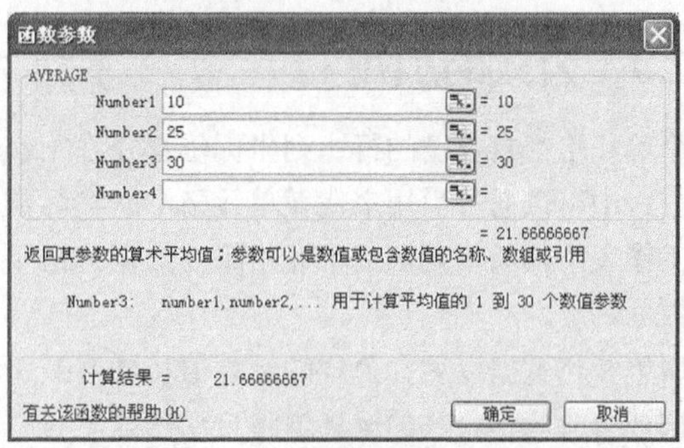

图 2-76　输入函数的公式选项板

6）单击“确定”按钮完成公式的输入，完整的公式将出现在编辑栏中，而计算结果就会显示在所选单元格上。

2．修改公式

如果发现某个公式有错误，就必须对该公式进行修改。对公式的修改非常简单，下面通过例子进行介绍。

操作实例 2-3　学会设置公式

（1）单击包含需要修改公式的单元格。

（2）在编辑栏中对公式进行修改。如果需要修改公式中的函数，则替换或修改函数的参数。

3. **公式的移动和复制**

如果要将含有公式的单元格整个（包括格式、边框等）移动或者复制到另外的单元格或区域，可以按照前面章节介绍的移动和复制单元格的方法，也可以只粘贴单元格的公式。

如图 2-77 所示，在单元格 A1 中有一个公式=40+50*3，现在要将它移动或者复制到 C3 单元格，可以按照如下步骤进行操作。

操作实例 2-4　单元格公式的粘贴

（1）单击 A1 单元格。

（2）单击“常用”工具栏中的“剪切”（进行移动操作）或者“复制”按钮（进行复制操作）。

（3）在 C4 单元格上单击鼠标右键，在弹出的快捷菜单中选择“选择性粘贴”命令，打开“选择性粘贴”对话框，如图 2-78 所示。

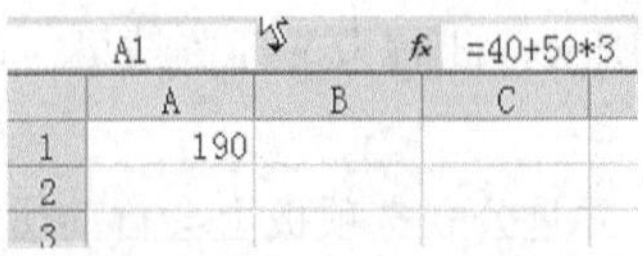

图 2-77　单元格中的公式

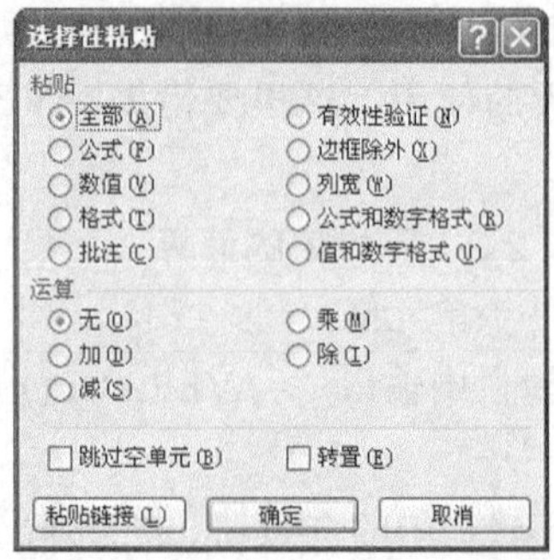

图 2-78　“选择性粘贴”对话框

（4）在“选择性粘贴”对话框中选中“公式”单选按钮。

（5）单击“确定”按钮，完成移动或者复制操作。

2.2.3　公式的引用

每个单元格都有自己的行、列坐标位置，在 Excel 中将单元格行、列坐标位置称为单元格引用。在公式中可以通过引用来代替单元格中的实际数值。在公式中，不但可以引用本工作簿中任何一个工作表中任何单元格或单元格组的数据，也可以引用其他工作簿中的任何单元格或者单元格组的数据。

引用单元格数据以后，公式的运算值将随着被引用的单元格数据变化而变化。当被引用的单元格数据被修改后，公式的运算值将自动修改。

1. **引用的类型**

为满足用户的需要，Excel 提供了 3 种不同的引用类型：相对引用、绝对引用和混合引用。在引用单元格数据时，要弄清这 3 种引用类型。

（1）绝对引用。绝对引用是指被引用的单元格与引用的单元格的位置关系是绝对的，无论将这个公式粘贴到哪个单元格，公式所引用的还是原来单元格的数据。绝对引用的单元格名称的行和列前都有符号“$”，例如，$A$l、$D$2 等。

（2）相对引用。相对引用的格式是直接用单元格或者单元格区域名，而不加符号“$”，例如，A1、D2 等。使用相对引用后，系统将会记住建立公式的单元格和被引用的单元格的相对位置关系，在粘贴这个公式时，新的公式单元格和被引用的单元格仍保持这种相对位置。

图 2-79 所示的是包含 4 位学生成绩的成绩表。要计算 4 个人各科的平均分和总评成绩。

计算平均分的公式是 4 人成绩的平均值。

计算总评成绩的公式是：总评成绩=语文*30%+数学*30%+英语*30%+体育*10%；各科在总评中所占比例已经列于第二行。

	A	B	C	D	E	F
1						
2	所占比例	30%	30%	30%	10%	
3						
4		语文	数学	英语	体育	总评
5	张三	88	99	80	89	
6	李四	85	86	87	78	
7	王五	93	79	84	81	
8	肖六	91	81	84	82	
9	平均分					

图 2-79　成绩表

操作实例 2-5　绝对引用和相对引用

① 在单元格 B9 中输入公式=AVERAGE(B5, B6, B7, B8)；在这个公式中，对单元格 B5～B8 都使用了相对引用。

② 确定以后，可以在单元格 B9 中得到计算结果。下面将单元格 B9 的公式复制到 C9、D9、E9、F9 中，复制完成后，用户就会发现这些单元格中的公式与 B9 单元格的公式不同了。原来公式中的 B 分别被改为 C、D、E 和 F。这就是相对引用。

③ 接下来计算总评成绩。

在单元格 F5 中输入公式=B5*$B$2+C5*$C$2+D5*$D$2+E5*$E$2。

在这个公式中，对单元格 B5～D5 都使用了相对引用，而对 B2～D2 则采用了绝对引用。下面将单元格 F5 的公式复制到 F6、F7 和 F8 中，复制完成后，可以发现这些单元格中，公式相对引用的单元格名称变了，而绝对引用的单元格名称没有改变。这时可以按 Ctrl+` 快捷键（用来切换查看公式或公式的结果的快捷键）来查看工作表的所有公式。

（3）混合引用。若符号$在数字之前，而字母前没有符号$，那么被应用的单元格的行位置是绝对的，列位置是相对的。反之，行的位置是相对的，而列的位置是绝对的。这就是混合引用，例如，$E3 或者 E$3。

2. 引用同一工作簿中的单元格

在当前工作表中可以引用其他工作表中单元格的内容。例如，当前的工作表是 Sheetl，如果要在 A1 单元格中引用工作表 Sheet3 中 B6：B8 的内容之和，有以下两种方法。

（1）直接输入。在 Sheetl 中选择 A1 单元格，输入“=SUM(Sheet3！B6：B8)”，然后按 Enter 键。

（2）用鼠标选择需要引用的单元格。在 Sheetl 中选择 A1 单元格，输入“=SUM(”；单击 Sheet3 工作表的标签；在 Sheet3 中选择 B6：B8 单元格，然后按 Enter 键。

注意　当编辑栏中显示 Sheetl 中 A1 单元格的公式“=SUM(Sheet3！B6：B8”时，此公式还缺少一个“)”，这时可以在编辑栏中补上“)”，也可以直接按 Enter 键，Excel 会自动加上一个“)”。

3. 引用其他工作簿中的单元格

在当前工作表中可以引用其他工作簿中的单元格或者单元格区域的数据或者公式。例如，当前的工作簿是“工作簿 2”，如果“工作簿”的 Sheet 1 工作表中的 A1 单元格要引用“工作簿 1”（文件存放的路径是“C:\My Documents\工作簿 1.xls”）中的$B$3:$B$4 单元格中的数据，可以按以下步骤进行操作。

（1）直接输入。在 Sheet 1 中选择 A1 单元格，输入“= SUM('C:\My Documents\[工作簿 1.xls]Sheet1'!$B$3:$B$4)”，然后按 Enter 键。

（2）选择需要引用的单元格。在 Sheet 1 中选择 A1 单元格，输入“=SUM(”，打开“工作簿 1”，在其中单击工作表 Sheetl 的标签，在 Sheetl 中选择$B$3:$B$4 单元格，然后按 Enter 键，关闭“工作簿 1”。

为了便于操作和观察，可以选择“窗口”|“重排窗口”命令，接着单击“确认”按钮或者按Enter键，使“工作簿1”和“工作簿2”同时显示在屏幕上，然后再进行上述的操作。

2.2.4 公式的错误与审核

审核公式对公式的正确性来说至关重要，它包括循环引用、公式返回的错误值、审核及检查等内容。

1. 循环引用

使用公式时引用公式自身所在的单元格，这时公式将把它视为循环引用。所谓公式的循环引用，指的是公式直接或者间接引用该公式所在的单元格的数值。在计算循环引用的公式时，Excel必须使用前一次迭代的结果来计算循环引用中的每个单元格。而迭代的意思就是重复工作表直到满足特定的数值条件。如果不改变迭代的默认设置，Excel 将在 100 次迭代以后或者两个相邻迭代得到的数值变化小于 0.001 时停止迭代运算。

在使用循环引用时，可以根据需要来设置迭代的次数和迭代的最大误差，在 Excel 中默认的迭代次数为 100 次。

操作实例 2-6 更改默认的迭代设置

操作步骤如下：

（1）选择“工具”|“选项”命令，打开如图 2-80 所示的“选项”对话框。

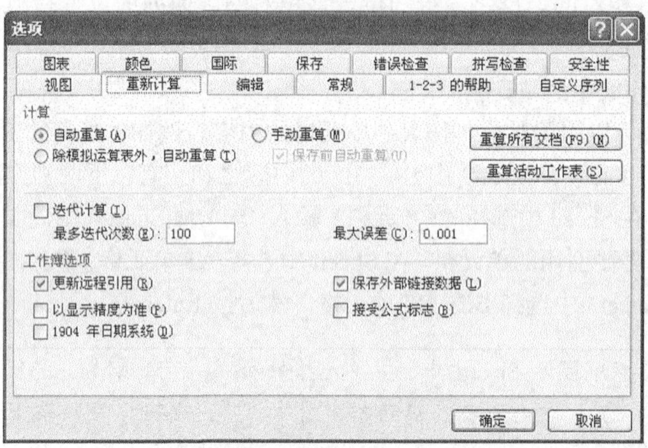

图 2-80 更改默认的迭代设置

（2）单击“重新计算”选项卡，打开“重新计算”选项卡。

（3）选中“迭代计算”复选框。

（4）根据需要在“最多迭代次数”文本框中和“最大误差”文本框中输入进行迭代运算时的最多迭代次数和最大误差。

（5）单击“确认”按钮完成操作。

2. 公式返回的错误值

如果输入的公式不符合格式或者其他要求，就无法在 Excel 工作表的单元格中显示运算结果，该单元格中会显示错误值信息，如“#####!”、“#DIV/01”、“#N/A”、“# NAME?”、“#NULL!”、“#NUM!”、“#REF!”、“#VALUE!”。了解这些错误值信息的含义有助于用户修改单元格中的公式。Excel 中的错误值及其含义如表 2-5 所示。

表 2-5 错误值及其含义

错误值	含义
#####!	公式产生的结果或输入的常数太长，当前单元格宽度不够，不能正确地显示出来，将单元格加宽即可避免这种错误
#DIV/0!	公式中产生了除数或者分母为 0 的错误，这时候就要检查是否存在以下几种情况：（1）公式中是否引用了空白的单元格或数值为 0 的单元格作为除数；（2）引用的宏程序是否包含有返回"#DIV/0!"值的宏函数；（3）是否有函数在特定条件下返回"#DIV/0!"错误值
#N/A	引用的单元格中没有可以使用的数值，在建立数学模型缺少个别数据时，可以在相应的单元格中输入#N/A，以免引用空单元格
# NAME?	公式中含有不能识别的名字或者字符，这时候就要检查公式中引用的单元格名称是否输入了不正确的字符
#NULL!	试图为公式中两个不相交的区域指定交叉点，这时候就要检查是否使用了不正确的区域操作符或者不正确的单元格引用
#NUM!	公式中某个函数的参数不对，这时候就要检查函数的每个参数是否正确
#REF!	引用中有无效的单元格，移动、复制和删除公式中的引用区域时，应当注意是否破坏了公式中单元格引用，检查公式中是否有无效的单元格引用
#VALUE!	在需要数值或者逻辑值的位置输入了文本，检查公式或者函数的数值和参数

3. 审核及检查

Excel 提供了公式审核功能，使用户可以跟踪选定范围中公式的引用或者从属单元格，也可以追踪错误。使用这些功能的操作方法为：选中需要审核的公式所在的单元格，然后选择"工具"|"公式审核"命令，如图 2-81 所示，弹出的子菜单中包含了审核公式功能的各种命令。

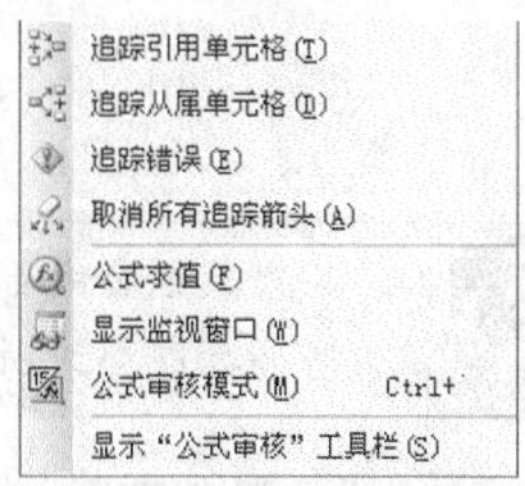

图 2-81 "公式审核"子菜单

如果需要显示公式引用过的单元格，在图 2-81 的菜单中选择"追踪引用单元格"命令，或者单击"公式审核"工具栏中的"追踪引用单元格"按钮。这时公式所引用过的单元格就会有追踪箭头指向公式所在的单元格。取消该追踪箭头的方法是单击"公式审核"工具栏中的"移去追踪引用单元格箭头"按钮。

如果需要显示某单元格被哪些单元格的公式引用，可以在图 2-81 的菜单中选择"追踪从属单元格"命令，或者单击"公式审核"工具栏中的"追踪从属单元格"按钮。这时该单元格就会产生指向引用它的公式所在单元格的追踪箭头。在删除单元格之前，最好使用这种方法来检查该单元格是否已被其他公式所引用。单击"公式审核"工具栏中的"移去追踪从属单元格箭头"按钮可取消追踪箭头。

当单元格显示错误值时，选择"公式审核"子菜单中的"追踪错误"命令或者单击"公式审核"工具栏中的"追踪错误"按钮，即可追踪出产生错误的单元格。

要取消上述的所有追踪箭头，可以在"公式审核"子菜单中选择"取消所有追踪箭头"命令或者单击"公式审核"工具栏中的"取消所有追踪箭头"按钮。

要显示"审核"工具栏，可以在"公式审核"子菜单中选择"显示'公式审核'工具栏"命令。要想隐藏"审核"工具栏，重新选择"公式审核"子菜单中的"显示'公式审核'工具栏"命令即可。

2.2.5 数组计算

数组是一组公式或值的长方形范围，Excel 视数组为一组。有些数组公式返回一组出现在很多单元格中的结果。数组是小空间进行大量计算的强有力的方法。它可以代替很多重复的公式。

1. 输入数组公式

操作实例 2-7 输入数组公式

具体操作步骤如下：

（1）选中需要输入数组公式的单元格或者单元格区域。

（2）输入公式的内容。

（3）按 Shift + Ctrl + Enter 快捷键结束输入。

输入数组公式其实是一个非常简单的操作过程，但要理解它并不容易。下面举例来帮助用户理解怎样建立数组公式。

如图 2-82 所示的内容，要在 C 列得到 A 列和 B 列 1～4 行相乘的结果，这当然可以在 C1 单元格输入公式=Al*B1，然后复制。现在要使用数组的方法得到这些结果，这时，A1～A4 和 B1～B4 的数据就是数组的参数。具体步骤如下：

选定 C1～C4 单元格区域（注意：4 个单元格全部选中），然后在编辑栏中输入公式=Al:A4*B1:B4，按 Shift + Ctrl + Enter 快捷键结束输入，得到如图 2-83 所示的结果。

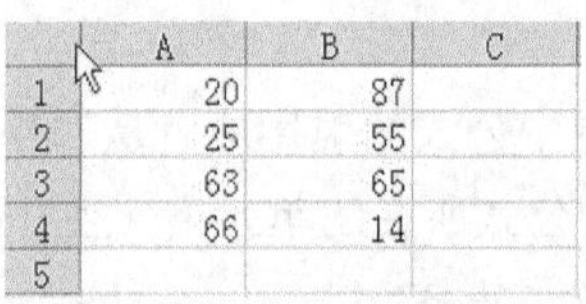

图 2-82 数组参数

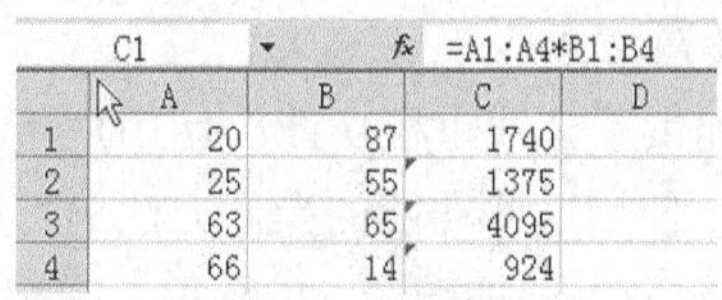

图 2-83 返回多个结果

注意

数组公式如果返回多个结果，当删除数组公式时，必须删除整个数组公式，即选中整个数组公式所在单元格区域然后再删除，不能只删除数组公式的一部分。

2. 选中数组范围

通常，输入数组公式的范围，其大小与外形应该与作为输入数据的范围的大小和外形相同。如果存放结果的范围太小，就看不到所有的结果；如果范围太大，有些单元格中就会出现不必要的“#N/A”错误。因此，选择的数组公式的范围必须与数组参数的范围一致。

3. 数组常量

在数组公式中，通常都使用单元格区域引用，也可以直接输入数值数组。直接输入的数值数组被称为数组常量。当不想在工作表中逐个单元格输入数值时，可以使用这种方法来建立数组常量。

可以使用以下的方法来建立数组中的数组常量：直接在公式中输入数值，并且用大括号{}括起来，需要注意的是，把不同列的数值用逗号“,”分开，不同行的数值用分号“;”分开。例如，如果要表示一行中的 100、200、300 和下一行中的 400、500、600，应该输入一个 2 行 3 列的数组常量{100,200,300;400,500,600}。

在实际应用中，先选中一个 2 行 3 列的矩形区域，然后输入公式={100，200，300；400，500，600}，按 Shift + Ctrl + Enter 快捷键结束输入，则在这个 2 行 3 列的矩形区域即可一次得到所需要的数值，如图 2-84 所示。

数组常量有其输入的规范，因此，无论在单元格中输入数组常量还是直接在公式中输入数组常量，并非随便输入一个数值或者公式就可以了。

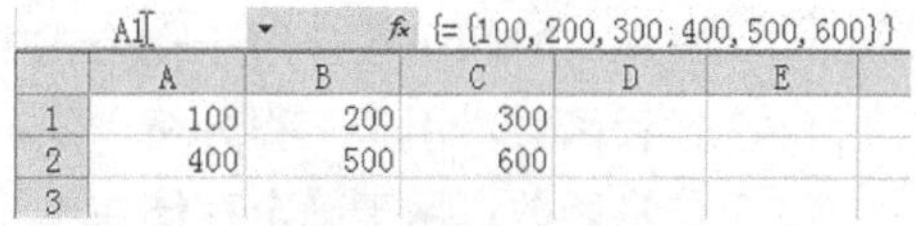

图 2-84　数组常量举例

在 Excel 中，使用数组常量时应该注意以下规定。

（1）数组常量中不能含有单元格引用，并且数组常量的列或者行的长度必须相等。

（2）数组常量可以包括数字、文本、逻辑值 FALSE 和 TRUE 以及错误值，如“#NAME?”。

（3）数组常量中的数字可以是整数、小数或者科学记数公式。

（4）在同一数组中可以有不同类型的数值，如{1，2，“A”，TURE}。

（5）数组常量中的数值不能是公式，必须是常量，并且不能含有$、( ) 或者%。

（6）文本必须包含在双引号内，如“CLASSROOMS”。

2.3　函　　数

函数处理数据的方式与公式处理数据的方式相同，函数通过引用参数接收数据，并返回结果。大多数情况下，返回的是计算结果，也可以返回文本、引用、逻辑值、数组，或者工作表的信息。本章中列出的函数都可以用于工作表或 Excel 宏表中。本章将介绍如何使用函数，然后介绍 Excel 中的一些工作表函数及其参数说明。

2.3.1　函数概述

前面已经看到，单元格中可以包括文本、公式或者函数。通过公式和函数可以在单元格中放置计算的值。公式可以进行加、减、乘、除运算，也可以包含函数。

Excel 用预置的工作表函数进行数学、文本、逻辑的运算或者查找工作表的信息。与直接用公式进行计算相比，使用函数进行计算的速度更快。例如，公式=(A1+A2+A3+A4+A5+A6+A7+A8)/8 与使用函数公式=AVERAGE(Al：A8)是等价的。但是，使用函数速度更快，而且占用工具栏的空间更少，同时可以减少输入出错的机会，因此，应该尽量使用函数。

函数通过参数接收数据，输入的参数应该放在函数名之后，并且必须用括号括起来，各函数使用特定类型的参数，如数值、引用、文本或者逻辑值。函数中使用参数的方式与等式中使用变量的方式相同。

函数的语法以函数的名称开始，后面是左括号以及逗号隔开的参数和右括号。如果函数要以公式的形式出现，则在函数名前输入等号。

1．函数分类

Excel 提供了大量的函数，这些函数按功能可以分为以下几种类型。

（1）数字和三角函数：可以处理简单和复杂的数学计算。

（2）文本函数：文本函数用于在公式中处理字符串。

（3）逻辑函数：使用逻辑函数可以进行真假值判断，或者进行符号检验。

（4）数据库函数：用于分析数据清单中的数值是否符合特定条件。

（5）统计函数：可以对选定区域的数据进行统计分析。

（6）查找和引用函数：可以在数据清单或者表格中查找特定数据，或者查找某一单元格的引用。

（7）日期与时间函数：用于在公式中分析和处理日期和时间值。

（8）过程函数：用于工程分析。

（9）信息函数：用于确定存储在单元格中的数据的类型。

（10）财务函数：可以进行一般的财务计算。

2．输入函数

输入函数与输入公式的过程类似。可以在单元格中直接输入函数的名称、参数，这是最快的方法。如果不能确定函数的拼写以及函数的参数，则可以使用函数向导插入函数。

一般在编辑栏中输入函数名称并加上左括号之后，Excel 就会打开公式选项板。公式选项板的使用方法可以参看前一节。

操作实例 2-8　输入单个函数

操作步骤如下：

（1）选中需要输入函数的单元格。

（2）选择“插入”|“函数”命令，或者直接单击“常用”工具栏中的“插入函数”按钮，打开“插入函数”对话框，如图 2-85 所示。

（3）在“或选择类别”下拉列表框中选择所需的函数类型，则该函数类型的所有函数将显示在“选择函数”列表框中，在该列表框中选择需要使用的函数。

（4）单击“确定”按钮完成函数的输入。

在“插入函数”对话框中，两个列表框下方有选中函数的说明，通过这些说明可以了解所选函数的作用。

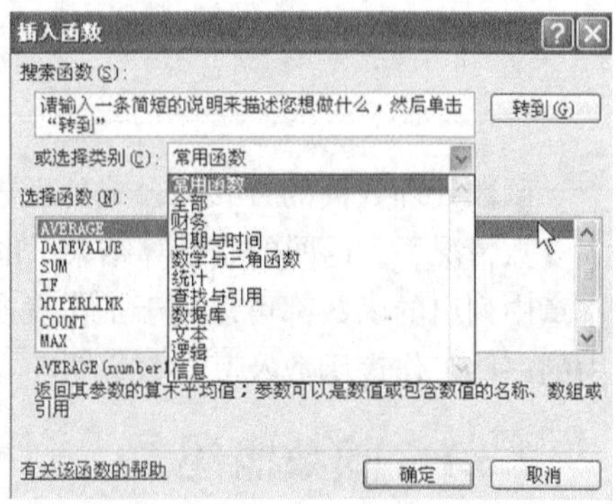

图 2-85　“插入函数”对话框

2.3.2　常见的函数

Excel 中的函数有 200 多个，下面列出了比较常用的 Excel 函数及其参数，并且进行了解释、说明和举例。

1．财务函数

输入财务函数，并不需要输入财务等式，因为 Excel 函数处理的速度很快，而且不容易出错。

（1）DB 函数。DB 函数的作用是用固定余额递减法来计算一笔资产在给定期间内的折旧费。其语法如下：

DB(cost，salvage，life，period，month)

其中，cost 为资产的初始价值；salvage 为资产全部折旧后的剩余价值；life 为资产折旧的时间长度；period 为需要计算折旧值的单个时间周期，它的单位必须与 life 相同；month 为第一年的月份数，如果缺省，则默认为 12 个月。

例如，要计算￥500000 在剩余价值为￥100000，3 年使用期限，第一年中使用 6 个月的情况下第一年的固定余额递减折旧费，应使用公式：

=DB(500000，100000，3，1，6)

该公式返回￥182250.00。

（2）DDB 函数。DDB 函数的作用是利用双倍余额递减法或其他方法来计算指定期间内某项固定资产的折旧费。它返回加速利率的折旧费——早期大，后期小。这种方法是以资产的净账簿值（资产价值减去前几年的折旧费）的百分比来计算折旧费的。其语法如下：

DDB(cost，salvage，life，period，factor)

其中，前 4 个参数的定义可以参看 DB 函数。factor 参数是指定余额递减法，默认为 2，表示一般的双倍余额递减法；如果设置为 3，则表示 3 倍余额递减法。

例如，要计算￥100000 的机器在剩余价值为￥10000，5 年使用期限（60 个月）的折旧费，可以使用公式=DDB (100000，10000，60，1) 来计算第一个月的双倍余额递减折旧费为￥3333.33；使用公式=DDB (100000，10000，5，1) 来计算第一年的双倍余额递减折旧费为￥40000.00；使用公式=DDB (100000，10000，5，5) 来计算第五年的双倍余额递减折旧费为￥2960.00。

（3）PV 函数。PV 函数用来计算某项投资的一系列等额分期偿还额的现值之和或一次性偿还额。其语法如下：

PV(rate，nper，pmt，fv，type)

其中，rate 为各期利率；nper 为投资期限；pmt 为各个数额相同时的定期支付额；fv 为投资在期限终止时的剩余值，其默认值为 0；type 用于确定各期的付款时间是在期初还是期末，type 为 0 表示期末，type 为 1 表示期初，其默认值为 0。

例如，有一个投资机会，只需要现在投资￥120000，就可以在未来五年中每年返回￥30000。为决定这项投资是否可以接受，必须计算将得到的等额分期偿还额￥30000 的现值之和。假设现在的银行利率为 4.0%，可以使用以下公式：

=PV(4%，5，30000)

该公式使用了 pmt 参数；没有 fv 参数；也没使用 type 参数，表示支付发生在每个周期的期末。该公式返回值为￥-133554.67，意味着现在投入￥133554.67 才能得到每年返回的￥30000。由于现在只需要￥120000，因此这是一项可以接受的投资。

如果该投资不是在未来五年中每年返回￥30000，而是一次性的，这时就应该使用公式：

=PV(4%，5，150000)

这里必须使用逗号作为占位符来表示未用到 pmt 参数，以便使 Excel 知道 150000 为 fv 参数；这里同样省略了 type 参数，其含义同上。该公式返回值为￥-123289.07，意味着现在投入￥133554.67 才能得到 5 年后返回￥150000，因此这仍然是一项可以接受的投资。

（4）NPV 函数。NPV 函数的作用是基于一系列现金流和固定的各期利率，返回一项投资的净现值。一般来说，任何产生大于 0 的净现值都被认为有利可图。

其语法如下：

NPV(rate，valuel，value2…)

其中，rate 为各期利率：valuel，value2…为 1～29 笔支出及收入的参数值。它们所属各期间的长度必须相等，支付及收入的时间都发生在期末。NPV 按次序使用 valuel，value2…来注释现金流的次序。所以一定要保证支出和收入的数额按正确的顺序输入。

如果参数是数值、空白单元格、逻辑值或表示数值的文字表达式，则都会计算在内；如果参数是错误值或不能转化为数值的文字，则被忽略。如果参数是一个数组或引用，只有其中的数值部分计算在内，忽略数组或引用中的空白单元格、逻辑值、文字及错误值。NPV 函数在两个重要方面不同于 PV 函数。PV 函数假定相同的支付额，而 NPV 则允许可变的支付额。另一个重要区别在于 PV 函数允许支付和接收发生在周期开始或者结束，而 NPV 函数假定所有支付和接收都均等分布，发生在周期结束。如果投资费用必须在前面全部付清，则不应将此项费用作为 value 参数之一，而应当从函数结果中减去它。另一方面，如果该费用必须在第一期结束时付清，则应当将它作为第一个负 value 参数。

例如，要进行一项投资￥150000，预计第一年年末损失￥10000，而第二年年末、第三年年末和第四年年末分别可以获得￥50000、￥75000、￥95000。银行利率为 5%，要估计这项投资是否划算，则应使用以下公式：

=NPV(5%，-10000，50000，75000，95000)-150000

结果为￥28772.22。所以这项投资可以接受。

（5）RATE 函数。RATE 函数用于计算得到一系列等额支付或者一次总支付的投资收益率。其语法如下：

RATE (nper，pmt，pv，fv，type，guess)

其中，nper、pmt、fv、type 可以参考 PV 函数；pv 为投资额现值；guess 提供给 Excel 开始计算收益率的一个起点，默认值为 0.1，即 10%。

例如，考虑一项 4 年内每年可以得到￥100000 的投资，投资费用为￥320000。要计算投资的实际收益率，可以利用以下公式：

=RATE(4，100000，-320000)

结果为 10%。准确的返回值为 0.0956422744525717，但是由于答案是一个百分比，因此 Excel 将单元格格式转化为百分比。

RATE 函数是利用迭代过程来计算利率的。函数从给定的 guess 参数值开始计算投资的利润率。如果第一个净现值大于 0，则函数选择一个较低的利率进行第二次迭代。RATE 函数继续这个过程直到得到正确的收益率或者已经迭代 20 次。如果在输入 RATE 函数后得到错误值“#NUM!”，则 Excel 也许不能在 20 次迭代内求得收益率。选择一个不同的 guess 参数为函数提供一个运行起点。

（6）IRR 函数。IRR 函数用来计算一组现金流的内部收益率。这些现金流必须按固定的间隔发生，如按月或按年。其语法如下：

IRR(values，guess)

其中，values 为数组或包含用来计算内部收益率的数字单元格的引用。允许只有一个 values 参数，它必须至少包括一个正数值和负数值。IRR 函数忽略文字、逻辑值和空白单元格。

IRR 函数根据数值的顺序来解释现金流的顺序，故应确定按需要的顺序输入了支付和收入的数值。guess 参看 RATE 函数。

IRR 函数很近似于 RATE 函数。RATE 函数和 IRR 函数的区别类似于 PV 函数和 NPV 函数的区别。与 NPV 函数一样，IRR 函数考虑了投资费用和不等支付额的问题，故其应用范围更广一些。

例如，要进行一项￥120000 的投资，并预期今后 5 年的净收益为￥25000、￥27000、￥35000、￥38000 和￥40000。建立一个包含投资和收入信息简单工作表。在工作表的 A1：A6 单元格中分别输入以下数值：￥-120000、￥25000、￥27000、￥35000、￥38000 和￥40000。然后输入以下公式：

=IRR(A1：A6)

计算此项投资在 5 年后的内部收益率，结果为 11%。输入以下公式：

=IRR(A1：A5)

计算此项投资 4 年后的内部收益率，结果为 2%。输入以下公式：

=IRR(A1：A4，-10%)

计算此项投资 3 年后的内部收益率，并由-10%的利率开始算起，结果为-14%。

2. 日期与时间函数

在上节中提到过日期与时间的运算，Excel 中将日期和时间记录为序列数。下面简单介绍常用的日期与时间函数。

（1）NOW 函数。NOW 函数返回计算机的系统日期和时间所对应的日期、时间序列数。其语法为：NOW( )，例如，当前日期为 1999 年 6 月 14 日 20:52，如果正在使用的是 1900 日期系统，则以下公式：

=NOW( )

返回 36325.8697400463，如果单元格的格式为日期格式，则显示 1999-6-14 20:52。十分钟后 NOW 函数将返回 36325.8770170139，如果单元格的格式为日期格式，则显示以下结果：

1999-6-14 21:02。

（2）TODAY 函数。TODAY 函数返回当前日期的序列数，该函数与 NOW 函数的作用一样，只是不返回序列数的时间部分。工作表打开或者重新计算时 Excel 会更新序列数。其语法如下：

TODAY( )

（3）DATE 函数。DATE 函数返回某一特定日期的序列数。其语法如下：

DATE(year，month，day)

其中，year 为年；month 为月份，如果输入的月份大于 12，将从指定年份的一月份开始往上累加；day 为在该月份中第几天的数字，如果 day 大于该月份的最大天数时，将从指定月份的第一天开始往上累加。

函数 DATE 在那些年份、月份和日期由公式计算而非常数的公式中非常有用。

例如，以下公式：

=DATE(99，5，1)

将返回 36281，此序列数对应于 1999 年 5 月 1 日。

（4）DATEVALUE 函数。DATEVALUE 函数返回 date text 参数所表示的序列数。它可以将文字表示的日期转换成一个序列数。其语法如下：

DATEVALUE(date_text)

其中，date text 参数可以是 Excel 预定义的任何日期格式。

例如，要返回 1998 年 6 月 1 日的序列数，可以使用以下公式：

=DATEVALUE(“06-01-98”)

将返回结果 35947。

（5）NETWORKDAYS 函数。NETWORKDAYS 函数返回参数 start_data 和 end_data 之间总的工作天数。计算工作天数时应注意工作日不包括周末和专门指定的假期。其语法如下：

NETWORKDAYS=(start_date，end_date，holidays)

其中，start_date 为起始日期的日期值；end_date 为终止日期的日期值；holidays 为可选清单，指需要从工作日历中排除的日期值，如各种法定假日或自定假日。

如果该函数不存在，运行“安装”程序来加载“分析工具库”安装完毕之后，必须通过选择“工具”|“加载宏”命令，在“加载宏”对话框中选择并启用它。

如果任何参数为非法日期值，函数 NETWORKDAYS 将返回错误值“#NUM!”。

例如，要计算 1998 年 3 月 1 日到 1998 年 3 月 19 日的总工作天数（除去节假日和 3 月 8 日），则使用以下公式：

=NETWORKDAYS(DATEVALUE(“03-01-98”)，DATEVALUE(“03-19-98”)，DATEVALUE(“03-08-98”)结果为 14。

（6）WEEKDAY 函数。WEEKDAY 函数返回与 serial_number 对应的序列数是星期几。其值为 1～7 的整数。其语法如下：

WEEKDAY(serial_number，return_type)

其中，serial_number 为日期-时间代码，它可以是数字，也可以是文本，如“30-Apr-1998”或者 35915；return_type 为可选，用以确定一星期从哪天开始，默认值由星期日开始为 1，到星期六为 7；其值为 2，则由星期一开始为 1，到星期日为 7；其值为 3，则由星期一开始为 0，到星期日为 6。

例如，要想知道 1998 年 12 月 25 日是星期几，可以输入以下公式：

=WEEKDAY(“12-25-98”，2)

结果为 5，即星期五。

（7）EOMONTH 函数。EOMONTH 函数返回 start_date 之前或之后指定月份中最后一天的日期序列数。其语法如下：

EOMONTH(start_date，months)

其中，start_date 为起始日期的日期值；months 为 start_date 之前或之后的月数。如果是正数，指将来的日期；如果是负数，指过去的日期。

例如，要想知道这个月底的序列数，可以使用以下公式（设今天为 1998 年 10 月 1 日）：

=EOMONTH (TODAY( )，0)

结果为 36099 或 10/31/98。

3. 数学与三角函数

数学与三角函数是工作表中大部分计算的基础，特别是在它当中可以找到大多数科学与过程函数。

（1）SUM 函数。SUM 函数用于计算一系列数字之和。其语法如下：

SUM(numberl，number2，…)

其中，numberl，number2，…为 1～30 个需要求和的参数，它们可以是数字、公式、范围或者产生数字的单元格引用。

SUM 函数忽略数组或引用中的空白单元格、逻辑值、文本。如果参数为错误值或为不能转换成数字的文本，将会导致错误。

例如，以下公式：

=SUM(13，12)

结果为 25。而以下公式：

=SUM(“13”，22，TRUE)

结果为 36，因为文本值被转换成数字，而逻辑值 TRUE 被转换成数字 1。

如果单元格 A1 中为 TEXT，公式如下：

=SUM(13，22，A1)

结果为 35，因为 Excel 忽略了文本。

如果单元格 A1：A5 包含 10、20、30、40 和 50，则以下公式：

=SUM(A1：A3)

结果为 60。

=SUM(A1：A5，100)

结果为 250。

（2）ROUND 函数。ROUND 函数将参数引用的数舍入到指定的小数位数。其语法如下：

ROUND(number，num_digits)

其中，number 为需要进行舍入的数值、包含数值的单元格引用或者结果为数值的公式；num_digits 为舍入的位数，可以为任意整数。当它为负数时将舍入小数点左边的位数；当它为 0 时将舍入最近的整数。在 Excel 中，下舍小于 5 的数字，上入大于或等于 5 的数字。ROUND 函数的几个例子如表 2-6 所示。

表 2-6　　ROUND 函数返回值

输　入　项	返　回　值
=ROUND(123.456，−2)	100
=ROUND(123.456，−1)	120
=ROUND(123.456，0)	123
=ROUND(123.456，1)	123.5
=ROUND(123.456，2)	123.46
=ROUND(123.456，3)	123.456

（3）EVEN 函数。EVEN 函数返回沿绝对值增大方向取整后最接近的偶数。其语法如下：

EVEN(number)

其中，number 为要取整的数值。如果 number 为非数值参数，则 EVEN 函数返回错误值“#VALUE!”。

不论 number 的正负号如何，函数都向远离零的方向舍入，如果 number 恰好是偶数，则无需进行任何舍入处理。EVEN 函数的几个例子如表 2-7 所示。

表 2-7　　EVEN 函数返回值

输　入　项	返　回　值
=EVEN(23.4)	24
=EVEN（2）	2
=EVEN（3）	4
=EVEN(-3)	-4

（4）PI 函数。PI 函数返回常量 π 的精确到 14 个小数位的数值：3.14159265358979。其语法如下：

PI ( )

PI 函数没有参数，通常嵌套在公式或其他函数中。

例如，要计算圆的面积，可以用 π 乘以圆半径的平方。公式如下：

= PI ( ) * (5^2)

计算半径为 5 的圆的面积。结果舍入到两个小数位后是 78.54。

（5）RADIANS 函数。RADIANS 函数用来将角度转换为弧度。三角函数是以弧度而不是角度来度量角度的。弧度根据常量 π 计算角度的大小，其中 180º 定义为 π 弧度。其语法如下：

RADIANS(angle)

其中，angle 为用度数度量的角度。例如，以下公式：

=RADIANS(180)

返回 3.14159265358979。

（6）SIN 函数。SIN 函数返回角度的正弦值。与之类似的有求余弦值的 COS 函数，求正切值的 TAN 函数。SIN 函数的语法如下：

SIN(angle)

其中，angle 为以弧度度量的角度。

如果已知角度要求其正弦值，可以将角度乘以 π/180，或者用 RADIANS 函数转换成弧度。

例如，要计算 30 度的正弦值，可以使用以下公式：

=SIN (30*PI ( )/180)

或者

=SIN (RADIANS(30))

结果返回 0.5。

（7）ASIN 函数。ASIN 函数返回角度的反正弦值。与之类似的有求反余弦值的 ACOS 函数，求反正切值的 ATAN 函数。ASIN 函数的语法如下：

ASIN{number}

其中，number 为角度的正弦值，介于−1～1。ASIN 函数总是返回−π/2～π/2 的一个弧度值。

例如，以下公式：

=ASIN(0.5)

将返回 0.523598775598299，即为 π/6。

4. 统计函数

统计函数可以帮助用户处理一些简单的问题，如计算平均值、计算某些项目的个数等。统计函数还可以进行一些简单的统计分析，如标准偏差、方差等。

（1）AVERAGE 函数。AVERAGE 函数返回参数平均值（算术平均值）。其语法如下：

AVERAGE(numberl，number2，…)

其中，numberl，number2，…为要计算平均值的 1～30 个参数，参数可以是单个值或者范围，范围包括数字、单元格引用或者包含数字的数组。AVERAGE 函数忽略文本、逻辑值或空单元格。

例如，C12：C15 单元格中分别是以下的数值：2、3、4、5。公式如下：

=AVERAGE(C12：C15)

返回 3.5。而以下公式：

=AVERAGE(C12：C15，11)

返回 5。

（2）COUNT 函数。COUNT 函数返回参数中数字的个数。其语法如下：

COUNT (valuel，value2，…)

其中，valuel，value2，…为要计算数字个数的 1～30 个参数，参数可以是单个值或者范围，范围包括数字、单元格引用或者包含数字的数组。COUNT 函数忽略文本、逻辑值或空单元格，只计算数字类型的数据个数。

如果要统计逻辑值、文字或错误值，则使用函数 COUNTA。

例如，A6：A9 分别是 1、2、3、4，则以下公式：

=COUNT (A6：A9)

返回 4。如果 A8 为空白单元格，则该公式返回 3。

（3）COUNTA 函数。COUNTA 函数返回参数中非空白值的个数。其语法如下：

COUNTA (value1，value2，…)

其中，value1，value2，…为要计算非空白值个数的 1～30 个参数，参数可以是单个值或者范围，范围包括数字、单元格引用或者包含数字的数组。COUNTA 函数忽略数组或者单元格引用中的空单元格。

例如，B14 是唯一的空单元格，则以下公式：

=COUNTA (B1：B15)

返回 14。

（4）STDEV 函数。STDEV 函数计算某一样本的标准偏差。其语法如下：

STDEV (number1，number2，…)

其中，number1，number2，…为对应于总体样本的 1～30 个参数。

STDEV 函数忽略逻辑值（TRUE 或 FALSE）和文本。如果不能忽略逻辑值和文本，应使用 STDEVA 函数。如果数据代表全部样本总体，则应该使用 STDEVP 函数来计算标准偏差。

例如，要计算在 B5：B14 中样本值 45、13、68、32、10、70、18、10、50、29 的标准偏差，利用以下公式：

=STDEV(B5：B14)

将返回 19.7329391852529。

（5）DEVSQ 函数。DEVSQ 函数返回数据点与各自样本均值偏差的平方和。其语法如下：

DEVSQ(number1，number2，…)。

其中，number1，number2 等参数参考 STDEV 函数。

例如，要计算在 A2：A11 中样本值 15、23、78、72、70、60、56、17、58、99 的均值偏差的平方和，利用以下公式：

=DEVSQ(A2：A11)

将返回 7081.6。

（6）MAX 函数。MAX 函数返回参数中的最大值。其语法如下：

MAX(number1，number2，…)

其中，number1，number2，…为需要找出最大数值的 1～30 个数值。参数可以是单个值或者范围，范围包括数字、单元格引用或者包含数字的数组。MAX 函数忽略文本、逻辑值或空单元格，只考虑数字类型的数据大小。如果逻辑值和文本不能忽略，使用函数 MAXA 来代替；如果参数不包含数字，MAX 函数将返回 0。

例如，单元格 C1：D3 包含数字-2、4、32、30、10、7，则以下公式：

=MAX(C1：D3)

将返回 32。

5. 查找及引用函数

当用户需要确定单元格内容、范围或者选择的范围时，查找及引用函数显得非常有用。

（1）ADDRESS 函数。ADDRESS 函数返回指定的单元格引用，结果用文本形式来表示。其语法如下：

ADDRESS(row_num，column_num，abs_num，al，sheet_text)

其中，row_num 为单元格引用中的行号；column_num 为单元格引用中的列号；abs_num 用以指定引用类型，默认值为 1，即表示绝对引用；当其为 2 时，表示绝对行，相对列；当其为 3 时，表示相对行，绝对列；当其为 4 时，表示相对引用；a1 用以指明引用样式，默认值为 TRUE，即返回 A1 形式的引用，如果其为 FALSE，即返回 R1C1 形式的引用；sheet_ text 是文本，指明作为外部引用的工作表名，如果省略，则不使用任何工作表名。

例如，以下公式：

=ADDRESS(15，4，2，TRUE)

将返回 D$l5。而以下公式：

=ADDRESS(10，5，4，FALSE)

将返回 R10C5。

（2）VLOOKUP 函数。VLOOKUP 函数用于查找所构造的表格中存放的信息。当在表格中查找信息时，一般用行索引或者列索引来定位特定单元格。Excel 在利用这种方式时做了一些变动，即通过查找第一列中小于或者等于用户所提供的最大值来得到一个索引，然后用另一指定参数作为其他索引。这样可以根据表格中的信息查找数值，而不必确切地知道数值在哪里。其语法如下：

VLOOKUP(lookup_value，table_array，col_index_num，range-lookup)

其中，lookup_value 为要在表格中查找以得到第一个索引的数值。它可以为数值、引用或文字串；table_array 为定义表格的数组或者范围名称；其第一行的数值可以为文本、数字或逻辑值；col_index_num 为开始选择结果的表格列（第二个索引），当其值为 1 时，返回 table_array 第一列的数值；当其值为 2 时，返回 table_array 第二列的数值，依次类推。

如果其值小于 1，VLOOKUP 函数返回错误值“#VALUE!”；如果其值大于 table_array 的列数，VLOOKUP 函数返回错误值“#REF!”；range_lookup 为一逻辑值，指明函数 VLOOKUP 查找时是精确匹配还是近似匹配，其默认值为 TRUE，此时函数返回近似匹配值；如果其为 FALSE，VLOOKUP 函数将查找精确匹配值；如果找不到，则返回错误值“#N/A!”。

例如，要在如图 2-86 所示的表格中检索数据，以下公式：

=VLOOKUP(42，A1:C5，3)

返回值为 24。

其检索过程如下：先找到包含比较值的列，这里为列 A，接下来扫描比较值查找小于或者等于 lookup value 的最大值。由于第 4 个比较值 40 小于 42，而第 5 个比较值 50 又大于 42，因此以包含 40 的行（即行 5）作行索引。列索引是 col_index_num 参数，这里是 3，因此列 C 中包含所要的数据。由此可以得到单元格 C4 中的数值 24。

C6 =VLOOKUP(42,A2:C6,3)

	A	B	C	D	E
1	10	$100	5		
2	20	$200	8		
3	30	$300	22		
4	40	$400	24		
5	50	$500	27		
6			24		

图 2-86　要检索数据的表格

（3）HLOOKUP 函数。HLOOKUP 函数在表格或数值数组的首行查找指定的数值，并由此返回表格或数组当前列中指定行处的数值。HLOOKUP 的用法可以参看 VLOOKUP。其语法如下：

HLOOKUP(lookup_value，table_array，col_index_num，range_lookup)

（4）OFFSET 函数。OFFSET 函数返回具有指定高度和宽度，位于相对于另一个引用的指定位置的引用。其语法如下：

OFFSET(reference，rows，cols，height，width)

其中，reference 为计算偏移的起点位置；rows 指定 reference 参数和被返回引用之间的垂直距离，正值指定相对 reference 参数向下偏移；cols 指定 reference 参数和被返回引用之间的水平距离，正值指定相对 reference 参数向右偏移；height 为高度，即所要返回的引用区域的行数，它必须为正数，如果省略则以 reference 参数的高度为高度；width 为宽度，即所要返回的引用区域的列数，它必须为正数，如果省略则以 reference 参数的宽度为宽度。

例如，以下公式：

=OFFSET(A3:C5，-1，0，3，3)

将返回 A2:C4 单元格引用。一般 OFFSET 函数不单独使用，它是与需要将引用作为参数的函数连用，如以下公式：

=SUM(OFFSET(A3:C5，-1，0，3，3))

将返回 A2:C4 单元格区域数值之和。

（5）INDIRECT 函数。INDIRECT 函数可以从单元格引用找到单元格的内容。其语法如下：

INDIRECT(ref_text，a1)

其中，ref_text 为一个 A1 形式的引用、R1C1 形式的引用或者单元格名称，如果它的输入项无效，则函数返回错误值“#REF!”；a1 为一个逻辑值，指示使用的是哪一种引用的类型。如果其值为 FALSE，则 Excel 将其解释为 R1C1 格式；如果其值为 TRUE（默认值），则 Excel 将其解释为 A1 格式。

例如，工作表的单元格 C5 包含文本 B2，而单元格 B2 中为数值 17，则以下公式：

=INDIRECT(C5)

返回值 17。如果工作表设置为 R1C1 格式的引用，而且单元格 R5C3 包含单元格 R2C2 的引用，单元格 R2C2 中为数值 17，则以下公式：

=INDIRECTT(R5C3，FALSE)

返回值为 17。

（6）INDEX 函数。INDEX 函数返回指定范围中特定行与特定列交叉点上的单元格引用，其语法如下：

INDEX(reference，row_num，column_num，area_num)

其中，reference 指定一个或多个区域的引用，如果指定多个区域，则必须用括号括起来，区域之间要用逗号隔开；row_num 指定引用中的行序号；column_num 指定引用中的列序号；area_num 指定 reference 所确定的几个区域中的某个，其默认值为 1。

例如，以下公式：

=INDEX((D5:F9，D10:F14)，1，2，2)

返回区域 D10:F14 中第 1 行、第 2 列的单元格引用。

6. 数据库函数

Excel 中各个数据库都使用同样的参数：数据库（database）、字段（field）和条件（criteria）。函数 DAVERAGE 中讨论的参数说明适用于所有的数据库函数。

（1）DAVERAGE 函数。DAVERAGE 函数计算满足查询的数据库记录中给定字段内数值的平均值。其语法如下：

DAVERAGE(database，field，criteria)

其中，database 为构成数据清单或数据库的单元格区域，它可以是一个范围或者一个范围引用的名称；field 指定函数所使用的数据列。它可以是引号中的字段名，包含字段名的单元格引用或者是数字；criteria 为对一组单元格区域的引用。这组单元格区域用来设定函数的匹配条件。数据库函数可以返回数据清单中与条件区域所设定的条件相匹配的信息。条件区域包含了函数所要汇总的数据列（即 field）在数据清单中的列标志的一个副本。

例如，如图 2-87 所示的工作表，单元格 A1:C15 为数据库区域，要统计收入大于 5 000 元的收入平均值,在区域 E1:G2 上输入如图的条件，

	A	B	C	D	E	F	G
1	月份	收入	支出		月份	收入	支出
2	一	8561.36	4321.56			>5000	
3	二	5762.45	5210.74				
4	三	4334.12	3259.85				
5	四	4458.78	4682.31				
6	五	6541.89	4562.94				
7	六	7588.61	4821.26				
8	七	6271.39	5431.28				
9	八	8457.83	6571.69				
10	九	8534.76	5243.67				
11	十	4567.83	5264.35				
12	十一	8920.76	5745.65				
13	十二	7541.83					

图 2-87　数据库区域

使用以下公式：

=DAVERAGE(A1:C13，“收入”，E1:G2)

将得到收入平均值为 7575.65333333333。

（2）DCOUNT 函数。DCOUNT 函数用于计算数据库中给定字段满足条件的记录数，其语法如下：

DCOUNT(database，field，criteria)

其中，参数 field 为可选项，如果省略，DCOUNT 函数将返回数据库中满足条件 criteria 的所有记录数；其他参数参考 DAVERAGE 函数。

例如，图 2-87 所示的数据库区域，要统计收入大于 5000 元的记录数，可以使用以下公式：

=DCOUNT(A1:C13，E1:G2)

得到结果为 9。

（3）DSTDEVP 函数。DSTDEVP 函数将数据清单或数据库的指定列中满足给定条件单元格中的数字作为总体样本计算其标准偏差。其语法如下：

DSTDEVP(database，field，criteria)

其中各参数与 DAVERAGE 函数相同。

例如，图 2-87 所示的数据库区域，要计算收入大于 5000 元的样本的标准偏差，可以使用以下公式：

=DSTDEVP(A1:C13，“收入”，E1: G2)

将得到结果为 1082.06790399986。

（4）DMAX 函数。DMAX 函数将返回数据库中满足条件的记录中给定字段的最大值，其语法如下：

DMAX(database，field，criteria)

其中各参数与 DAVERAGE 函数相同。

例如，图 2-87 所示的数据库区域，要查找收入大于 5 000 元的记录中支出的最大值，可以使用以下的公式：

=DMAX(A1:C13，“支出”，E1:G2)

将返回结果 6 571.69。

7. 文本函数

文本函数又称为字符串函数，对于处理转化到 ASCII 文件的文本以及要装载到主机的文本，都是非常重要的。

（1）CONCATENATE 函数。CONCATENATE 函数返回将给出的几个字符串合并的一个字符串。其语法如下：

CONCATENATE(Text1，Text2，…)

其中，Text1，Text2，…为 1～30 个将要合并成单个字符串的文本。这些文本可以是字符串、数字或单个单元格引用。

例如，以下公式：

=CONCATENATE(“Welcome”，“President!”)

将返回合成字符串“Welcome President”。

又如，图 2-87 所示的工作表，以下公式：

=CONCATENATE(“今年”，A6，“的”，B1，“为”，B6，“元”)

将返回今年五月的收入为 6541.89 元。

（2）VALUE 函数。VALUE 函数将以文本形式输入的数字转换成数值。其语法如下：

VALUE(text)

其中，text 为括在双引号内的字符串，也可以是包含文字的单元格引用。它可以是任何可识别的格式，包括自定义的格式。如果它不是其中的任何一种格式，VALUE 函数将返回错误值“#VALUE!”。

例如，以下公式：

=VALUE(“13425”)

将返回 13425，如果单元格 B5 中为文本 13425，则以下公式：

=VALUE(B5)

也返回 13425。

VALUE 函数还可以将日期和时间格式的文本转换为日期值，例如，以下公式：

=VALUE(“1-1-1998”)

将返回日期系列值 35796。

（3）FIXED 函数。FIXED 函数将数字四舍五入到指定的小数位数，用逗号和一个圆点来格式化结果，并以文本形式显示结果。其语法如下：

FIXED(number，decimals，no_commas)

其中，number 为要转换成字符串的数；decimals 为一整数，当其为正值时指定小数点右边的位数，为负值时指定小数点左边的位数；no-commas 为逻辑值，用于指定结果中是否要包括逗号，其默认值为 FALSE，即在结果中插入逗号。

例如，以下公式：

=FIXD(5986.432，2，TRUE)

将返回字符串 5986.43，而以下公式：

=FIXD(5986.432，–1，FALSE)

将返回字符串 5990。

（4）LEN 函数。LEN 函数返回输入项中的字符个数，其语法如下：

LEN (text)

其中，text 为要计算字符个数的字符串，它可以是括在括号里的文本，也可以是单元格引用。

例如，以下公式：

=TEXT (“text”)

返回 4。如果单元格 B5 中包含字符串 text，则以下公式：

=TEXT(B5)

也返回 4。

LEN 函数返回显示文字或者数值的长度，而不是基本单元格内容的长度。

例如，如果单元格 B5 中公式如下：

=B1+B2+B3+B4，则计算结果为 98，以下公式：

=LEN(B5)

将返回数值 98 的长度 2。

（5）REPLACE 函数。REPLACE 函数用某一文字串替换另一个字符串中的全部或者部分内容。其语法如下：

REPLACE(old_text，start_num，num_chars，new_text)

其中，old_text 为被替换的字符串；start_num 为 old_text 中要替换为 new_text 字符的起始位置；num_chars 为 old_text 中要替换为 new_text 字符的个数；new_text 为用于替换 old_ text 字符的字符串。

例如，单元格 A5 中为字符串"Hello，Kitty!"，要将其放到单元格 B1 中，并用字符串"Windy"来替换其中的"Kitty"，则选择 B1 单元格，然后使用以下公式：

=REPLACE(A5，7，5，"Kitty")

得到的结果为"Hello，Windy!"

（6）REPT 函数。REPT 函数将指定字符串重复指定次数作为新字符串填充单元格。其语法如下：

REPT(text，number_times)

其中，text 指定要重复的字符串；number_times 为重复的次数，它可以是任意整数，但重复的结果不能超过 255 个字符，如果其值为 0，则 REPT 函数保持单元格为空白，如果它不是整数，则忽略其小数部分。

例如，要想得到 100 个"-"，可以使用以下公式：

=REPT("-"，100)

结果是一个由 100 个"-"组成的字符串。

（7）SEARCH 函数。SEARCH 函数返回一个指定字符或者字符串首次出现在另外一个字符串中的起始位置，其语法如下：

SEARCH(find_text，within_text，start_num)

其中，find_text 为要查找的字符串，可以在其中使用通配符问号"?"和星号"*"，问号可以匹配任何单个字符；星号匹配任何字符序列。如果要查找实际的问号或星号，那么应在该字符前加一个代字符（～）。如果找不到 find_text，函数返回错误值"#VALUE!"；within_text 为被查找的字符串；start_num 为开始查找的位置，默认值为 1，从左边开始搜索，如果其值为小于等于 0 或大于 within_text 的长度，则返回错误值"#VALUE!"。

例如，以下公式：

=SEARCH("here"，"Welcome here!")

返回 9，而以下公式：

=SEARCH("a?d"，"Welcome here，ladies and gentlemen!")

返回 21。

8．逻辑函数

逻辑函数是功能强大的工作表函数，它可以使用户对工作表结果进行判断和逻辑选择。

（1）IF 函数。IF 函数返回根据逻辑测试真假值的结果。它可以对数值和公式进行条件检测。其语法如下：

IF(logical_test，value_if_true，value_if_false)

其中，logical_test 为逻辑值，它可以是 TRUE 或者 FALSE，也可以是计算结果为 TRUE 或

FALSE 的任何数值或表达式。Value_if_true 是 logical_test 为 TRUE 时函数的返回值，可以是某一个公式。如果 logical_test 为 TRUE 并且省略 value_if_true，则返回 TRUE。Value_if_false 是 logical_test 为 FALSE 时函数的返回值，可以是某一个公式。如果 logical_test 为 FALSE 并且省略 Value_if_false，则返回 FALSE。

IF 函数最多可以嵌套 7 层，方法是用 value_if_true 及 value_if_false 参数构造复杂的检测条件。

例如，判断单元格 B5 中的数值是否小于 60，是则返回“FAIL!”，否则返回“PASS!”，

可以使用以下公式：

=IF(B5<60，“FAIL!”，“PASS!”)

如果还要对 PASS 的情况细分等级，即 60～85 为“FINE!”，85 及以上为“EXCELIENT!”，

可以使用以下嵌套公式：

=IF(B5<60，“FAIL!”，IF(B5<85，“FINE!”，“EXCELLENT!”))

这样即可得到所需的等级。

（2）AND 函数。AND 函数判断所有参数的逻辑值是否为真，是则返回 TRUE，否则只要有一个逻辑值为假即返回 FALSE。其语法如下：

AND(logical1，logical2，…)

其中，logical1，logical2，…为 1～30 个逻辑值参数，各逻辑值参数可以为单个逻辑值 TRUE 或 FALSE，也可以是包含逻辑值的数组或者单元格引用。如果数组或者单元格引用中包含文字或空单元格，则忽略其值。如果指定的单元格区域内包括非逻辑值，AND 将返回错误值“#VALUE!”。

例如，要判断单元格 B10 中的数值是否大于 5 而且小于 10，可以使用以下公式：

=AND(B10>5，B10<10)

则当 B10 单元格的数值大于 5 而且小于 10 时返回 TRUE，否则返回 FALSE。

（3）NOT 函数。NOT 函数对给定参数的逻辑值求反。其语法如下：

NOT(logical)

其中，logical 是一个逻辑值参数，可以是单个逻辑值 TRUE 或 FALSE 或者是逻辑表达式。如果逻辑值为 FALSE，函数返回 TRUE；如果逻辑值为 TRUE，函数返回 FALSE。

例如，以下公式：

=NOT(B5=10)

在 B5 单元格数值等于 10 时返回 FALSE，否则返回 TRUE。

（4）OR 函数。OR 函数判断给定参数中的逻辑值是否为真，只要有一个为真即返回 TRUE；如果全部为假，则返回 FALSE。其语法如下：

OR(logical1，logical2，…)

其中，logical1，logical2，…与 AND 函数相同。

例如，要判断单元格 C6 中是否为 10 或者 20，可以使用以下公式：

=OR(C6=10，C6=20)

当单元格中是 10 或 20 时返回 TRUE，否则返回 FALSE。

本章小结

本章深入介绍了单元格和工作表编辑的各种操作方法，重点介绍了对单元格和工作表设置和

格式化。同时对 Excel 中的计算功能、公式与函数进行了深入的介绍。通过本章的学习，应熟练各种单元格的编辑操作；掌握单元格的命名规则；能够调整工作表的行高和列宽，使不同单元格的数据都能显示在工作表上；熟悉工作表的各种操作，包括插入、删除、移动、复制、重命名和隐藏工作表，会利用这些操作管理好工作表；熟练使用打印预览功能。在实际打印之前先进行打印预览，确保实际打印的准确性以减少出错；掌握公式的各种基本概念及公式的基本操作，包括建立公式、修改公式、公式的移动和复制；掌握什么是函数及其语法，了解 Excel 函数的使用方法。

思考练习

1. 填空题

（1）在工作表的单元格中，可以使用两种基本数据格式：________、________。

（2）为了与输入时间区别，在输入分数时，须在分数前输入________作区别，并且________和分子之间用空格隔开。

（3）在 Excel 中，所有的公式都以________开始。

（4）如果输入的数字或文字数据是遵循某种规律，需要用到 Excel 的自动填充功能。首先，________，然后选中它们。单击按住________，向下拖动到合适的位置后释放鼠标即可。

（5）Excel 提供的________功能可以将工作表中选定的单元格的上窗格和左窗格冻结在屏幕上，从而使得在滚动工作表时屏幕上一直显示行标题和列标题，使用户能够将表格标题和数据相对应地看清楚，而且使用冻结工作表窗口不影响打印。

（6）要将某些行和列隐藏起来，先选定要隐藏行的行号区数字或列的列号区字母，然后选择“________”|“________”命令，接着在弹出的子菜单中选择“________”命令，即可把行或列隐藏起来。

（7）在 Excel 中，运算符包括________________四类。

（8）________函数可求一系列数字之和；________函数返回参数平均值（算术平均值）；________函数返回一个指定字符或者字符串首次出现在另外一个字符串中的起始位置；________函数返回根据逻辑测试真假值的结果。

（9）Excel 提供了 3 种不同的引用类型：相对引用、绝对引用和混合引用。在引用单元格数据时，要弄清这 3 种引用类型。其中绝对引用的单元格名称的行和列前都有符号________。

2. 上机操作题

（1）设计一个某企业工资表，对其中的数据进行条件格式操作。

操作提示：

1）设计成绩表。

2）要求用红色显示月工资小于 3 500 的单元格中的数据。

（2）函数的具体使用。

1）用 DB 函数计算￥100，000 在剩余价值为￥15，000，5 年使用期限，第一年中使用 9 个月的情况下第一年的固定余额递减折旧费。

2）在 A1：A5 输入 20、35、45、60、80，用 SUM 函数求和，用 AVERAGE 函数求平均数。

第 3 章 Excel 高级应用

本章主要对 Excel 的常用高级功能进行分析讲解，读者可以通过本章的学习全面了解 Excel 的高级应用。

本章的学习目标

- 掌握如何利用 Excel 进行数据管理与分析。
- 掌握如何利用 Excel 制作图表。
- 掌握如何利用 Excel 制作图形与艺术字。

3.1 数据管理与分析

Excel 在数据管理方面提供了强大的功能。本节将从介绍如何获取数据入手，讲解如何编辑分析工作表中的数据，如何对数据进行汇总计算，以及数据透视表等知识。

3.1.1 管理数据清单

所谓数据清单，就是包含相关数据的一系列工作表数据行。在前面的章节中，在对工作表中的数据进行各种操作时，其实已经使用到了数据清单。而这里所要介绍的数据清单，是要把数据清单看成一个数据库。实际上，当对工作表中的数据进行排序、分类汇总等操作时，Excel 会将数据清单当成数据库来处理。数据清单中的行被当成数据库中的记录，数据清单中的列被看做数据库中的字段，数据清单中的列名称被看做数据库中的字段名称。

3.1.1.1 使用记录单

对数据清单的各种编辑操作经常要用到记录单。学会使用记录单对于处理数据清单很有帮助。

1. 使用记录单

记录单可以提供简便的方法在数据清单中一次输入或显示一个完整的信息行，即记录。在使用记录单向新数据清单添加记录时，这个数据清单在每一列的最上面必须有标志。Excel 使用这些标志来生成记录单中的字段。使用记录单在数据清单中添加数据的具体操作步骤如下：

（1）单击需要添加记录的数据清单中的任意一个单元格，如图 3-1 所示。

（2）选择“数据”|“记录单”命令，打开“记录单”对话框，如图 3-2 所示。

（3）单击“新建”按钮。

（4）输入新记录所包含的信息；如果要移到下一字段，可以按 Tab 键，如果要移到上一字段，可以按 Shift+Tab 快捷键；完成数据输入后，按 Enter 键继续添加记录；输入数据的记录单如图 3-3 所示。

	A	B	C	D
1	宏达责任有限公司工资明细单			
2		基本工资	福利费	加班费
3	甲	2400	400	200
4	乙	2380	380	370
5	丙	2190	320	200

图 3-1　添加记录的数据清单

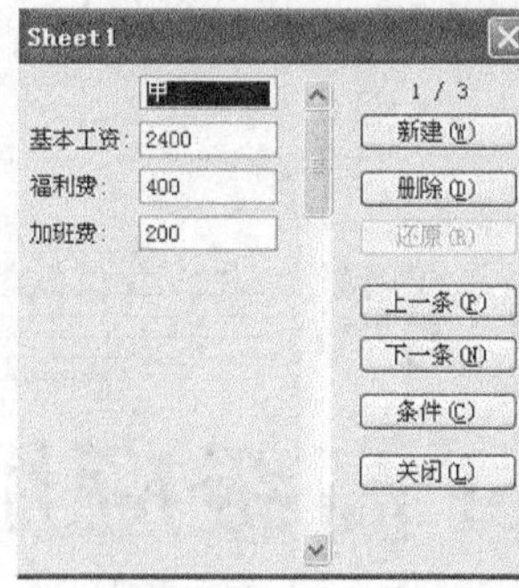

图 3-2　“记录单”对话框

（5）完成记录的添加后，单击“关闭”按钮完成新记录的添加并关闭记录单，所添加的数据如图 3-4 所示。

注意 如果添加了含有公式的记录，那么直到按 Enter 键或单击“关闭”按钮添加记录之后，公式才会被计算。

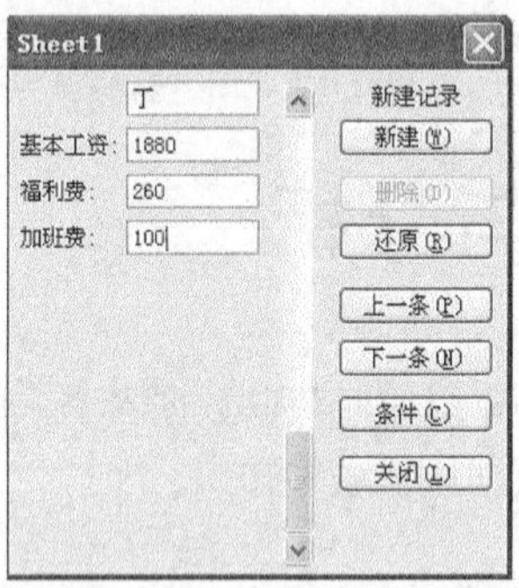

图 3-3　在记录单中输入数据

	A	B	C	D
1	宏达责任有限公司工资明细单			
2		基本工资	福利费	加班费
3	甲	2400	400	200
4	乙	2380	380	370
5	丙	2190	320	200
6	丁	1880	260	100

图 3-4　使用记录单输入数据后的工作表

注意 在添加记录时，如果要撤销所做的修改，在按 Enter 键或单击“关闭”按钮添加记录之前，单击“还原”按钮。

2. 建立数据清单的准则

Excel 提供了一系列功能用在数据清单中处理和分析数据。在运用这些功能时，必须按照下述准则在数据清单中输入数据。

（1）避免在一个工作表上建立多个数据清单，因为数据清单的某些处理功能（如筛选等），一次只能在同一工作表的一个数据清单中使用。

（2）在工作表的数据清单与其他数据之间至少留出一个空白列和一个空白行。在执行排序、筛选或插入自动汇总等操作时，这将有利于 Excel 检测和选定数据清单。

（3）避免在数据清单中放置空白行和列，这将有利于 Excel 检测和选定数据清单。

（4）避免将关键数据放到数据清单的左右两侧。因为这些数据在筛选数据清单时可能会被隐藏。

（5）在数据清单的第一行中创建列标志。Excel 使用这些标志创建报告，并查找和组织数据。

（6）列标志使用的字体、对齐方式、格式、图案、边框或大小写，应当与数据清单中其他数据的格式相区别。

（7）如果要将标志和其他数据分开，应使用单元格边框（而不是空格或短划线），在标志行下插入一行直线。

（8）在设计数据清单时，应使同一列中的各行有近似的数据项。

（9）在单元格的开始处不要插入多余的空格，因为多余的空格会影响排序和查找。

（10）不要使用空白行将列标志和第一行数据分开。

3. 修改记录

使用记录单不但可以在工作表中为数据清单添加数据，还可以对数据清单进行修改。修改记录的具体操作步骤如下：

（1）单击需要修改的数据清单中的任意一个单元格，如图 3-4 所示。

（2）选择“数据”|“记录单”命令，打开“记录单”对话框。

（3）单击“下一条”按钮或者“上一条”按钮找到需要修改的记录，然后在记录中修改信息，如图 3-5 所示。

（4）记录修改完成后，单击“关闭”按钮更新当前显示的记录并关闭记录单。

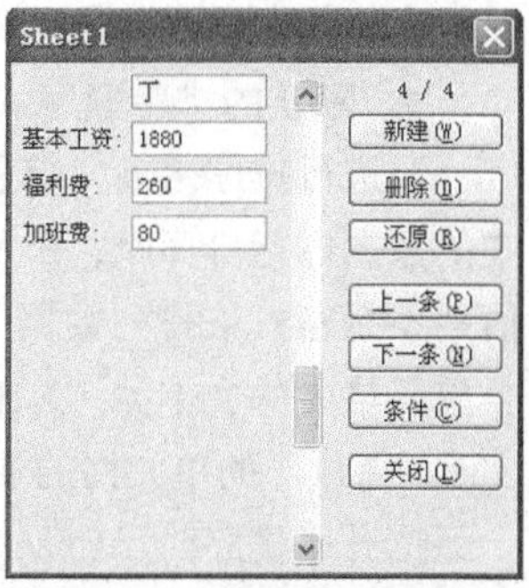

图 3-5　对数据进行修改

> 提示：含有公式的字段将公式的结果显示为标志。这种标志不能在记录单中进行修改。

4. 删除记录

使用记录单在数据清单中删除记录和修改记录的方法类似。删除数据的具体操作步骤如下：

（1）单击数据清单中的任一单元格。

（2）选择“数据”|“记录单”命令，打开“记录单”对话框。

（3）单击“下一条”按钮或者“上一条”按钮找到需要删除的记录。

（4）单击“删除”按钮，系统将弹出如图 3-6 所示的消息对话框。

（5）在该对话框中单击“确定”按钮，即可删除被选中的记录。

（6）单击“记录单”对话框中的“关闭”按钮关闭对话框。

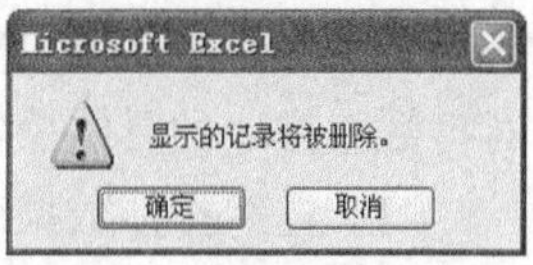

图 3-6　删除记录时的提示

> 注意：使用“记录单”对话框删除记录后就不能再恢复记录。

5. 查找记录

当数据清单比较大时，要找到数据清单中的记录就不容易了。记录单提供了快速查找数据清单记录的功能。

如果每次要移动一条记录，可以单击“记录单”对话框中的滚动条箭头。如果要每次移动 10 条记录，单击滚动条与下箭头之间的空白。

使用记录单还可以对数据清单中的数据设置查找条件，所设置的条件通常为比较条件。设置条件查找数据清单中的数据的具体操作步骤如下：

（1）单击数据清单中的任意一个单元格。

（2）选择“数据”|“记录单”命令，打开“记录单”对话框。

（3）单击“条件”按钮，然后在记录单中输入查找条件。

（4）单击“上一条”按钮或者“下一条”按钮进行查找，可以顺序找到符合查找条件的记录，如果要在找到符合指定条件的记录之前退出搜索，可以单击“表单”按钮。

（5）找到记录后，可以对记录进行各种编辑操作。操作完毕后或者查找中想要退出“表单”对话框，单击“关闭”按钮即可。

3.1.1.2 数据清单排序

在工作表或者数据清单中输入数据以后，经常要进行排序操作，以便更加直观地比较各个记录。

1. 默认的排序顺序

在进行排序之前，首先来介绍 Excel 中数据的排序是按照怎样的规则进行的。在对数据清单中的数据进行排序时，Excel 有默认的排序顺序。Excel 使用特定的排序顺序，根据单元格中的数值而不是格式来排列数据。在排序文本项时，Excel 逐个字符从左到右进行排序。例如，如果一个单元格中的文本为“A100”，该单元格将排在内容为文本“A1”的单元格的后面，而在内容为文本“A11”的单元格的前面。

按升序排序时，Excel 的排序规则如下（在按降序排序时，除了空格总是在最后外，其他的排序顺序反转）。

（1）数字从最小的负数到最大的正数排序。

（2）文本以及包含数字的文本，按下列顺序进行排序：先是数字 0～9，然后是字符'、-、(空格)、!、#、$、%、&、(、)、*、,、.、/、:、;、?、@、\、^、-、{、|、}、～、+、<、=、>，最后是字母 A～Z。

（3）在逻辑值中，FALSE 排在 TRUE 之前。

（4）所有错误值的优先级等效。

（5）空格排在最后。

2. 列数据排序

如果要对数据清单中的单列数据进行排序，可以根据需要使用排序方法。根据某一列的内容对行数据排序的具体操作步骤如下：

（1）在待排序数据列中单击任一单元格。

（2）单击“常用”对话框中的“升序”或者“降序”按钮。

例如，图 3-4 所示的数据清单，对“福利费”这一列进行升序排序，结果如图 3-7 所示。

3. 多列排序

在根据单列数据对工作表中的数据进行排序时，如果该列的某些数据完全相同，则这些行的内容就按原来的顺序进行排列，这就给数据排序带来一定的麻烦。选择多列排序可以解决这个问题，而且在实际操作中也经常会遇到按照多行的结果进行排序的情况。例如，足球比赛中是按总积分来排列名次的。往往有一些球队总积分相同，这时就要通过净胜球来分出名次。根据多列数据的内容对数据行进行排序的具体操作步骤如下：

（1）在需要排序的数据清单中，单击任意一个单元格。

（2）选择“数据”|“排序”命令，打开“排序”对话框，如图 3-8 所示。

（3）在“排序”对话框中，分别单击“主要关键字”和“次要关键字”以及“第三关键字”下拉列表框右边的下拉箭头，在下拉列表中选择需要排序的列，并设置这些列的排序顺序。

	A	B	C	D
1	宏达责任有限公司工资明细单			
2		基本工资	福利费	加班费
3	丁	1880	260	100
4	丙	2190	320	200
5	乙	2380	380	370
6	甲	2400	400	200

图 3-7　按升序排序的结果

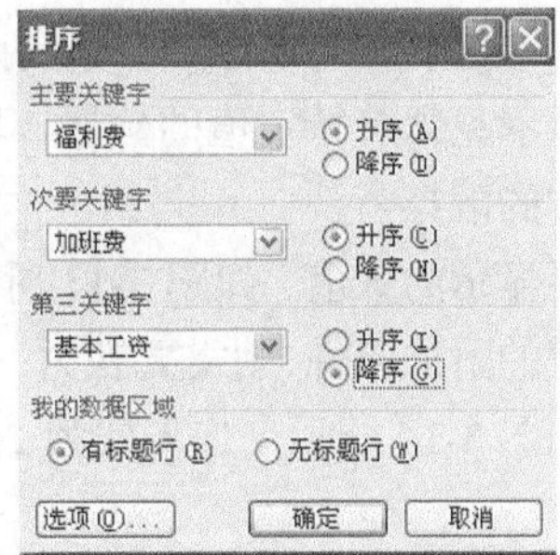

图 3-8　“排序”对话框

提示

如果要根据多于 3 列的内容进行排序，首先按照最次要的数据列进行排序。例如，如果数据清单中包含雇员信息，并希望根据部门、科室、姓和名对其进行排序，对数据清单进行两次排序。第一次，在“主要关键字”下拉列表框中选择“名”选项，然后对数据清单进行排序。第二次，在“主要关键字”下拉列表框中选择“部门”选项、在“次要关键字”下拉列表框中选择“科室”选项、在“第三关键字”下拉列表框中选择“姓”选项，然后对数据清单进行排序。

（4）按照当前数据清单有无标题行选择“列表”选项组中的选项。

（5）单击“确定”按钮。

例如，如图 3-9 所示的工资单，所有人员的福利费相同，如果仅仅根据福利费来进行数据排列，则不能得出正确的结果。这时加入其他列的数据再次进行排序。如果是按图 3-8 所示的“排序”对话框进行排序，则结果如图 3-10 所示。“排序”对话框中有一个“选项”按钮，单击该按钮将打开“排序选项”对话框，如图 3-11 所示。

	A	B	C	D
1	宏达责任有限公司工资明细单			
2		基本工资	福利费	加班费
3	甲	2400	400	200
4	乙	2380	400	370
5	丙	2190	400	200
6	丁	1880	400	100

图 3-9　工资单

	A	B	C	D
1	宏达责任有限公司工资明细单			
2		基本工资	福利费	加班费
3	丁	1880	400	100
4	甲	2400	400	200
5	丙	2190	400	200
6	乙	2380	400	370

图 3-10　排序的结果

可以在“排序选项”对话框中设置各个选项，然后单击“确定”按钮返回“排序”对话框中进行排序。

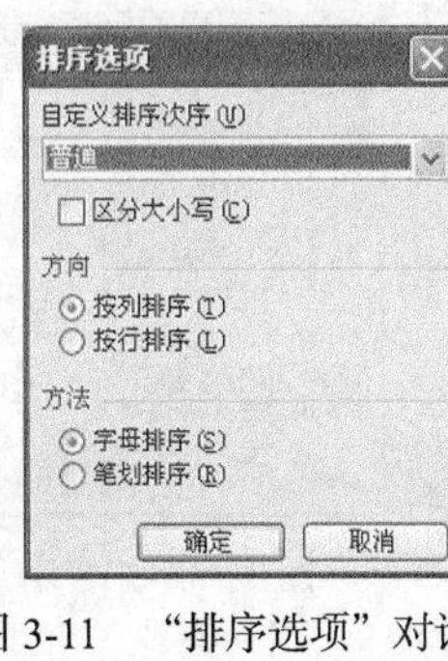

图 3-11　“排序选项”对话框

3.1.1.3　使用筛选

所谓筛选，指的是从数据中找出符合指定条件的数据，这也是用户经常会遇到的问题。下面介绍各种筛选的方法。

1. 使用自动筛选

使用自动筛选可以方便地实现筛选功能，需要注意的是，一次只能对工作表中的一份数据清单使用筛选命令。自动筛选又分为一般自动筛选、自定义自动筛选和自动筛选前 10 个等。

（1）一般自动筛选。进行自动筛选的具体操作步骤如下：

1）单击需要筛选的数据清单中的任意一个单元格，如图 3-12 所示。

2）选择“数据”|“筛选”|“自动筛选”命令。

如果要显示只含有特定值的数据，单击含有待显示数据的数据列上方的下拉箭头。

单击需要显示的数值，如图 3-13 所示；如果要使用基于另一列中数值的附加条件，则需要在另一列中重复上述操作。筛选的结果如图 3-14 所示，加班费为 200 元的有 2 个。

	A	B	C	D
1	宏达责任有限公司工资明细单			
2		基本工资	福利费	加班费
3	甲	2400	400	200
4	乙	2380	380	370
5	丙	2190	320	200
6	丁	1880	260	100
7	戊	2110	280	130

图 3-12　数据清单样本

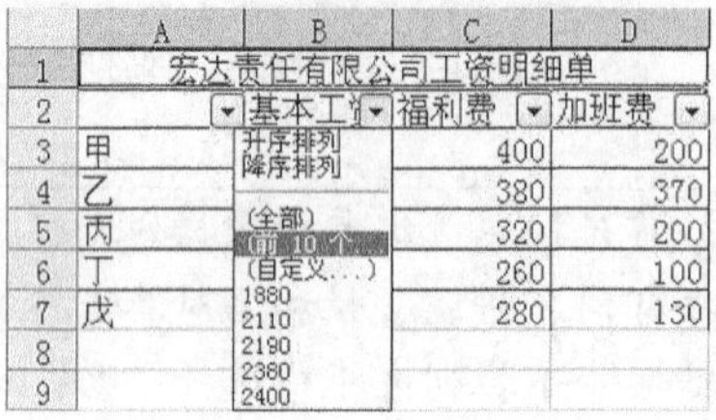

图 3-13　使用自动筛选

	A	B	C	D
1	宏达责任有限公司工资明细单			
2		基本工资	福利费	加班费
3	甲	2400	400	200
5	丙	2190	320	200

图 3-14　筛选结果

（2）自定义自动筛选。如果要使用同一列中的两个数值来筛选数据清单，或者使用比较运算符而不是简单的等于来筛选数据清单，可以使用自定义自动筛选。在前面例子的基础上，筛选出加班费在 200 元以上的个人。使用自定义自动筛选的具体操作步骤如下：

1）单击需要筛选的数据清单中的任意一个单元格，如图 3-12 所示。

2）选择“数据”|“筛选”|“自动筛选”命令。

3）单击含有待显示数据的数据列中“加班费”单元格的下拉箭头。

4）在下拉列表中选择“自定义”选项，打开的“自定义自动筛选方式”对话框。

5）在“自定义自动筛选方式”对话框中，单击“加班费”文本框中第一行左边的下拉列表框的下拉箭头，选择“大于或等于”选项；在右边的文本框中输入 200，如图 3-15 所示。

提示　如果要对同一列中的两个条件进行筛选，可以选择“自定义自动筛选方式”对话框中的其他选项。

6）单击“确定”按钮，系统将返回加班费在 200 元以上的个人，如图 3-16 所示。

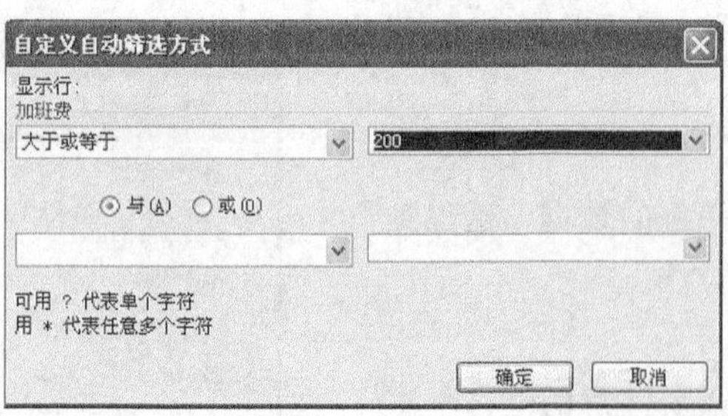

图 3-15　“自定义自动筛选方式”对话框

	A	B	C	D
1	宏达责任有限公司工资明细单			
2		基本工资	福利费	加班费
3	甲	2400	400	200
4	乙	2380	380	370
5	丙	2190	320	200

图 3-16　自定义自动筛选结果

（3）自动筛选前 10 个。有时数据清单中的数据比较多，但是往往只需显示最大或者最小的几项内容，这时就可以使用自动筛选前 10 个功能。

注意　使用自动筛选前 10 个功能，并不一定要筛选前 10 个，要筛选的个数可以根据需要由用户自己设置。

使用自动筛选前 10 个的功能的具体操作步骤如下：

1）单击需要筛选的数据清单中的任意一个单元格，如图 3-12 所示。

2）选择“数据”|“筛选”|“自动筛选”命令。

3）单击含有带显示数据的数据列中含有字段单元格上的下拉箭头。

4）在下拉列表中单击“前 10 个”选项，打开“自动筛选前 10 个”对话框，如图 3-17 所示。

5）在“自动筛选前 10 个”对话框中设置修改需要显示的最大或者最小的项以及数据项数。

6）单击“确定”按钮完成操作。

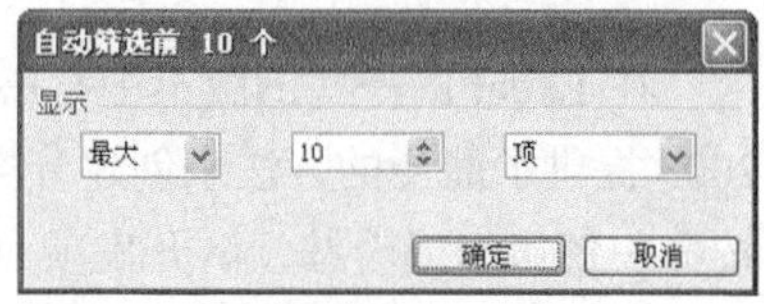

图 3-17　“自动筛选前 10 个”对话框

2. 使用高级筛选

使用高级筛选可以对工作表和数据清单进行更复杂的筛选操作。

如果要进行高级筛选，必须在工作表的数据清单上方至少留出 3 个能被用作条件区域的空行，并将含有带筛选值的数据列的列标志复制到该条件区域的第一个空行中。因此，进行高级筛选的数据清单必须有列标志，而且要设置条件区域。这对于简单的工作表和数据清单来说，使用高级筛选太麻烦了，但是，对于大型的工作表和数据清单是非常有用的。在一个工资表的数据清单上建立条件区域，如图 3-18 所示。

注意　在条件值和数据清单中至少要留出一个空行。

操作实例 3-1　使用高级筛选

操作步骤如下：

① 单击需要筛选的数据清单中的任意一个单元格，如图 3-18 所示。

② 选择“数据”|“筛选”|“高级筛选”命令，打开“高级筛选”对话框，如图 3-19 所示。

③ 在“高级筛选”对话框中，在“列表区域”和“条件区域”文本框中输入要进行高级筛选的数据区域和条件区域；也可以通过单击折叠按钮，在工作表中选定区域，然后单击折叠按钮来选定数据区域和条件区域。

④ 单击“确定”按钮，结果如图 3-20 所示。

	A	B	C	D
1		基本工资	福利费	加班费
2		>2000	>250	>200
3				
4	宏达责任有限公司工资明细单			
5		基本工资	福利费	加班费
6	甲	2400	400	200
7	乙	2380	380	370
8	丙	2190	320	200
9	丁	1880	260	100
10	戊	2110	280	130
11	己	1660	220	110
12	庚	1780	240	120
13	辛	2100	255	80
14	壬	1590	190	200
15	癸	1980	230	90

图 3-18　高级筛选的条件区域

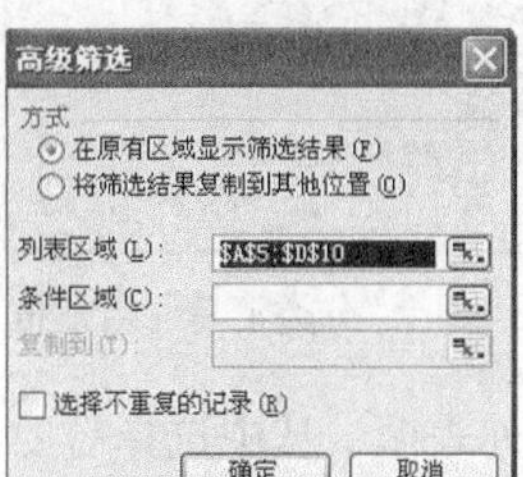

图 3-19　“高级筛选”对话框

	A	B	C	D
1		基本工资	福利费	加班费
2		>2000	>250	>200
3				
4	宏达责任有限公司工资明细单			
5		基本工资	福利费	加班费
7	乙	2380	380	370

图 3-20　筛选结果

3. 取消筛选

如果要取消筛选结果，重新显示所有的数据，可以使用以下几种方法。

(1) 如果要在数据清单中取消对某一列进行的筛选，单击该列首单元格右端的下拉箭头，然后单击“全部”命令。

(2) 如果要在数据清单中取消对所有列进行的筛选，选择“数据”|“筛选”|“全部显示”命令。

(3) 如果要撤销数据清单中的筛选箭头，选择“数据”|“筛选”|“自动筛选”命令。

3.1.2 分类汇总数据

在 Excel 的一些旧版本中，Excel 要使用一些高难度的方法来创建分类汇总与总和。而 Excel 2003 提供了简便的方法来创建分类汇总。当把数据组合成分离的组时，这个功能非常有用，例如，按账户销售组或者按领队开发项目时。

分类汇总是在数据清单中快捷汇总数据的方法。例如，有一个销售数据清单，数据清单中包含了日期、账户、产品、单位、价格以及收入等项。可以按账户来查看分类汇总，也可以按产品来查看分类汇总。

用 Excel 的分类汇总命令，不必手工创建公式。Excel 可以自动地创建公式、插入分类汇总与总和的行并且自动分级显示数据。数据结果可以轻松地用来进行格式化、创建图表或者打印。

分类汇总为汇总数据的方式提供了很大灵活性。使用分类汇总，可以完成以下事情：

(1) 告诉 Excel 如何创建数据组。

(2) 在数据清单中显示一集组的分类汇总及总和。

(3) 在数据清单中显示多集组的分类汇总及总和。

(4) 在数据组上执行不同的计算——计数项、总计项、平均项。

为了使分类汇总能够正确工作，需要在标志列中组织数据。Excel 使用列标志去决定如何创建数据组以及如何计算总和，还需要在待分类汇总的组中排序数据。如果需要在数据清单中只选定特定行，可以先筛选出所需的数据。

1. 创建分类汇总

创建分类汇总的具体操作步骤如下：

(1) 在需要分类汇总的数据清单中，单击任意一个单元格，如图 3-21 所示。

(2) 选择“数据”|“分类汇总”命令，打开“分类汇总”对话框，如图 3-22 所示。

	A	B	C	D
4	宏达责任有限公司工资明细单			
5		基本工资	福利费	加班费
6	甲	2400	400	200
7	乙	2380	380	370
8	丙	2190	320	200
9	丁	1880	260	100
10	戊	2110	280	130
11	己	1660	220	110
12	庚	1780	240	120
13	辛	2100	255	80
14	壬	1590	190	200
15	癸	1980	230	90

图 3-21 要分类汇总的数据清单

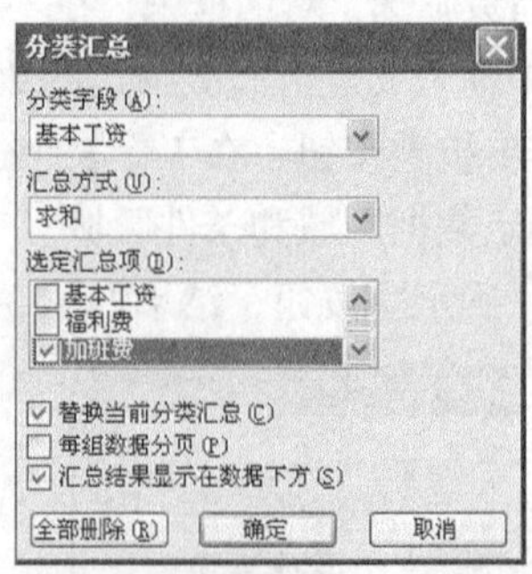

图 3-22 “分类汇总”对话框

(3) 在“分类汇总”对话框中，单击“分类字段”下拉列表框，从中选择需要用来分类汇总的数据列，所选的数据列应已经排序。

（4）单击“汇总方式”下拉列表框，在下拉列表中选择所需的用于计算分类汇总的函数。

（5）在“选定汇总项（可多个）”列表框中，选中与需要对其汇总计算的数值列对应的复选框。

（6）设置“分类汇总”对话框中其他的选项。

1）若想要替换任何现存的分类汇总，选中“替换当前分类汇总”复选框。

2）若想要在每组之前插入分页，选中“每组数据分页”复选框。

3）若想在数据组末段显示分类汇总及总和，选中“汇总结果显示在数据下方”复选框。

（7）单击“确定”按钮，完成分类汇总操作。

如图 3-23 所示的是分类汇总后的结果。

对数据进行分类汇总以后，如果要查看数据清单中的明细数据或者单独查看汇总总计，则要用到分级显示的内容。

在图 3-23 中，工作表左侧是分级显示的级别符号，如果要分级显示包括某个级别，则单击该级别的数字。

分级显示级别符号下方有显示明细数据符号，单击它可以在数据清单中显示数据清单中的明细数据，如图 3-23 所示。

分级显示级别符号下方还有隐藏明细数据符号，单击它可以在数据清单中隐藏数据清单中的明细数据，如图 3-24 所示。

图 3-23　分类汇总后结果

图 3-24　明细数据

2. 删除分类汇总

删除分类汇总的具体操作步骤如下：

（1）在需要分类汇总的数据清单中，单击任意一个单元格，如图 3-21 所示。

（2）选择“数据”|“分类汇总”命令，打开“分类汇总”对话框。

（3）在“分类汇总”对话框中单击“全部删除”按钮。

3.1.3　数据透视表

阅读一个具有大量数据的工作表是很不方便的，用户可以根据需要，将这个工作表生成能够显示分类概要信息的数据透视表。数据透视表能够迅速方便地从数据源中提取并计算需要的信息。

1. 数据透视表简介

数据透视表是一种对大量数据快速汇总和建立交叉列表的交互式表格。它可以用于转换行和列，以便查看源数据的不同汇总结果，可以显示不同页面以筛选数据，还可以根据需要显示区域中的明细数据。

2. 数据透视表的组成

数据透视表由 7 个部分组成，分别是页字段、页字段项、数据字段、数据项、行字段、列字段和数据区域。

各组成部分的功能如下。

（1）页字段：数据透视表中指定为页方向的源数据清单或者表单中的字段。

（2）页字段项：源数据清单或者表单中的每个字段，列条目或者数值都将称为页字段列表中的一项。

（3）数据字段：含有数据的源数据清单或者表单中的字段项称为数据字段。

（4）数据项：数据项是数据透视表字段中的分类。

（5）行字段：在数据透视表中指定为行方向的源数据清单或者表单中的字段。

（6）列字段：在数据透视表中指定为列方向的源数据清单或者表单中的字段。

（7）数据区域：含有汇总数据的数据透视表中的一部分。

3. 数据源

在 Excel 中，可以利用多种数据源来创建数据透视表。可利用的数据源如下：

（1）Excel 的数据清单或者数据库。

（2）外部数据源，包括外部数据库、文本文件或者除了 Excel 工作簿以外的其他数据（可以是 Internet 上的数据源，也可以是经过合并计算的多个数据区域以及另外一个数据透视表）。

4. 建立数据透视表

使用数据透视表不仅可以帮助用户对大量数据进行快速汇总，还可以查看数据源的汇总结果。

假设有如图 3-21 所示的一张数据清单，现在要以这张数据清单作为数据透视表的数据源来建立数据透视表。建立数据透视表的具体操作步骤如下：

（1）单击数据清单中的任意一个单元格。

（2）选择“数据”|“数据透视表和数据透视图”命令，打开“数据透视表和数据透视图向导—3 步骤之 1”对话框，如图 3-25 所示。

（3）在“请指定待分析数据的数据源类型”选项组中选中“Microsoft Office Excel 数据列表或数据库”单选按钮，在“所需创建的报表类型”选项组中选中“数据透视表”单选按钮，然后单击“下一步”按钮，打开如图 3-26 所示的“数据透视表和数据透视图向导—3 步骤之 2”对话框。

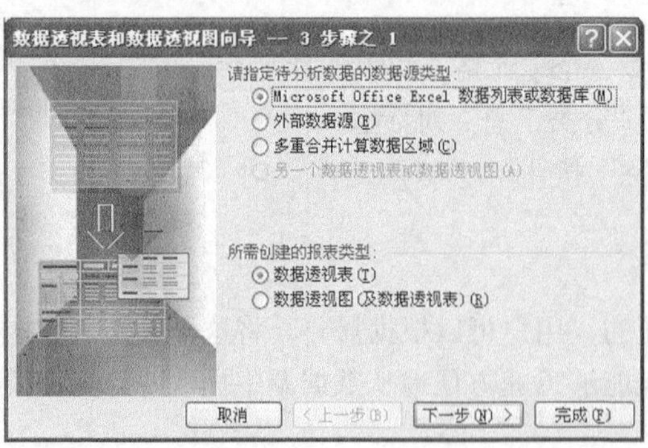

图 3-25　“数据透视表向导—3 步骤之 1”对话框

图 3-26　“数据透视表向导—3 步骤之 2”对话框

（4）在“选定区域”文本框中输入要建立数据透视表的数据源区域，或者通过文本框右侧的折叠按钮来选择数据源区域，如果要选择工作簿以外的数据源，单击“浏览”按钮，打开“浏览”对话框，如图 3-27 所示，通过该对话框可以选择数据源。

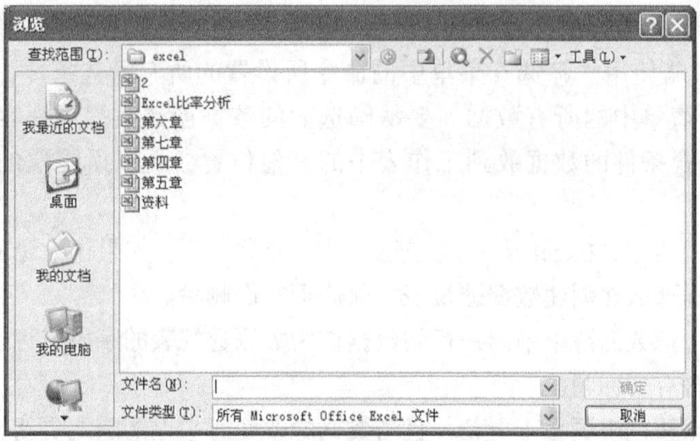

图 3-27 “浏览”对话框

（5）单击“下一步”按钮，打开如图 3-28 所示的“数据透视表和数据透视图向导—3 步骤之 3”对话框。

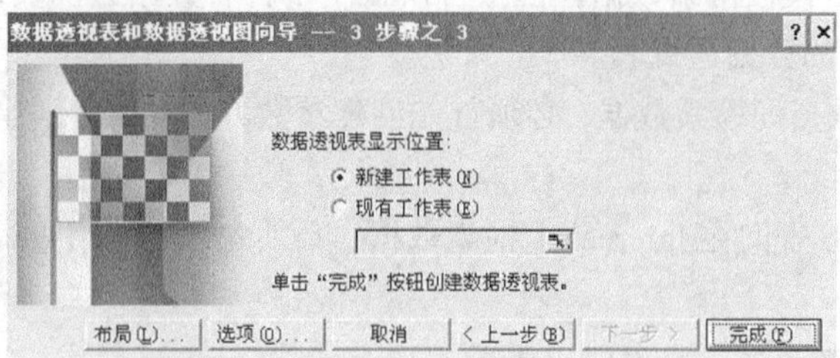

图 3-28 “数据透视表和数据透视图向导—3 步骤之 3”对话框

（6）单击“布局”按钮，打开“数据透视表和数据透视图向导— 布局”对话框，如图 3-29 所示。在该对话框中，按照提示信息将右侧的字段按钮拖动到左侧的草图上来构造数据透视表，然后单击“确定”按钮。

（7）在“数据透视表和数据透视图向导— 3 步骤之 3”对话框中单击“完成”按钮，系统将生成数据透视表，如图 3-30 所示。

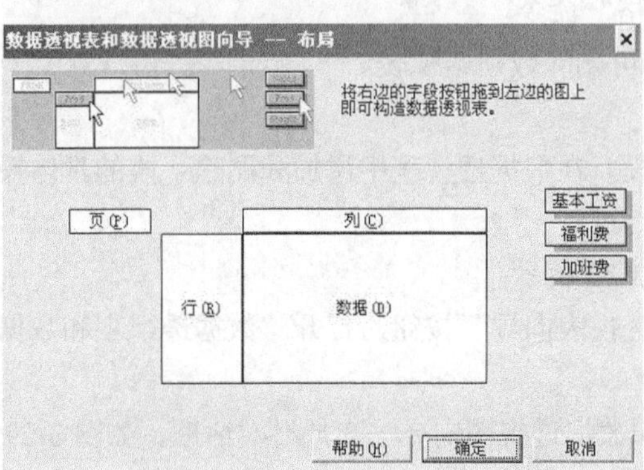

图 3-29 “数据透视表和数据透视图向导—布局”对话框

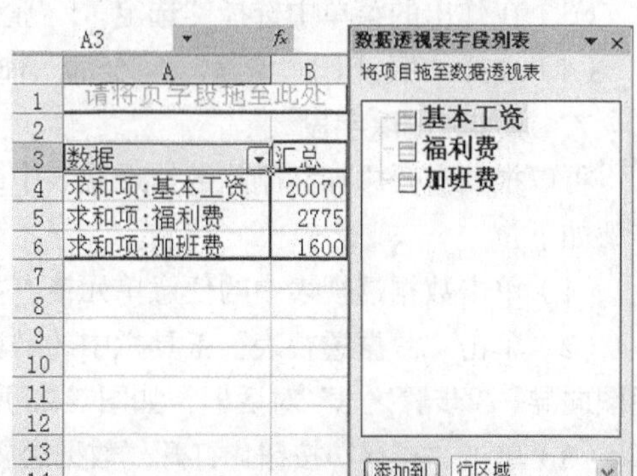

图 3-30 建成的数据透视表

5. 注意问题

创建数据透视表时需要注意以下问题。

（1）在运行数据透视表向导之前，应单击数据清单中的任意一个单元格，那么在“数据透视表和数据透视图向导— 3 步骤之 2”对话框中，向导会自动填入数据清单的单元格引用。

（2）Excel 将忽略使用“筛选”菜单中的命令所设置的所有筛选条件，数据透视表处理数据的范围包括数据清单中的所有数据。要从筛选后的数据创建数据透视表，可以使用“高级筛选”命令提取符合条件的数据放到工作表中的其他位置，再以所提取的数据区域创建数据透视表。

（3）在数据透视表中，Excel 会自动创建总计和分类汇总。如果作为源的数据清单已经包含了总计和分类汇总，那么在创建数据透视表之前需把它们删除。

（4）因为 Excel 把数据清单中第一行的数据作为数据透视表的字段名称，所以作为源的数据清单或数据库必须含有列标题。

（5）若要使数据透视表更易于更新并且当数据源改变时它也能随之更新，需要给每个源区域命名，而且创建数据透视表时还应使用这些名称。如果已命名的区域经扩展后包含了更多的数据，那么可以更新数据透视表以便加入这些数据。

（6）在下列情况下不能利用数据透视表向导检索外部数据：

1）如果要使用报告模板检索数据，但报告模板中不含有数据透视表，必须先打开报告模板，然后创建基于外部数据的数据透视表。

2）如果要使用参数查询检索数据，必须首先创建参数查询，然后创建基于外部数据的数据透视表。

3）如果要使用 Web 查询在 Internet 上检索数据，必须先创建网络查询，然后创建基于含有外部数据的数据透视表。

6. 删除数据透视表

对于建立了数据透视表的数据清单，不能直接在其中删除数据。如果要删除其中的数据，只能删除整个数据透视表。

在删除数据透视表之前，首先应选择“视图”|“工具栏”|“数据透视表”命令启动“数据透视表”工具栏。删除数据透视表的具体操作步骤如下：

（1）在数据透视表中单击任意一个单元格。

（2）单击“数据透视表”工具栏中的“数据透视表”按钮。

（3）在弹出的菜单中选择“选定”|“整张表格”命令。

（4）选择“编辑”|“清除”|“全部”命令即可删除数据透视表。

7. 添加和删除字段

可以根据需要添加和删除数据透视表中的字段。在数据透视表中添加和删除字段的具体操作步骤如下：

（1）单击数据透视表中的任意单元格，如图 3-30 所示。

（2）单击“数据透视表”工具栏中的“数据透视表向导”按钮，打开“数据透视表和数据透视图向导—3 步骤之 3”对话框，如图 3-28 所示。

（3）单击“布局”按钮，打开“数据透视表和数据透视图向导—布局”对话框，如图 3-29 所示。若要添加字段，可以将右边的字段按钮拖动到数据区中所需的字段类型处；若要删除某字段，可以将该字段按钮拖放到数据区域之外，然后单击“确定”按钮返回“数据透视表和数据透视图向导—3 步骤之 3”对话框。

（4）单击“完成”按钮完成操作。修改图 3-30 所示的数据透视表后，结果如图 3-31 所示。

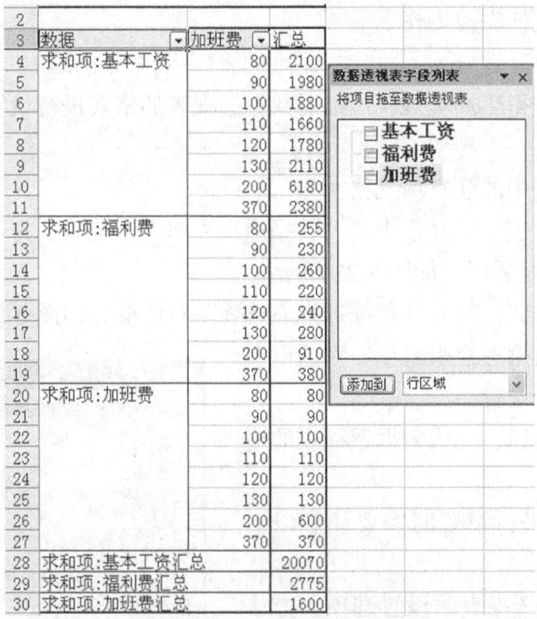

	数据	加班费	汇总
2			
3	数据	加班费	汇总
4	求和项:基本工资	80	2100
5		90	1980
6		100	1880
7		110	1660
8		120	1780
9		130	2110
10		200	6180
11		370	2380
12	求和项:福利费	80	255
13		90	230
14		100	260
15		110	220
16		120	240
17		130	280
18		200	910
19		370	380
20	求和项:加班费	80	80
21		90	90
22		100	100
23		110	110
24		120	120
25		130	130
26		200	600
27		370	370
28	求和项:基本工资汇总		20070
29	求和项:福利费汇总		2775
30	求和项:加班费汇总		1600

图 3-31 修改后的数据透视表

注意

在删除了某字段时，与该字段相连的数据将从数据透视表中删除。

8. 修改分类汇总

在使用数据透视表对数据进行分类汇总时，可以根据需要设置分类汇总的方式。在 Excel 中，使用数据透视表对数据进行分类汇总时，默认的汇总方式为求和。下面介绍修改数据透视表的分类汇总方式的方法。

例如，图 3-31 所示的数据透视表中，所有项的汇总方式都为求和。

现在把其中一个工作组成项目的汇总方式修改为求平均值。修改分类汇总的具体操作步骤如下：

（1）选择要修改汇总方式的字段名。

（2）单击“数据透视表”工具栏中的“字段对话框”按钮，打开“数据透视表字段”对话框。

（3）在“数据透视表字段”对话框中的“分类汇总”列表框中选择“平均值”选项。

（4）单击“确定”按钮完成修改。

9. 更改布局

如果数据透视表的布局不合理，可以对其进行更改。更改数据透视表布局的具体操作步骤如下：

（1）单击数据透视表中的任意单元格。

（2）单击“数据透视表”工具栏中的“数据透视表向导”按钮，打开“数据透视表和数据透视图向导—3 步骤之 3”对话框，如图 3-28 所示。

（3）单击“布局”按钮，打开“数据透视表和数据透视图向导—布局”对话框，如图 3-29 所示，将字段按钮拖动到行、列或页所需的位置后，单击“确定”按钮，返回“数据透视表和数据透视图向导—3 步骤之 3”对话框。

（4）单击“完成”按钮完成操作。

10. 设置格式

为了使数据透视表变得更加美观，可以对数据透视表的格式进行设置。设置数据透视表格式的具体操作步骤如下：

（1）单击数据透视表中的任意单元格。

（2）单击“数据透视表”工具栏中的“数据透视表向导”按钮，打开“数据透视表和数据透视图向导—3 步骤之 3”对话框，如图 3-28 所示。

（3）单击“选项”按钮，打开“数据透视表选项”对话框，如图 3-32 所示。

（4）根据需要在“数据透视表选项”对话框中对数据透视表的格式进行设置。

（5）单击“确定”按钮，完成数据透视表的格式设置。

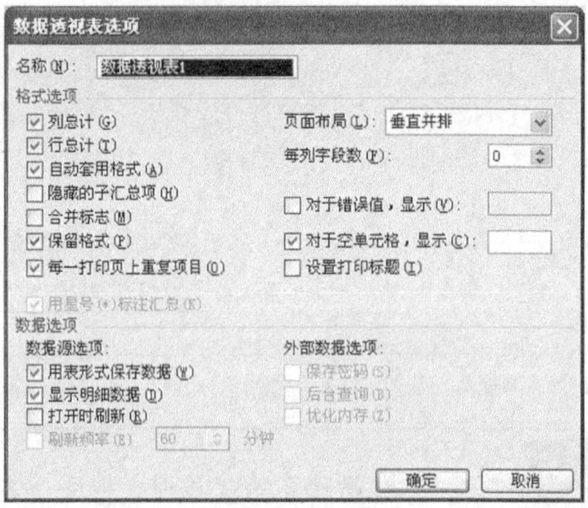

图 3-32 “数据透视表选项”对话框

对数据透视表格式进行设置时需要注意以下问题。

1）可以在创建数据透视表时设置选项，方法是在“数据透视表向导—3 步骤之 3”对话框中单击“选项”按钮。

2）要自动套用数据透视表格式，应确认已选中“数据透视表选项”对话框中的“自动套用格式表”复选框。无论是自动套用格式之前还是自动套用格式之后，任何应用于数据透视表的手动设置格式都优先于使用“自动套用格式”命令所设置的格式。

3）要从数据透视表中删除所有的格式，应取消“自动套用格式”复选框。

4）如果每次更新数据透视表时都要删除格式，应取消“保留格式”复选框。

5）当更改布局或更新数据透视表时，Excel 将不保存对单元格边框的更改。

6）要在数据透视表中对所有外部行标和列标使用合并单元格，可选择“数据透视表”工具栏中的“数据透视表”|“数据透视表选项”命令，然后在打开的对话框中选中“合并标志”复选框。

3.2 图 表

使用 Excel 的图表功能可以将工作表中枯燥的数据转化为简洁的图表形式。当编辑工作表中的数据时，图表也相应地随数据的改变而改变，不需要再次生成图表。本章将介绍有关图表的术语、类型、建立图表、自定义图表和三维图表的操作等。

3.2.1 图表的概述

图表具有很好的视觉效果，创建图表后，可以清楚地看到数据之间的差异。应用图表不仅可以把数据形象地表示出来，还可以对图表中的数据进行预测分析，得到一系列数据的变化趋势。使用 Excel 的图表功能可以将工作表中枯燥的数据转化为简洁的图表形式。设计完美的图表与处于大量网格线中的数据相比，可以更迅速有力地传递信息。

1. **数据系列**

创建图表需以工作表中的数据为基础。工作表中转化为图表的一连串数值的集合称为数据系列。例如，要画出某公司下属的各个分公司各季度的利润图表，某个分公司各个季度的利润就构成了一个数据系列，如图 3-33 所示，第一组条形块构成了“甲分公司”各季度利润的数据系列。数据系列一般不止一个，Excel 在图表中以不同的颜色、形状来区别不同的数据系列，在“图例”中标明了不同的序列。

2. **引用**

每个数据系列都包含若干数值点，Excel 的数据系列中最多可以有 4 000 个数值点，用“引用”作为各数据系列中数值点的标题，例如，图 3-33 中的“三季度”就是序列“三季度”数据的“引用”。

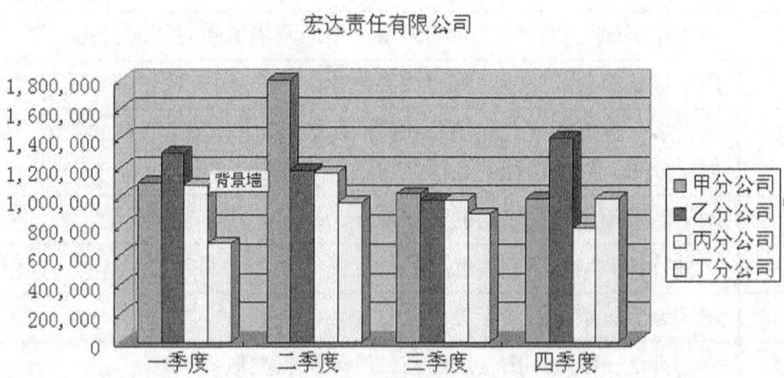

图 3-33　图表工作表

3. **嵌入式图表**

嵌入式图表是把图表直接插入数据所在的工作表中，主要用于说明工作表的数据关系。这是因为图表具有更强的说服力和更为直观的表达力。图 3-34 所示的是嵌入式图表的例子。

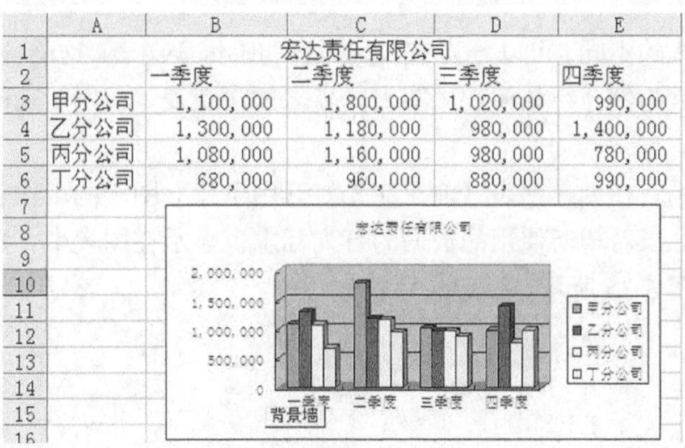

	A	B	C	D	E
1			宏达责任有限公司		
2		一季度	二季度	三季度	四季度
3	甲分公司	1,100,000	1,800,000	1,020,000	990,000
4	乙分公司	1,300,000	1,180,000	980,000	1,400,000
5	丙分公司	1,080,000	1,160,000	980,000	780,000
6	丁分公司	680,000	960,000	880,000	990,000

图 3-34　嵌入式图表

4. **图表工作表**

为创建的图表工作表专门新建一个工作表，整个工作表中只有这一张图表，图 3-33 所示的是图表工作表，图表工作表主要用于只需要图表的场合，因为用户输入的数据往往只是为了建立一张图表，因而在最后的输出文档中只需出现一张单独的图表即可。

5. **图表类型**

Excel 一共提供了 14 种图表类型，每种图表类型还包含几种不同的子类型，子类型是在图表类型基础上变化而来的。用户在创建图表前需要根据要求决定采用哪一种图表类型，每一种类型都有其各自不同的特点，各种图表类型的用途如表 3-1 所示。

表 3-1　　各种图表类型用途

图表类型	用　途
柱形图	用于显示一段时期内数据的变化或者各项之间的比较关系
条形图	用于描述各项之间的差异变化或者显示各个项与整体之间的关系
折线图	用于显示数据的变化趋势
饼图	用于显示数据系列中各项占总体的比例关系，注意饼图一般只显示一个数据系列
XY（散点图）	多用于科学数据，用于比较不同数据系列中的数值，以反映数值之间的关联性
面积图	用于显示局部和整体之间的关系，更强调幅值随时间的变化趋势
圆环图	用于显示部分和整体之间的比例关系，这一点和饼图类似，但可以表示多个数据系列
雷达图	用于多个数据系列之间的总和值的比较，各个分类沿各自的数值坐标轴相对于中点呈辐射状分布，同一序列的数值之间用折线相连
曲面图	用于确定两组数据之间的最佳逼近
气泡图	一种特殊类型的 XY 散点图
股价图	用于分析股票价格的走势
圆锥、圆柱和棱锥图	它们都是三维效果图，用途与二维效果图类似

3.2.2　创建与修改图表

Excel 2003 提供了很多不同种类的图表，如柱形、条形和折线等，用户可以根据需要选择合适的图表类型，同时对不能清楚表达含义的图形进行修改。

1. 创建图表

根据图表放置方式的不同，可以分为嵌入式图表和工作表图表。这两种图表的创建方式类似，下面以建立嵌入式图表为例介绍如何使用图表向导来创建图表。使用图表向导创建图表的具体操作步骤如下。

（1）选择数据范围。在创建图表之前，应先打开用于建立图表的工作表数据，然后选择相应的数据单元格范围，如果希望所使用的数据的行列标志也显示在图表中，则选定区域还应包括含有标志的单元格，如图 3-35 所示。

	A	B	C	D	E
1			宏达责任有限公司		
2		一季度	二季度	三季度	四季度
3	甲分公司	1,100,000	1,800,000	1,020,000	990,000
4	乙分公司	1,300,000	1,180,000	980,000	1,400,000
5	丙分公司	1,080,000	1,160,000	980,000	780,000
6	丁分公司	680,000	960,000	880,000	990,000

图 3-35　待选择的工作表数据范围

（2）选择图表类型。选择“插入”|“图表”命令，打开如图 3-36 所示的“图表向导—4 步骤之 1—图表类型”对话框，它提供了标准类型和自定义类型两大类图表供用户选择，用户可以根据需要选择合适的类型，并可通过单击“按下不放可查看示例”按钮预览当前选择的图表类型，这里选择“柱形图”的“簇状柱形图”子图表类型，然后单击“下一步”按钮打开下一个对话框。

（3）选择数据区域。这时打开如图 3-37 所示的“图表向导—4 步骤之 2—图表源数据”对话框，切换到“数据区域”选项卡时将会出现预览的图表，下面的“数据区域”文本框用于在工作表中选择用于绘制图表的数据，如果要更改先前所选择的数据区域，首先选中数据框的全部单元格引用，单击左侧的“折叠对话框”按钮，然后在工作表中选择新的数据区域，最后单击“折叠对话框”按钮返回对话框。下面的“系列产生在”选项组用于确定数据系列是横向还是竖向排列，这里选中“行”单选按钮。

图 3-36　“图表向导—4 步骤之 1—图表类型”对话框

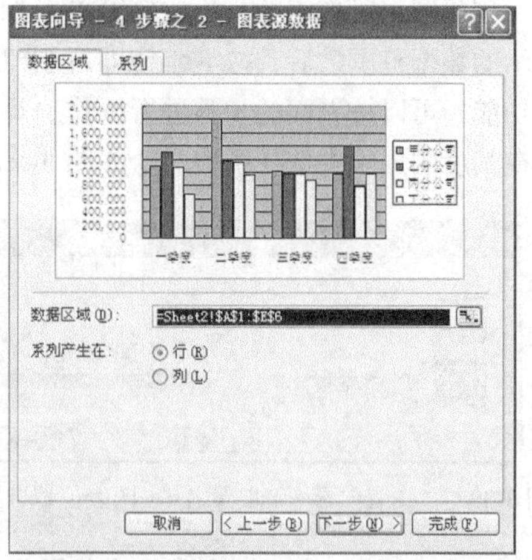

图 3-37　“图表向导—4 步骤之 2—图表源数据”对话框

切换到“系列”选项卡，在“系列”列表框中列出了用户所选择的所有数据系列名称，可以通过位于列表框下面的按钮添加和删除数据系列。

另外，可以在右侧的“名称”文本框中更改数据系列的名称，在“值”文本框中变更序列的数值，在“分类（X）轴标志”文本框中指定新的类别标志。这里使用默认设置，单击“下一步”按钮打开下一个对话框。

（4）设置图表属性。这时打开“图表向导—4 步骤之 3—图表选项”对话框，如图 3-38 所示。

其中的各个选项功能如下。

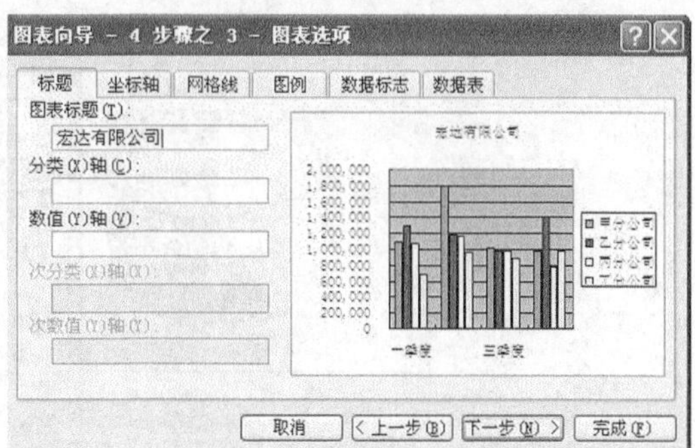

图 3-38　“图表向导—4 步骤之 3—图表选项”对话框

1）切换到“标题”选项卡，在这里可以输入图表或坐标轴的标题，在“图表标题”文本框中输入“宏达有限公司”作为本图表的标题。

2）然后切换到“坐标轴”选项卡，在这里用户可以选择或者隐藏坐标轴。

3）“网格线”选项卡用于确定是否在图表中显示（主）次网格线。

4）“图例”选项卡用于添加图例以及确定图例在图表中的位置。

5）“数据标志”选项卡用于在图表中为数据点添加或删除数据标志。

6）“数据表”选项卡用于确定是否在图表下方的网格中显示数据系列的值。

这里均使用默认值，单击“下一步”按钮，打开下一个对话框。

（5）插入图表。这时打开的是图表向导的最后一个对话框，如图 3-39 所示，该对话框用于确定图表所放置的位置，选中“作为其中的对象插入”单选按钮，然后从右侧的列表框中选择需要放置的工作表，单击“完成”按钮即可结束整个创建图表的工作。当执行完上述所有的图表向导步骤之后，Excel 2003 将所创建的图表嵌入工作表中，同时会在该图表的边框处显示 8 个黑色控制点，可以用鼠标拖动图表到合适的位置，另外，还可以拖动控制点调整图表的大小，创建的图表如图 3-34 所示。

创建图表工作表的方法比较简单，如果用户想以默认类型和设置创建图表，只需在选择了待显示的数据范围之后，按 F11 键即可创建图表工作表。如果用户需要设置所创建的图表类型和其他功能，可以按上面的步骤进行操作，只是在最后一步选中“作为新工作表插入”单选按钮，并且在其后的列表中选择图表名，如图 3-40 所示。

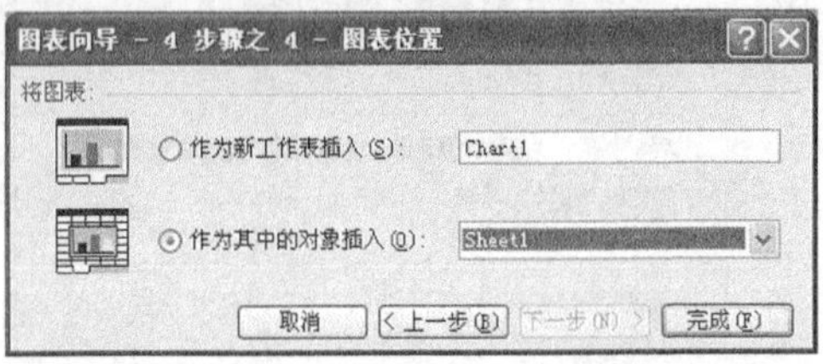

图 3-39 “图表向导—4 步骤之 4—图表位置”对话框

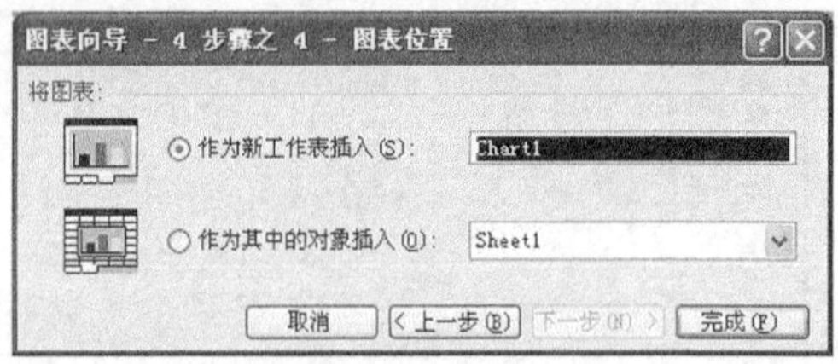

图 3-40 创建图表工作表

Excel 允许用户对图表进行修改操作，例如，更改图表背景颜色，增加或者删除数据系列，更改图例等，这里仅介绍一些最基本的操作。

2. 改变图表类型

在创建图表时，用户不一定清楚为数据选择哪一种图表类型更合适，通常在创建了图表之后，才发现选择另一种图表类型更适合当前的数据，这里就涉及如何改变图表类型的问题。

首先必须激活需要改变的图表，选择“图表”|“图表类型”命令，打开“图表类型”对话框，可以从中选择所需的图表类型，单击“确定”按钮，这时新类型的图表就出现在工作表中。选择了“饼图”选项后形成的图表，如图 3-41 所示。

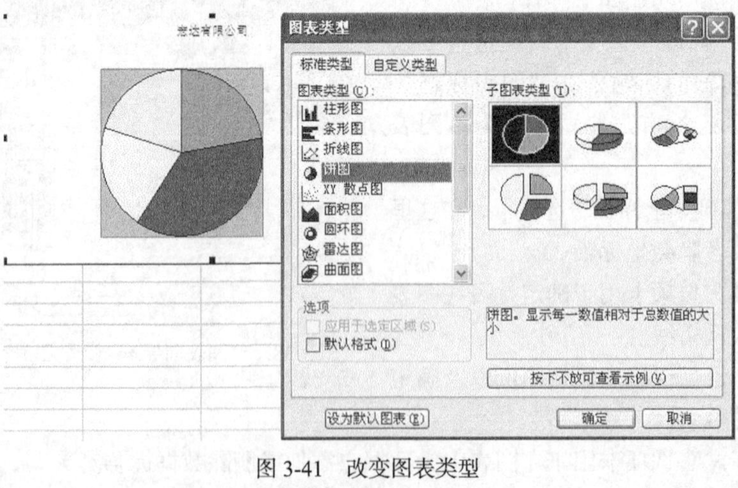

图 3-41 改变图表类型

3. 修改默认类型

系统默认的图表类型是簇状柱形图，如果经常使用的是另一种图表类型，不妨修改图表的默

认类型，并且使用该类型来创建所需的图表。首先单击选中一个图表，选择“图表”|“图表类型”命令，然后在“图表类型”对话框中选择所需的图表类型，单击“设为默认图表”按钮，然后单击“确定”按钮。

在关闭对话框时如果单击“是”按钮，则会改变当前图表的类型为指定类型，如果单击“否”按钮则当前图表的类型不会改变。

4. 图表和工作表的转变

有时候，当用户生成一张嵌入式图表后，发现它并不能正确地表达意思，这时用户如果需要生成一张图表工作表，Excel 提供了一种非常简单的方式来实现嵌入式图表和图表工作表之间的转变。首先单击需要改变的图表，选择“图表”|“位置”命令，打开“图表位置”对话框，如图 3-42 所示。

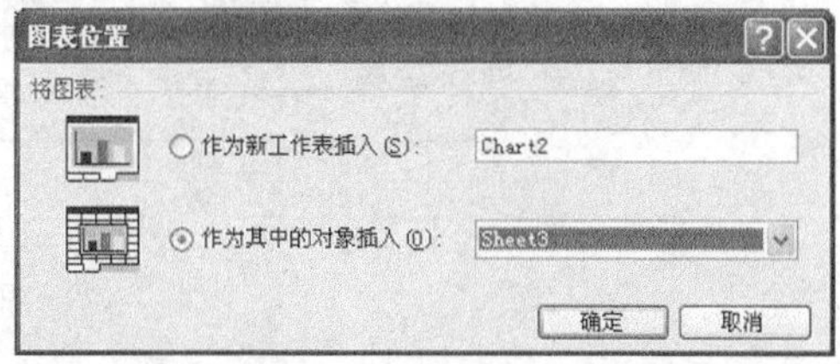

图 3-42　“图表位置”对话框

如果需要把嵌入式图表改为工作表图表，则应选中“作为新工作表插入”单选按钮，然后在右侧的文本框中输入新工作表图表的名称；如果用户想把工作表图表以嵌入的方式插入已有的工作表中，选中“作为其中的对象插入”单选按钮，然后在右侧的列表框中选择合适的工作表，单击“确认”按钮，用鼠标拖动调整图表的位置和大小以满足特定的要求。

3.2.3　自定义图表

当使用 Excel 的自动套用格式创建图表后，如果该图表并不完全符合要求，可以使用自定义图表进行修改。本节主要介绍一些自定义图表的方法，在 Excel 自动套用格式基础上生成图表。在自定义图表之前必须先激活图表。

1. 图表项

在激活图表后，可以通过选择图表的不同部分进行自定义，图表的每一个可被选择的部分称为图表项，单击图表的不同部分，在“图表”工具栏中会出现相应的图表项的名称。图表中主要有下列图表项。

- 图表区域：图表区域是整个图表所有的图表项所在的背景区。
- 图例：图例是对图表中的数据系列的说明。
- 标题：图表的标题，并不包括图表的坐标轴标题，一般位于图表的正上部。
- 坐标轴：图表坐标轴的名称，分为数值轴和分类轴。
- 绘图区：绘图区是真正的图表所在区，绘图区不包括图例。
- 网格线：每种坐标轴都有主次网格线两类，图 3-43 所示的是数值轴的主网格线。

2. 图表区域操作

图表区域是包含其他图表项的主背景区，先激活需要操作的图表，然后在“图表”工具栏中单击右侧的“图表区格式”图标，打开如图 3-44 所示的“图表区格式”对话框，或者使用更加简捷的方式，双击图表的图表区域即可打开“图表区格式”对话框。

“图表区格式”对话框包含 3 个选项卡：“图案”选项卡、“字体”选项卡和“属性”选项卡。“图表”选项卡用于设置图表区域的边框样式，改变图表背景的颜色以及为背景填充特殊的效果。单击“填充效果”按钮，打开如图 3-45 所示的“填充效果”对话框，从中选择渐变、纹理、图案，使图表产生各种各样的效果。

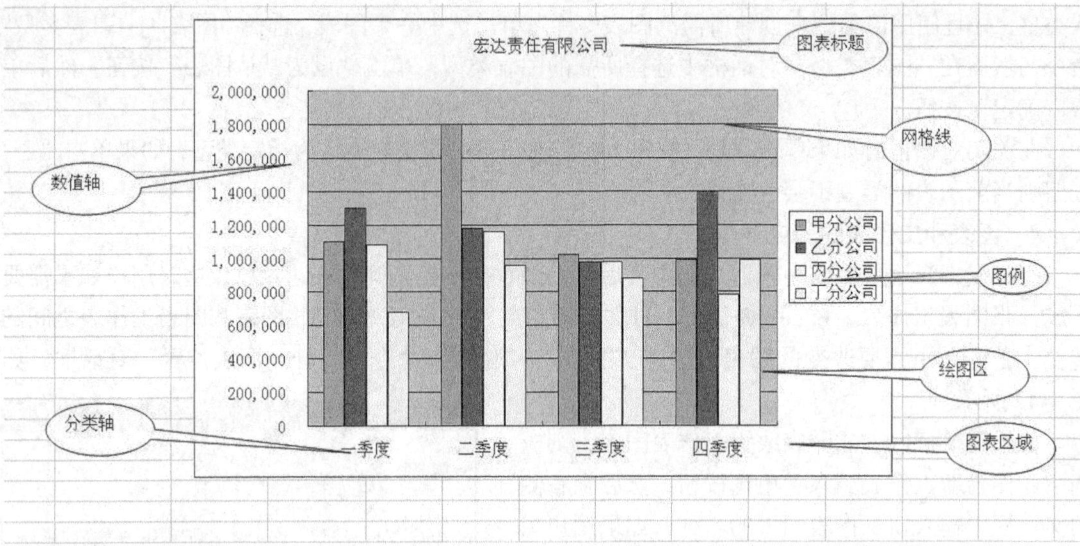

图 3-43　图表项

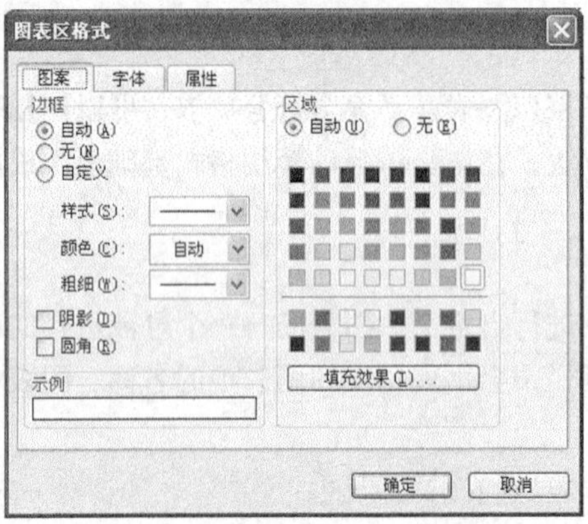

图 3-44　“图表区格式”对话框

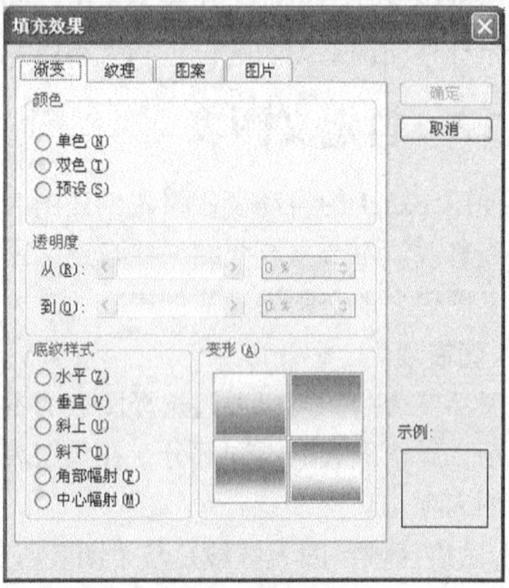

图 3-45　“填充效果”对话框

“字体”选项卡用于改变所有由自动套用格式设置的字体样式，但是由用户改变字体的文本不受影响，例如，用户在前一步操作中改变图表标题的字体为“隶书”，而在“图表区格式”对话框的“字体”选项卡中设置字体为“宋体”，则图表标题的字体不受影响。

“属性”选项卡用于指定图表对象相对于其下方的单元格进行排序的方式，以及确定在打印工作表时是否将图表随工作表一起打印出来。

3. 标题操作

这里所说的标题，不仅包括图表标题，还包括坐标轴标题。标题操作比较简单。

（1）添加标题。首先激活需要改变的图表，选择“图表”|“图表选项”命令，打开如图 3-46 所示的“图表选项”对话框，切换到“标题”选项卡，在标题文本框中输入所需要的标题，最后单击“确定”按钮。

（2）修改标题属性。双击需要修改的标题，打开该标题所对应的“图表标题格式”对话框，如图 3-47 所示，“图表标题格式”对话框中有 3 个选项卡，其中，“图案”选项卡用于设置标题边框，改变标题区颜色和填充特殊效果；“字体”选项卡用于设置字体、字形、颜色和特殊效果；“对齐”选项卡用于设置文本水平和垂直对齐方式，以及文本的方向。

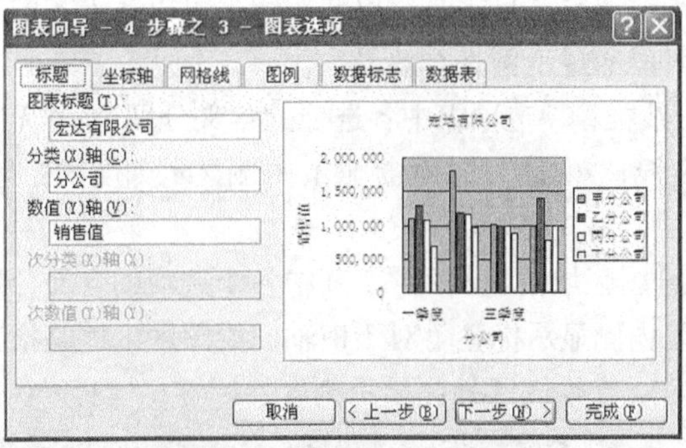

图 3-46　图表向导—4 步骤之 3—“图表选项”对话框

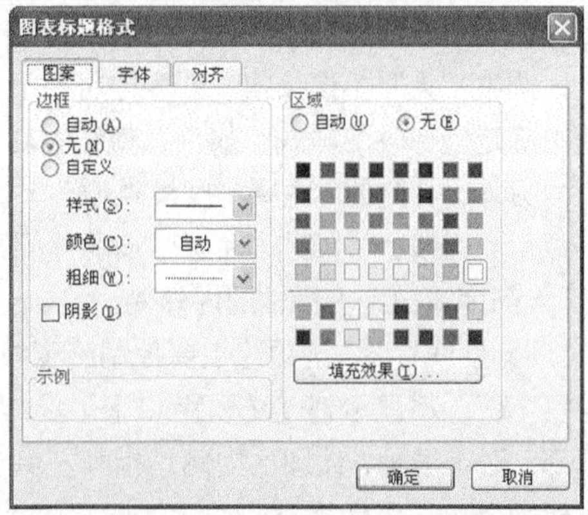

图 3-47　“图表标题格式”对话框

4. **图例操作**

双击图表中的图例，打开“图例格式”对话框，如图 3-48 所示，其中有 3 个选项卡：“图案”、“字体”和“位置”选项卡。

在“图案”选项卡中可以设置图例背景的颜色及图例框；在“字体”选项卡中可以设置图例中文本的字体、字形、大小、颜色和属性；“位置”选项卡用于指定图例位于图表的底部、右上角、靠上、靠右或靠左 5 个放置位置。

5. **调整坐标轴**

Excel 允许用户控制图表的坐标轴，双击图表中的坐标轴，打开“坐标轴格式”对话框，如图 3-49 所示。该对话框包含 5 个选项卡，各个选项卡的作用分别如下。

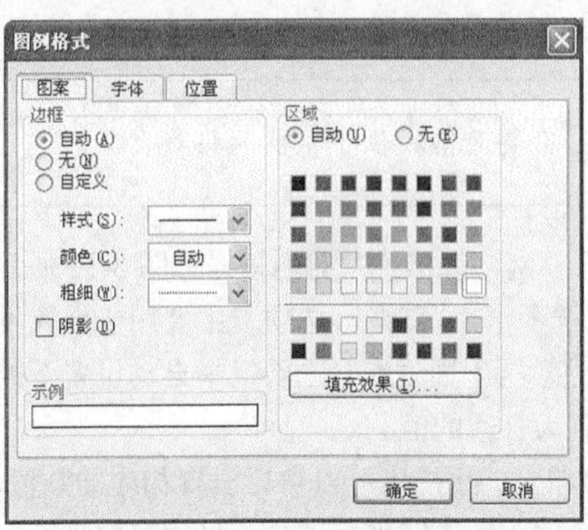

图 3-48　“图例格式”对话框

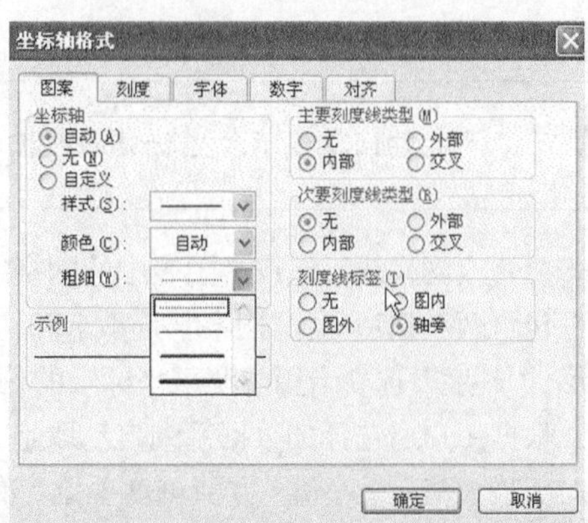

图 3-49　“坐标轴格式”对话框

（1）“图案”选项卡：用于改变坐标轴的样式、颜色、粗细，以及主、次网格线上刻度线的类型。

（2）“刻度”选项卡：可以调整坐标轴最大、最小值，以及主、次网格线之间的间距。

（3）“字体”选项卡：可改变坐标轴刻度标志的字体、字形、大小、颜色和属性。

（4）“数字”选项卡：用于设置坐标轴标志的数字格式，以及确定是否将图表中的数值和工作表中的数据相连。

（5）“对齐”选项卡：用于指定坐标轴刻度标志的方向。

在“图案”选项卡的“坐标轴”选项组中选中“自动”单选按钮，则图表坐标轴采用默认方式；选中“无”单选按钮，图表中将不显示坐标轴；选中“自定义”单选按钮，可以在下方的选项中确定坐标轴的样式、颜色、粗细等属性，并可以通过示例查看效果。

另外，右侧的“主要刻度线类型”、“次要刻度线类型”选项组中各选项的含义分别为：“无”，不显示刻度线；“外部”，在坐标轴的外侧显示刻度线；“内部”，在坐标轴的内侧显示刻度线；“交叉”，刻度线横跨坐标轴的内外侧。

“刻度线标签”选项组主要控制刻度线标志和绘图区域的显示关系，其中各个选项的含义分别为：“无”，不显示刻度线标签；“图内”，在绘图区内侧显示标签（对于横轴，绘图区内侧是指其顶部；对于纵轴，绘图区内侧是指其左侧）；“图外”，在绘图区外侧显示刻度线标签；“轴旁”，在坐标轴旁边显示标签。

“刻度”选项卡用于更改标志和刻度线之间的间隔，如图 3-50 所示，“数值（y）轴刻度”选项组可以指定分类（x）轴和数值（y）轴上的分类号，分类轴上每对刻度线之间的分类个数，分类标签之间的分类数；如果选择了“数值次序反转”复选框，则分类轴延伸方向与原方向相反，即从右向左延伸。

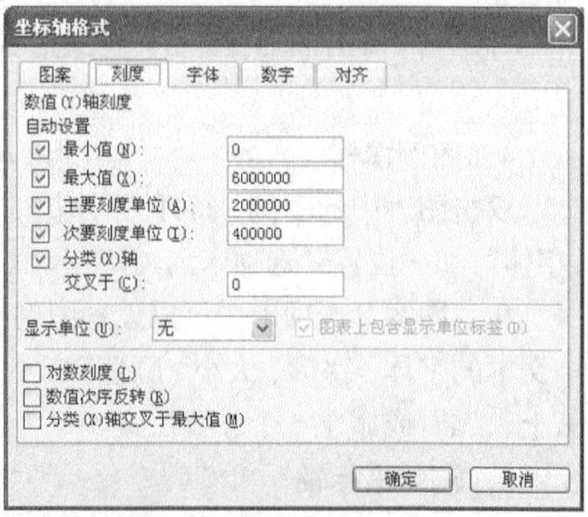

图 3-50 “刻度”选项卡

6. 改变网格线

网格线扩展了坐标轴上的刻度线，有助于用户弄清数值点的数值大小。要添加或删除网格线，先激活需要改变的图表，然后选择“图表”|“图表选项”命令，将图 3-51 所示的对话框切换到“网格线”选项卡，这时用户即可选择所需的网格线。

注意　主要网格线通过坐标轴的数据标志点，次要网格线位于主要网格线之间。

若要修改网格线，先双击图表中的网格线，打开“网格线格式”对话框，如图 3-52 所示。该对话框包含两个选项卡：“图案”选项卡和“刻度”选项卡。“图案”选项卡主要用于设置网格线的线形；“刻度”选项卡用于调整坐标轴的刻度。“数值（y）轴刻度”选项组中自动设置下的各个选项，根据用户所选择的数据系列自动取整并且设置为合适的值。

对于最大值、最小值、主要刻度单位、次要刻度单位，用户也可以自行设置相应的数值；“显示单位”文本框的默认值为“无”；“对数刻度”复选框用于决定坐标轴是否采用对数刻度，对数刻度一般用于数值范围较大的情况下，但要注意刻度中不能包含零和负数；通常情况下，分类轴与数值轴的最小刻度相交，如果选择了“分类（x）轴交叉于”复选框，分类轴则与数值轴的最大刻度相交。

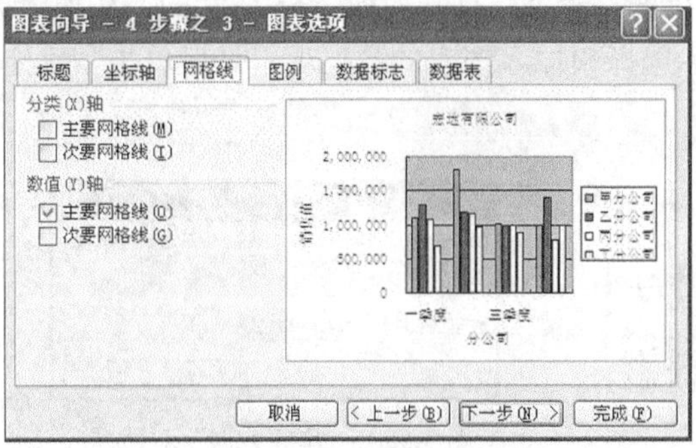

图 3-51 “网格线”选项卡

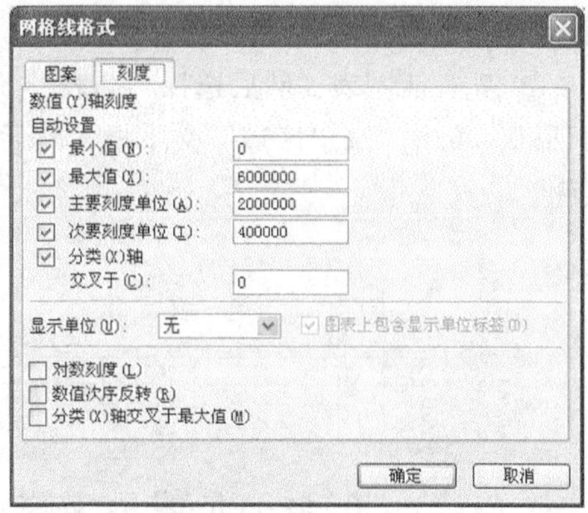

图 3-52 “网格线格式”对话框

7. 数据系列操作

每个图表都是由一个或者几个数据系列构成的，数据系列的表现形式多种多样，可以是柱条、折线和饼片等。

要自定义数据系列，首先必须选中它，最简单的方法是双击需要改变的序列，被选中的序列会在同一序列的每个数据点上出现一个标志方块，并且打开“数据系列格式”对话框。图表类型不同，对话框的差异也较大。对话框中最多有 7 个选项卡，最少有 4 个选项卡。这里以柱形图所打开的“数据系列格式”对话框为例，介绍各个选项卡的作用，如图 3-53 所示。

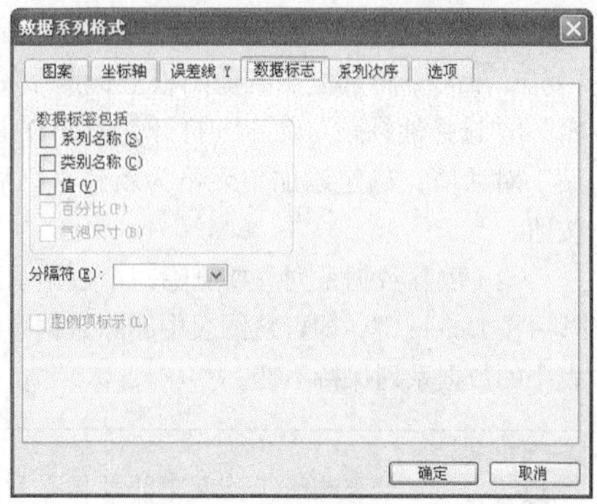

图 3-53 “数据系列格式”对话框

① “图案”选项卡：用于改变数据系列的边框样式、颜色以及特殊效果的填充。

② “坐标轴”选项卡：当图表有两个数值轴时，该选项卡用于确定数据系列绘制在哪一个坐标轴上，系统默认值是主坐标轴。

③ “误差线 Y”选项卡：用于为数据系列设置误差线并且选择合适的误差量。

④ “数据标志”选项卡：设置数据标志显示的具体内容。

⑤ “系列次序”选项卡：在“系列次序”列表框中单击某个数据系列的名称，然后单击右侧的“上移”或者“下移”按钮，可以更改数据系列在图表中的先后次序。

⑥ “选项”选项卡：用于确定图表中分类内部数据标志之间的重叠比例，所选择的数值范围是 0～100，数值越大，重叠度越大；数值越小，数据标志之间的间隙越小。另外，还可以通过“分类间距”微调按钮确定分类之间的距离。

（1）增加或删除。为了能够加入新的数据系列，可以重新选择数据区，并把需要的数据系列包含进来，然后重复创建图表的基本操作步骤。这种方法虽然正确，但不够简捷，下面介绍几种更简便的方法。

① 对于嵌入式图表，先激活准备添加数据系列的图表，这时候会在原工作表的数据项周围出现蓝色的边框，并且角上有方形块，把鼠标指针移近方形块，鼠标指针由空十字形变成了实十字形，按住鼠标左键并拖动边框，缩放数据区域，然后释放鼠标左键，图表区如图 3-54

所示。

② 先激活图表，然后选择“图表”|“添加数据”命令，打开如图 3-55 所示的“添加数据”对话框，单击“选定区域”文本框，然后用鼠标选择预加入图表的数据项，最后单击“确定”按钮。

	A	B	C	D	E
1		宏达责任有限公司			
2		一季度	二季度	三季度	四季度
3	甲分公司	1,100,000	1,800,000	1,020,000	990,000
4	乙分公司	1,300,000	1,180,000	980,000	1,400,000
5	丙分公司	1,080,000	1,160,000	980,000	780,000
6	丁分公司	680,000	960,000	880,000	990,000

图 3-54 工作表中显示数据框

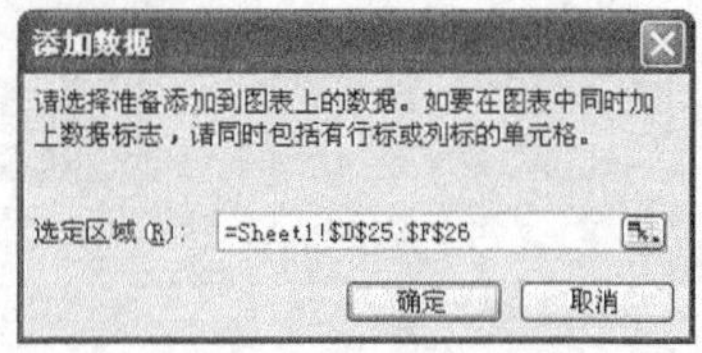

图 3-55 “添加数据”对话框

③ 直接选择需要加入图表的数据系列范围，并且将其拖动到图表中，Excel 将新数据加入图表中。

提示 这种方法只适用于图表嵌在工作表中的情况。

④ 首先选择要加入的数据系列的范围，选择“编辑”|“复制”命令，将其复制到剪贴板上，然后激活图表，选择“编辑”|“选择性粘贴”命令，打开如图 3-56 所示的“选择性粘贴”对话框，确定添加单元格为新建系列后，单击“确定”按钮。

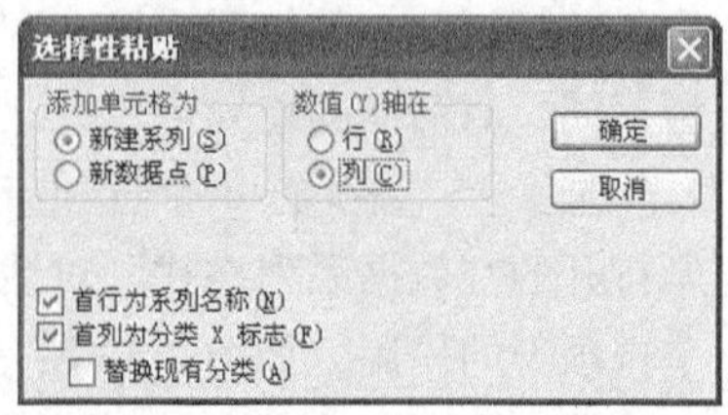

图 3-56 “选择性粘贴”对话框

（2）删除数据系列。要删除一个数据系列，首先选中它，然后按 Delete 键，即可从图表中删除数据系列。删除后的工作表中的数据系列保持不变。

提示 如果删除工作表中的数据系列，那么图表中的数据系列将会发生相应的改变。

（3）显示数据标志。在图表中每个数据点的旁边可以标明数据点的数值，或者是显示分类标志。首先双击图表中的数据系列，打开“数据系列格式”对话框，切换到“数据标志”选项卡，如图 3-53 所示。

“数据标志”选项卡中可用的选项随图表类型的差异而不同，可以在数据处理点的旁边显示系列名称、百分比、类别名称，或者同时显示百分比和类别名称。对于气泡图还可以显示每个气泡的大小。如果选中“图例项标示”复选框，系统会根据所选择的格式和颜色，在图表的数据标志旁显示图例项。

提示 数据标志和工作表是绑定在一起的，如果工作表中的数据发生了变化，则数据标志也会发生相应的变化。

（4）添加误差线。在某些类型的图表中可以增加误差线，误差项是没有精确值的数据的上下限范围。面积图、条形图、柱形图、折线图和散点图都可以加入误差线。

双击图表中的数据系列，打开“数据系列格式”对话框，切换到“误差线 Y”选项卡，如图 3-57 所示。该选项卡中有 4 种误差线显示方式，并且可以设置误差量。关于误差量的有关操作选项如下。

（1）“定值”选项：选择此选项后，则以固定值作为误差量。

（2）“百分比”选项：指定误差量为数据点数值的某一百分比，百分数在“百分比”微调按钮中确定。

（3）“标准偏差”选项：用绘制图表使用到的所有数值的平均值的标准偏差作为误差量。

（4）“标准误差”选项：其误差量是绘图所用数值的标准误差。

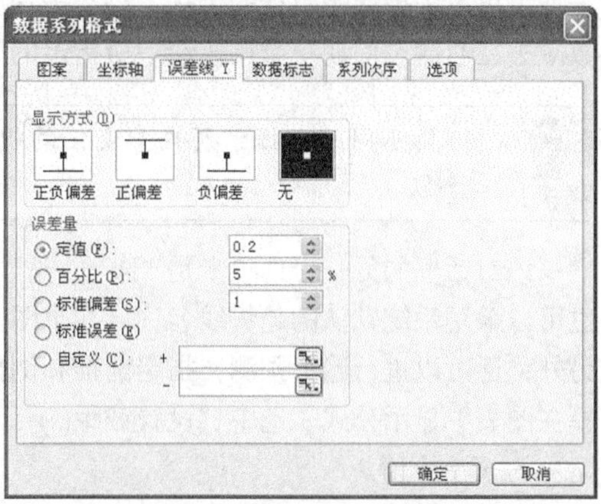

图 3-57　“误差线 Y”选项卡

（5）“自定义”选项：如果使用自定义的误差量，可以在“+”和“−”文本框中输入误差值，当然也可以输入工作表中误差量所在的区域的引用。将数据的标准偏差作为误差量而得到的误差线如图 3-58 所示。

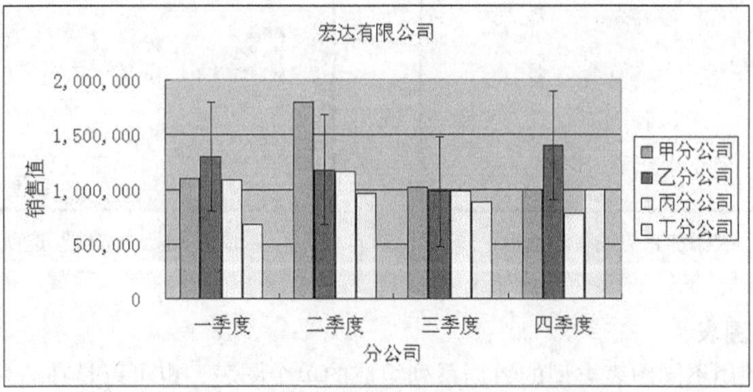

图 3-58　数据偏差作为误差量得到的误差线

（6）添加趋势线。给图表加上趋势线，可以根据趋势线了解数据的变化趋势，借以预测未来的数据。首先选定数据系列，然后选择“图表”|“添加趋势线”命令，打开如图 3-59 所示的“添加趋势线”对话框。

该对话框中的“类型”选项卡用于确定趋势线的类型，该选项卡一共提供了 6 种类型的趋势线供用户选择。

①“线性”选项：如果选择此选项，则系统根据线性方程 $Y=mx+b$ 来创建趋势线。

②“对数”选项：本选项用于对数方程 $Y=c\ln x+b$ 来创建趋势线。

③“多项式”选项：若选择了该选项，则系统根据多项式方程 $Y=b+C_1X+C_2X^2+\cdots+C_6X^6$ 创建趋势线，而且用户可以在“阶数（D）”微调按钮中选择阶数，最大为 6 阶，最小为 2 阶。

④“乘幂”选项：该选项插入乘幂趋势线，趋势线采用乘幂方程 $Y=CX^6$ 创建。

⑤“指数”选项：本选项利用指数方程 $Y=ce^{bx}$ 创建趋势线。

⑥“移动平均”选项：移动平均趋势线适用于有误差数据的场合，误差数据指的是数据受其

他随机因素的影响而偏离了真实值。该选项可以确定用几个连续数据点的平均值来创建趋势线，平均值可以去掉误差数据的干扰，移动平均趋势线中的数据点的数目等于数据系列中的数据点总数减去在右侧“周期”微调按钮中所指定的周期数之差。

提示

不同的数据系列自身变化的规律是不同的，这就需要根据需求选择合适的趋势线方程。

该对话框的另一个选项卡是“选项”选项卡，如图 3-60 所示。用户可以为趋势线自定义名称，也可以采用系统默认的趋势线名称，如果图表中设置了图例，那么趋势线名称会将显示在其中。另外，还可以进行趋势预测，指定前推和倒推的周期，用 Excel 推测趋势线的发展规律。可以选择在图表中显示公式，选中“设置截距(*s*)=”复选框来指定趋势线与 *y* 轴的交点，选择在图表中显示的 *R* 平方值。

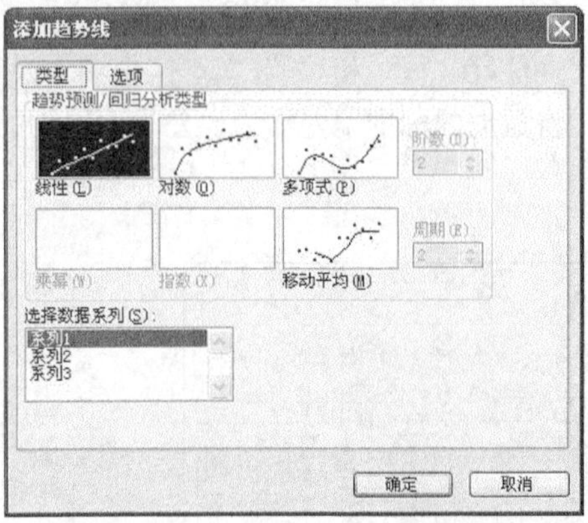

图 3-59 “添加趋势线”对话框

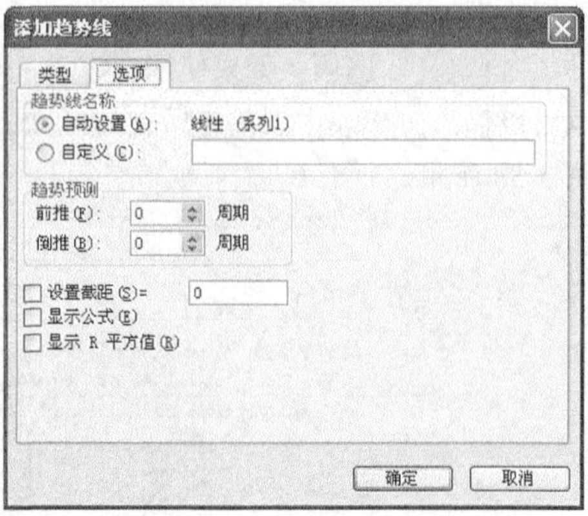

图 3-60 “选项”选项卡

8. 创建组合图表

组合图表是使用不同图表类型的数据系列组成的单个图表，也可以是在一种图表类型中使用第二个数值轴。

如果图表中的数据系列使用不同的刻度，这就需要在图表中添加一个次坐标轴。图 3-61 所示的是在一张图表上绘制两个不同的数据系列，一个是产品总量，一个是单个产品的价格。

两者的数量相差很大，如果仅用一个坐标轴绘制图表，单价看起来就和零一样。给两个数据系列分别使用一个坐标轴，只要每根坐标轴上刻度设置得当，就会得到一张比较完美的图表。如果图中设置主坐标轴的刻度范围是 0～80 000，设置次坐标轴的范围是 0～500，这样，两个数据系列便可很好地绘制图表。

双击选中的数据系列，打开“数据系列格式”对话框，切换到“坐标轴”选项卡，然后在“系列绘制在”选项组中选中“次坐标轴”单选按钮创建第二个坐标轴。

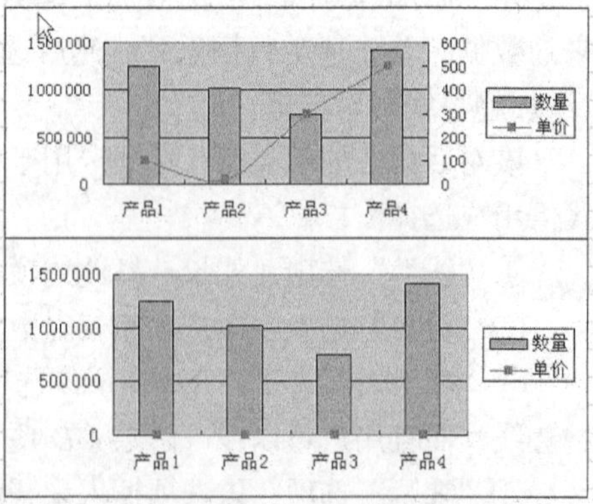

图 3-61 上图是使用主次坐标轴的图表，下图是使用一个坐标轴的图表

9. 自定义图表

Excel 提供了上百种系统预定义的图表自动套用格式供用户选择，使用“图表向导”创建图表时，这些套用格式一般已够用。如果没有合适的自动套用格式，可以先创建一个类似的图表，在其基础上修改以达到要求。但是如果要经常创建一些自动套用格式中没有的图表时，这样做就不太方便。

Excel 考虑到了这种情况，允许用户创建一个自定义的自动套用格式，然后保存到“图表向导”的自定义类型中。自定义图表的具体操作步骤如下：

（1）创建一个图表，并且修改图表以满足用户的要求，如图表背景的颜色、图案、坐标轴刻度、字体等。

（2）单击希望保存为自定义图表类型的图表，然后选择“图表”|“图表类型”命令，打开“图表类型”对话框。

（3）在对话框中打开“自定义类型”选项卡，并在“选自”选项组中选中“自定义”单选按钮，打开如图 3-62 所示的“图表类型”对话框。

（4）在对话框中单击“添加”按钮，把当前激活的图表格式设置为用户自定义的自动套用格式，单击“添加”按钮打开如图 3-63 所示的“添加自定义图表类型”对话框，在“名称”文本框中输入新增图表类型的名称，为了方便用户今后的使用，可以在“说明”文本框中添加一些说明性文字，最后单击“确定”按钮返回“图表类型”对话框。

（5）在“图表类型”列表框中可以看到刚刚定义的自动套用格式名称，单击“确定”按钮，将自定义的自动套用格式进行保存。

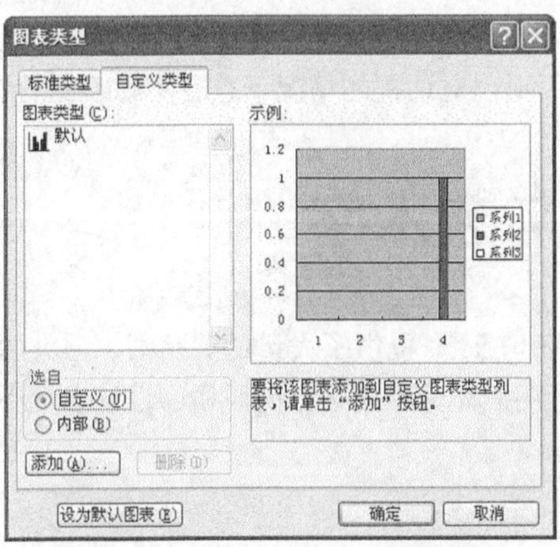

图 3-62　创建自定义的自动套用格式

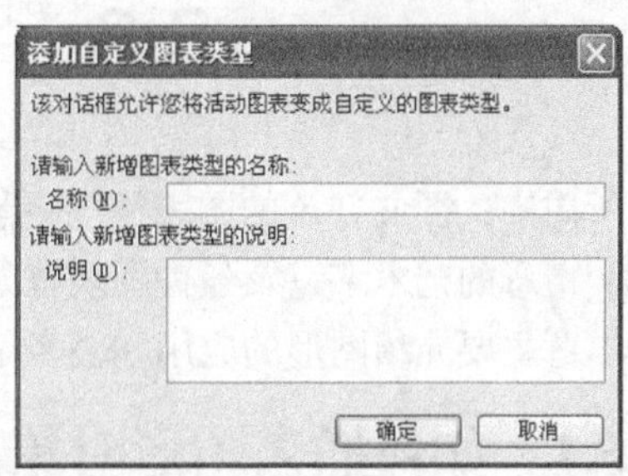

图 3-63　“添加自定义图表类型”对话框

注意

自定义的图表自动套用格式存放在文件 Xlusrgal.xls 中，该文件位于 Excel 安装目录（例如：…\windows\Application Data\Microsoft\Excel）下，打开该文件，可以看到其中只有图表工作表，每一个自定义的自动套用格式都定义在一个图表工作表中，可以对其进行修改，以便改变自定义的套用格式。

10. 三维图表

三维图表比二维图表更符合人的视觉习惯，所以它比二维图表更能吸引人的注意力。如果三维图表使用得当，往往会达到事半功倍的效果。

（1）使用鼠标。首先应当创建一张三维图表，单击图表任意两个坐标轴的交界处以选中图表的角点，然后拖动角点来调整图表显示的效果，如图 3-64 所示。

（2）旋转三维视图。激活三维图表后，选择“图表”|“设置三维视图格式”命令，打开如图 3-65 所示的“设置三维视图格式”对话框，在该对话框中可以调整三维图的仰角、转角、透视系数和高度。

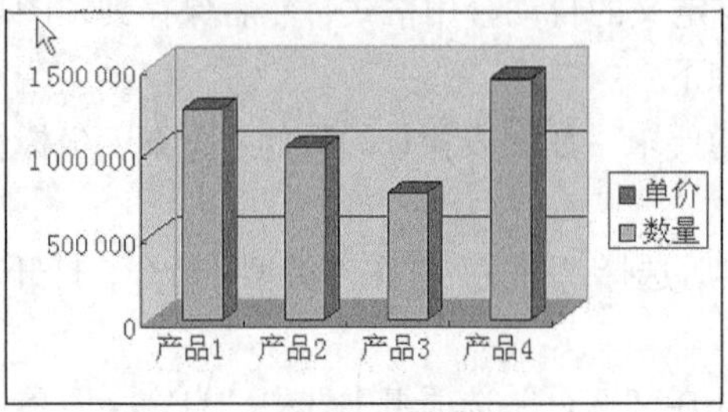

图 3-64　旋转三维图

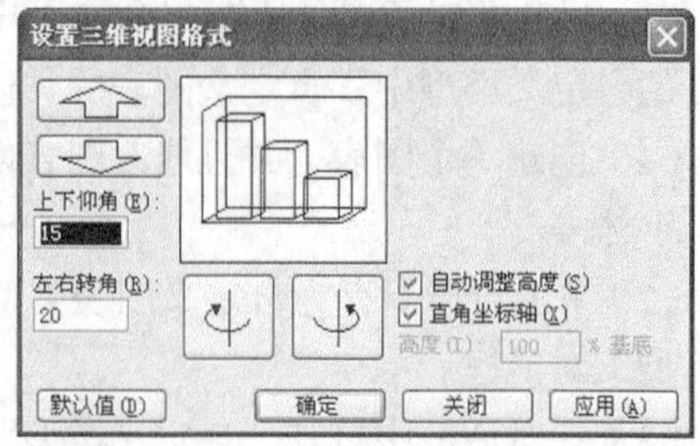

图 3-65　“设置三维视图格式”对话框

1）调整仰角：可以在“上下仰角”文本框中输入三维仰角的数值，当然也可以通过单击上下箭头按钮来调整仰角值，每单击一次，仰角值变化 5°，大多数图表仰角的范围是从 – 90°～ +90°。

2）调整转角：“左右转角”文本框中的数值是三维视图的转角，可以通过顺（逆）时针按钮进行调节，每单击一次，转角变化 10°，当转角为 0°时，相当于视图从正面看的效果。

3）调整透视系数：透视系数是指图表的前后方之比，如透视系数为 30，表明后方比前方小 30%，其范围从 0°～100°。

4）调整高度：要想改变与基底图表宽度相关的图表背景墙的高度，在“高度”文本框中输入数值，高度是相对于基底的百分比。如果选中“自动调整高度”复选框，Excel 将这一值设置为 100%，不能再修改。单击“应用”按钮，可以在不退出对话框的情况下查看实际改变的效果。

3.3　图形与艺术字

众所周知，图文并茂的图表往往更能吸引读者。Excel 提供了大量的剪贴画、强大的图像处理功能、精彩的艺术字以及各种图表背景，可以让用户充分展现自己的风格，设计出赏心悦目的图表。本章主要介绍图形的应用和艺术字的运用。

3.3.1　如何插入图形对象

除了图表之外，还可以在工作表中添加纯粹的图形元素。与图表不同的是，这些图形元素与工作表中的数据并不相关，但是应用它们可以使工作表看上去更美观。Excel 可以通过插入图形对象的方法将一些精美的图片和剪贴画插入图表中，为图表增色，从而使制作出的图表赏心悦目、卓然出众。

1. 插入图片

如果要在工作表中插入图片，可先将插入点定位到要插入图片的位置，然后选择“插入”|“图片”|“来自文件”命令，如图 3-66 所示。

从图 3-66 中可以看到 Excel 可插入的图片来源有几种，例如，可以插入自带的剪贴画，插入来自扫描仪或相机的图片，以及其他图形程序生成的图形等。

选择了“来自文件”命令之后，Excel 将打开如图 3-67 所示的“插入图片”对话框，可以从中选择要插入的图片文件。在“查找范围”列表框中找到需要插入的图片，如果要在插入之前浏览效果，可以单击“预览”按钮，确认后单击“插入”按钮。

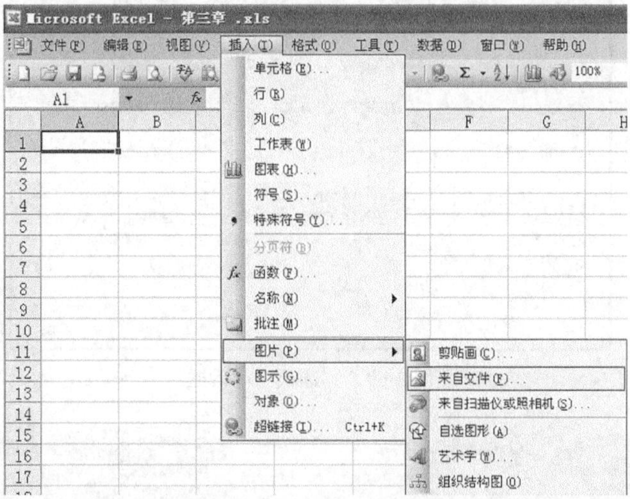

图 3-66　插入图片步骤

图 3-67　“插入图片”对话框

以这种方式插入的图片是嵌入式的。双击嵌入的图片可以在 Excel 中进行编辑。如果需要调整插入的图片的大小，可以单击该图片，此时在图片周围会出现 8 个控制手柄，用鼠标指向其中的一个控制手柄，当鼠标指针变成双向箭头时，拖动到合适的大小为止。

要编辑图片，可先选中需要编辑处理的图片，然后打开“图片”工具栏，从中选择所需的工具按钮进行图片编辑与处理，如图 3-68 所示。

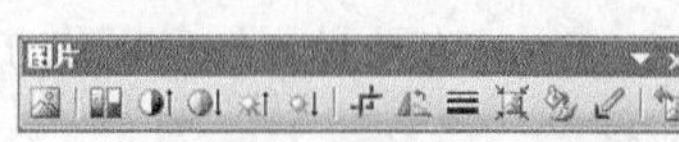

图 3-68　“图片”工具栏

如果插入的图片没有显示出来，可以选择“工具”|“选项”命令，然后将打开的对话框切换到“视图”选项卡，查看是否选中了“对象”选项组中的“全部显示”单选按钮，如图 3-69 所示。

2. 插入剪贴画

要插入剪贴画，首先选择插入的位置，然后选择“插入”|“图片”|“剪贴画”命令，打开如图 3-70 所示的“剪贴画”任务窗格。

在“剪贴画”任务窗格中单击“所有收藏集”的下拉列表按钮，打开如图 3-71 所示的收藏集类型下拉列表，可以从中选择收藏集，然后选择所需文件类型，并单击“搜索”按钮，即可搜索到想要的文件，最后双击需要插入的图片即可将图片插入图表中。

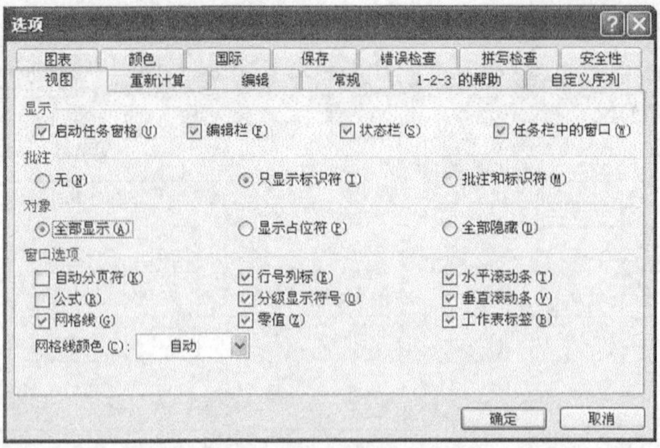

图 3-69 “选项”对话框

图 3-70 “剪贴画”任务窗格

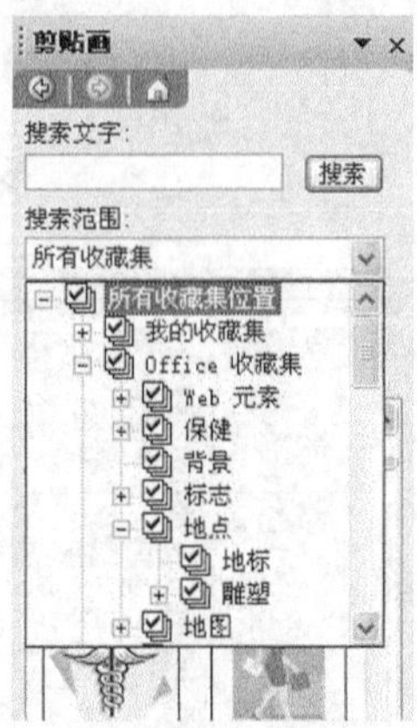

图 3-71 选择图片类型

技巧 剪贴画具有拖放功能，用户可以从剪辑库中拖动出剪贴画，并将其放到文档的任意位置。

Excel 可以保持“剪贴画”任务窗格一直显示，这样在工作簿中插入许多剪贴画时就不需要频繁地打开和关闭该任务窗格。

Office 2003 包含了一个“剪辑库”，收集了比以前版本更多的剪贴画。Office 2003 的各应用程序可以共享该剪辑库。用户可以将剪贴画加入自己的工作簿，还可以对其进行编辑。

Excel 有两种添加剪辑的方式，从硬盘添加媒体文件和向 Microsoft Office 程序中添加创建的对象。

从硬盘添加媒体文件的操作步骤如下：

（1）选择“插入”|“图片”|“剪贴画”命令，打开“剪贴画”任务窗格。

（2）单击“剪贴画”任务窗格的底部的“管理剪辑”按钮。

（3）在“剪辑管理器”中选择“文件”|“将剪辑添加到管理器”|“在我自己的目录”选项。

（4）找到包含需添加的剪辑所在的文件夹，然后选择该剪辑。

（5）单击“添加到”按钮，然后选择该剪辑需要加入的集合，或单击“新建”按钮创建一个新文件夹。

（6）单击“添加”按钮即可将剪辑添加到所选剪辑集合中。

向 Office 程序中添加对象的具体操作步骤如下。

（1）选择要保存为剪辑的图片、艺术字、自选图形或对象组合。

（2）单击“常用”工具栏中的“复制”按钮。

（3）单击“剪贴画”任务窗格底部的“管理剪辑”按钮。

（4）选择要添加剪辑的收藏集文件夹。

（5）在“剪辑管理器”中单击“粘贴”按钮即可。

注意　添加媒体文件时，“剪辑管理器”会自动在“我的收藏集”中创建新子集。这些收藏集按硬盘上相应的文件夹命名。“剪辑管理器”还基于文件扩展名和文件夹名来创建搜索关键词，以便于用户查找文件。

3. 图片显示属性的设置

如果要改变插入的剪贴画的属性，可以在需要改变属性的剪贴画上单击鼠标右键，从弹出的快捷菜单中选择“设置图片格式”命令，打开如图 3-72 所示的“设置图片格式”对话框，在该对话框中可以改变图片的属性。也可以用鼠标单击插入的图片，该图片被一个具有 8 个控制手柄的方框所环绕，当鼠标指向一个手柄时，指针将变成一个双向箭头。

如果要按比例放缩图片，可以拖动角点控制手柄。

如果只需要改变高度或宽度，则拖动上下或左右的手柄即可。

图 3-73 所示的是改变图片显示大小和比例后的效果。

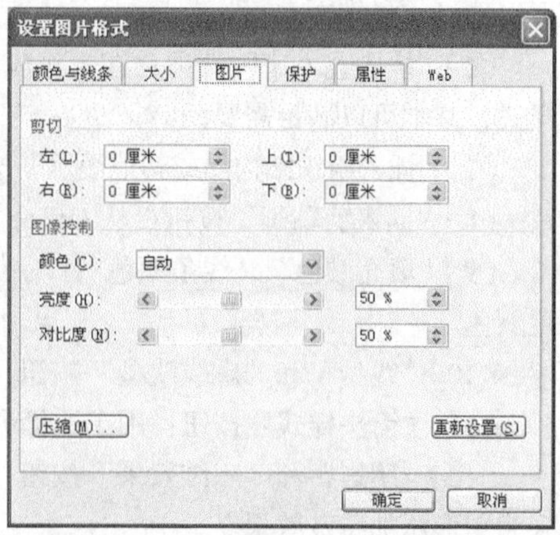

图 3-72 “设置图片格式”对话框

图 3-73 改变图片显示大小和比例

3.3.2 绘图功能的使用

使用 Excel 的绘图工具可以绘制直线、弧线、方框、椭圆、箭头、不规则图形和文本框等图形，用于修饰图表等。

1. 绘图工具栏

选择“视图”|“工具栏”|“绘图”命令，打开如图 3-74 所示的“绘图”工具栏。也可以通

过单击“常用”工具栏中的“绘图”按钮打开“绘图”工具栏。

图 3-74　“绘图”工具栏

其中，各主要命令按钮的功能分别如下。

（1）“绘图”按钮：位于工具栏的最左端，单击此按钮将弹出一个下拉式菜单。可以利用其中的命令对图形进行编辑和修改，用于组合图形、改变叠放次序、对齐与分别、旋转与翻转图形等。

（2）“选择对象”按钮：可以选择活动文档中的单个或多个图形对象。

（3）“自选图形”菜单：单击该按钮，弹出一个下拉列表，从中选择需要插入的自选图形。

（4）“直线”、“箭头”、“矩形”、“椭圆”按钮：用于绘制直线、箭头、矩形和椭圆。

（5）“文本框”按钮：绘制文本框，用于向图表或图片中添加文字说明。如果要将文字竖排，可以选择“竖排文本框”。

（6）“插入艺术字”选项：在工作表中插入艺术字，Excel 为用户提供了 30 种不同的艺术字样式，基本可以满足需要。

（7）“插入组织结构图或其他图示”按钮：可以用于插入组织结构图、循环示意图等简单图示。

（8）“插入剪贴画”按钮：从 Office 2003 自带的剪贴画管理器中选择图片插入工作表中。

（9）“填充颜色”、“线条颜色”、“字体颜色”按钮：可以为绘制的图形、线条或填充的文字设置颜色。

（10）“线型”和“虚线线型”按钮：用于选择不同的线型。

（11）“箭头样式”按钮：用于选择合适的箭头样式。

（12）“阴影”和“三维效果”按钮：绘制完图形后，可以选择“阴影”和“三维效果”按钮来为图形添加特殊效果。

2. 绘制图形

在熟悉“绘图”工具栏之后，下面利用它在工作表中绘制各种图形，例如，直线、曲线和箭头。

绘制直线的方法比较简单，首先单击“直线”按钮，这时候鼠标会变成细十字线型，在工作表中拖动鼠标即可画出直线。

注意　这样画直线只能一条一条地绘制，有时需要一次绘制多条直线时，可以双击“直线”按钮，将此绘图功能锁定，直到再次单击此按钮或者按 Esc 键才会退出绘制直线选定状态。

如果在绘制直线的同时按住 Shift 键，可以画出水平、垂直或 45°斜线；如果同时按 Alt 键，可以使绘制的直线以网格线为边界，如图 3-75 所示。

要绘制一条曲线，操作步骤如下：

（1）单击“绘图”工具栏中的“自选图形”按钮，打开如图 3-76 所示的下拉列表，选择“线条”|“曲线”选项。

（2）在工作表中单击确定曲线的起点，然后拖动鼠标确定第 2 个点的位置，与此类似，绘制第 3 个点的位置、第 4 个点的位置，直到双击结束绘制操作为止。

绘制箭头的方法与绘制直线的方法比较类似，单击“箭头”按钮，在工作表中拖动鼠标即可绘制出带箭头的线条。同样，在绘制的过程中如果按 Shift 键，可以绘制出沿水平、垂直和 45°角方向的箭头。

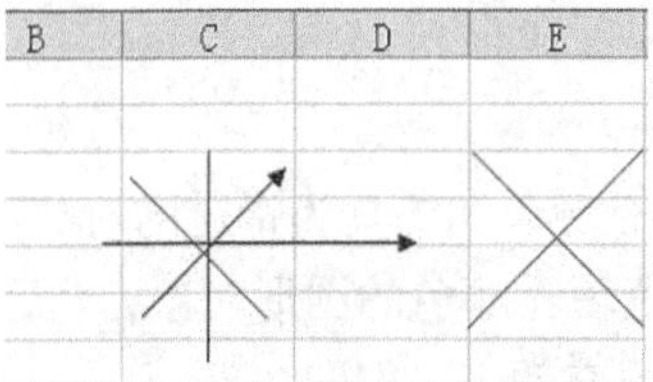

图 3-75 绘制直线

图 3-76 选择需要绘制的图形

3. 矩形、椭圆和多边形

在工具栏中单击“矩形”按钮，鼠标变成了细十字形，然后在工作表中的合适位置单击确定矩形框的一个角点，接着拖动鼠标，这时会出现一个矩形的虚框，当矩形的大小合乎要求时，单击结束绘制。如果在绘制过程中同时按 Shift 键，可以绘制出正方形；如果在绘制的过程中按 Alt 键时，则会将矩形限制在网格线内。绘制椭圆的方法类似，按 Shift 键时，可以绘制出圆；按 Alt 键时可以绘制出限制于网格线的椭圆。图 3-77 所示的是使用 Shift 键和 Alt 键绘图的例子。

在图 3-77 中，左边的是普通的绘图，中间是按住 Shift 键所绘制的图形，右边是同时按住 Shift 键和 Alt 键时所绘制的图形。

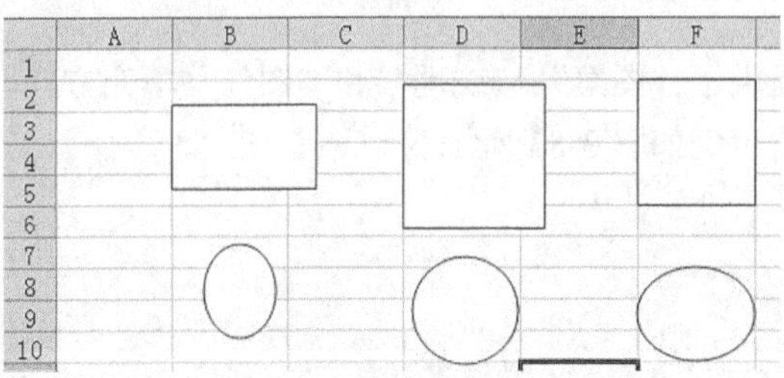

图 3-77 绘图时按 Shift 键和 Alt 键

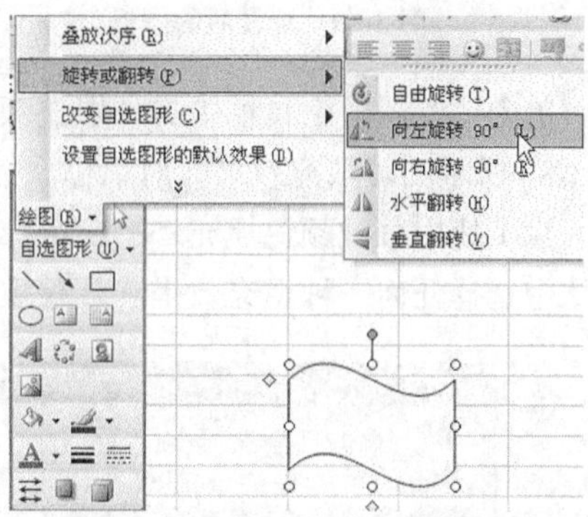

图 3-78 选择旋转或翻转的类型

若想绘制任意多边形，可以在“绘图”工具栏中单击“自选图形”|“线条”|“任意多边形”按钮，这样就可以在工作表中绘制图形了。

4. 图形的旋转与翻转

（1）图形的旋转。与插入的图形相比，自选图形可以任意旋转和变换。想要对自选图形进行旋转和变换操作，选择“绘图”工具栏中的“绘图”|“旋转或翻转”命令，然后选择旋转的类型，如图 3-78 所示。

选择旋转的类型后，图形的角点将变为绿色的控制点，鼠标指针也将变为带有箭头的回旋形状。此时拖动鼠标即可旋转该图形，旋转的效果如图 3-79 所示。

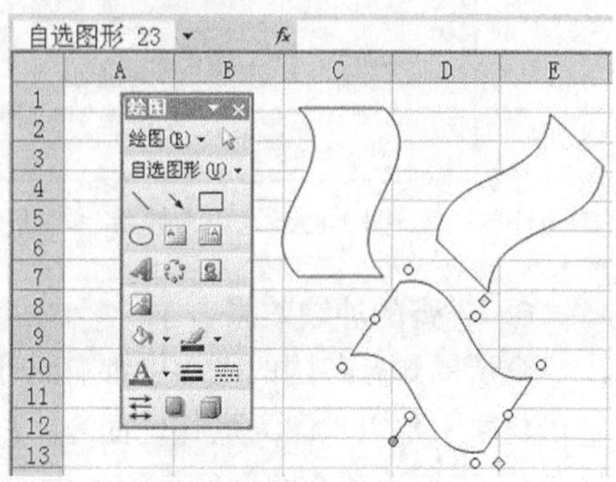

图 3-79 图形旋转的结果

（2）翻转图形。Excel 2003 可以对图形进行各种控制操作，如果需要翻转图形，以达到某种特殊的效果，可以选择“绘图”工具栏中的“绘图”|“旋转或翻转”命令，然后选择翻转的类型，即可对所选的图形进行翻转操作，图 3-80 所示的是翻转图形后的

效果。

5. **设置颜色和填充方式**

在 Excel 2003 中可以利用“绘图”工具栏中的“填充颜色”工具为指定的对象进行实色、过渡、图案、纹理和图片的填充等操作。首先选中需要设置填充颜色的图形对象，然后单击“绘图”工具栏中的“填充颜色”按钮，从下拉列表中选择一种填充颜色，如图 3-81 所示。如果要清除填充色或创建透明图形对象，单击“无填充颜色”按钮即可。

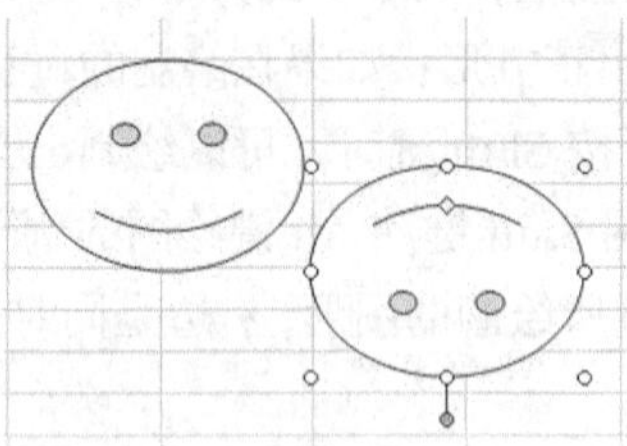

图 3-80　翻转后的图形

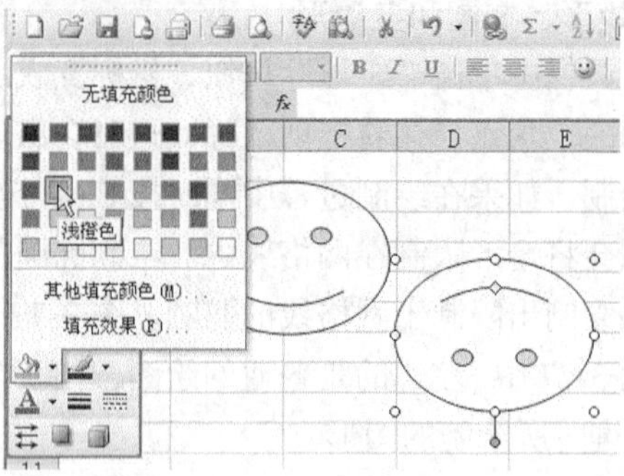

图 3-81　填充颜色效果

单击“绘图”工具栏中的“填充颜色”按钮，从下拉列表中选择“填充效果”按钮，打开如图 3-82 所示的“填充效果”对话框。

除了使用某种颜色填充外，Excel 2003 还提供了“图案”、“纹理”和“图片”填充方式，可以从中选择任何一种填充效果。几种填充方式的示例如图 3-83 所示。

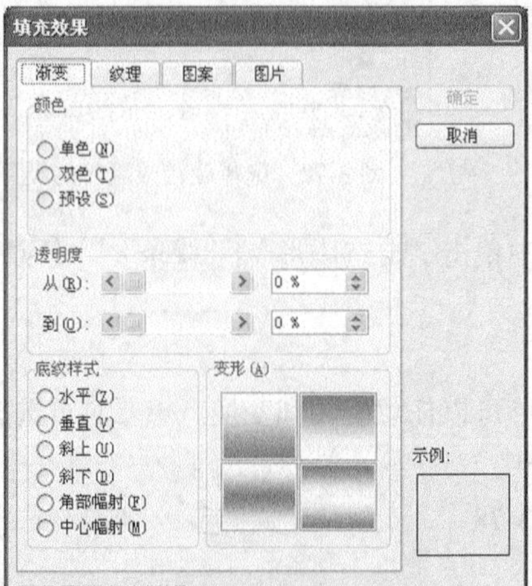

图 3-82　“填充效果”对话框

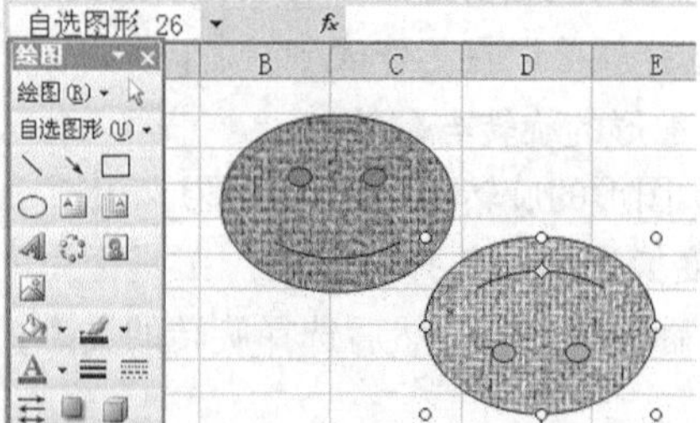

图 3-83　几种填充效果

6. **神奇的冲蚀效果**

众所周知，各国的纸币中都有水印，对着光就能发现票面上原来有几层图案。一些大公司的宣传材料中也以水印为烘托。而今，Excel 2003 能够快捷地创建水印，从而使用户的文档“骤然增色”。下面简单介绍制作水印的操作步骤。

（1）在需要制作水印的位置插入图形。

（2）单击“图片”工具栏中的“图像控制”按钮，选择“冲蚀”选项。

图 3-84 所示的是制作好的水印效果，其中，左下角是该水印所使用的原图片。

7．阴影与三维效果

可以用“绘图”工具栏中的“阴影”工具来为图形对象添加深度效果。单击“阴影”按钮，然后选择合适的阴影设置。还可用“绘图”工具栏中的“三维效果”按钮，使线条、自选图形以及任意多边形对象具有三维视觉效果。

其三维选项可改变图形深度、颜色、角度、照明角度和表面效果。要更改图形对象的三维效果，首先选中图形对象，然后单击“绘图”工具栏中的“三维设置”按钮，选择某种效果，如图 3-85 所示。

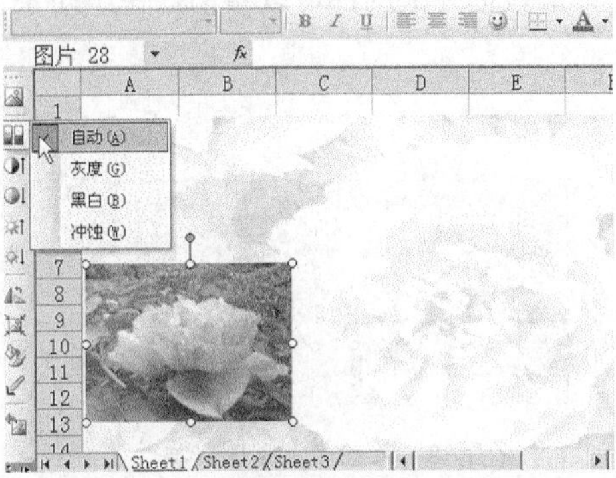

图 3-84　冲蚀效果

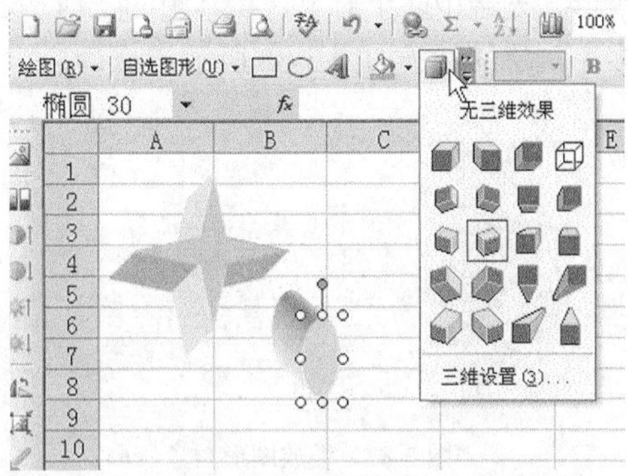

图 3-85　三维效果

3.3.3　操作图形对象

Excel 2003 提供了功能强大的图像处理功能。下面详细介绍各种图像处理功能。

1．选择图形对象

在对图形对象作任何一种方式的操作之前，都必须先选中它，在 Excel 2003 中对于填充性图形和非填充性图形，操作方法稍有不同。

（1）对于非填充性对象，必须单击对象的边界部分。

（2）对于填充性对象，单击对象的任意位置都可选中该对象。

当选中对象后，对象的四周会出现方块形的标记，同时，在公式栏左端的“名称”框中会出现该对象的名称。

有时需要移动几个图形对象，并且还必须保证各个对象之间的位置不变，也就是要移动一组对象，这时就必须一次选中多个对象，下面介绍两种常用的方法。

（1）首先单击“绘图”工具栏中的“选择对象”按钮，然后围绕需要选中的图形对象画一个矩形，便可以选中多个对象，当使用该工具完成多项选择后，单击该工具按钮关闭该功能。利用“选择对象”按钮选择多个图形对象的效果如图 3-86 所示。

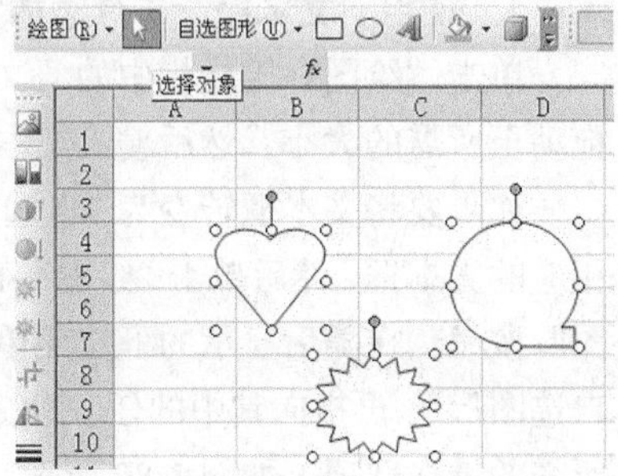

图 3-86　“选择对象”按钮的使用

（2）对于只选择两、三个对象的情形，可以在选择对象的同时按 Shift 键，这种方法方便快捷。

2．缩放图形对象

在缩放图形对象之前，必须先选中该对象，可以看到该对象的四周出现了一些方块形的黑色标记，称为句柄。用鼠标拖动某一句柄，这时会显示出对象的新轮廓，直到释放鼠标为止。单击某一句柄后，鼠标变成了双箭头形，箭头的方向指明了对象缩放的方向。

如果在缩放或移动对象时想使对象与网格线对齐，可以按 Alt 键；如果在缩放的同时还要保证图形对象的长宽比例不变，可同时按 Shift 键。图 3-87 所示的是缩放图形对象的效果。

3. 移动图形对象

要移动某一个图形对象，首先选中该对象，按住鼠标在工作表中拖动，这时会显示出图形对象的虚框轮廓，拖动到合适的位置后释放鼠标，完成移动操作。对于需要一次移动多个图形对象的情形，先选中多个对象，在其中的任何一个对象上单击鼠标并拖动都可以移动这一组对象，移动多个对象的例子如图 3-88 所示。

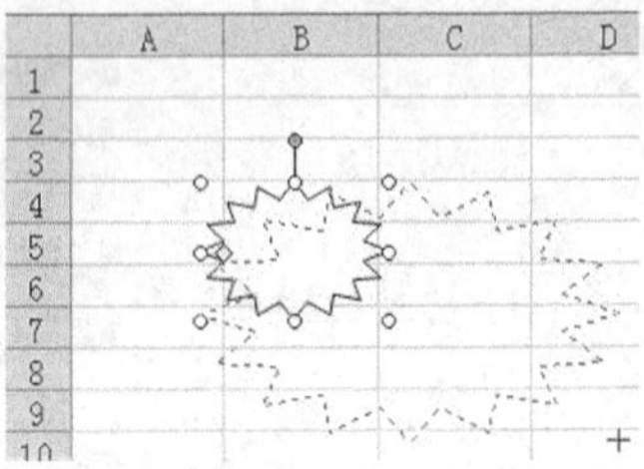

图 3-87 缩放图形对象

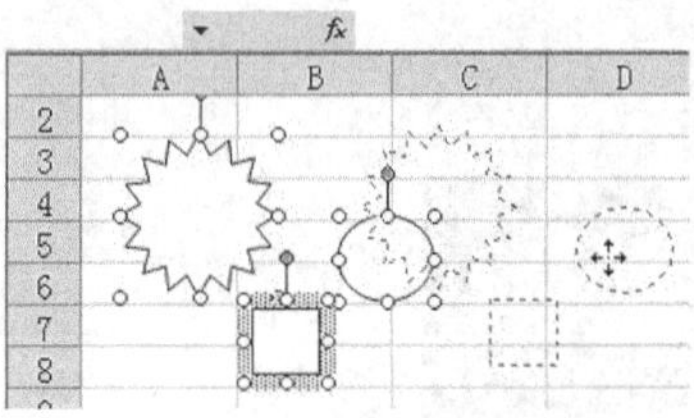

图 3-88 移动多个图形对象

4. 复制图形对象

复制图形对象有两种方法。

（1）使用菜单命令复制对象：首先选中某一对象，选择“编辑”|“复制”命令，然后选择一个想要粘贴该对象的单元格，最后选择“编辑”|“粘贴”命令即可。

（2）拖动对象复制：首先选中某一图形对象，然后按住 Ctrl 键拖动对象，释放鼠标后，系统就会创建该对象的复制。

5. 删除图形对象

要删除某一图形对象，操作步骤如下：

（1）选定某一图形对象。

（2）选择“编辑”|“清除”|“全部”命令便会将所选择的对象删除掉，或者直接按 Delete 键。

3.3.4 添加文本框

1. 使用“文本框”工具添加文本

单击“绘图”工具栏中的“文本框”按钮。此时鼠标指针将变成十字形状，用鼠标将文本框拖动至所需的大小，然后输入文本。

如果要将文本框转变为“自选图形”，可选中相应的文本框，然后单击“绘图”工具栏上的“绘图”按钮，在随后显示的下拉菜单中指向“改变自选图形”，再指向其中的任一种分类，然后单击所需的最终选项，如图 3-89 所示。

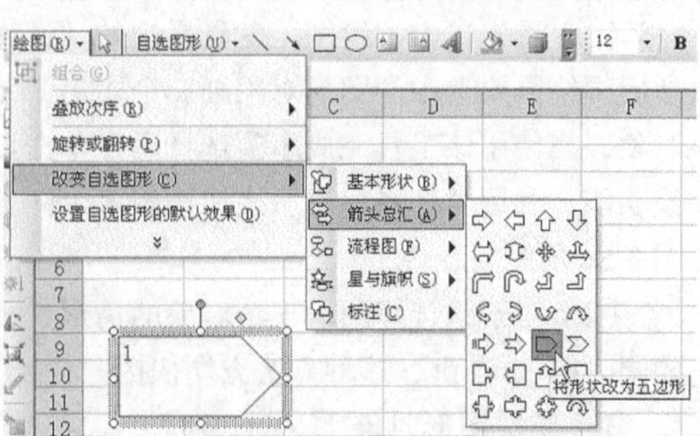

图 3-89 改变自选图形的形状

如果要在“自选图形”中添加文本，可单击需要添加文本的自选图形（除了线条、连接线和自由曲线），然后输入相应的文本。添加的文本将附属于相应的“自选图形”并作为该图形的组成部分。如果不需要直接在图形中添加文本，可以使用“绘图”工具栏中的“文本框”工具按钮添加说明文字。

2. 文本框的特点

Excel 2003 中的文本框具有如下特点：

（1）文本框不随文本的增加而自动增大。

（2）文本框可以放置在页面的任意位置。

（3）文本框将像一般图形那样遮盖文字。

（4）在文本框中可以像在正文中一样进行格式编排以及插入图形、表格等对象。

（5）多个文本框可以链接在一起。

3. 文本框的操作

文本框用于输入文本和对文本进行格式化，可以用于为工作表和图表添加注释性文字，并且常常与箭头和圆一起使用，指明信息所解释的对象。

当拖动鼠标在工作表中绘制完文本框后，文本插入点将在框中闪烁，准备接受用户输入的文本，文本框自动为文本换行。另外，双击文本框，打开“设置自选图形格式”对话框，如图 3-90 所示。各选项卡的作用分别如下：

（1）在“字体”选项卡中，可以设置文本字体的字形、字号、颜色和特殊效果。

（2）在“对齐”选项卡中，可以设置文本的对齐方式和文本的显示方向，或者选择“自动调整大小”选项，由系统根据所输入的文本自动调整文本框的大小，使文本占满整个文本框。

（3）“颜色与线条”选项卡用于设置文本框背景填充的颜色，以及边框线条的虚实、粗细。

（4）“半透明”复选框用于决定背景是否透明，如果文本框包含过渡、纹理、图案或图片等，该复选框将失效。

（5）“页边距”选项卡用于设置文本框到文本边缘的距离。有关文本框操作的几个例子如图 3-91 所示。

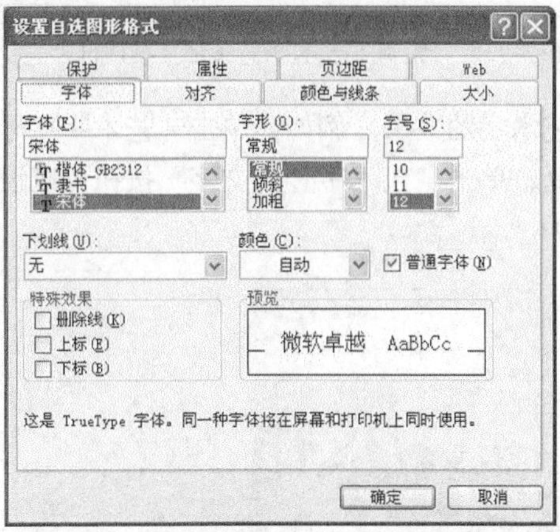

图 3-90　“设置自选图形格式”对话框

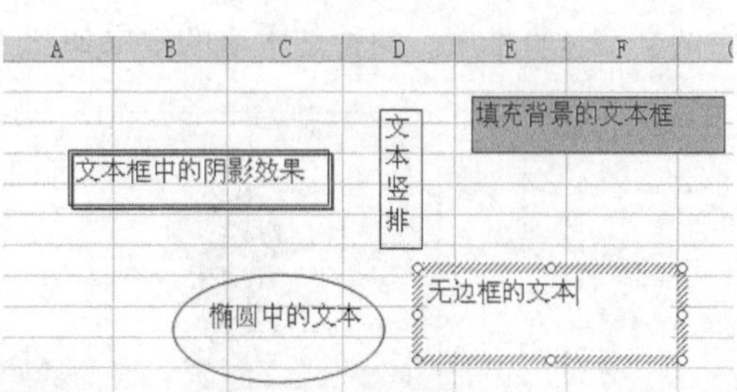

图 3-91　几种常见的文本框操作

要将文本置于椭圆中，首先分别绘制椭圆和文本框，在文本框中输入文本，并且设置文本框的填充色及边框线条的颜色与椭圆颜色相同，选择“对齐”选项卡中的“自动调节大小”选项，然后拖动文本框到椭圆的适当位置即可。有时，文本拖至椭圆后“消失”了，其实是文本被椭圆的遮住了，这时可以先选中椭圆，然后选择“绘图”工具栏中“绘图”|“叠放次序”|“下移一层”

命令即可。

3.3.5 艺术字的运用

艺术字的运用可以美化文案视觉效果，一篇好的报告、文本及方案都离不开各方面的修饰，其中艺术字的运用将是其中重要的一环。

1. 增加特殊文字效果

使用“绘图”工具栏中的“插入艺术字”按钮可以添加或编辑特殊的文字效果，可以创建带阴影的、变形的、旋转的和扭曲的文字。由于特殊文字效果本身就是绘图对象，因此也可以用“绘图”工具栏中的工具改变其效果。例如，以图片填充文字效果。

要添加特殊文字效果，可以单击“绘图”工具栏中的“插入艺术字”按钮，打开如图 3-92 所示的“艺术字库”对话框。

选择所需的特殊效果，单击“确定”按钮，打开如图 3-93 所示的“编辑艺术字文字”对话框。在其中输入要生成特殊效果的文字，并选择所需字体和字形，单击“确定”按钮，Excel 2003 就将生成的艺术字插入工作簿中。

图 3-92 “艺术字库”对话框

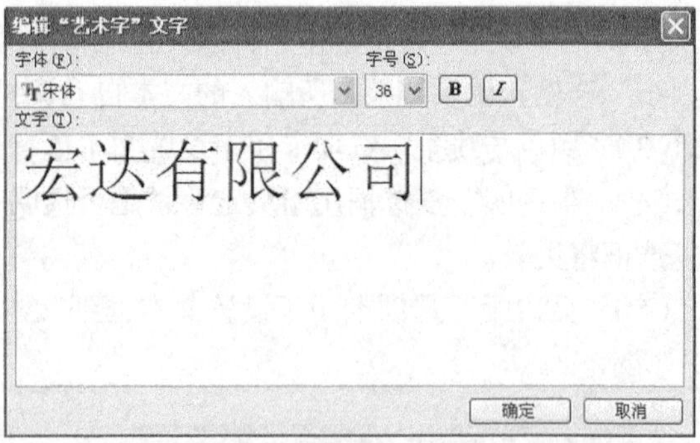

图 3-93 “编辑‘艺术字’文字”对话框

可以利用“艺术字”工具栏中的各按钮来调整艺术字的效果。例如，单击“艺术字字母高度相同”按钮，可以使选中的艺术字中的各字母一样高，单击“艺术字竖排文字”按钮可以设置艺术字中的文字竖直堆放。两种艺术字的效果如图 3-94 所示。

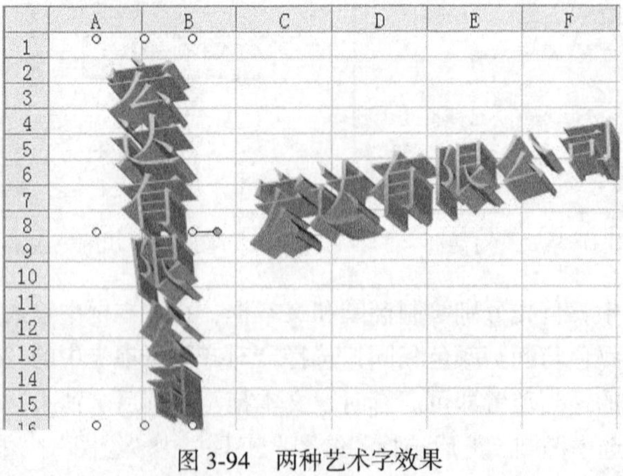

图 3-94 两种艺术字效果

2. 更改艺术字的文字

双击要更改的艺术字或单击“艺术字”工具栏的“编辑文字”按钮，打开“编辑‘艺术字’文字”对话框，在其中对其进行编辑，完成后单击“确定”按钮即可。

本章小结

通过本章的学习，读者应重点掌握以下内容：获取外部数据的一些简单的方法；使用记录单管理数据清单的方法；在数据清单中添加、修改、删除和查找数据的方法；对数据清单中的数据进行排序和筛选的方法；在数据清单中插入分类汇总对其中的数据进行分析或者汇总计算的方法；使用数据透视表管理有大量数据的数据清单并根据数据创建图表的方法；图形与艺术字的使用。

思考练习

1. 填空题

（1）数据清单修改时，单击需要修改的数据清单中的任意一个单元格，选择________命令，打开________对话框。单击________按钮找到需要修改的记录，然后在记录中修改信息。

（2）显示一段时期内数据的变化或者各项之间的比较关系，一般使用________。

（3）建立数据透视表和数据透视图，通过________命令，在打开的________对话框中进行系列操作。

（4）在 Excel 2003 中，________图用于显示元素与核心元素的关系。

（5）创建图表要以________为基础，工作表中转化为图表的一连串数值的集合称为________。例如，要画出某公司下属的各个分公司各季度的利润图表，某个分公司各个季度的利润就构成了一个________。

2. 上机操作题

请给某一列的内容对行数据排序。

操作提示：

（1）输入数据。

（2）选择数据。

（3）对内容进行排序。

（4）对内容进行多列排序。

第 4 章 Excel 在会计凭证中的应用

会计凭证是会计核算的重要依据；填制和审核会计凭证是会计核算的一种专门方法，也是会计工作的起点和基础。通过本章的学习，读者应了解并掌握 Excel 在会计账务处理流程中编制会计凭证环节的应用。

本章的学习目标

- 了解会计凭证有关基本概念。
- 掌握如何利用 Excel 建立并填制会计科目表。
- 掌握如何利用 Excel 修改和删除会计科目。
- 掌握如何利用 Excel 建立会计凭证表。

4.1 会计凭证概述

4.1.1 会计凭证的含义及作用

会计凭证是指记录经济业务，明确经济责任的书面证明，也是登记账簿的依据。填制和审核会计凭证，既是会计工作的开始，也是会计对经济业务进行监督的重要环节。

会计凭证在会计核算中具有十分重要的意义，主要表现在：

（1）填制和取得会计凭证，可以及时正确地反映各项经济业务的完成情况。

（2）审核会计凭证，可以更有力地发挥会计的监督作用，使会计记录合理、合法。

（3）填制和审核会计凭证，可以加强经济管理中人员的责任感。

4.1.2 会计凭证的类型

会计凭证按其填制的程序及其在经济管理中的用途，分为原始凭证和记账凭证。

1．原始凭证

原始凭证是指在经济业务发生时取得或填制的，用以证明经济业务的发生或完成等情况，并作为原始依据的会计凭证。原始凭证必须真实、完整、规范、及时和正确，并必须有经办人的签字。此外，原始凭证只有经过审核后，才能作为记账依据。审核原始凭证是保证会计记录的真实和正确、充分发挥会计监督的重要环节。

2．记账凭证

记账凭证是指会计人员根据审核后的原始凭证而填制的，用来确定经济业务应借、应贷会计科目分录，作为记账依据的会计凭证。记账凭证在记账前需经过审核。

4.2　建立和处理会计科目表

在利用 Excel 完成会计账务处理时，首先要建立会计科目表。建立会计科目表时，需要在 Excel 工作表中输入数据。数据的输入方法有两种：一种方法是直接在单元格中输入数据；第一种方法是在“记录单”中输入数据。由于采用记录单的方式便于新建、删除及查找会计科目。本书将介绍采用记录单方式建立会计科目表。

4.2.1　建立会计科目表

建立会计科目表的具体操作步骤如下。

（1）首先打开 Excel，并新建工作表，如图 4-1 所示。

（2）单击 A1 单元格，输入公司名称“宏达有限责任公司会计科目表”，如图 4-2 所示。

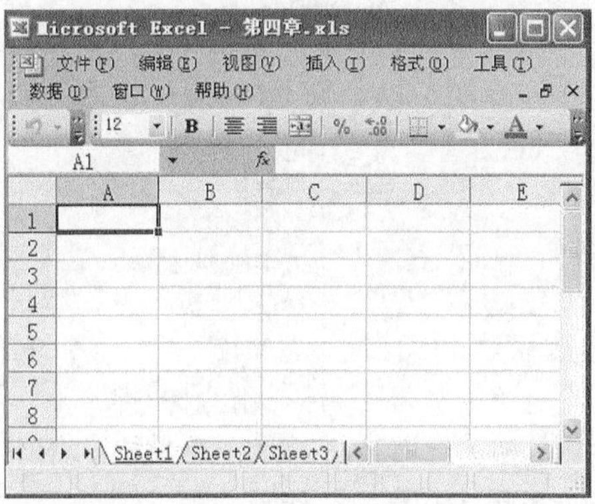

图 4-1　打开的 Excel

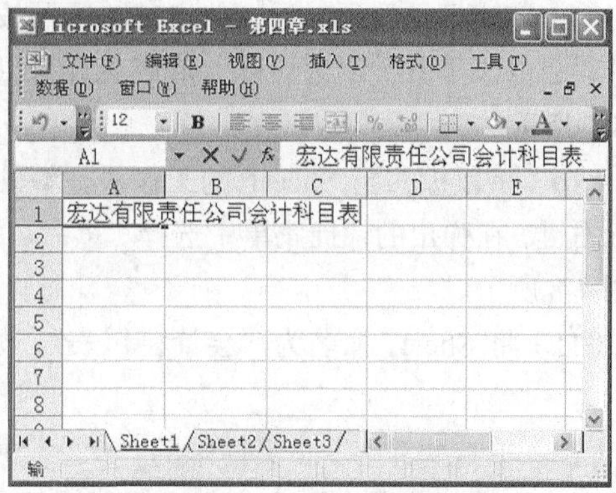

图 4-2　输入公司名称

（3）选择 A2 和 B2 单元格，分别输入“科目编号”和“会计科目”，如图 4-3 所示。

（4）将光标移至列标 A 和 B 中间，当光标变成┼时，单击并拖动，将列 A 单元格调整为合适的宽度。

（5）将光标移至列标 B 和 C 中间，当光标变成┼时，单击并拖动，将列 B 单元格调整为合适的宽度。

（6）将光标移至 A1，单击并拖动至 B2，选定 A1:B2 的区域，如图 4-4 所示。

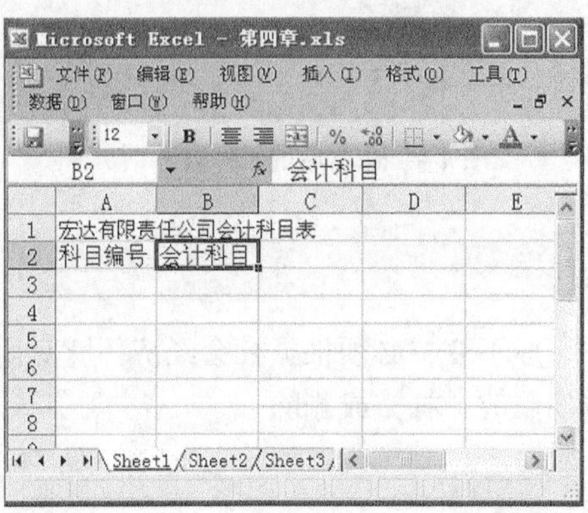

图 4-3　输入“科目编号”和“会计科目”

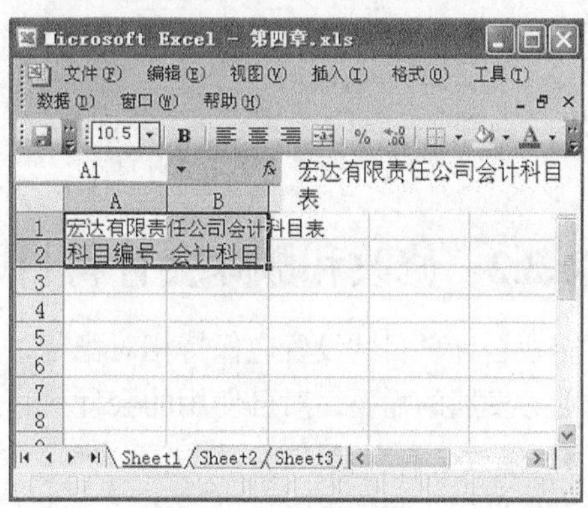

图 4-4　选定区域

（7）选择“数据”|“记录单”命令，打开 Sheet1 对话框，如图 4-5 所示。

（8）在“科目编号”和“会计科目”文本框中分别输入 1 000 和“资产类”，然后单击“新建”按钮，如图 4-6 所示。

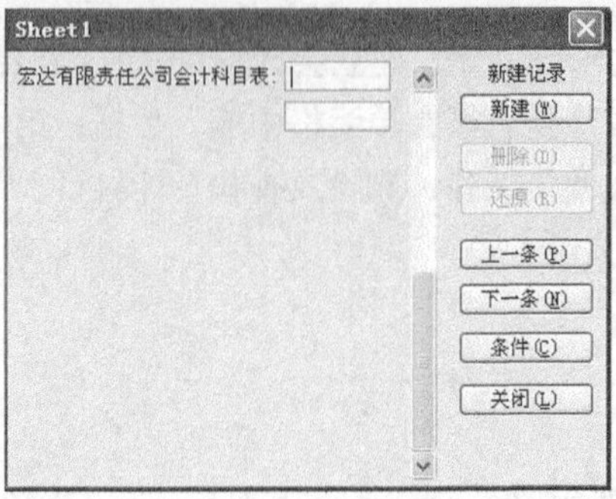

图 4-5　使用记录单

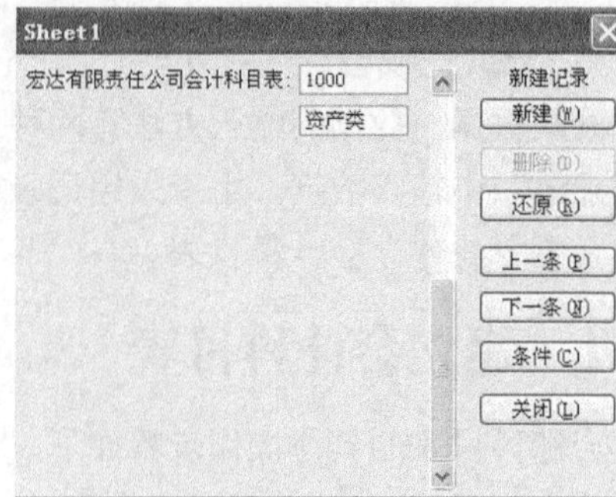

图 4-6　在记录单输入数据

（9）完成记录的添加后，单击“关闭”按钮完成会计科目的添加并关闭记录单，形成会计科目表，如图 4-7 所示。

（10）将鼠标移至 Sheet1 的工作表标签处后单击鼠标右键，在弹出的快捷菜单中选择“重命名”命令，如图 4-8 所示。

（11）将 Sheet1 命名为“会计科目表”，如图 4-9 所示。

（12）单击“常用”工具栏中的“保存”按钮，或选择“文件”|“保存”命令完成保存任务。命名后的工作表如图 4-9 所示。

宏达有限责任公司会计科目表	
科目编号	会计科目
1000	资产类
1001	库存现金
1002	银行存款
1101	交易性金融资产
1121	应收票据
1122	应收账款
1123	预付账款
1221	其他应收款
1231	坏账准备
1401	材料采购
1403	原材料
1405	库存商品
1501	持有至到期投资

图 4-7　使用记录单输入数据后的会计科目表

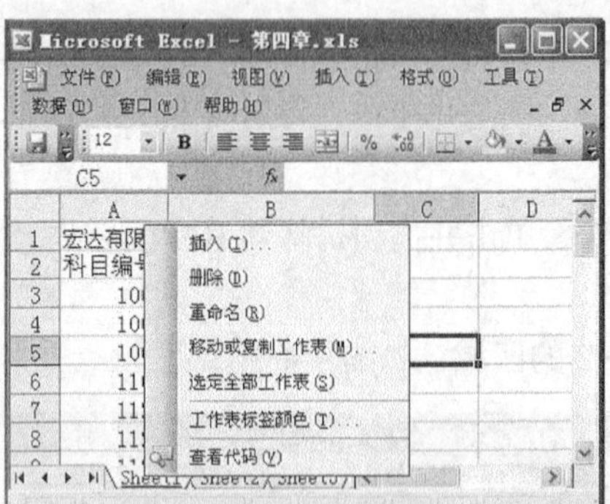

图 4-8　对工作表 1 进行重命名

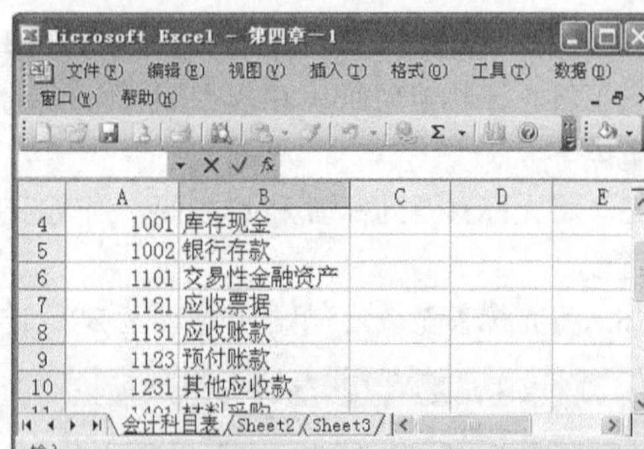

图 4-9　命名后的工作表

4.2.2　修改和删除会计科目

企业会计科目的设置应保持相对稳定，但是并非一成不变，必须根据社会经济环境变化和本单位业务发展的需要，对已使用的会计科目进行相应的修改、补充或删除。

1. 修改会计科目

具体操作步骤如下。

（1）打开 4.2.1 节建立的工作表。

（2）单击需要修改的“会计科目表”中的任意一个单元格，如图 4-7 所示。

（3）选择“数据”|“记录单”命令，打开“记录单”对话框。

（4）单击“下一条”按钮或者“上一条”按钮找到需要修改的记录，在记录中修改信息，如图 4-10 所示。

（5）完成会计科目修改后，单击“关闭”按钮更新当前显示的记录并关闭记录单，完成会计科目的修改操作。

2. 查询并删除会计科目

可以利用记录单快速查找数据清单记录的功能，找到某个会计科目并进行删除。

具体操作步骤如下。

（1）打开 4.2.1 节建立的工作表。

（2）单击需要修改的“会计科目表”中的任意一个单元格，如图 4-7 所示。

（3）选择“数据”|“记录单”命令，打开“记录单”对话框。

（4）单击“条件”按钮，在记录单中输入需要查询的会计科目名称、科目编号或者会计科目的编号范围，如图 4-11 所示。

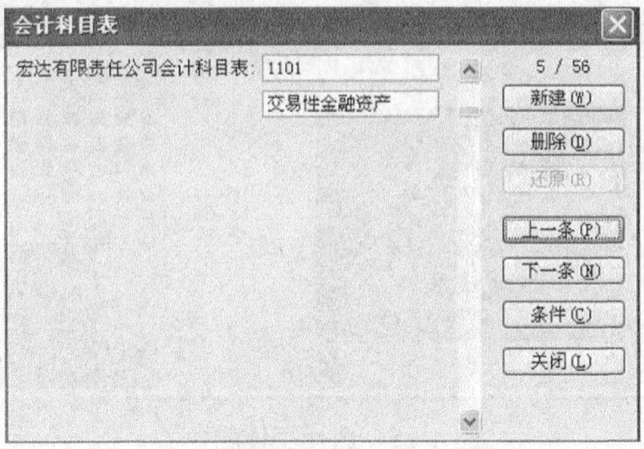

图 4-10　对会计科目表进行修改

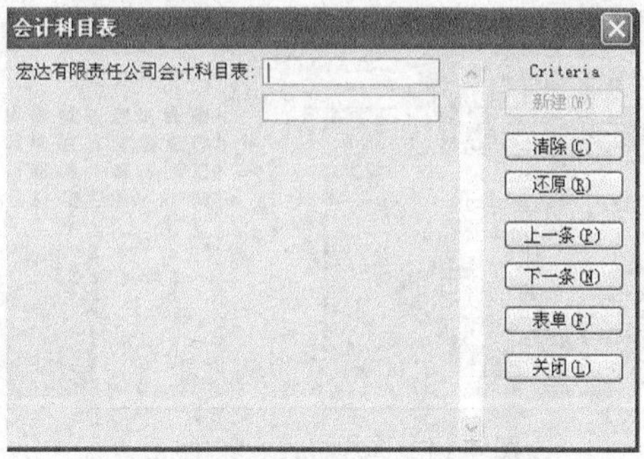

图 4-11　在记录单输入查找条件

（5）单击“上一条”按钮或者“上一条”按钮进行查找，可以按顺序找到满足查找条件的记录。满足图 4-11 所示的查找条件的一条记录，如图 4-12 所示。

（6）单击“删除”按钮，系统将弹出如图 4-13 所示的警告对话框。

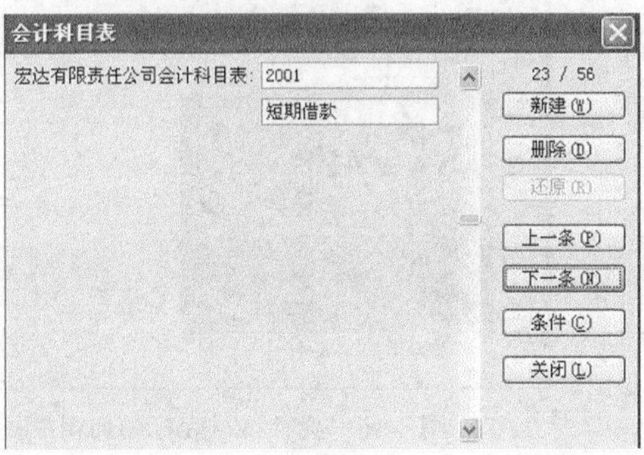

图 4-12　查找结果

图 4-13　删除提示对话框

（7）在该对话框中单击“确定”按钮，记录即可被删除。

（8）单击“记录单”对话框中的“关闭”按钮，完成会计科目的删除操作。

4.2.3 美化会计科目表

前面完成了会计科目表的基本操作，但是制作出的会计科目表略显粗糙。接下来对会计科目表进行填充颜色、设置字体等操作。

具体操作步骤如下。

（1）打开 4.2.1 节建立的工作表。

（2）选中整张工作表。

（3）单击“常用”工具栏中的“填充颜色”的下拉菜单按钮，在打开的调色板中选择“绿色”，如图 4-14 所示，单击后，整张会计科目表都填充了所选颜色。

（4）选择 A1 单元格，单击“字体颜色”下拉菜单按钮，在打开的调色板中选择“浅橙色”，如图 4-15 所示，单击后，会计科目表的标题字体颜色变成浅橙色。

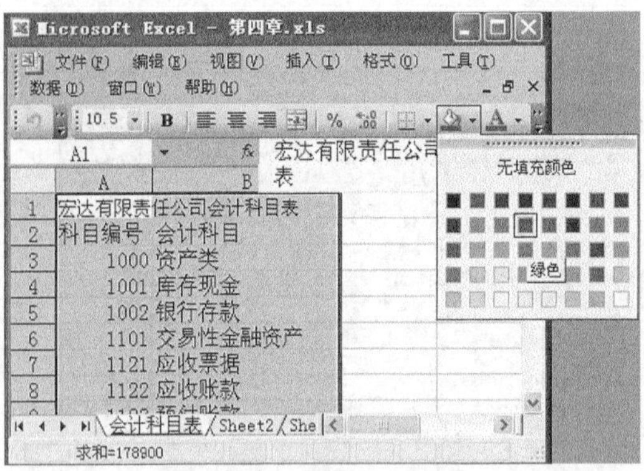

图 4-14 选择科目表颜色

图 4-15 选择字体颜色

（5）选择 A1 单元格，单击“加粗”按钮，会计科目表标题的字体变粗，如图 4-16 所示。

（6）选择 A3:B3 单元格，按住 Ctrl 键。

（7）继续选择 A5:B5 单元格和 A7:B7 单元格。

（8）释放 Ctrl 键，此时有 6 个单元格被选中。

（9）单击“填充颜色”下拉菜单按钮，在打开的调色板中选择“浅绿色”，单击后，表格中行与行之间颜色分明，显得格外清晰，如图 4-17 所示。

（10）选择 A3:B8 单元格，单击“格式刷”按钮。

（11）按住鼠标左键并拖动选择 A9:B57 单元格。

（12）释放鼠标左键，会计科目表内容不变，但一张行间色彩分明的会计科目表已生成，如图 4-18 所示。

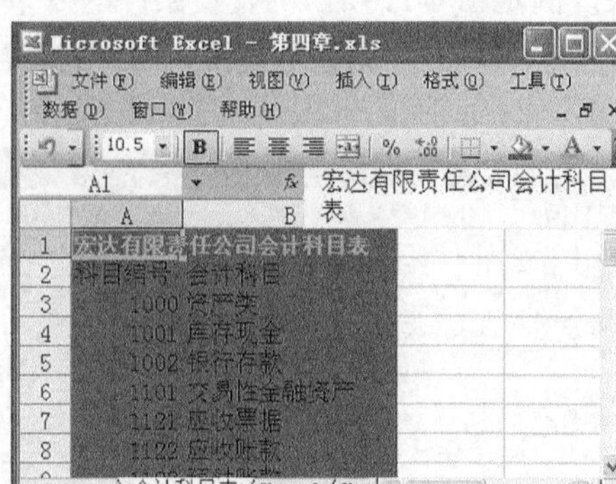

图 4-16 会计科目表标题加粗

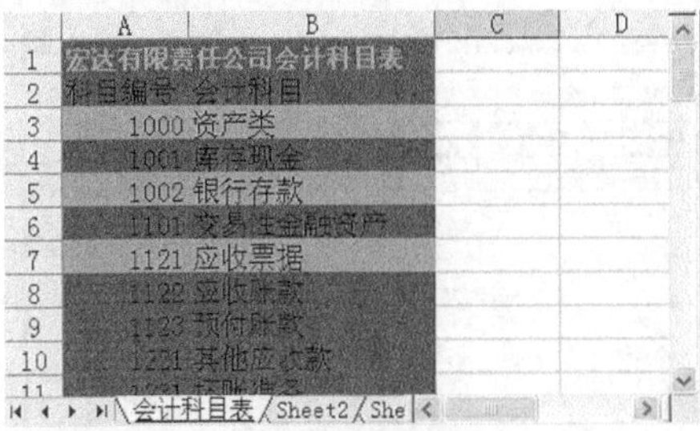

图 4-17　进行颜色设置的会计科目表

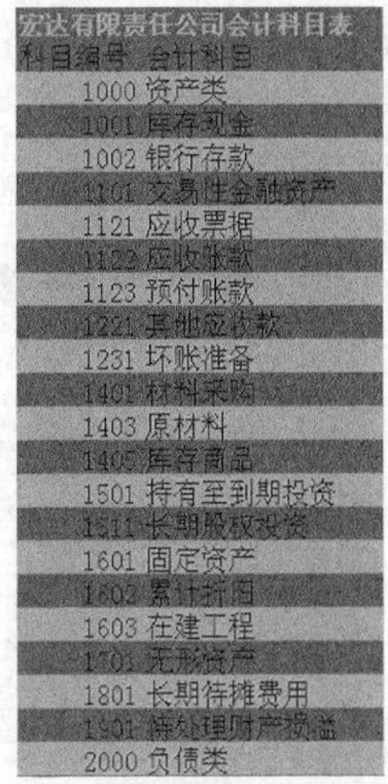

图 4-18　完成设置的会计科目表

4.3　建立记账凭证表

建立起会计科目表后，按照手工会计账务处理程序，应该将企业日常发生的经济业务填写在记账凭证中。但大部分的会计信息系统都省略填写凭证这个环节，只是在接口操作上，看起来像是填写凭证，而事实上是利用表单功能建立数据库。

4.3.1　设计会计凭证表

建立会计科目表的操作步骤如下。

（1）首先打开"第四章.xls"工作簿的"Sheet2"。

（2）选择 A1:J1 单元格，单击"合并及居中"按钮。

（3）选择 A1 单元格，输入文本"宏达有限责任公司记账凭证表"，然后单击"加粗" 按钮。

（4）将光标分别移至"列标"A 和 B、B 和 C、C 和 D、D 和 E 中间，当光标变成时，单击并拖动鼠标，将列 A、B、C、D 单元格调整为所需的宽度，如图 4-19 所示。

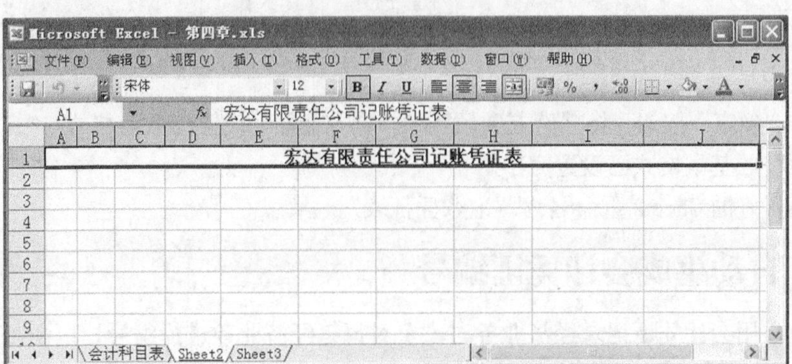

图 4-19　完成列宽调整的记账凭证表

（5）分别选择 A2～J2 单元格，输入表头“年、月、日、序号、凭证编号、摘要、科目编号、会计科目、借方金额、贷方金额”，选中第 2 行，单击 按钮执行“居中”命令，使单元格中的内容居中，如图 4-20 所示。

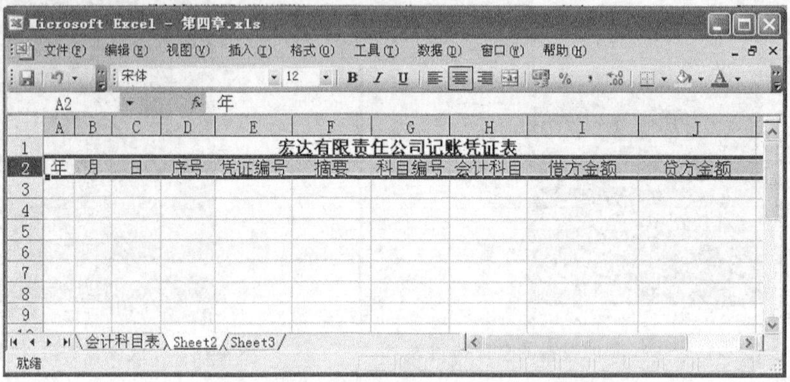

图 4-20　设置好的表头

（6）选择 I3:J100 单元格并单击鼠标右键，在弹出的快捷菜单中选择“设置单元格格式”命令，如图 4-21 所示。

（7）将打开的对话框切换到“数字”选项卡，选择“会计专用”选项，在“小数位数”文本框中输入 2，如图 4-22 所示。

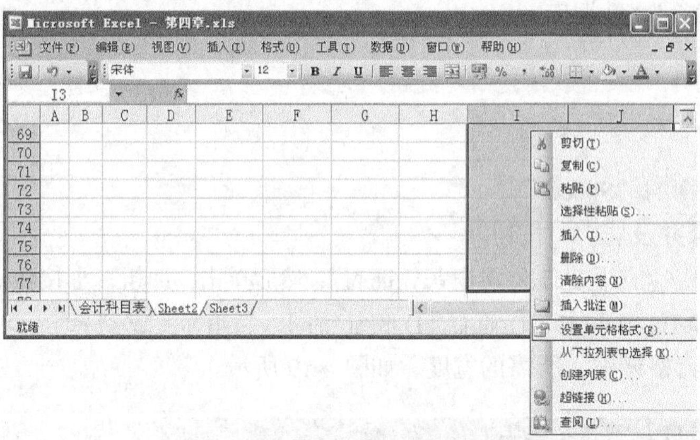

图 4-21　进行设置单元格

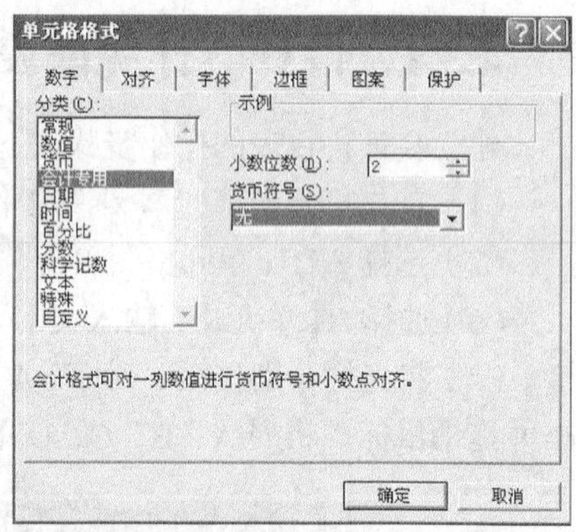

图 4-22　“数字”选项卡设置

（8）单击“确定”按钮，将“借方金额”和“贷方金额”设置为数值格式。“宏达责任有限公司记账凭证表”的基本格式已设置完毕。

（9）将设置好的 Sheet2 重命名为“记账凭证表”。

4.3.2　自动生成会计凭证编号

会计人员在用会计凭证记录经济业务时，要对每笔经济业务进行编号，以便查找和以后的核对。用 Excel 进行会计凭证表编制时，可以利用 CONCATENATE ( ) 函数，以“年+月+日+当日顺序号”自动生成会计凭证的编号。

（1）打开“第四章.xls”工作簿的“记账凭证表”。

（2）选择整列 A:D 并单击鼠标右键，在弹出的快捷菜单中选择“设置单元格格式”命令，如图 4-22 所示。

（3）将打开的对话框切换到“数字”选项卡，选择“文本”选项，如图 4-23 所示。

（4）单击“确定”按钮。

（5）选中 E3 单元格。

（6）单击 f_x 按钮，执行“插入函数”命令。

（7）在“函数分类”中选择“文本”类别函数。在“函数名”列表框中选择 CONCATENATE（ ）函数，如图 4-24 所示。

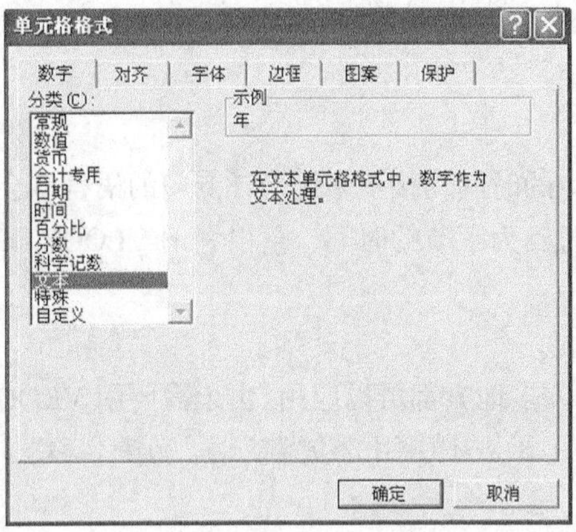

图 4-23　“数字”选项卡设置

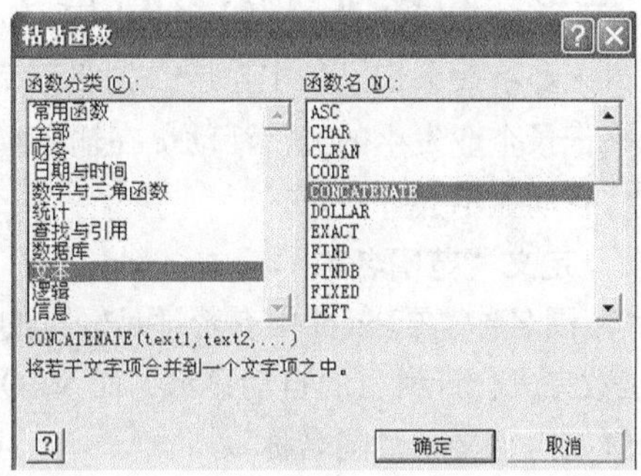

图 4-24　选择 CONCATENATE（ ）函数

（8）单击“确定”按钮。

（9）在 CONCATENATE（ ）函数中输入公式“=CONCATENATE(A3,B3,C3,D3)”，即在“函数参数”对话框中输入“年、月、日、序号”，如图 4-25 所示。

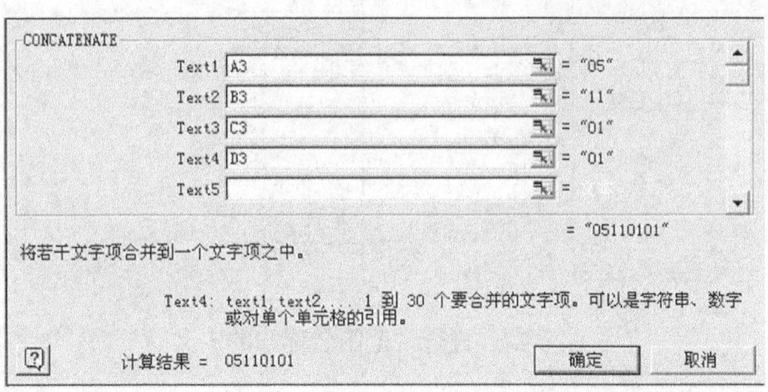

图 4-25　输入 CONCATENATE（ ）函数参数

（10）单击“确定”按钮。

（11）分别在 A3、B3、C3、D3 单元格输入“2012”、“01”、“01”、“01”后，则 A5 自动生成凭证编号，如图 4-26 所示。

（12）选中 E3 单元格并单击鼠标右键，从弹出的快捷菜单中选择“复制”命令。

（13）选中 E4:E30 单元格并单击鼠标右键，从弹出的快捷菜单中选择“粘贴”命令。这样，E4：E30 套用 E3 的函数。

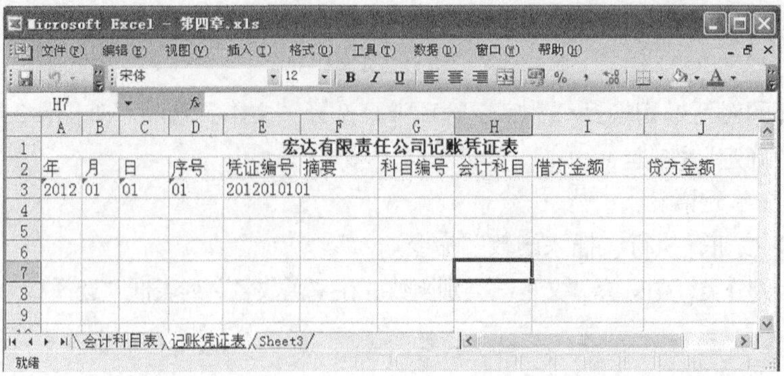

图 4-26　设置 CONCATENATE（ ）函数后显示的结果

4.3.3　自动显示会计科目

进入经济业务记录的工作后，先登记完业务发生的时间，接下来用会计专门的语言“会计科目”来记录企业发生的经济活动。在输入经济业务时，为了节约时间，可以利用 VLOOKUP（ ）函数，自动显示会计科目。

1．定义“范围名称”

“范围名称”在 Excel 中有着举足轻重的地位，在许多地方都可以应用。由于需要用 VLOOKUP（ ）函数完成会计科目的自动显示，而 VLOOKUP（ ）函数中引用的位置使用“范围名称”，故应先了解如何定义“范围名称”。

定义“范围名称”的具体步骤如下。

（1）首先打开“第四章.xls”工作簿的“记账凭证表”工作表。

（2）选择“插入”|“名称”|“定义”命令，如图 4-27 所示。

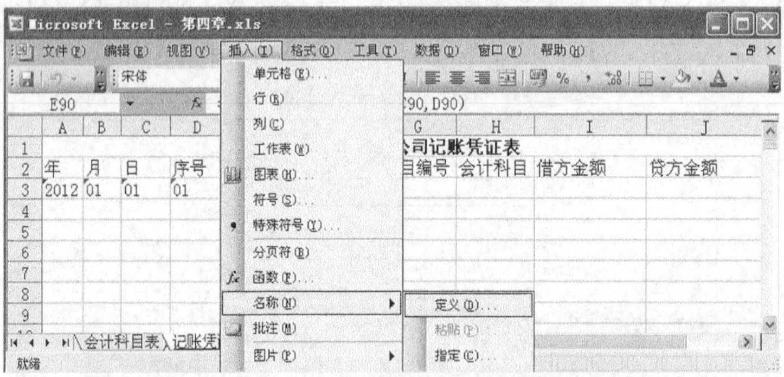

图 4-27　进行“范围名称”的定义

（3）在打开的“定义名称”对话框的“在当前工作簿中的名称”文本框中输入“会计科目”，如图 4-28 所示。

（4）单击“引用位置”旁的折叠按钮。

（5）在“会计科目表”的工作表标签处单击，切换到会计科目工作表。

（6）选择 A3:B57 单元格，“定义名称”对话框的“引用位置”会随着改变，如图 4-29 所示。

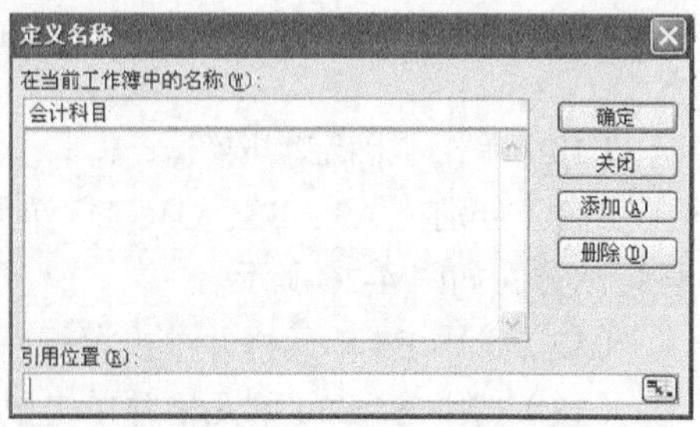

图 4-28　输入“范围名称”的名称

图 4-29　选定引用位置

（7）单击“定义名称”对话框的折叠按钮，打开如图 4-30 所示的“定义名称”对话框。其中，“引用位置”选项已确定。

（8）单击“添加”按钮将“会计科目”添加到列表框中，如图 4-31 所示。

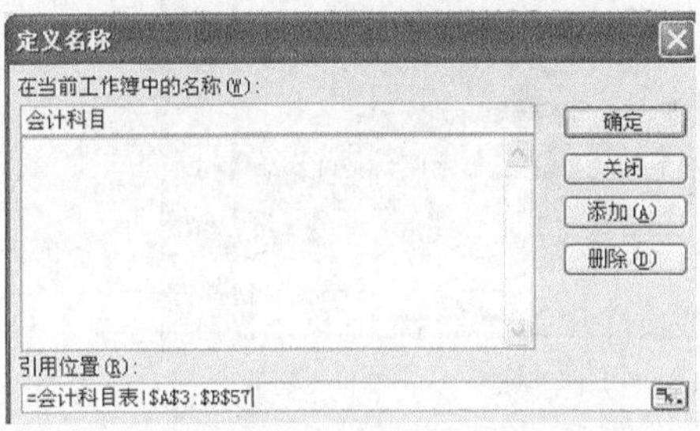

图 4-30　完成“引用位置”的设定

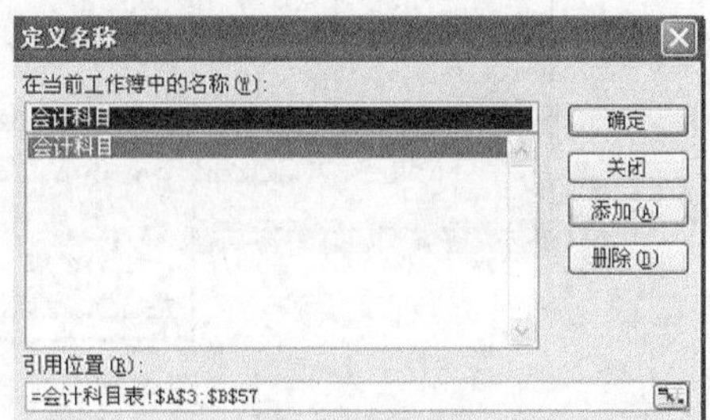

图 4-31　添加新的“范围名称”

（9）单击“确定”按钮，完成“范围名称”的设置。

2. 自动显示会计科目

依照上述步骤，完成“范围名称”的设置后，开始进行自动显示会计科目的设置。操作步骤如下。

（1）打开“第四章.xls”工作簿中的“记账凭证表”工作表。

（2）选择 H3 单元格。

（3）单击 f_x 按钮，执行“插入函数”命令。

（4）在“函数分类”列表中选择“逻辑”类别函数。在“函数名”列表框中选择 IF（ ）函数，如图 4-32 所示。

（5）单击“确定”按钮。

（6）在 IF（ ）函数 Logical_test 自变量位置输入“G3=""”，如图 4-33 所示。

（7）在 IF（ ）函数 Value_if_true 自变量位置输入“""”，如图 4-33 所示。

（8）将光标移至 IF（ ）函数 Value_if_false 自变量位置空白处，单击如图 4-34 所示的下拉菜单按钮，选择 VLOOKUP（ ）函数。

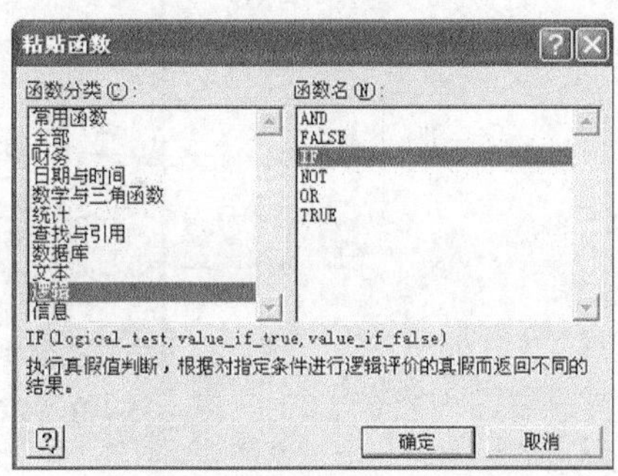

图 4-32　选择 IF（ ）函数

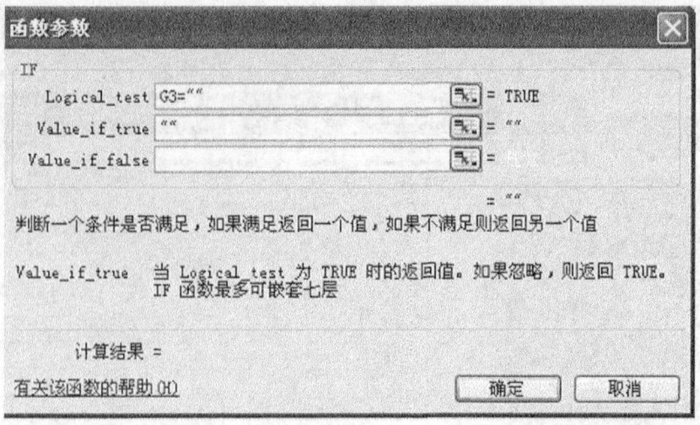

图 4-33　输入 IF（ ）函数参数

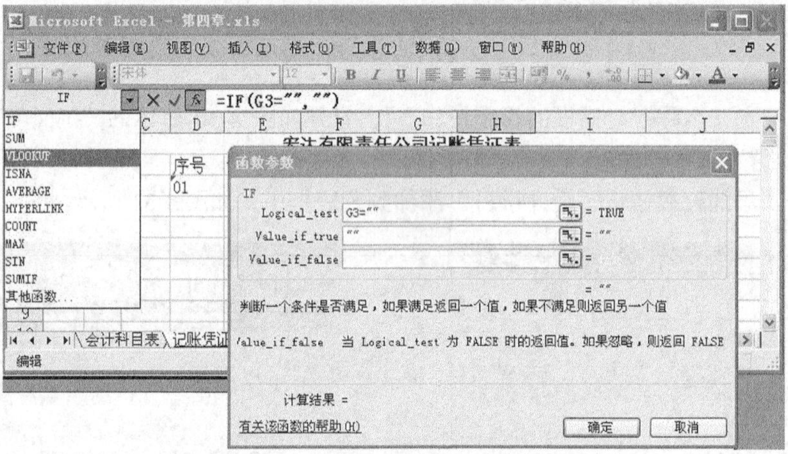

图 4-34　选择 VLOOKUP（ ）函数

（9）在 VLOOKUP（ ）函数 Lookup_value 自变量位置输入 G3。

（10）将光标移至 VLOOKUP（ ）函数 Table_array 自变量位置空白处。

（11）选择“插入” | “名称” | “粘贴” 命令，如图 4-35 所示。

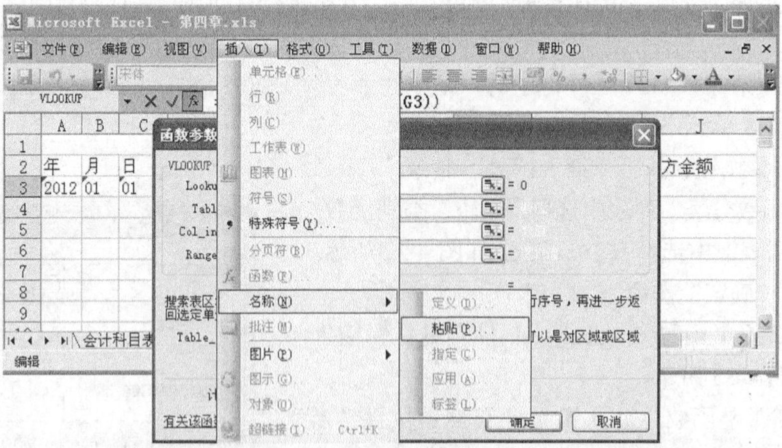

图 4-35　在 VLOOKUP（ ）函数参数中粘贴“范围名称”

（12）在弹出的对话框中选择“会计科目”选项，如图 4-36 所示。

（13）单击“确定”按钮。

（14）在 VLOOKUP（ ）函数 Col_index_num 自变量位置输入 2，如图 4-37 所示。

（15）在 VLOOKUP（ ）函数 Range_lookup 自变量位置输入 1，如图 4-37 所示。

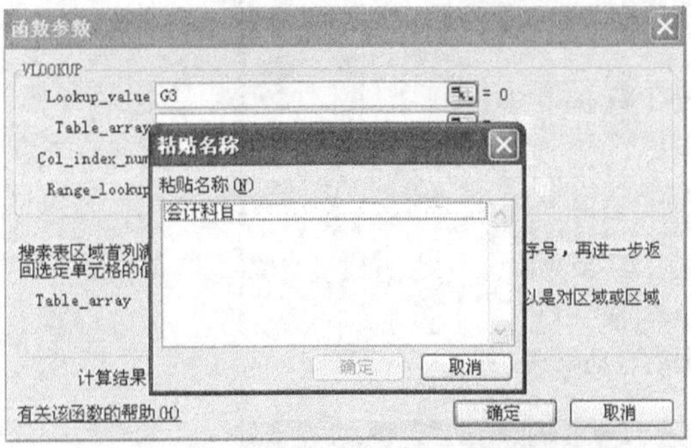

图 4-36　完成 VLOOKUP（ ）函数参数“范围名称”的粘贴

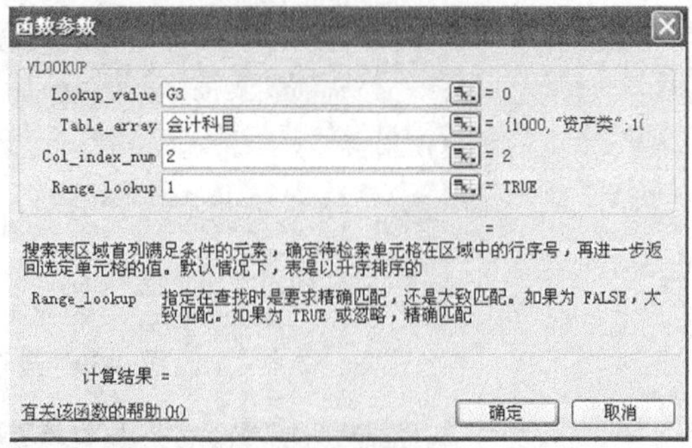

图 4-37　输入 VLOOKUP（ ）函数参数

（16）单击“确定”按钮，完成函数的设置。

（17）选中 H3 单元格并单击鼠标右键，在弹出的快捷菜单中选择“复制”命令。

（18）选中 H4 单元格下拉至最后一行并单击鼠标右键，在弹出的快捷菜单中选择“粘贴”命令。这样，整个“会计科目”下的单元格均自动套用公式。

（19）在“会计科目”的任意单元格的位置下输入一个会计科目编号，则在其后的“会计科目”中将自动出现相应的科目名称，如图 4-38 所示。

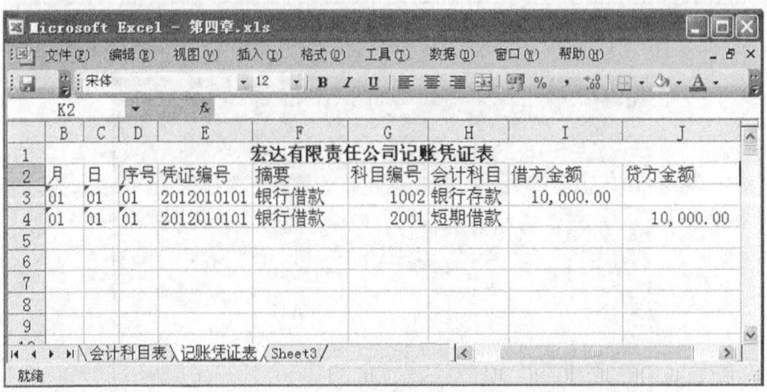

图 4-38　完成自动显示会计科目设置后的记账凭证表

4.3.4　数据筛选

筛选指的是从数据中找出符合给定条件的数据，将符合条件的数据显示在工作表上，将不符合条件的数据隐藏起来。在会计核算过程中，经常会遇到数据筛选的情况。

进行筛选的具体操作步骤如下。

（1）打开“第四章.xls”工作簿中的“记账凭证表”工作表。

（2）单击“记账凭证表”工作表中的任意一个单元格。

（3）选择“数据”|“筛选”|“自动筛选”命令，如图 4-39 所示。

（4）“记账凭证表”变成如图 4-40 所示，每一个字段上会增加一个“筛选”按钮。

（5）单击“会计科目”的“筛选”按钮，并选择“库存现金”选项，如图 4-41 所示。

（6）如图 4-42 所示，工作表仅列出“库存现金”的业务，而其他的业务被隐藏起来。

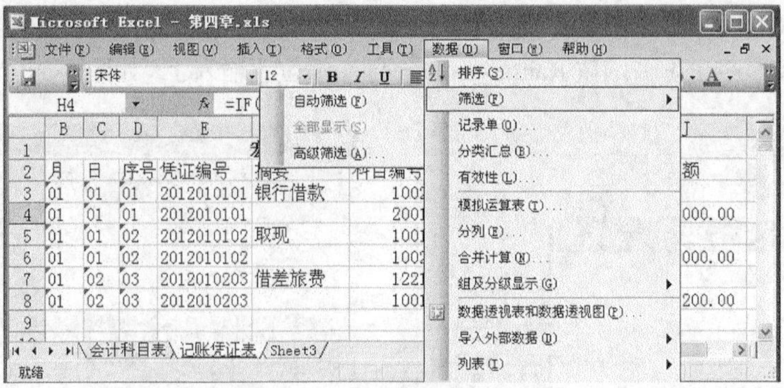

图 4-39 进行数据的自动筛选

图 4-40 完成自动筛选设置

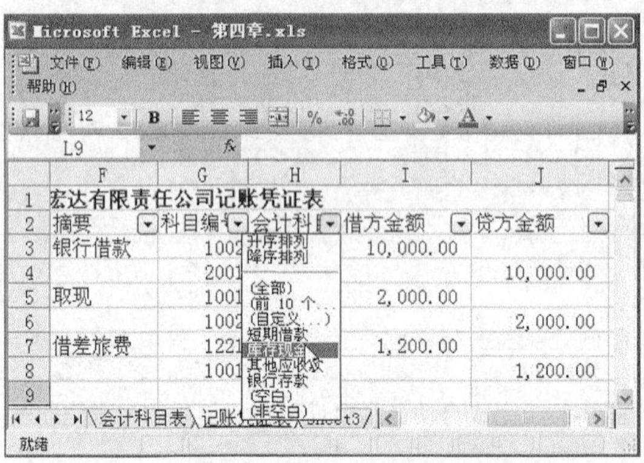

图 4-41 进行自动筛选

图 4-42 显示自动筛选的结果

本章小结

本章介绍了如何利用 Excel 编制会计凭证。首先，介绍了会计凭证的有关概念，使读者对会计凭证有感性认识；接着介绍了如何利用 Excel 记录单功能建立会计科目表，并加以引申，让读者掌握修改删除记录单及美化会计科目表的方法；最后，利用 Excel 的 CONCATENATE（ ）函数、VLOOKUP（ ）函数，建立起具有自动生成序号、自动生成会计科目等多项功能的会计凭证表。这些工作完成之后，即可为进一步会计核算提供资料。

思考练习

1．填空题

（1）若定义“范围名称”，应执行________命令。

（2）在记录单方式下，若需修改某项信息，单击需要修改的工作表中的任意一个单元格，选择________命令，打开“记录单”对话框。单击________按钮找到需要修改的记录，在记录中进行修改。

（3）要进行数据的自动筛选，应执行________命令。

（4）自动生成会计凭证编号时，可以利用________函数，以“年+月+日+当日顺序号”生成。

2．上机操作题

（1）按照下列步骤，完成公司员工工资数据表。

1）新建 Excel 工作簿，并将表 Sheet1 命名为“员工工资数据”。

2）输入“姓名”、“基本工资”、“奖金”、“加班费”、“养老保险”和“医疗保险”。

3）调整列宽：标题字段为 110 像素，输入字段为 340 像素。

4）将文本颜色设置为“蓝色”并加粗。

5）将文本加边框。

（2）利用 Excel 设计一个会计凭证表，并完成以下操作，如图 4-43 所示。

1）设置会计凭证表格式：要求包含“月”、“日”、“科目代码”、“会计科目”、“借方金额”和“贷方金额”字段。

2）输入 10 笔与银行存款有关的经济业务。

3）自动筛选“银行存款”会计科目。

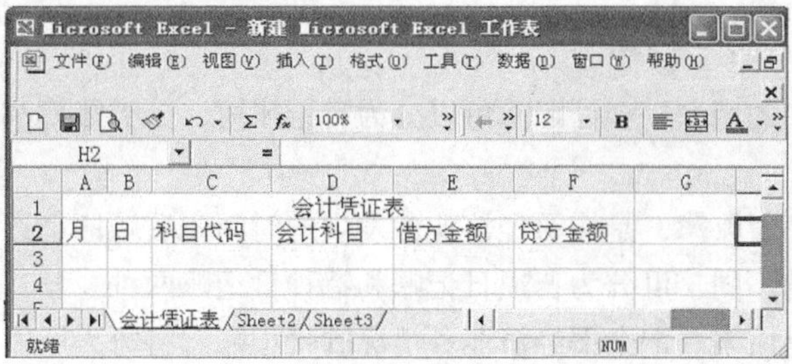

图 4-43

第 5 章 Excel 在会计账簿中的应用

以记账凭证为依据，设置和登记会计账簿是会计账务处理工作的中心环节。本章主要介绍如何根据已有的会计科目表中的有关数据，利用 Excel 的数据表透视表、函数等功能，建立起总分类账、明细分类账、科目汇总表和科目余额表等会计工作的账表。

本章的学习目标

- 了解与会计账簿相关的基本概念。
- 掌握如何利用 Excel 设置“借贷不平衡”的自动提示。
- 掌握如何利用 Excel 建立总分类账、明细分类账、科目汇总表。
- 掌握如何利用 Excel 建立与填制科目余额表。

5.1 会计账簿概述

5.1.1 会计账簿的意义与作用

会计账簿是指以会计凭证为依据，在具有专门格式的账页中全面、连续、系统、综合地记录经济业务的簿籍。

会计账簿在会计核算中具有十分重要的意义，主要表现在以下几个方面：

（1）可以为经济管理提供连续、全面、系统的会计信息。

（2）可以保护财产物资的安全完整。

（3）便于企业单位考核成本、费用和利润计划的完成情况。

（4）可以为编制会计报表提供资料。

（5）可以为会计检查、会计分析提供资料。

5.1.2 会计账簿的类型

按照在经济管理中的用途，会计账簿可以分为日记账簿、分类账簿和备查账簿 3 种。

1. 日记账簿

日记账簿，又称序时账簿，是按照经济业务发生的时间先后顺序，逐日逐笔登记经济业务的账簿。按其记录内容的不同，可分为普通日记账和特种日记账两种。

（1）普通日记账是用来登记全部经济业务情况的日记账。将每天所发生的全部业务，按照经济业务发生的先后顺序，编制成记账凭证，根据记账凭证逐笔登记到普通日记账中，例如，企业设置的日记总账就是普通日记账。

（2）特种日记账是用来记录某一类经济业务发生情况的日记账。将某一类经济业务，按照经济业务发生的先后顺序记入账簿中，反映某一特定项目的详细情况，例如，各经济单位为了对现金和银行存款加强管理，设置现金日记账和银行存款日记账来记录现金和银行存款的收、付和结存业务。

2. 分类账簿

分类账簿是区别不同账户登记经济业务的账簿。按照提供指标的详细程度不同，可将账户分为总分类账簿和明细分类账簿两种。

（1）总分类账簿是按一级科目分类，连续地记录和反映资金增减、成本和利润情况的账簿，它能总括并全面地反映企事业单位的经济活动情况，是编制会计报表的依据。一切企业都设置总分类账。

（2）明细分类账簿是根据明细科目开设的账簿，它能详细地反映企业某项经济活动的具体情况。

3. 备查账簿

备查账簿是对某些在日记账簿和分类账簿中不能记录登记或记录登记不全的经济业务进行补充登记的账簿。企业根据自身的情况，可以选择设置或不设置此账簿。

5.2　日　记　账

5.2.1　设置日记账格式

日记账簿是序时记录企业经济业务的账簿，从而按照时间顺序全面反映企业发生的所有经济业务。日记账的格式如表 5-1 所示。

表 5-1　日记账格式

日记账

年	月	日	凭证编号	摘要	账户名称	借方金额	贷方金额

大家会发现，日记账的格式与前面设置的会计凭证表的格式极为相似，其中“账户名称”就是“会计科目”。这样，在利用 Excel 进行核算时，不用再设置专门的日记账。可以采用审核无误的会计凭证表进行以后的会计核算工作。

5.2.2　借贷不平衡自动提示

作为一名会计人员，“有借必有贷，借贷必相等”这个记账规则一定是要牢记于心的。在会计凭证的编制、账簿的登记、编制会计报表的整个会计核算过程中，始终以这个规则来进行账务处理。为避免出现借贷不平衡的情况，将利用 IF（）函数进行借贷不平衡的自动提示。打开“第四章.xls”工作簿中的“记账凭证表”工作表。

具体操作步骤如下。

（1）选中 K2 单元格。

（2）单击 f_x 按钮，选择“插入函数”命令。

（3）在“函数分类”列表框中选择“逻辑”类别函数。在“函数名”列表框中选择 IF（）函数，如图 5-1 所示。

（4）单击“确定”按钮。

（5）在 IF（ ）函数的 Logical_test 自变量位置输入“SUM(I:I)=SUM(J:J)”，如图 5-2 所示。

（6）在 IF（ ）函数的 Value_if_true 自变量位置输入“""”，如图 5-2 所示。

（7）在 IF（ ）函数的 Value_if_false 自变量位置输入“="借贷不平衡"”，如图 5-2 所示。

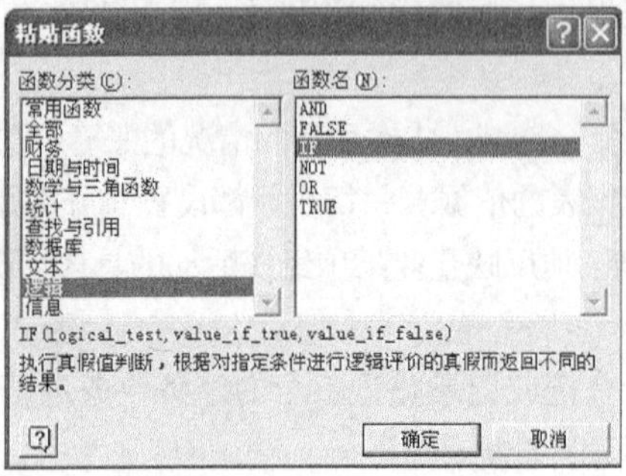

图 5-1　选择 IF（ ）函数

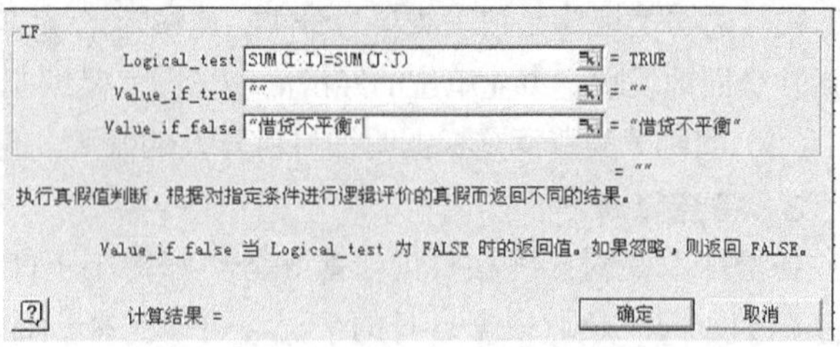

图 5-2　输入 IF（ ）函数参数

（8）单击“确定”按钮。

（9）若输入的借方金额不等于贷方金额时，在 K2 单元格中会自动出现“借贷不平衡”的提示，如图 5-3 所示。

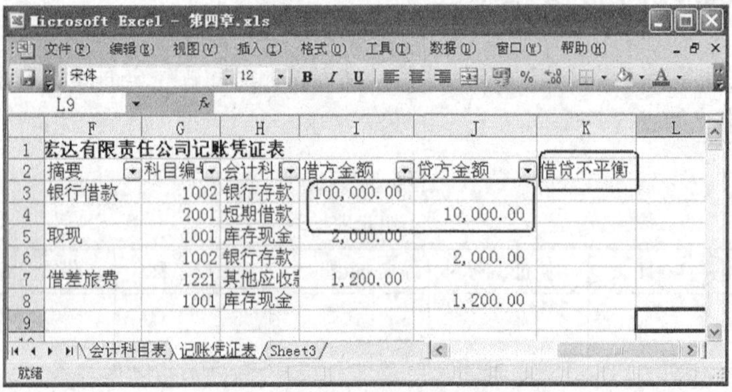

图 5-3　借贷不平衡时出现的提示

（10）若输入相等的金额，提示自动消失，如图 5-4 所示。

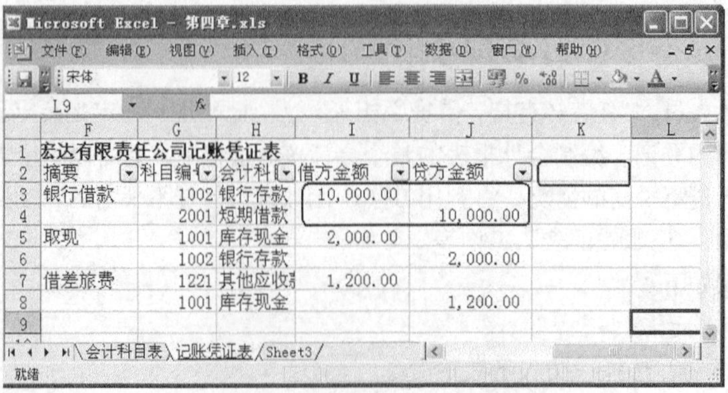

图 5-4　借贷平衡时提示消失

5.3 分 类 账

5.3.1 设置总分类账格式

任何企业的一切经济活动都应分类整理记入分类账的相关账户中，这样，企业的经济活动和财务状况可以通过分类账分门别类地反映出来，总分类账的格式如表 5-2 所示。

表 5-2　　总分类账格式

总分类账

年	月	日	凭证编号	摘要	借方金额	贷方金额	借/贷	余额

将日记账与分类账进行比较后发现，日记账的会计记录是依照交易发生的日期为顺序登记的，而分类账则是以会计科目（即分类账户的名称）为前提，再按照交易发生的日期为顺序登记的。两者在会计处理程序中是两种不同的账簿，但在利用 Excel 进行账务处理时，数据内容并无差别。因此，可以利用 Excel 中的数据透视表功能将已形成的日记账建立为总分类账。至于分类账中的余额，可将其移至科目余额汇总表中予以反映。

5.3.2 建立总分类账

在运用数据透视表建立总分类账时，需要引用其他工作表的内容。请参看 4.3 节的内容，定义所需要的范围名称。

建立总分类账的操作步骤如下。

（1）打开“日记账”工作表。

（2）选择“数据”|“数据透视表和数据透视图”命令，如图 5-5 所示。

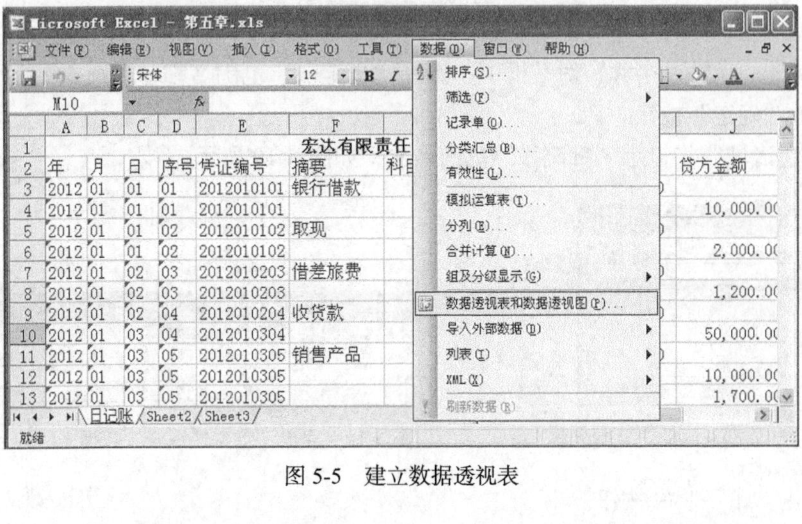

图 5-5　建立数据透视表

（3）在“数据透视表和数据透视图向导”对话框中选中“Microsoft Excel 数据清单或数据库”和“数据透视表”单选按钮，如图 5-6 所示。

（4）单击“下一步”按钮。

（5）打开选定数据区域的对话框，如图 5-7 所示。

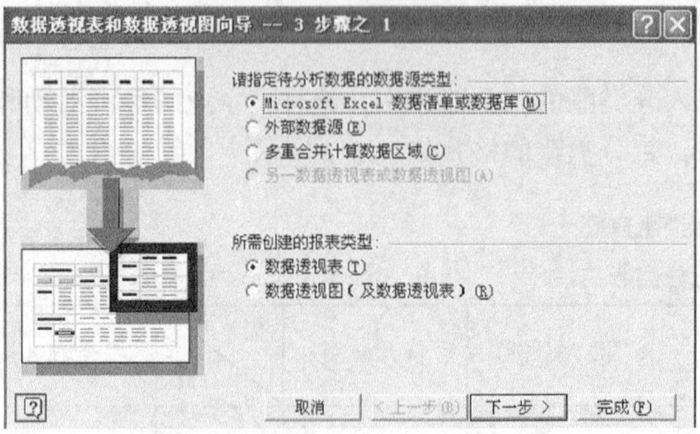

图 5-6　建立“数据透视表”步骤 1 的对话框

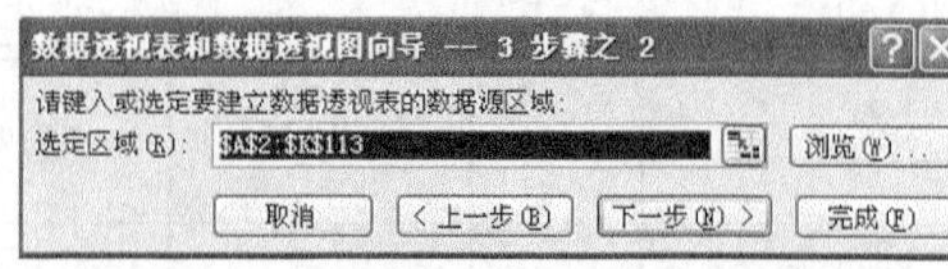

图 5-7　建立“数据透视表”步骤 2 的对话框

（6）选择“插入”|“名称”|“粘贴”命令，如图 5-8 所示。

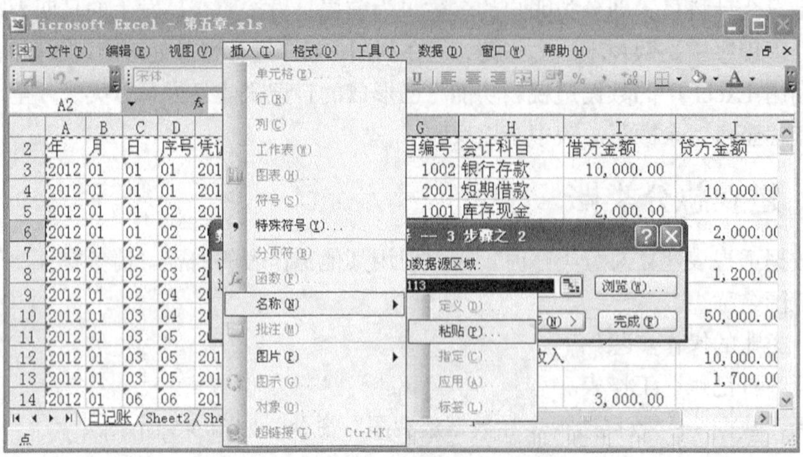

图 5-8　选择“数据透视表”的数据来源

（7）在打开的“粘贴名称”对话框中，选择“日记账”范围名称，如图 5-9 所示。

（8）单击“确定”按钮。

（9）“选定区域”将显示“日记账”范围名称，如图 5-10 所示。

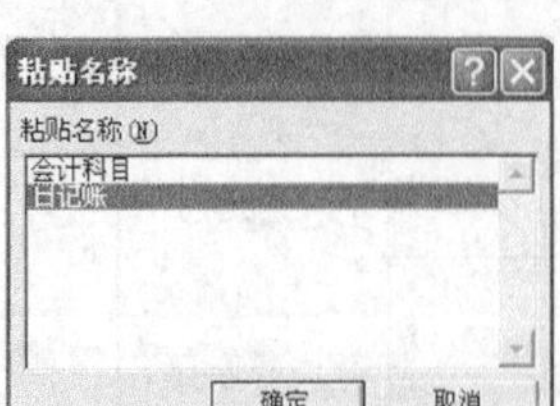

图 5-9　粘贴数据来源的“范围名称”

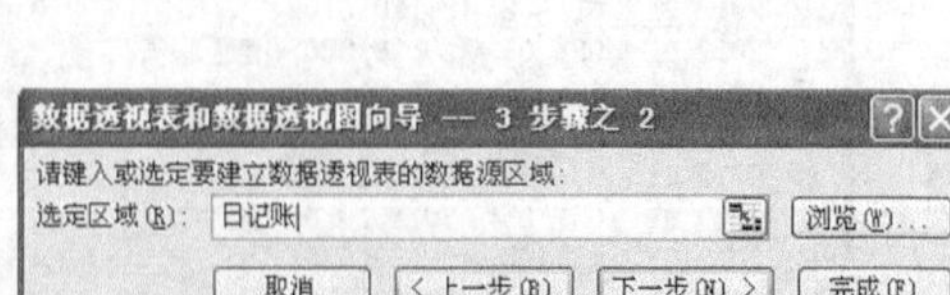

图 5-10　完成“数据透视表”数据来源的选择

（10）单击“下一步”按钮。

（11）在“数据透视表和数据透视图向导”对话框中选择“新建工作表”按钮，如图 5-11 所示。

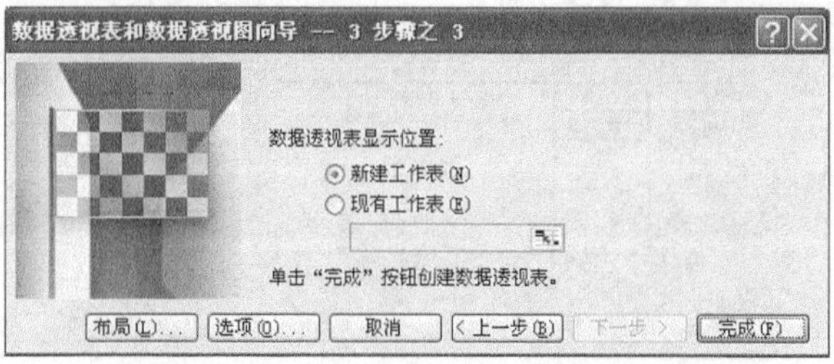

图 5-11　建立“数据透视表”步骤 3 的对话框

（12）单击“布局”按钮。

（13）在“数据透视表和数据透视图向导”对话框中将“年”按钮拖动到“页”区域后，释放鼠标，效果如图 5-12 所示。

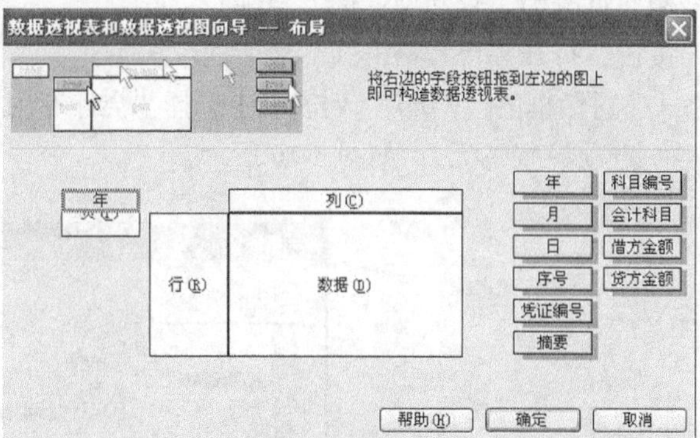

图 5-12　设置“数据透视表”页版式

（14）在“数据透视表和数据透视图向导”对话框中将“科目编号”、“会计科目”、“月”拖动到“行”区域，如图 5-13 所示。

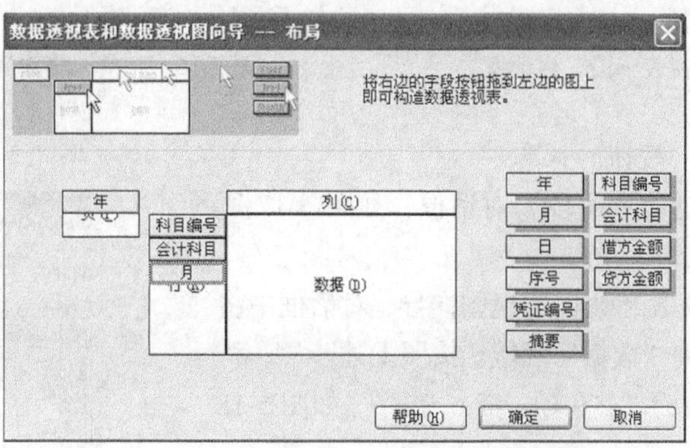

图 5-13　设置“数据透视表”行版式

（15）在“数据透视表和数据透视图向导”对话框中将“借方金额”按钮拖动到“数据”区域，如图 5-14 所示。

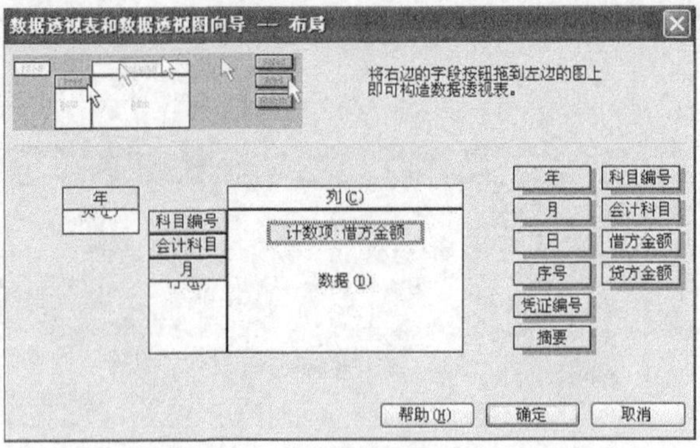

图 5-14　设置“数据透视表”数据版式

（16）将鼠标移至“计数项：借方金额”位置，并双击“计数项：借方金额”。

（17）打开“数据透视表字段”对话框，如图 5-15 所示。

（18）在“数字透视表字段”对话框的“汇总方式”列表框中选择“求和”选项，如图 5-15 所示。“计数项：借方金额”将改为“求和项：借方金额”。

（19）单击“数字”按钮，打开“单元格格式”对话框。

（20）在“单元格格式”对话框的 “分类”列表框中选择“会计专用”选项，将“小数位数”设置为 2，将“货币符号”选项设置“无”，如图 5-16 所示。

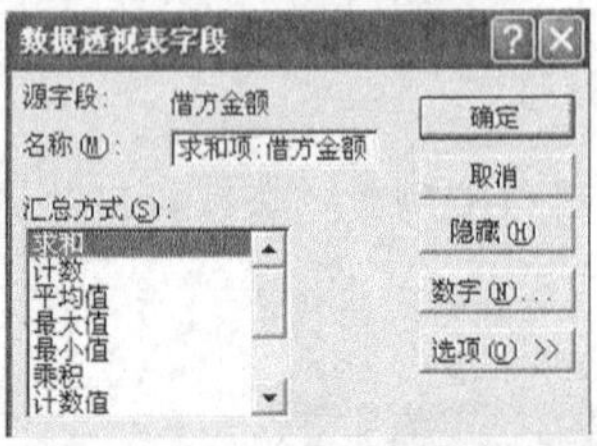

图 5-15　“数据透视表字段”对话框

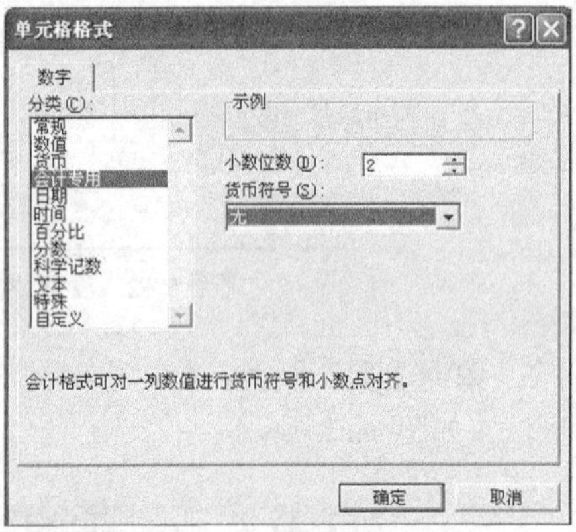

图 5-16　“单元格设置”对话框

（21）单击“确定”按钮。

（22）返回“数据透视表字段”对话框，如图 5-17 所示，单击“确定”按钮。

（23）在“数据透视表和数据透视图向导”对话框中将“贷方金额”按钮拖动到“数据”区域。按照上述步骤，将“计数项：贷方金额”改为“求和项：贷方金额”，如图 5-18 所示。

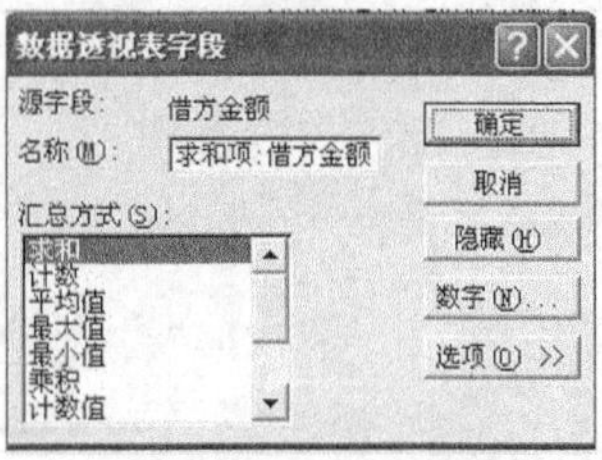

图 5-17　完成“数据透视表字段”对话框

（24）单击“确定”按钮。

（25）返回“数据透视表和数据透视图向导”对话框，如图 5-19 所示，单击“完成”按钮。

（26）总分类账已经初步建立，如图 5-20 所示。

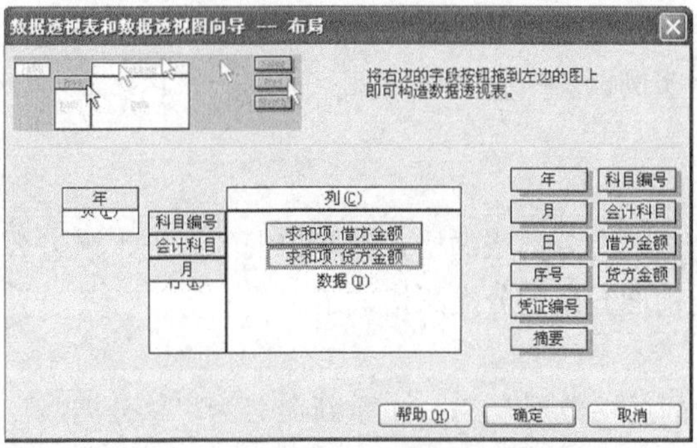

图 5-18　设置“数据透视表”数据版式

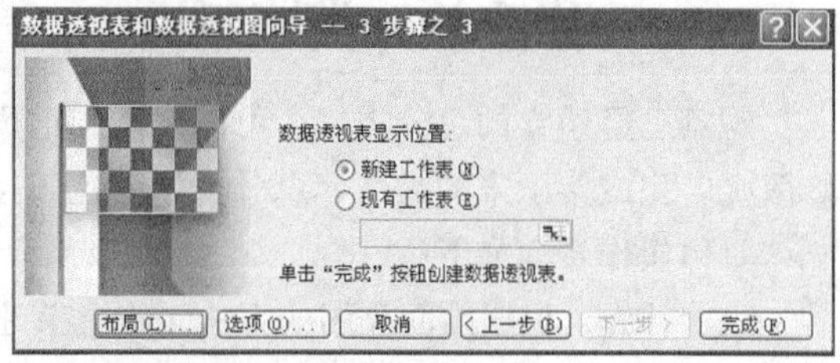

图 5-19　完成“数据透视表”版式设置

	A	B	C	D	E
1	年	(全部)			
2					
3	科目编号	会计科目	月	数据	汇总
4	1001	库存现金	01	求和项:借方金额	5,000.00
5				求和项:贷方金额	1,800.00
6		库存现金 求和项:借方金额			5,000.00
7		库存现金 求和项:贷方金额			1,800.00
8	1001 求和项:借方金额				5,000.00
9	1001 求和项:贷方金额				1,800.00
10	1002	银行存款	01	求和项:借方金额	83,100.00
11				求和项:贷方金额	55,200.00
12		银行存款 求和项:借方金额			83,100.00
13		银行存款 求和项:贷方金额			55,200.00
14	1002 求和项:借方金额				83,100.00
15	1002 求和项:贷方金额				55,200.00
16	1122	应收账款	01	求和项:借方金额	23,400.00
17				求和项:贷方金额	53,400.00
18		应收账款 求和项:借方金额			23,400.00
19		应收账款 求和项:贷方金额			53,400.00
20	1122 求和项:借方金额				23,400.00
21	1122 求和项:贷方金额				53,400.00

图 5-20　建立的总分类账

（27）在“数据透视表字段列表”对话框中选中“日”字段，单击“添加到”按钮到行区域，如图 5-21 所示，总分类账数据表中将包含更详尽的日信息，如图 5-22 所示。

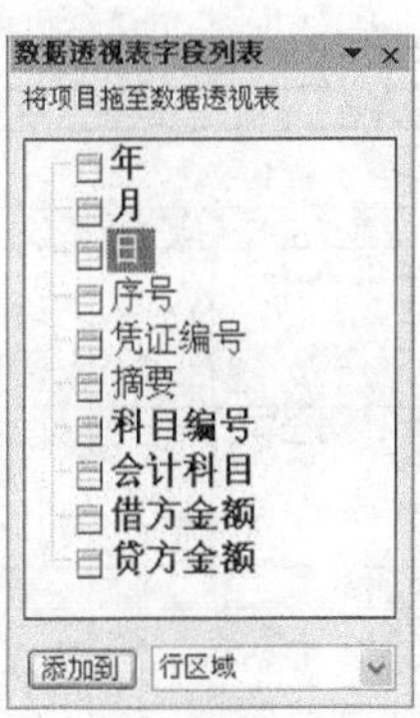

图 5-21　“数据透视表字段列表”对话框

	A	B	C	D	E	F
1	年	(全部)				
2						
3	科目编号	会计科目	月	数据	日	汇总
4	1001	库存现金	01	求和项:借方金额	01	2,000.00
5					02	
6					06	3,000.00
7					14	
8				求和项:贷方金额	01	
9					02	1,200.00
10					06	
11					14	600.00
12			01 求和项:借方金额			5,000.00
13			01 求和项:贷方金额			1,800.00
14		库存现金 求和项:借方金额				5,000.00
15		库存现金 求和项:贷方金额				1,800.00
16	1001 求和项:借方金额					5,000.00
17	1001 求和项:贷方金额					1,800.00
18	1002	银行存款	01	求和项:借方金额	01	10,000.00
19					02	50,000.00
20					03	11,700.00
21					09	
22					10	
23					14	
24					25	8,000.00
25					28	3,400.00

图 5-22　包含日信息总分类账

明细分类账的建立与总分类账的建立极为相似，只是根据带有明细科目的日记账利用数据透视表功能自动生成的。在此不再赘述，将在第 7 章实例训练中有所体现。

5.3.3 修改总分类账版面

观察已经建立的总分类账，可以发现与前面介绍的总分类账的格式有着较大的差别，该怎么修改呢？完成接下来的操作，总分类账就比较接近前面介绍的分类账格式了。

具体操作步骤如下：

（1）首先，根据前面介绍的方法，将上节建立的透视数据表 Sheet1 重新命名为“总分类账”。

（2）选中 1、2 行并单击鼠标右键，在弹出的快捷菜单中选择“插入”命令，如图 5-23 所示。

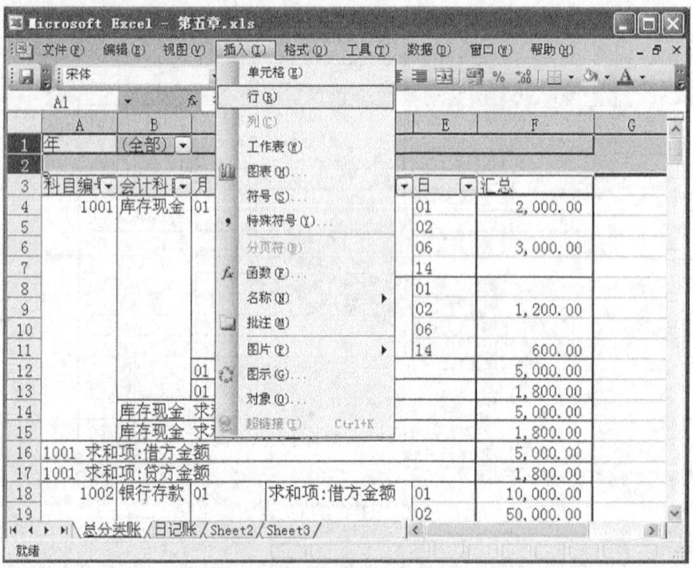

图 5-23　执行“插入”命令

（3）选中 A1：F1 单元格，单击“合并及居中”按钮。

（4）选中 A2：F2 单元格，单击“合并及居中”按钮。

（5）选中 A1 单元格，输入“宏达有限责任公司”，并单击“加粗”按钮 **B**，如图 5-24 所示。

（6）选中 A2 单元格，输入“总分类账”，并单击“加粗”按钮 **B**，如图 5-24 所示。

（7）将鼠标移至“数据”标题字段处，拖动“数据”至“汇总”字段处，如图 5-25 所示。

图 5-24　设置 A1、A2 单元格

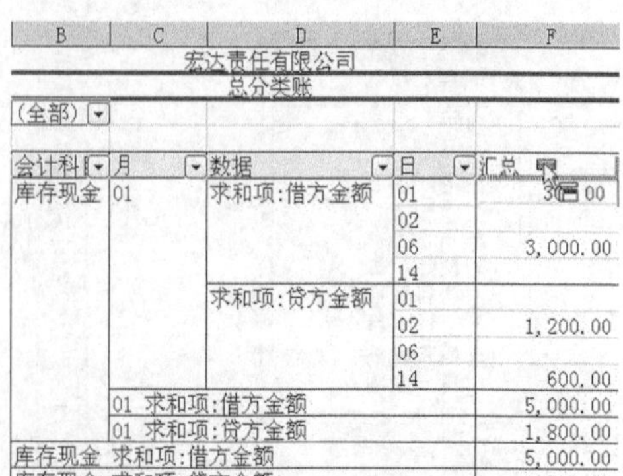

图 5-25　拖动“数据”字段

（8）总分类账的页面变成如图 5-26 所示。

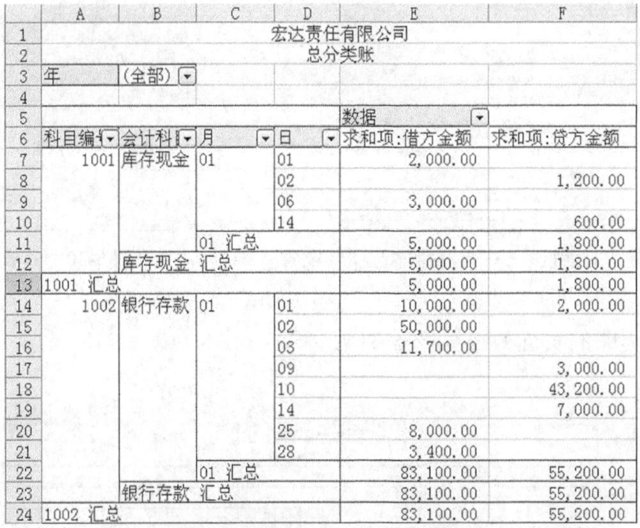

	A	B	C	D	E	F
1					宏达责任有限公司	
2					总分类账	
3	年	(全部)				
4						
5					数据	
6	科目编号	会计科目	月	日	求和项:借方金额	求和项:贷方金额
7	1001	库存现金	01	01	2,000.00	
8				02		1,200.00
9				06	3,000.00	
10				14		600.00
11			01 汇总		5,000.00	1,800.00
12		库存现金 汇总			5,000.00	1,800.00
13	1001 汇总				5,000.00	1,800.00
14	1002	银行存款	01	01	10,000.00	2,000.00
15				02	50,000.00	
16				03	11,700.00	
17				09		3,000.00
18				10		43,200.00
19				14		7,000.00
20				25	8,000.00	
21				28	3,400.00	
22			01 汇总		83,100.00	55,200.00
23		银行存款 汇总			83,100.00	55,200.00
24	1002 汇总				83,100.00	55,200.00

图 5-26　拖动字段后总分类账的版式

（9）选中“科目编号”中的任意一个单元格并单击鼠标右键，在弹出的快捷菜单中选择“字段设置”命令，如图 5-27 所示。

图 5-27　执行“字段设置”命令

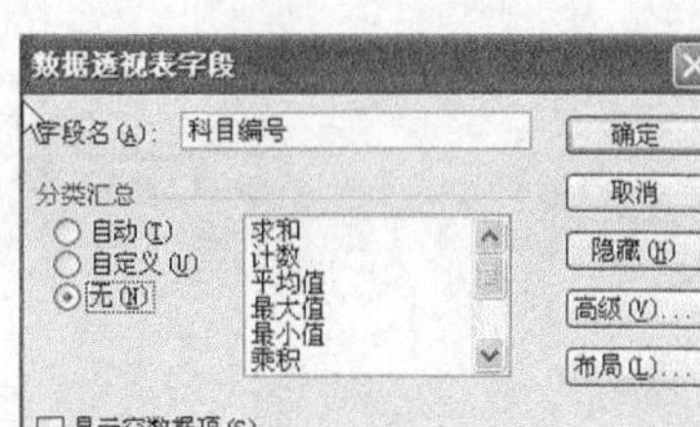

图 5-28　“数据透视表字段”对话框

（10）在打开的“数据透视表字段”对话框的“分类汇总”选项组中选中“无”单选按钮，如图 5-28 所示。

（11）单击“高级”按钮，在打开的“数据透视表字段高级选项”对话框，在“自动排序选项”选项组中选中“升序”单选按钮，如图 5-29 所示。

（12）单击“确定”按钮。

（13）返回“数据透视表字段”对话框，如图 5-30 所示，单击“确定”按钮。

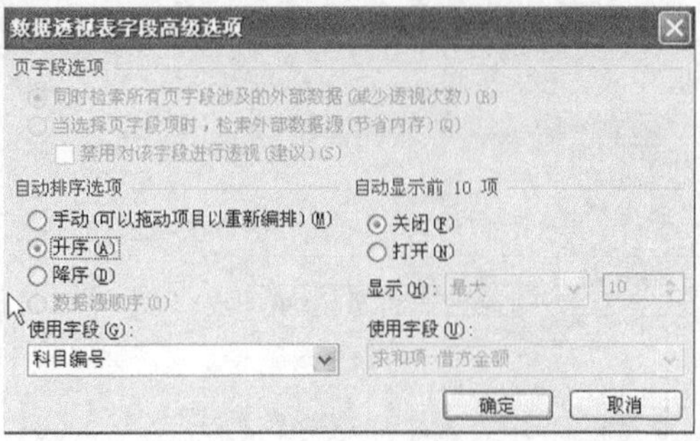

图 5-29 “字段设置”对话框——“自动排序选项”设置

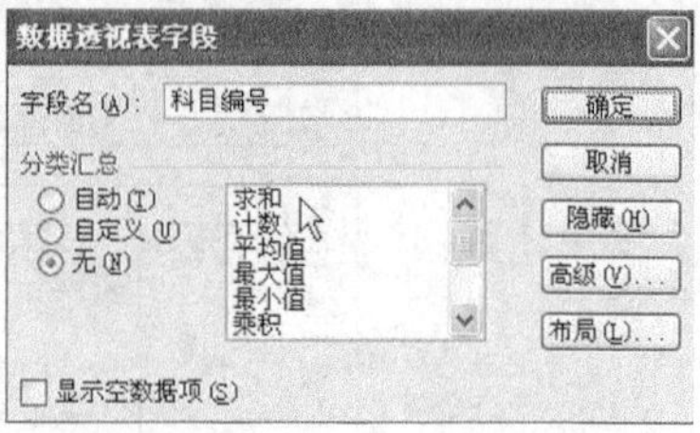

图 5-30 完成“字段设置”

（14）此时总分类账的页面效果如图 5-31 所示。

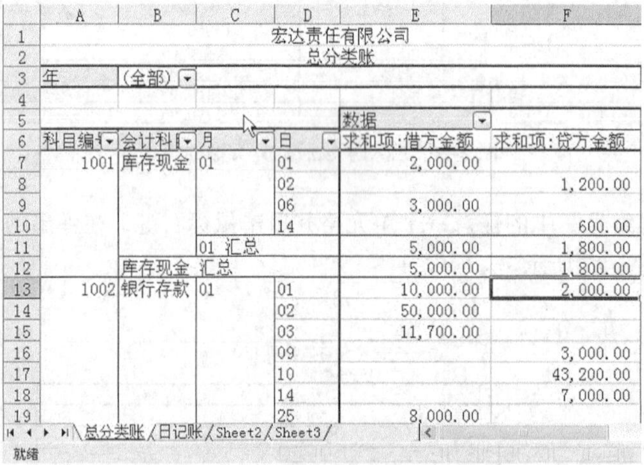

图 5-31 完成“字段设置”的总分类账

（15）选择第 12 行并单击鼠标右键，在弹出的快捷菜单中选择“隐藏”命令，如图 5-32 所示。

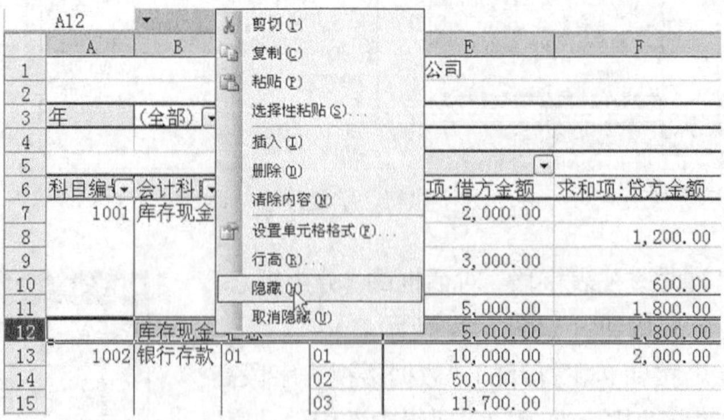

图 5-32 执行“隐藏”命令

（16）如图 5-33 所示，经过修改的总分类账的版式看起来与前面介绍的总分类账的格式比较相似，并且更赏心悦目。

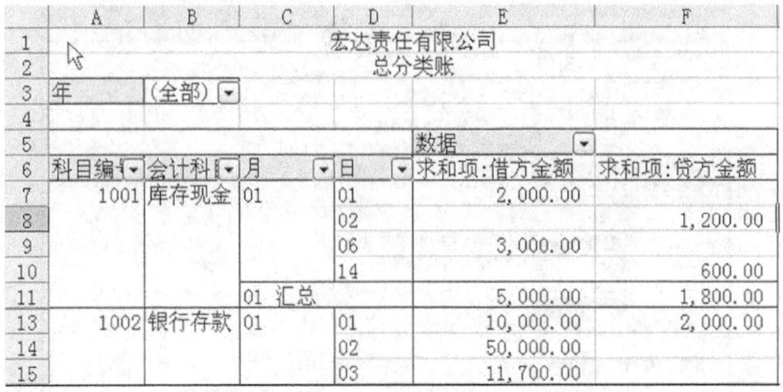

图 5-33　完成修改的总分类账

5.4　科目汇总表

5.4.1　科目汇总表概述

科目汇总表是根据一定期间内的所有经济业务，根据相同的会计科目进行归类，定期汇总出每一个会计科目的借方本期发生额合计数和贷方发生额合计数的一种表格。

科目汇总表在会计账务核算过程中起着承上启下的作用。一方面，它将一定期间发生的经济业务分门别类进行汇总；另一方面，它为编制会计报表提供了数据。科目汇总表的格式如表 5-3 所示。

表 5-3　科目汇总表格式

科目汇总表

编制单位：　　　　年　月　日　　　　单位：元

科 目 代 码	会 计 科 目	借方本期发生额	贷方本期发生额
合计			

5.4.2　建立科目汇总表

科目汇总表建立在日记账记录基础之上，其数据也来源于日记账，因此，仍然可以利用 Excel 中的数据透视表功能将已形成的日记账建立为科目汇总表。下面的讲解假设已将所需要的范围名称定义完成。

具体操作步骤如下。

（1）打开“日记账”工作表。

（2）选择“数据”|“数据透视表和数据透视图”命令，在打开的“数据透视表和数据透视图向导”对话框中选中“Microsoft Excel 数据清单或数据库”和“数据透视表”单选按钮，如图 5-34 所示。

（3）单击“下一步”按钮。

（4）选择“插入”|“名称”　|“粘贴”命令，如图 5-35 所示。

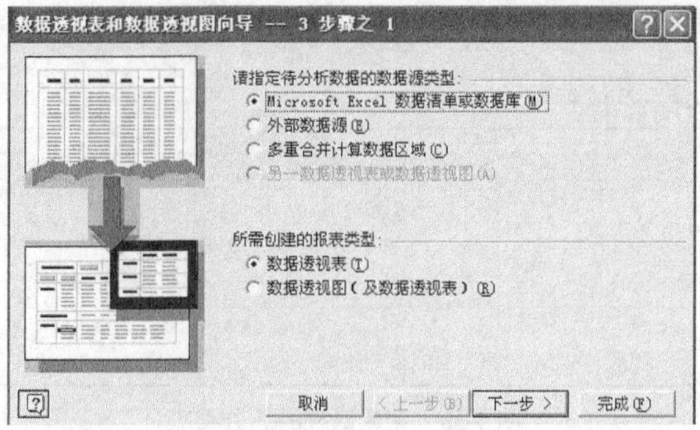

图 5-34　建立“数据透视表”步骤 1 的对话框

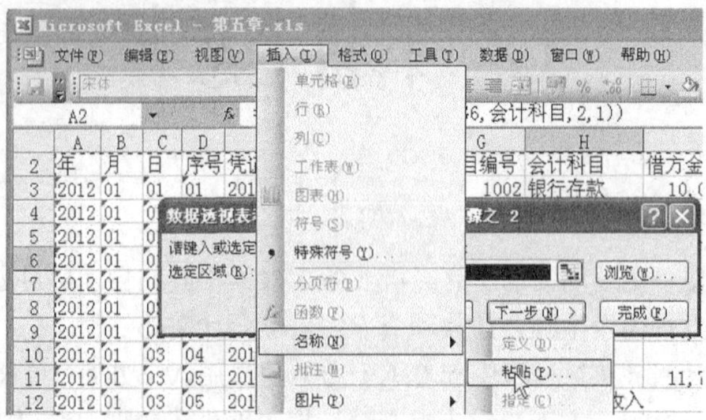

图 5-35　选择“数据透视表”的数据来源

（5）选择“日记账”范围名称粘贴到“选定区域”，如图 5-36 所示。

（6）单击“下一步”按钮。

（7）弹出一个消息提示对话框，如图 5-37 所示，单击“是”按钮。

图 5-36　完成“数据透视表”数据来源的选择

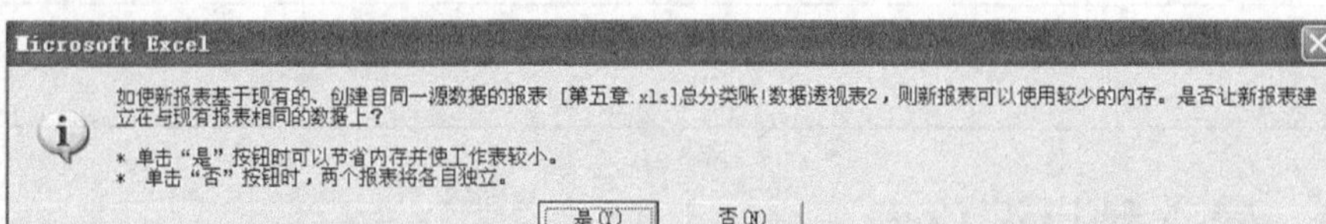

图 5-37　弹出的 Excel 对话框

（8）在打开的对话框中选择“[第五章.xls]总分类账！数据透视表 1”选项，如图 5-38 所示。

（9）单击“下一步”按钮。

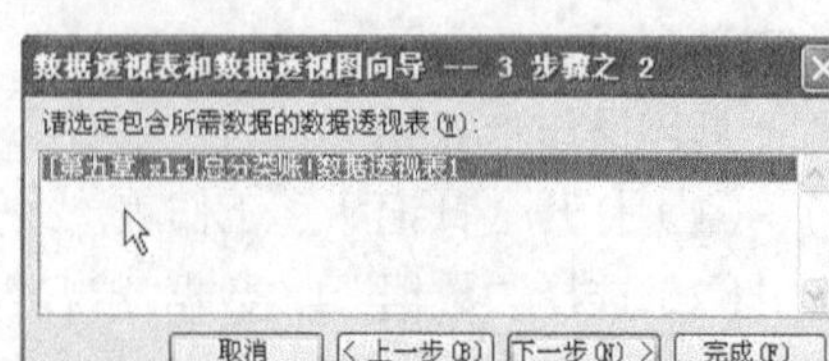

图 5-38　选择所需数据的“数据透视表”

（10）在“数据透视表和数据透视图向导”对话框中选择“新建工作表”按钮，并单击“布局”按钮。

（11）在“数据透视表和数据透视图向导”对话框中将“年”、“月”拖动到“页”区域，如图 5-39 所示。

（12）在“数据透视表和数据透视图向导”对话框中将“科目编号”、“会计科目”拖动到“行”区域，如图 5-39 所示。

（13）在“数据透视表和数据透视图向导”对话框中将“借方金额”、“贷方金额”拖动到“数据”区域，如图 5-39 所示。

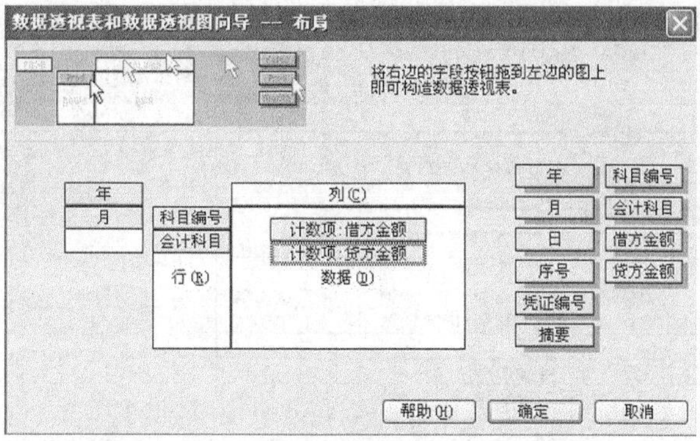

图 5-39　设置“数据透视表”数据版式步骤 1

（14）参照 5.3 节内容，将“计数项：借方金额”和“计数项：贷方金额”改为“求和项：借方金额”和“求和项：贷方金额”。并将借方金额和贷方金额数字设置为“会计专用”，将“小数位数”选项设置为 2，将“货币符号”选项设置为“无”，如图 5-40 所示。

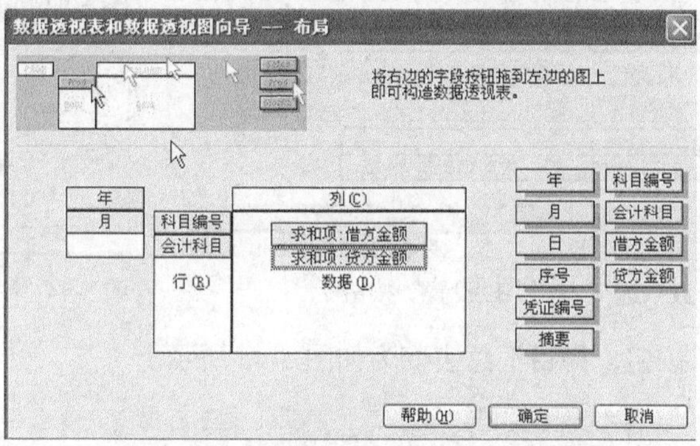

图 5-40　设置“数据透视表”数据版式步骤 2

（15）单击“确定”按钮。

（16）返回“数据透视表和数据透视图向导”对话框，如图 5-41 所示，单击“完成”按钮。

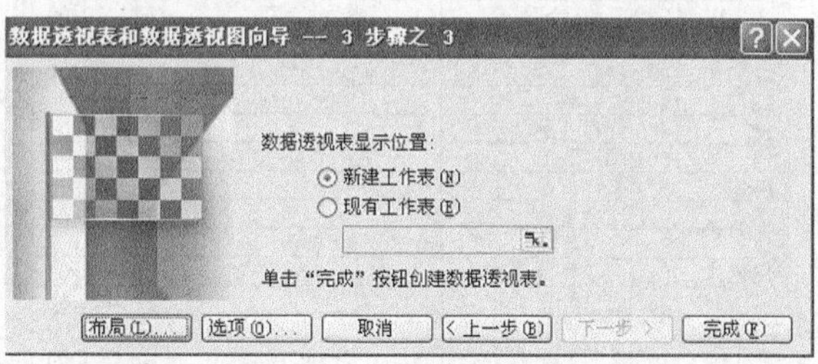

图 5-41　完成“数据透视表”版式设置

（17）将生成的工作表“Sheet1”重命名为“科目汇总表”。

（18）选择第 1 行并单击鼠标右键，在弹出的快捷菜单中选择“插入”命令。

（19）选中 A1:E1 单元格，单击“合并及居中”按钮，输入“宏达有限责任公司科目汇总表”，并单击“加粗”按钮，如图 5-42 所示。

（20）将鼠标移至“数据”标题字段处，将“数据”拖动至“汇总”字段处。

（21）选择第 8 行，在“数据透视表”对话框，单击“字段设置”按钮，如图 5-43 所示。

（22）在“数据透视表字段”对话框的“分类汇总”选项组中选中“无”单选按钮，如图 5-44 所示。

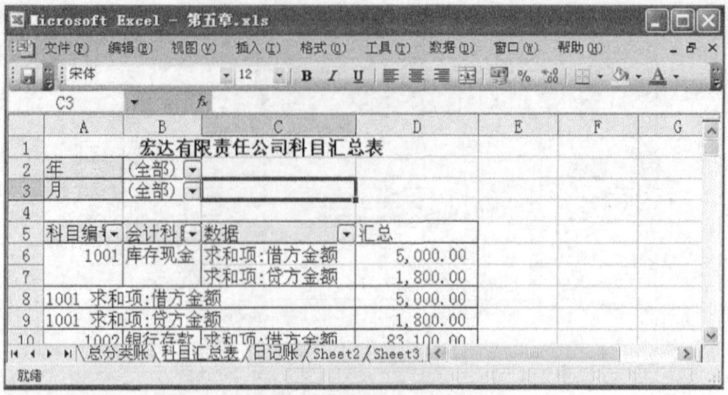

图 5-42　设置 A1 单元格

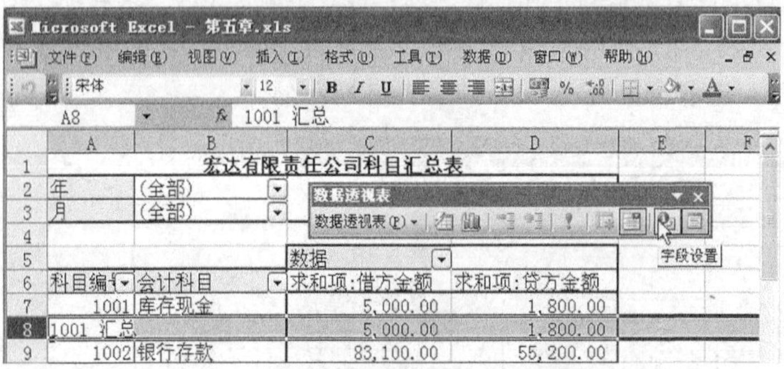

图 5-43　单击数据透视表“字段设置”按钮

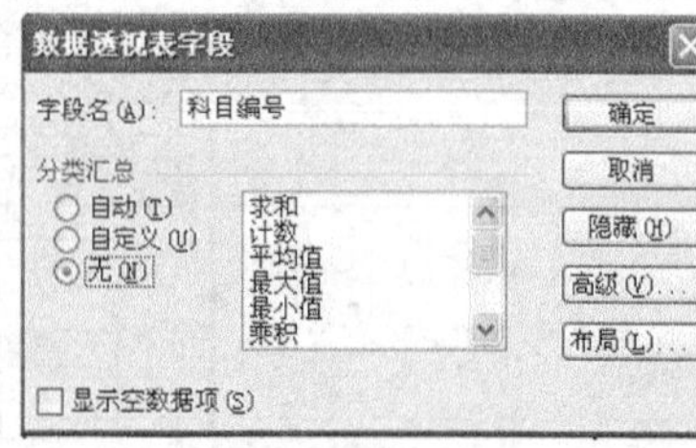

图 5-44　“数据透视表字段”对话框

（23）单击“确定”按钮，科目汇总表变为如图 5-45 所示。

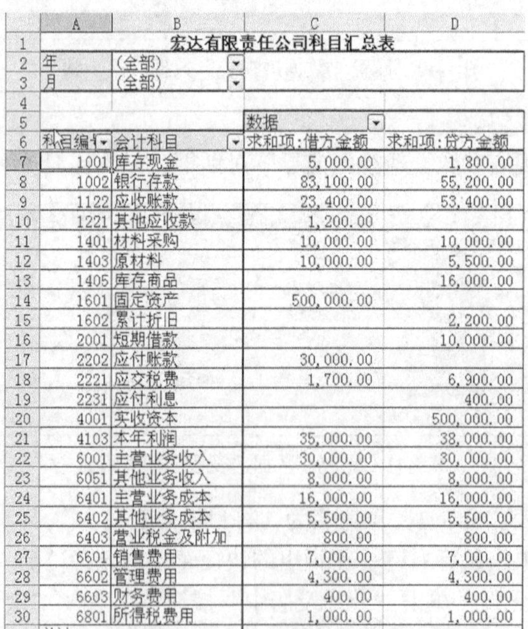

	A	B	C	D
1	宏达有限责任公司科目汇总表			
2	年	(全部)		
3	月	(全部)		
4				
5			数据	
6	科目编号	会计科目	求和项:借方金额	求和项:贷方金额
7	1001	库存现金	5,000.00	1,800.00
8	1002	银行存款	83,100.00	55,200.00
9	1122	应收账款	23,400.00	53,400.00
10	1221	其他应收款	1,200.00	
11	1401	材料采购	10,000.00	10,000.00
12	1403	原材料	10,000.00	5,500.00
13	1405	库存商品		16,000.00
14	1601	固定资产	500,000.00	
15	1602	累计折旧		2,200.00
16	2001	短期借款		10,000.00
17	2202	应付账款	30,000.00	
18	2221	应交税费	1,700.00	6,900.00
19	2231	应付利息		400.00
20	4001	实收资本		500,000.00
21	4103	本年利润	35,000.00	38,000.00
22	6001	主营业务收入	30,000.00	30,000.00
23	6051	其他业务收入	8,000.00	8,000.00
24	6401	主营业务成本	16,000.00	16,000.00
25	6402	其他业务成本	5,500.00	5,500.00
26	6403	营业税金及附加	800.00	800.00
27	6601	销售费用	7,000.00	7,000.00
28	6602	管理费用	4,300.00	4,300.00
29	6603	财务费用	400.00	400.00
30	6801	所得税费用	1,000.00	1,000.00
31	总计		772,400.00	772,400.00

图 5-45　完成科目汇总表的设置

（24）单击第 3 行的下拉按钮，从打开的下拉列表中选择需要的月份（假设有 1～12 月份可供选择），如图 5-46 所示。

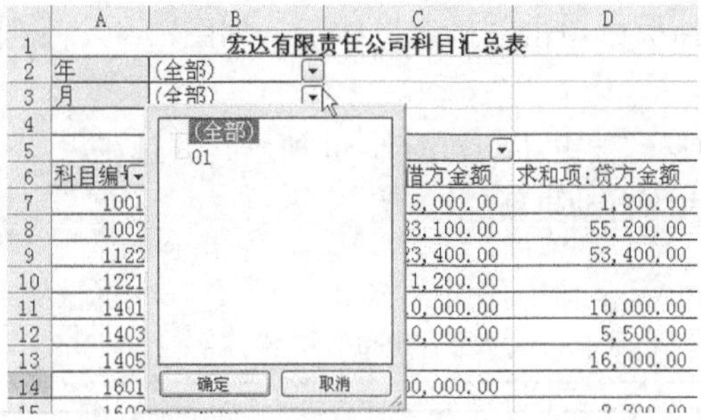

图 5-46　选择需要显示月份选项

（25）选择需要月份后，单击“确定”按钮，即可显示需要显示月份的科目汇总表。

5.5　自动更新数据透视表

在 Excel 中，确保根据日记账建立的总分类账、科目汇总表等数据透视表中数据正确的方法有两种：一种是在选择建立数据透视表的数据源区域时，尽可能地将数据来源范围扩大；另一种是数据透视表中的数据能够随着数据源数据的更新而更新。本节将使用一定的操作方法，使数据透视表内容随着数据源数据的更新而更新。

具体操作步骤如下：

（1）在“日记账”工作表添加一笔业务，如图 5-47 所示。

图 5-47　修改的日记账记录

（2）切换至“总分类账”工作表。

（3）单击鼠标右键，在弹出的快捷菜单中选择“刷新数据”命令，如图 5-48 所示。

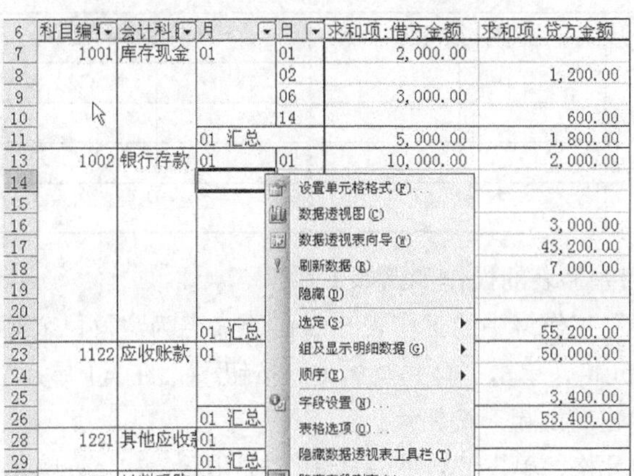

图 5-48　执行“刷新数据”命令

（4）在弹出的消息对话框中单击“确定”按钮，如图 5-49 所示。

（5）“总分类账”的数据已被更新，如图 5-50 所示，并且在此基础上建立的数据透视表均自动更新。

图 5-49　弹出的消息对话框

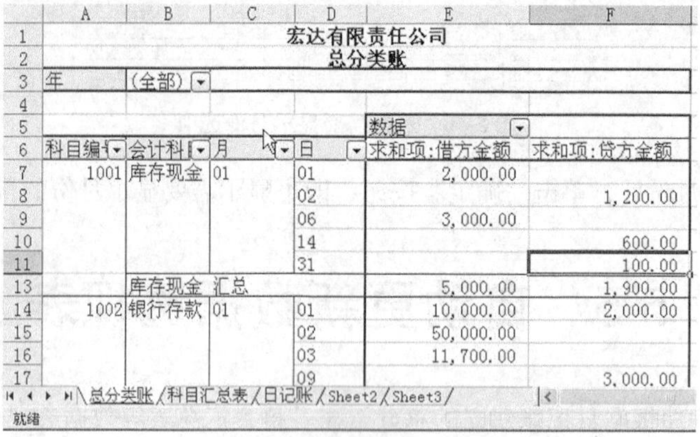

图 5-50　更新后的总分类账

5.6　科目余额表

5.6.1　设计科目余额表

科目余额表是用来记录本期所有会计科目的发生额和余额的表格。它是科目汇总表的进一步延伸，能够反映某一会计期间相关会计科目（账户）的期初余额、本期发生额、期末余额，为编制会计报表提供更完善的数据。科目余额表的格式如表 5-4 所示。

表 5-4　　科目余额表的格式

科目余额表

编制单位：　　　　年　　月　　　　单位：元

科目代码	会计科目	期初余额		本期发生额		期末余额	
合计							

利用 Excel 建立科目余额表的操作步骤如下：

（1）将“第五章.xls”工作簿中的工作表 Sheet2 重命名为“科目余额表”。

（2）选中 A1:H1 单元格，单击“合并及居中”按钮。在 A1 单元格中输入“宏达有限责任公司科目余额表”，并单击“加粗”按钮 B。

（3）选中 A2:A3 单元格，单击“合并及居中”按钮。在 A2 单元格中输入“科目编号”，并单击“加粗”按钮 B。

（4）选中 B2:B3 单元格，单击“合并及居中”按钮。在 B2 单元格中输入“会计科目”，并单击“加粗”按钮，如图 5-51 所示。

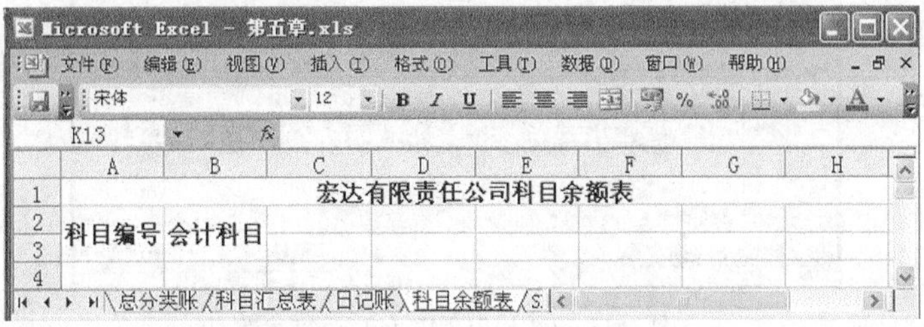

图 5-51 设置 A1、A2、B2 单元格

（5）选中 C2:D2 单元格，单击“合并及居中”按钮。在 C2 单元格中输入“期初余额”，并单击“加粗”按钮，如图 5-52 所示。

（6）选中 E2:F2 单元格，单击“合并及居中”按钮。在 E2 单元格中输入“本期发生额”，并单击“加粗”按钮，如图 5-52 所示。

（7）选中 G2:H2 单元格，单击“合并及居中”按钮。在 G2 单元格中输入“期末余额”，并单击“加粗”按钮。

（8）分别选中 C3、E3、G3 单元格，在这些单元格中输入“借方”，并单击“合并及居中”按钮及“加粗”按钮。

（9）分别选中 D3、F3、H3 单元格，在这些单元格中输入“贷方”，并单击“合并及居中”按钮及“加粗”按钮，如图 5-52 所示。

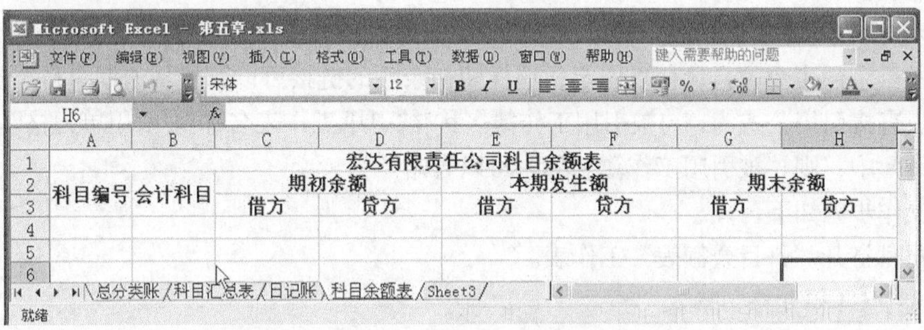

图 5-52 设置 C2、E2、G2、C3、E3、G3、D3、F3、H3 单元格

（10）根据 4.2 节介绍的记录单的有关知识，在 A4:B53 的单元格中输入科目编号及相应的会计科目。

（11）选中 A54:B54 单元格，单击“合并及居中”按钮。在 A54 单元格中输入“合计”，并单击“加粗”按钮。

（12）选择列 C:H，选择“格式”|“单元格”命令，在打开的“单元格格式”对话框中，将“数字”选项设置为“会计专用”，将“小数位数”选项设置为 2，将“货币符号”选项设置为“无”。

（13）单击“确定”按钮。

（14）选中 C54 单元格，单击 f_x 按钮，执行“插入函数”命令。

（15）在“函数分类”列表中选择“常用函数”中的 SUM ( ) 函数，在 SUM ( ) 函数中输入公式“=SUM(C4:C53)”，如图 5-53 所示。

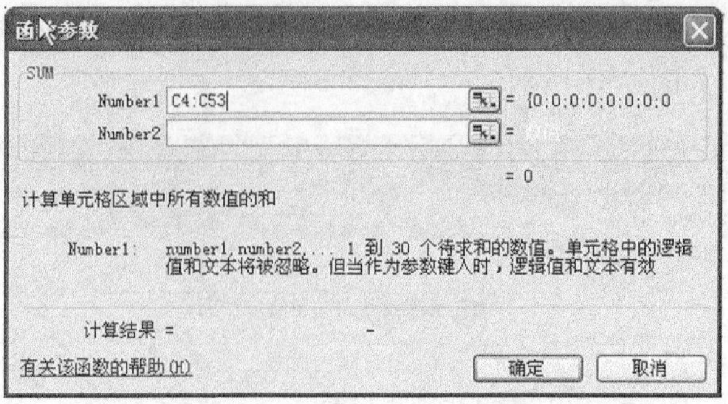

图 5-53　输入 SUMF（ ）函数参数

（16）单击“确定”按钮。

（17）选中 C54 单元格并单击鼠标右键，在弹出的快捷菜单中选择“复制”命令。

（18）选中 D54:H54 单元格并单击鼠标右键，在弹出的快捷菜单中选择“粘贴”命令，这样，D54:H54 单元格均自动套用公式。科目余额表的格式已建立完成。

5.6.2　编制科目余额表

编制科目余额表是指对科目余额表中期初余额、本期发生额以及期末余额的填写。这个过程实质上是工作表之间数据链接调用的过程。科目余额表的期初余额、本期发生额，分别从上期期末科目余额表中的期末余额及本期科目汇总表中链接过来。而科目余额表的期末余额是利用公式“期末余额=期初余额+/−本期发生额”计算得到的。那么，解决工作表之间数据链接的问题即可编制科目余额表。

1. 期初余额的链接调用

由于科目余额表中的会计科目固定，这样期初余额的链接可以直接从上期科目余额表的期末余额调用。直接引用公式为“=[被引用工作簿名称]被引用工作表名称!被引用单元格”。若数据在同一个工作簿中，则“被引用工作簿名称”可以省略。

具体操作步骤如下：

（1）同时打开“科目余额表”工作表。

（2）选中 C4 单元格，输入“=”。

（3）将鼠标移至“资料.xls”工作簿的“科目余额表 12 月份”工作表，单击 G4 单元格。

（4）将鼠标移回至“科目余额表”工作表，如图 5-54 所示。

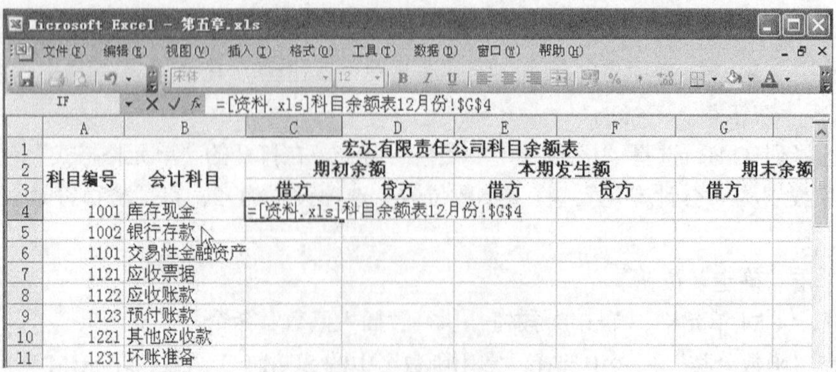

图 5-54　建立直接链接

（5）按 Enter 键，如图 5-55 所示，系统在“科目余额表”工作表的 C4 单元格显示期初现金余额的数值。

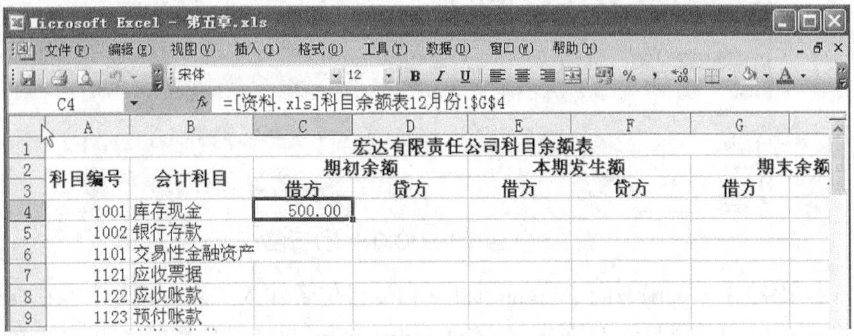

图 5-55　显示链接结果

（6）使用相同的方法，建立其他会计科目期初余额的链接。到此为止，1 月份科目余额表的期初余额已编制完成。

2. 本期发生额的链接调用

科目余额表中本期发生额需从本期科目汇总表中调用。由于每个会计期间发生的经济业务不完全相同，这样，根据记录经济业务的日记账自动生成的科目汇总表的会计科目不固定。在从本期科目汇总表中调用数据时，不能直接调用，需要借助于函数进行间接调用。以下的内容假设已将所需要的范围名称定义完成。

具体操作步骤如下：

（1）打开“科目余额表”工作表。

（2）选中 E4 单元格，单击 f_x 按钮，执行“插入函数”命令。在“函数分类”列表中选择“逻辑”类别函数。在“选择函数”中选择 IF（ ）函数，单击“确定”按钮。

（3）将光标移至 IF（ ）函数的 Logical_test 自变量位置空白处，单击如图 5-56 所示的下拉式菜单按钮，从打开的菜单中选择 ISNA（ ）函数。

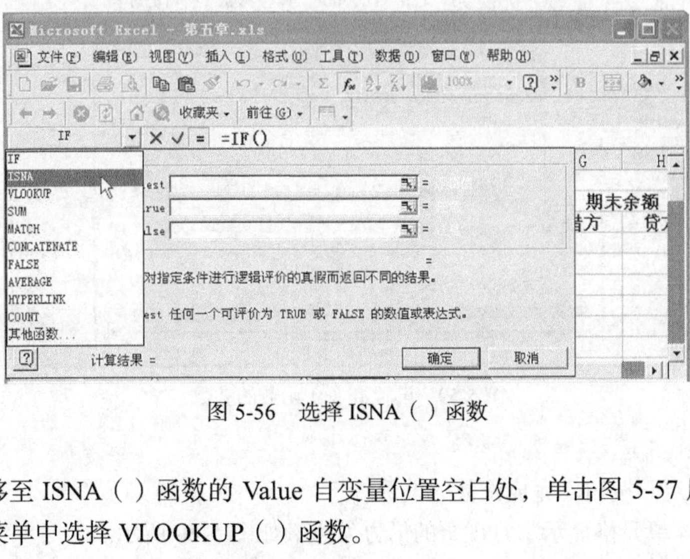

图 5-56　选择 ISNA（ ）函数

（4）将光标移至 ISNA（ ）函数的 Value 自变量位置空白处，单击图 5-57 所示的下拉式菜单按钮，从打开的菜单中选择 VLOOKUP（ ）函数。

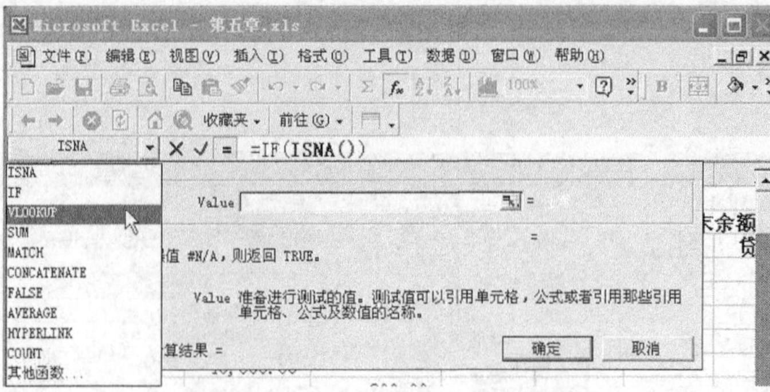

图 5-57 选择 VLOOKUP（ ）函数

（5）在 VLOOKUP（ ）函数的 Lookup_value 自变量位置输入“库存现金”，在 Table_array 自变量位置粘贴名称范围“科目汇总表”，在 Col_index_num 自变量位置输入 2，在 Range_lookup 自变量位置输入 FALSE，如图 5-58 所示。

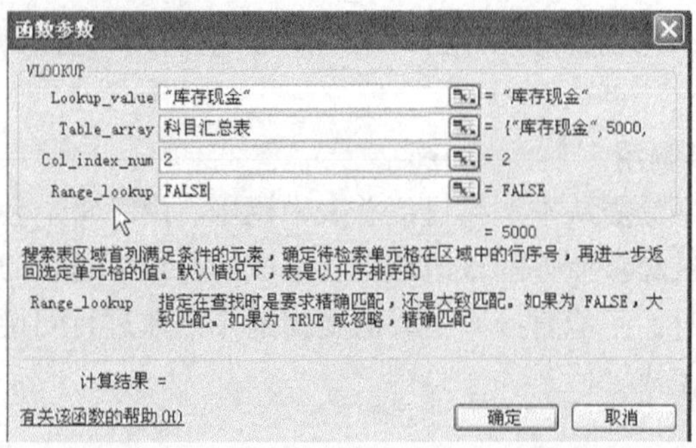

图 5-58 设置 VLOOKUP（ ）函数的参数

（6）将光标移回至 IF（ ）函数，在 Value_if_true 自变量位置输入 0，在 Value_if_false 自变量位置空白处，单击下拉式菜单按钮，从打开的菜单中选择 VLOOKUP（ ）函数，如图 5-59 所示。

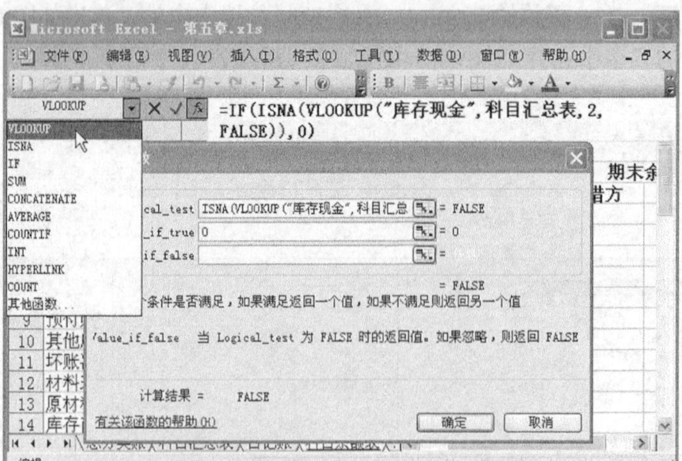

图 5-59 设置 IF（ ）函数的参数

（7）重复步骤（5）。

（8）单击“确定”按钮，完成函数的设置。

（9）系统在 E4 单元格显示本月现金的借方发生额如图 5-60 所示。

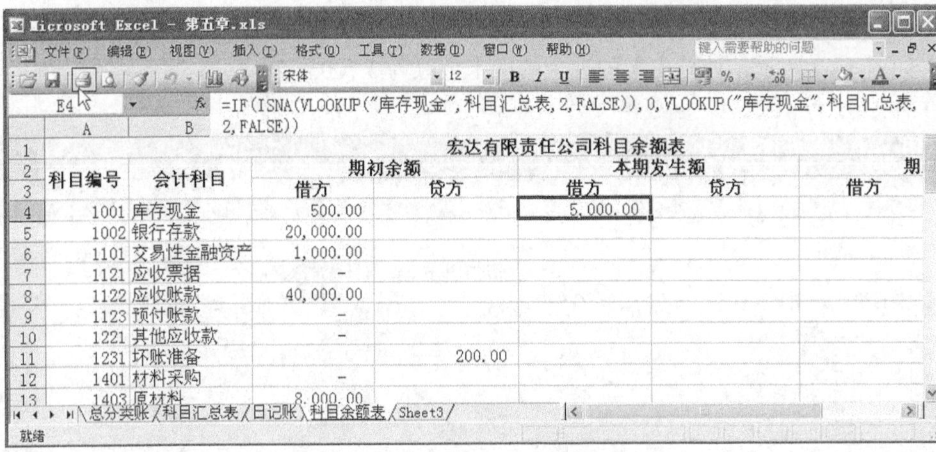

图 5-60　显示函数的计算结果

使用相同的方法，可以将科目余额表与科目汇总表建立动态的链接。科目余额表中的借方金额、贷方金额字段的公式如下：

本期借方发生额

=IF(ISNA(VLOOKUP(“查找的会计科目”，科目汇总表，2，FALSE))，0，VLOOKUP(“查找的会计科目”，科目汇总表，2，FALSE))

本期贷方发生额

=IF(ISNA(VLOOKUP(“查找的会计科目”，科目汇总表，3，FALSE))，0，VLOOKUP(“查找的会计科目”，科目汇总表，3，FALSE))

3. 期末余额的计算

科目余额表中所有的会计科目分为 5 类：资产类、负债类、所有者权益类、成本类和损益类。根据会计核算的规则，资产/成本类期末余额=期初余额+本期借方发生额 – 本期贷方发生额，负债/所有者权益类期末余额=期初余额+本期贷方发生额 – 本期借方发生额，而损益类无余额。所以，期末余额的计算需要根据上述公式来进行。

具体操作步骤如下：

（1）打开“科目余额表”工作表。

（2）选中 G4 单元格，输入“=C4+E4 – F4”，如图 5-61 所示。

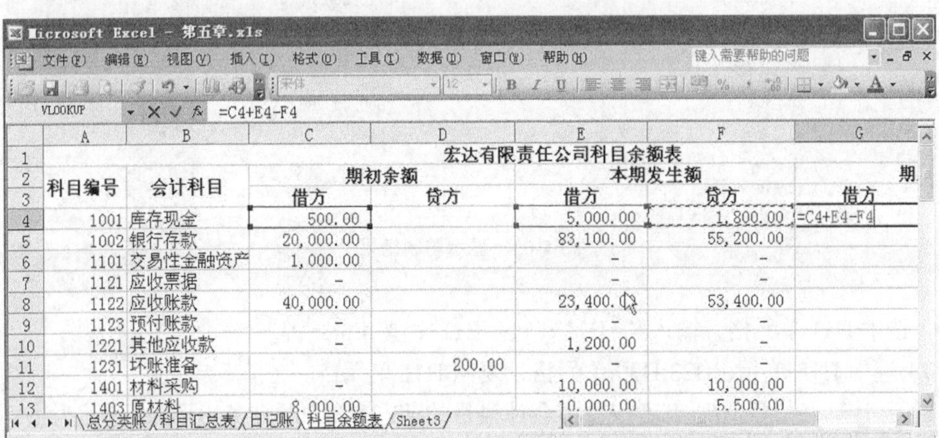

图 5-61　输入公式

（3）按 Enter 键。

（4）如图 5-62 所示，计算出来的现金的期末余额为 3 700。

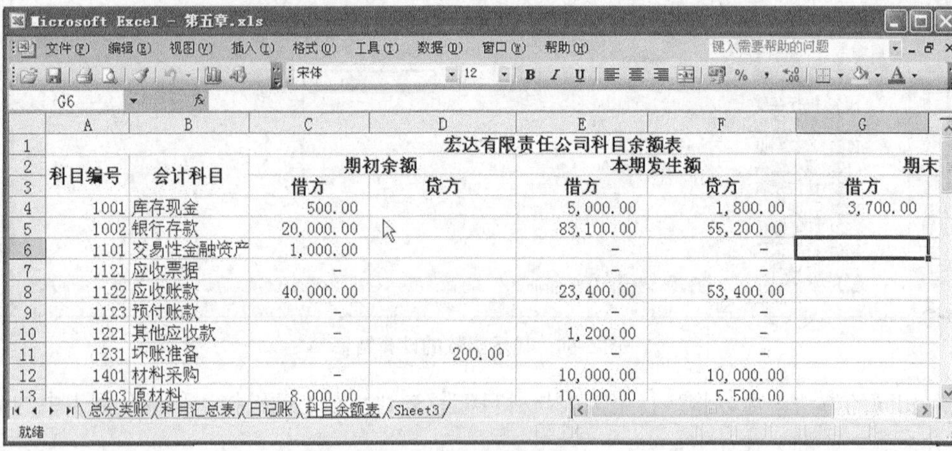

	A	B	C	D	E	F	G
1	宏达有限责任公司科目余额表						
2	科目编号	会计科目	期初余额		本期发生额		期末
3			借方	贷方	借方	贷方	借方
4	1001	库存现金	500.00		5,000.00	1,800.00	3,700.00
5	1002	银行存款	20,000.00		83,100.00	55,200.00	
6	1101	交易性金融资产	1,000.00		-	-	
7	1121	应收票据	-		-	-	
8	1122	应收账款	40,000.00		23,400.00	53,400.00	
9	1123	预付账款	-		-	-	
10	1221	其他应收款	-		1,200.00	-	
11	1231	坏账准备		200.00	-	-	
12	1401	材料采购	-		10,000.00	10,000.00	
13	1403	原材料	8,000.00		10,000.00	5,500.00	

图 5-62　显示公式计算结果

（5）选中 G4 单元格并单击鼠标右键，在弹出的快捷菜单中选择“复制”命令。

（6）选择 G5:G10 单元格，按住 Ctrl 键，继续选择 G10:G17 单元格及 G19:G22 单元格。释放 Ctrl 键，此时共有 15 个单元格被选中。

（7）在选中的任意单元格上单击鼠标右键，在弹出的快捷菜单中选择“粘贴”命令。

（8）系统计算出来的资产/成本类会计科目的期末余额如图 5-63 所示。

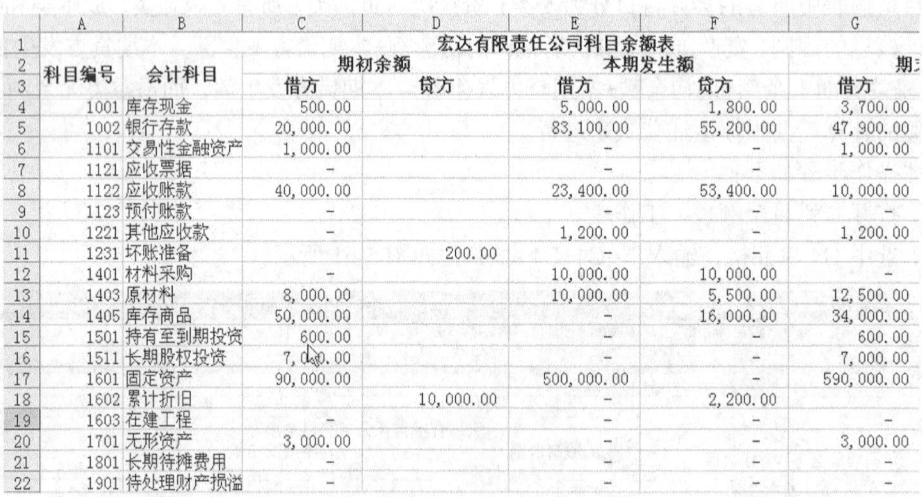

	A	B	C	D	E	F	G
1	宏达有限责任公司科目余额表						
2	科目编号	会计科目	期初余额		本期发生额		期末
3			借方	贷方	借方	贷方	借方
4	1001	库存现金	500.00		5,000.00	1,800.00	3,700.00
5	1002	银行存款	20,000.00		83,100.00	55,200.00	47,900.00
6	1101	交易性金融资产	1,000.00		-	-	1,000.00
7	1121	应收票据	-		-	-	-
8	1122	应收账款	40,000.00		23,400.00	53,400.00	10,000.00
9	1123	预付账款	-		-	-	-
10	1221	其他应收款	-		1,200.00	-	1,200.00
11	1231	坏账准备		200.00	-	-	
12	1401	材料采购	-		10,000.00	10,000.00	-
13	1403	原材料	8,000.00		10,000.00	5,500.00	12,500.00
14	1405	库存商品	50,000.00		-	16,000.00	34,000.00
15	1501	持有至到期投资	600.00		-	-	600.00
16	1511	长期股权投资	7,000.00		-	-	7,000.00
17	1601	固定资产	90,000.00		500,000.00	-	590,000.00
18	1602	累计折旧		10,000.00	-	2,200.00	
19	1603	在建工程	-		-	-	-
20	1701	无形资产	3,000.00		-	-	3,000.00
21	1801	长期待摊费用	-		-	-	-
22	1901	待处理财产损溢	-		-	-	-

图 5-63　显示填制结果

（9）选中 H11 单元格，输入“=D11+F11－E11”，按 Enter 键。

（10）选中 H18 单元、H23:H39 单元格，复制 H11 单元格。

（11）已计算好的负债/所有者权益类会计科目的期末余额如图 5-64 所示。到此为止，科目余额表的编制工作已完成。

宏达有限责任公司科目余额表							
科目编号	会计科目	期初余额		本期发生额		期末余额	
		借方	贷方	借方	贷方	借方	贷方
1001	库存现金	500.00		5,000.00	1,800.00	3,700.00	
1002	银行存款	20,000.00		83,100.00	55,200.00	47,900.00	
1101	交易性金融资产	1,000.00		-	-	1,000.00	
1121	应收票据	-		-	-	-	
1122	应收账款	40,000.00		23,400.00	53,400.00	10,000.00	
1123	预付账款	-		-	-	-	
1221	其他应收款	-		1,200.00	-	1,200.00	
1231	坏账准备		200.00	-	-		200.00
1401	材料采购	-		10,000.00	10,000.00	-	
1403	原材料	8,000.00		10,000.00	5,500.00	12,500.00	
1405	库存商品	50,000.00		-	16,000.00	34,000.00	
1501	持有至到期投资	600.00		-	-	600.00	
1511	长期股权投资	7,000.00		-	-	7,000.00	
1601	固定资产	90,000.00		500,000.00	-	590,000.00	
1602	累计折旧		10,000.00	-	2,200.00		12,200.00
1603	在建工程	-		-	-	-	
1701	无形资产	3,000.00		-	-	3,000.00	
1801	长期待摊费用	-		-	-	-	
1901	待处理财产损溢	-		-	-	-	
2001	短期借款		4,000.00	-	10,000.00		14,000.00

图 5-64 编制完成的科目余额表

本章小结

本章介绍了如何利用 Excel 编制会计账簿。首先，介绍了会计账簿的有关概念，然后介绍如何利用 Excel 的 IF（ ）函数实现会计核算中的“借贷不平衡”的自动提示。在会计凭证表的基础上，又介绍了如何利用数据透视表功能建立总分类账、明细分类账、科目汇总表。最后，利用 Excel 建立起科目余额表，并通过一些函数的组合完成科目余额表的填制。完成这些表单的建立后，便可以进行会计账务处理的最后步骤——编制会计报表。

思考练习

1. 填空题

（1）利用 IF 函数设置“借贷不平衡”自动显示，最主要是呼应________这个会计观念。

（2）在一张数据透视表中应分别有________、________、________、________4 个字段。

（3）当建立数据透视表的数据源区域内的数据进行改动，应执行________命令对相应的数据透视表数据进行更新。

（4）若在数据透视表中添加及删除字段，选中数据透视表的任意一个数据单元格后，通过出现的________窗口进行操作。

（5）不同工作簿间建立数据的直接链接，直接引用的公式是________。

2. 上机操作题

对第 4 章上机操作题（2）建立的会计凭证表资料执行以下操作：

（1）建立总分类账，要求总分类账（数据透视表）格式：“页”区域为“月”；“行”区域为“科目代码”、“会计科目”、“日”；“数据”区域为“求和项：借方金额”、“求和项：贷方金额”。

（2）美化总分类账：将“数据”拖动至“汇总”字段处。

（3）隐藏“科目代码求和项：借方金额”与“科目代码求和项：借方金额”。

第6章 Excel在会计报表中的应用

会计报表是会计账务处理的最终环节，是会计工作的定期总结，是基于会计凭证、会计账簿、会计科目汇总表和会计科目余额表等会计资料的基础上编制的。本章主要介绍如何利用Excel建立和编制会计报表。

本章的学习目标。

- 了解会计报表的概念。
- 掌握如何利用Excel建立并填制资产负债表、利润表、现金流量表。

6.1 会计报表概述

6.1.1 会计报表的含义及作用

会计报表是综合反映企业经营成果、财务状况以及现金流量信息的书面文件，它是会计核算的最终结果，也是会计核算工作的总结。

会计报表向投资者、债权人、政府及其机构等会计报表的使用者提供有用的经济决策信息。编制会计报表的作用在于以下几个方面：

（1）会计报表提供的经济信息是企业加强和改善经营管理的重要依据。

（2）会计报表提供的经济信息是国家经济管理部门进行宏观调控和管理的依据。

（3）会计报表提供的经济信息是投资者和债权人决策的依据。

6.1.2 会计报表的分类

可以按照不同的标准将会计报表进行分类。常见的分类如下。

（1）按照反映内容的不同，会计报表可以分为动态会计报表和静态会计报表。动态会计报表是反映一定时期内资金耗费和资金收回的报表，例如，利润表是反映企业一定时期内经营成果的报表；静态会计报表是综合反映一定时点资产、负债和所有者权益的会计报表，例如，资产负债表是反映一定时点企业资产总额和权益总额的报表，从企业资产总量方面反映企业的财务状况，从而反映企业资产的变现能力和偿债能力。

（2）按照编制时间的不同，会计报表可以分为月报、季报、半年报和年报。

（3）按照编制单位的不同，会计报表可以分为单位会计报表和汇总会计报表。单位会计报表是指由企业在自身会计核算的基础上，对账簿记录进行加工而编制的会计报表，以反映企业本身的财务状况和经营成果；汇总会计报表是指由企业主管部门或上级机关，根据所属单位报送的会计报表，连同本单位会计报表汇总编制的综合性会计报表。

在本书中，仅介绍利用 Excel 编制基于企业自身会计核算资料的资产负债表、利润表和现金流量表。

6.2　Excel 在资产负债表中的应用

企业经营一定期间内，需要反映出企业当时的资产、负债及所有者权益的情况，这就需要编制资产负债表。资产负债表是企业会计报表中的主要报表。

6.2.1　设置资产负债表格式

资产负债表是反映企业某一特定日期财务状况的会计报表，它是根据资产、负债和所有者权益三者之间的平衡关系，把日常经营活动的信息按照一定的分类标准和一定的顺序加工而成的。它表明企业某一特定日期所拥有或控制的经济资源，所承担的现有义务和所有者对净资产的要求权。

国际上流行的资产负债表的格式通常有账户式和报告式两种。

账户式的资产负债表是根据“资产=负债+所有者权益”将表分成左右两方，左方反映资产，右方反映负债和所有者权益，按其构成项目依据流动性（变现能力由强到弱）分类，并使左右双方总额相等，如表 6-1 所示。

表 6-1　　账户式资产负债表的格式

资产负债表（账户式）

编制单位：　　　　　年　月　日　　　　　单位：元

资产	行次	金额	负债及所有者权益	行次	金额
流动资产			流动负债		
非流动资产			非流动负债		
			所有者权益		
资产合计			负债及所有者权益合计		

报告式的资产负债表是按照资产、负债、所有者权益顺序自上而下排列的报表格式，如表 6-2 所示。

在我国的会计实务中多采用账户式的资产负债表，因此本书主要介绍账户式资产负债表的编制，具体操作步骤如下：

（1）将“第六章.xls”工作簿中的工作表 Sheet1 重命名为“资产负债表”。

（2）选中 A1:H1 单元格，单击 “合并及居中”按钮。在 A1 单元格输入“资产负债表”，并单击 B “加粗”按钮。

表 6-2　　　　　　　　　　　　报告式资产负债表的格式

资产负债表（报告式）

编制单位：	年　月　日	单位：元
	资　产	
流动资产	××××	
非流动资产	××××	
资产合计		××××
	负　债	
流动负债	××××	
非流动负债	××××	
负债合计		××××
	所有者权益	
实收资本	××××	
资本公积	××××	
盈余公积	××××	
未分配利润	××××	
所有者权益合计		××××

（3）使用相同的方法，并参照资产负债表基本格式，在每个单元格中输入指定的数据，如图 6-1 所示。

	A	B	C	D	E	F	G	H
1				资　产　负	债　表			
2	编制单位:		年	月	日			单位：元
3	资产	行次	期初数	期末数	负债及所有者权益	行次	期初数	期末数
4	流动资产				流动负债			
5	货币资金				短期借款			
6	交易性金融资产				应付票据			
7	应收票据				应付账款			
8	应收账款				预收账款			
9	预付账款				应付职工薪酬			
10	应收股利				应交税费			
11	其他应收款				应付利息			
12	存货				应付股利			
13	一年内到期的非流动资产				其他应付款			
14	其他流动资产				一年到期的非流动负债			
15	流动资产合计				其他流动负债			
16	非流动资产				流动负债合计			
17	可供出售金融资产				非流动负债			
18	持有至到期投资				长期借款			
19	长期应收款				应付债券			
20	长期股权投资				长期应付款			
21	固定资产				预计负债			
22	在建工程				递延所得税负债			
23	工程物资				其他非流动负债			
24	固定资产清理				非流动负债合计			
25	无形资产				负债合计			
26	商誉				所有者权益			
27	长期待摊费用				实收资本（股本）			
28	递延所得税资产				资本公积			
29	其他非流动资产				盈余公积			
30	非流动资产合计				未分配利润			
31					所有者权益合计			
32	资产总计				负债和所有者权益总计			

图 6-1　资产负债表

（4）选中 A3:H32 单元格并单击鼠标右键，在弹出的快捷菜单中选择“设置单元格格式”命令。

（5）将打开的对话框切换到“边框”选项卡，选择如图 6-2 所示的边框样式，然后单击“确定”按钮。

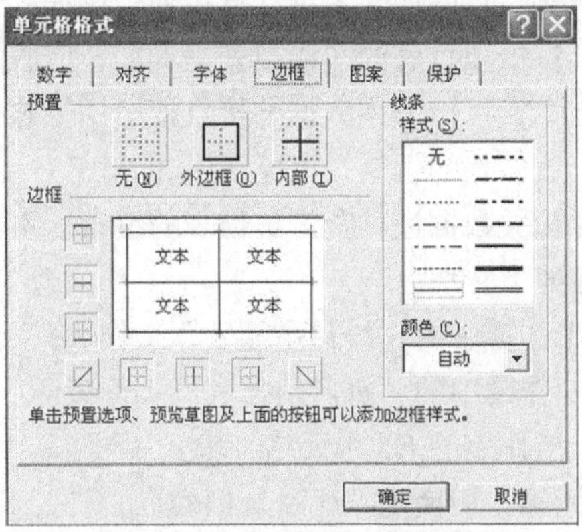

图 6-2　“单元格格式”对话框

（6）如图 6-3 所示，一张泾渭分明的资产负债表已生成。

	A	B	C	D	E	F	G	H
1				资　产　负　债　表				
2	编制单位:		年	月	日			单位：元
3	资产	行次	期初数	期末数	负债及所有者权益	行次	期初数	期末数
4	流动资产				流动负债			
5	货币资金				短期借款			
6	交易性金融资产				应付票据			
7	应收票据				应付账款			
8	应收账款				预收账款			
9	预付账款				应付职工薪酬			
10	应收股利				应交税费			
11	其他应收款				应付利息			
12	存货				应付股利			
13	一年内到期的非流动资产				其他应付款			
14	其他流动资产				一年到期的非流动负债			
15	流动资产合计				其他流动负债			
16	非流动资产				流动负债合计			
17	可供出售金融资产				非流动负债			
18	持有至到期投资				长期借款			
19	长期应收款				应付债券			
20	长期股权投资				长期应付款			
21	固定资产				预计负债			
22	在建工程				递延所得税负债			
23	工程物资				其他非流动负债			
24	固定资产清理				非流动负债合计			
25	无形资产				负债合计			
26	商誉				所有者权益			
27	长期待摊费用				实收资本（股本）			
28	递延所得税资产				资本公积			
29	其他非流动资产				盈余公积			
30	非流动资产合计				未分配利润			
31					所有者权益合计			
32	资产总计				负债和所有者权益总计			

图 6-3　美化的资产负债表

6.2.2　资产负债表的编制

在建立好的科目余额表基础上，可以很容易编制出资产负债表。因为资产负债表的编制是根据各账户的余额加或减之后填列的。资产负债表本期期初余额即为上期期末余额，可以直接从上期资产负债表中获得，参照科目余额表期初余额的填制，在此不再赘述，本节主要介绍期末余额的编制。

资产负债表中各项目的数据来源主要通过以下几种方式获得。

（1）根据总账科目余额直接填列，例如，应收票据、短期借款。

（2）根据总账科目余额计算填列，例如，货币资金=库存现金+银行存款+其他货币资金。

（3）根据明细科目余额计算填列，例如，应付账款、预付账款。

（4）根据总账科目和明细账科目的期末余额计算填列，例如，长期借款。

（5）根据科目余额减去其备抵项目后的净额填列，例如，应收账款、无形资产。

依照各项目的数据来源方式，可以采用数据链接直接引用方式引用科目余额表、明细分类账等工作表的相关数据进行资产负债表的编制，也可采用 SUMIF（ ）和 VLOOKUP（ ）函数间接调用科目余额表等其他工作表的相关数据进行资产负债表的编制。本例以直接引用为例，介绍资产负债表的编制，具体操作步骤如下。

（1）打开“第五章.xls”工作簿中的“科目余额表”工作表。

（2）打开“第六章.xls”工作簿中的“资产负债表”工作表。

（3）选择“资产负债表”工作表的 D5 单元格，输入“=”。

（4）单击“第五章.xls”标签，切换至“科目余额表”。

（5）单击“第五章.xls——科目余额表”中的单元格 G4，输入“+”，然后单击“第五章.xls——科目余额表”中的单元格 G5。

（6）按 Enter 键，界面自动切换到“第六章.xls—— 资产负债表”，并在 D5 单元格显示计算结果 35 400.00。此时，在公式编辑栏中显示单元格 D5 所采用的计算公式“=[第五章.xls]科目余额表!$G$4+[第五章.xls]科目余额表!$G$5”，如图 6-4 所示。

图 6-4　显示公式的计算结果

（7）参照步骤（3）～（6）将除合计数之外的项目填制完成。

（8）选中 D14 单元格，单击 f_x 按钮，执行“插入函数”命令。

（9）在“函数分类”列表框中选择“常用函数”中的 SUM（ ）函数，在 SUM（ ）函数中输入公式“=SUM（D5:D14）”，如图 6-5 所示。

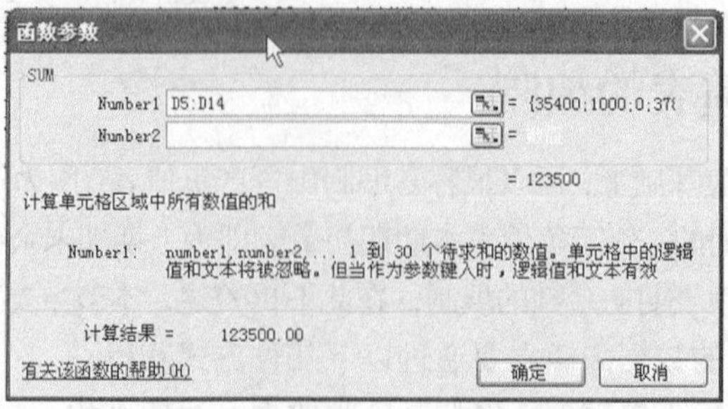

图 6-5　设置 SUM（ ）函数的参数

（10）参照步骤（9），将其余的合计数填制，资产负债表编制完成，如图 6-6 所示。

	A	B	C	D	E	F	G	H
1				资　产　负　债　表				
2	编制单位：宏达有限责任公司			2012年1月31日				单位：元
3	资产	行次	期初数	期末数	负债及所有者权益	行次	期初数	期末数
4	流动资产				流动负债			
5	货币资金			51,600.00	短期借款			14,000.00
6	交易性金融资产			1,000.00	应付票据			
7	应收票据				应付账款			
8	应收账款			9,800.00	预收款项			
9	预付账款				应付职工薪酬			
10	应收股利				应交税费			5,700.00
11	其他应收款			1,200.00	应付利息			400.00
12	存货			46,800.00	应付股利			
13	一年内到期的非流动资产				其他应付款			700.00
14	其他流动资产				一年到期的非流动负债			
15	流动资产合计			110,400.00	其他流动负债			
16	非流动资产				流动负债合计			20,800.00
17	可供出售金融资产				非流动负债			
18	持有至到期投资			600.00	长期借款			70,000.00
19	长期应收款				应付债券			
20	长期股权投资			7,000.00	长期应付款			
21	固定资产			577,800.00	预计负债			
22	在建工程				递延所得税负债			
23	工程物资				其他非流动负债			
24	固定资产清理				非流动负债合计			70,000.00
25	无形资产			3,000.00	负债合计			90,800.00
26	商誉				所有者权益			
27	长期待摊费用				实收资本（股本）			600,000.00
28	递延所得税资产				资本公积			400.00
29	其他非流动资产				盈余公积			3,700.00
30	非流动资产合计			588,400.00	未分配利润			3,900.00
31					所有者权益合计			608,000.00
32	资产总计			698,800.00	负债和所有者权益总计			698,800.00

图 6-6　编制完的资产负债表

6.3　Excel 在利润表中的应用

企业经营一定期间内，不仅需要了解企业的资产、负债及所有者权益的情况，这些都到会关系企业经营的好坏，这就需要编制利润表。利润表也是企业会计报表中的重要报表。

6.3.1　设置利润表格式

利润表是反映企业一定期间内生产经营成果的会计报表。利润表把一定时期内的营业收入与其同一会计期间相关的营业费用进行配比，以计算出企业一定时期的净利润。通过利润表反映的收入和费用等情况，能够反映企业生产经营的收入情况及费用耗费情况，表明企业一定时期内的生产经营成果。利润是企业经营业绩的综合体现，又是进行利润分配的主要依据。

目前比较普遍的利润表的格式有多步式和单步式两种。

多步式利润表是经过计算营业利润、利润总额多个步骤，最后计算净利润而编制成的利润表，如表 6-3 所示。

表 6-3　　　　多步式利润表的格式

利　润　表

编制单位：　　　　年　　月　　日　　　　单位：元

项　　目	行　　次	本　月　数	本年累计数
一、营业收入			
减：营业成本			
营业税金及附加			
销售费用			
管理费用			
财务费用			
资产减值损失			
加：公允价值变动损益			
投资收益			
二、营业利润			
加：营业外收入			
减：营业外支出			
三、利润总额			
减：所得税费用			
四、净利润			

单步式利润表是通过将所有收入扣除所有费用后一次计算净利润而编制的利润表，如表 6-4 所示。

表 6-4　　　　单步式利润表的格式

利　润　表

编制单位：　　　　年　　月　　　　单位：元

项　　目	行　　次	本　月　数	本年累计数
一、收入			
营业收入			
公允价值变动损益			
投资收益			
营业外收入			
收入合计			
二、费用			
营业成本			
营务税金及附加			
销售费用			
管理费用			
财务费用			
资产减值损失			
营业外支出			
所得税费用			
费用合计			
三、净利润			

在我国的会计实务中，一般采用多步式利润表，因此本书主要介绍多步式利润表的编制。利润表的建立与资产负债表的建立过程和方法类似，具体操作步骤如下：

（1）将“第六章.xls”工作簿中的工作表 Sheet2 重命名为“利润表”。

（2）选择 A1:D1 单元格，单击“合并及居中”按钮。在 A1 单元格中输入“利润表”，并单击“加粗”按钮。

（3）使用同样的方法参照利润表的基本格式，在每个单元格中输入特定的项目。

（4）选中单元格 A4:D18，设置边框样式如图 6-7 所示，利润表建立完成。

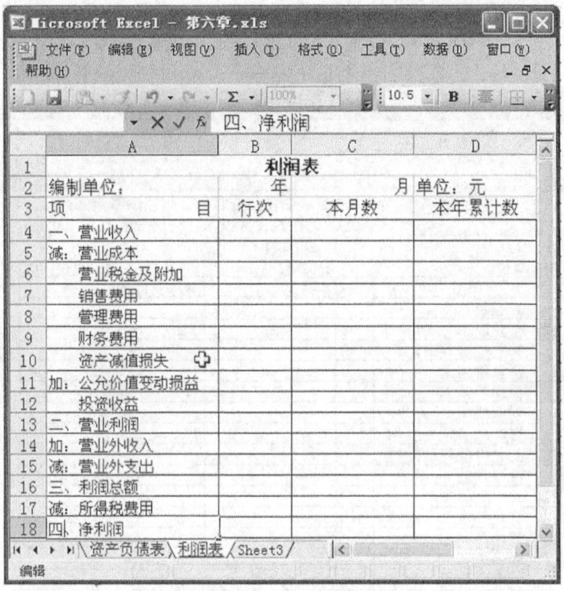

图 6-7　利润表

6.3.2　利润表的编制

利润表的编制也是建立在科目余额表上，只不过收入、费用类账户是虚账户，每期没有期初、期末余额。在编制利润表时，需要根据科目余额表中本期发生额的有关会计科目进行编制。

1. 本月数的填制

利润表中本月数的填制，同样要建立利润表与科目余额表的链接，以便进行数据的调用。前面曾提及数据链接调用有直接调用与间接调用两种，资产负债表的编制使用了直接调用，本节介绍的利润表的编制将使用间接调用。假设已定义所需范围名称。具体操作步骤如下：

（1）打开“第六章.xls”工作簿中的工作表“利润表”。

（2）选中“利润表”工作表中的 C4 单元格。

（3）单击 *fx* 按钮，选择“插入函数”命令，然后选择 VOOLKUP（ ）函数，单击“确定”按钮。

（4）在 VLOOKUP( )函数的 Lookup_value 自变量位置输入“"主营业务收入"”，在 Table_array 自变量位置粘贴名称范围“科目余额表”，在 Col_index_num 自变量位置输入 5，在 Range_lookup 自变量位置输入 FALSE，如图 6-8 所示。

（5）单击“确定”按钮完成函数参数的设置。

（6）按照步骤(4)，在编辑栏中输入“+VLOOKUP("其他业务收入"，科目余额表，5，FALSE)”，如图 6-9 所示，C4 单元格中显示的“营业收入”为 38 000。

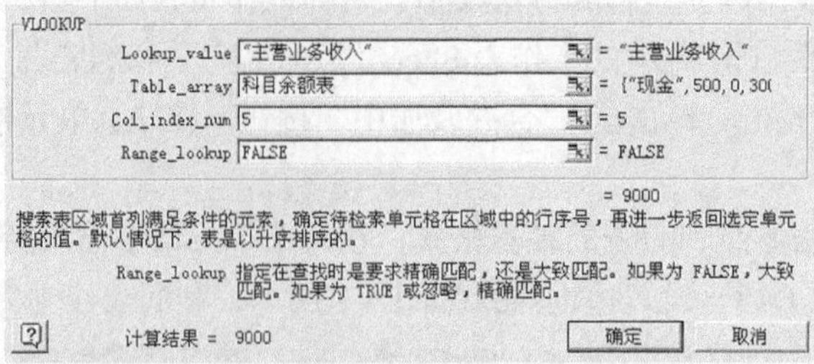

图 6-8　设置 VLOOKUP（ ）函数参数

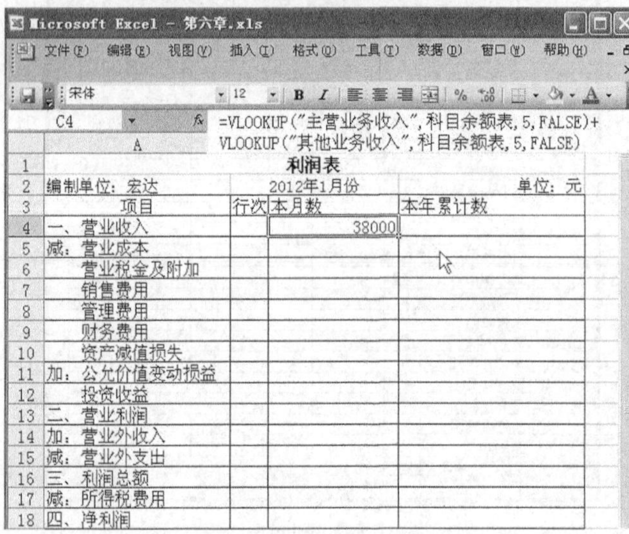

	A	B	C	D
1	利润表			
2	编制单位：宏达		2012年1月份	单位：元
3	项目	行次	本月数	本年累计数
4	一、营业收入		38000	
5	减：营业成本			
6	营业税金及附加			
7	销售费用			
8	管理费用			
9	财务费用			
10	资产减值损失			
11	加：公允价值变动损益			
12	投资收益			
13	二、营业利润			
14	加：营业外收入			
15	减：营业外支出			
16	三、利润总额			
17	减：所得税费用			
18	四、净利润			

图 6-9　显示函数的计算结果

（7）选中 C5 单元格，输入“=VLOOKUP("主营业务成本"，科目余额表，4，FALSE)+VLOOKUP("其他业务成本"，科目余额表，4，FALSE)”，然后按 Enter 键。

（8）分别选中 C6、C7、 C8、、C9、C10、C11、C12、C14、C15 单元格，参照步骤（4）～（5）完成数据的链接引用。

（9）选中 C13 单元格，输入“=C4－C5－C6－C7－C8－C9－C10+C11+C12，然后按 Enter 键。

	A	B	C	D
1	利润表			
2	编制单位：宏达		2012年1月份	单位：元
3	项目	行次	本月数	本年累计数
4	一、营业收入		38000	
5	减：营业成本		21500	
6	营业税金及附加		800	
7	销售费用		7000	
8	管理费用		4300	
9	财务费用		400	
10	资产减值损失			
11	加：公允价值变动损益			
12	投资收益		0	
13	二、营业利润		4000	
14	加：营业外收入		0	
15	减：营业外支出		0	
16	三、利润总额		4000	
17	减：所得税费用		1000	
18	四、净利润		3000	

图 6-10　显示函数的计算结果

（10）选中 C16 单元格，输入“=C13+C14 – C15”，然后按 Enter 键，结果如图 6-11 所示。

	A	B	C	D
1	利润表			
2	编制单位：宏达		2012年1月份	单位：元
3	项目	行次	本月数	本年累计数
4	一、营业收入		38000	
5	减：营业成本		21500	
6	营业税金及附加		800	
7	销售费用		7000	
8	管理费用		4300	
9	财务费用		400	
10	资产减值损失			
11	加：公允价值变动损益			
12	投资收益		0	
13	二、营业利润		4000	
14	加：营业外收入		0	
15	减：营业外支出		0	
16	三、利润总额		4000	

图 6-11　显示单元格计算结果

（11）选中 C17 单元格，输入“=C16 × 25%”，然后按 Enter 键。

（12）选中 C18 单元格，输入“=C16 – C17”，然后按 Enter 键，结果如图 6-12 所示，利润表本月数的填制已完成。

A	B	C	D
利润表			
编制单位：宏达		2012年1月份	单位：元
项目	行次	本月数	本年累计数
一、营业收入		38000	
减：营业成本		21500	
营业税金及附加		800	
销售费用		7000	
管理费用		4300	
财务费用		400	
资产减值损失			
加：公允价值变动损益			
投资收益		0	
二、营业利润		4000	
加：营业外收入		0	
减：营业外支出		0	
三、利润总额		4000	
减：所得税费用		1000	
四、净利润		3000	

图 6-12　编制完的利润表

2. 本年累计数的填制

利润表中的本年累计数，是指从本年一月份起至本月份止若干月份累计实现的利润数，即本年累计数应该等于上月利润表本年累计数加上本月利润表本月数。这样，需要建立起上月利润表与本月利润表的链接，以便进行数据的调用。不同工作簿中工作表数据的调用在第 5 章已经详细介绍，在本节不再赘述。

6.4　Excel 在现金流量表中的应用

为了规范企业现金的管理，提高会计信息质量，财政部制定了《企业会计准则——现金流量表》，并于 1998 年 1 月 1 日起执行。因此，现金流量表也是企业会计报表中的主要报表。

6.4.1　设置现金流量表格式

现金流量表是反映企业一定会计期间现金和现金等价物（以下简称现金）流入和流出的报表。

现金流量表能够说明企业一定期间内现金流入和流出的原因、企业的偿债能力和支付股利的能力、分析企业未来获取现金的能力。

现金流量表应当按照经营活动、投资活动和筹资活动的现金流量分类分项列出，如表 6-5 所示。

表 6-5　　　　现金流量表的格式

现金流量表

编制单位：　　　　______年度　　　　单位：元

项　目	行　次	金　额
一、经营活动产生的现金流量		
销售商品或提供劳务收到现金		
收到税费返还		
收到的与经营业务有关的其他现金		
现金流入合计		
购买商品、接受劳务支付的现金		
支付给职工及为职工支付的现金		
支付的各项税费		
支付的与经营活动有关的其他现金		
现金流出合计		
经营活动产生的现金流量净额		
二、投资活动产生的现金流量		
收回投资所收到的现金		
取得投资收益所收到的现金		
处置固定资产、无形资产和其他长期资产的现金净额		
收到的与投资活动有关的其他现金		
现金流入合计		
购建固定资产、无形资产和其他长期资产支付的现金		
投资所支付的现金		
支付的与投资活动有关的其他现金		
现金流出合计		
投资活动产生的现金流量净额		
三、筹资活动产生的现金流量		
吸收投资所收到的现金		
借款所收到的现金		
收到的与投资活动有关的其他现金		
现金流入合计		
偿还债务所支付的现金		
分配股利、利润、偿付利息所支付的现金		
支付的与筹资活动有关的其他现金		
现金流出合计		
筹资活动产生的现金流量净额		

（续）

项　　目	行　　次	金　　额
四、汇率变动对现金的影响		
五、现金流量净额		

现金流量表的建立仍然采用与“资产负债表”、“利润表”类似的方法。同样将 “第六章.xls”工作簿中的工作表 Sheet3 重命名为“现金流量表”，并通过单击“合并及居中”、“加粗”、“设置边框”按钮等完成如图 6-13 所示的现金流量表的设置。

	A	B	C
1	**现　金　流　量　表**		
2	编制单位:	年度	单位：元
3	项目	行次	金额
4	一、经营活动产生的现金流量		
5	销售商品或提供劳务收到现金		
6	收到税费返还		
7	收到的与经营业务有关的其他现金		
8	现金流入合计		
9	购买商品、接受劳务支付的现金		
10	支付给职工及为职工支付的现金		
11	支付的各项税费		
12	支付的与经营活动有关的其他现金		
13	现金流出合计		
14	经营活动产生的现金流量净额		
15	二、投资活动产生的现金流量		
16	收回投资所收到的现金		
17	取得投资收益所收到的现金		
18	处置固定资产、无形资产和其他长期资产的现金净额		
19	收到的与投资活动有关的其他现金		
20	现金流入合计		
21	购建固定资产、无形资产和其他长期资产支付的现金		
22	投资所支付的现金		
23	支付的与投资活动有关的其他现金		
24	现金流出合计		
25	投资活动产生的现金流量净额		
26	三、筹资活动产生的现金流量		
27	吸收投资所收到的现金		
28	借款所收到的现金		
29	收到的与投资活动有关的其他现金		
30	现金流入合计		
31	偿还债务所支付的现金		
32	分配股利、利润、偿付利息所支付的现金		
33	支付的与筹资活动有关的其他现金		
34	现金流出合计		
35	筹资活动产生的现金流量净额		
36	四、汇率变动对现金的影响		
37	五、现金流量净额		

图 6-13　现金流量表

6.4.2 现金流量表的编制

现金流量表的编制是建立在总分类账等工作表基础之上的，类似于“资产负债表”和“利润表”的编制，通过直接链接或间接链接从相关的工作表中提取数据，再根据会计准则的有关规定，设置单元格的计算公式，并填在对应的单元格中。

由于直接链接和间接链接在前面章节都已介绍，本节的具体操作步骤不再赘述。本书将在第 7 章对 3 种会计报表的编制综合举例。

本章小结

本章介绍了如何利用 Excel 编制会计报表。首先介绍了会计报表的有关概念，使读者对会计报表有所了解；接着介绍了如何利用 Excel 各种基础功能建立资产负债表、利润表、现金流量表；建立好报表格式后，介绍了如何利用 Excel 的公式设置、函数等功能进行账表间数据的直接或间接链接引用，完成报表的编制。

思考练习

上机操作题

（1）新建 Excel 工作簿，并将工作表 Sheet1 命名为“损益类科目发生额表”，按表 6-6 的工作表输入相关内容并自行修饰工作表。

表 6-6　　工作表相关内容

项　　目	借方发生额	贷方发生额
主营业务收入		8 000.00
其他业务收入		2 000.00
投资收益		500.00
营业外收入		400.00
主营业务成本	4 000.00	
主营业务税金及附加	200.00	
其他业务支出	500.00	
营业费用	100.00	
管理费用	300.00	
财务费用	400.00	
营业外支出	500.00	
所得税	600.00	

（2）将工作表 Sheet1 命名为利润表，格式如表 6-7 所示。

表 6-7　　利润表

利　润　表

编制单位：四方有限责任公司　　2006 年 1 月　　单位：元

项　　目	行　　次	本　月　数

（3）根据上表资料，利用 VLOOKUP（ ）函数进行间接调用完成利润表中本月数的填制。

第 7 章 Excel 在会计核算流程中的应用

通过本章的学习，读者可以结合前面章节的内容，了解利用 Excel 进行会计核算的整体流程，掌握从编制会计凭证表开始到资产负债表、利润表、现金流量表的生成为止的整个会计核算的操作流程，从而对财务报表编制的具体环节和步骤形成更加直观、清晰的认识。

本章的学习目标

- 掌握如何利用 Excel 建立并填制会计科目表。
- 掌握如何利用 Excel 建立并填制会计凭证表。
- 掌握如何利用 Excel 形成总分类账、明细分类账、现金日记账、银行存款日记账。
- 掌握如何利用 Excel 建立并形成科目余额表。
- 掌握如何利用 Excel 建立并形成资产负债表、利润表、现金流量表。

7.1 会计核算流程概述

7.1.1 手工记账会计循环流程

财务会计必须对企业的交易和事项进行会计处理，以便最终为会计信息使用者提供财务报告。会计处理包括许多具体的会计程序，并要依次完成一系列的基本步骤。在财务会计中，这些依次继起、周而复始、以记录为主的会计处理步骤称为会计循环。最基本和常见的手工记账的会计循环流程如图 7-1 所示。

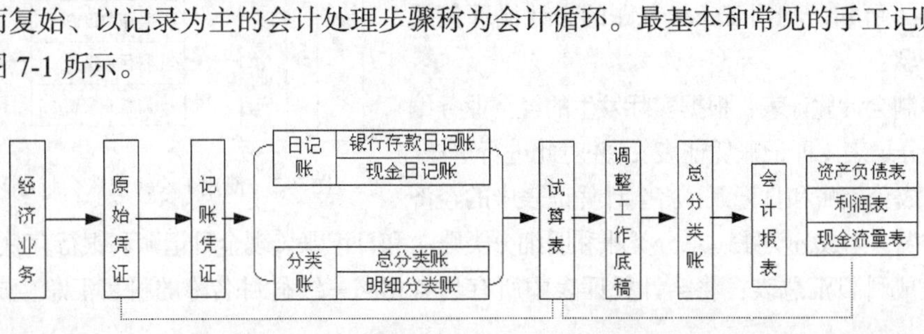

图 7-1 手工记账的会计循环流程图

由图 7-1 可知，手工记账的会计循环一般包括以下几个步骤。

（1）编审凭证：经济业务发生后，会计人员首先要取得或编制原始凭证，并审核其合法性、合规性等。其次，对每笔经济业务列出其应借记和贷记的账户及金额，并填制记账凭证。

（2）登记账簿：根据记账凭证所确定的会计分录，在各分类账中按账户进行登记。

（3）进行试算：将各分类账中各账户的借方总额、贷方总额和期末余额汇总列表，以验证分录及记账工作是否有错。

（4）定期调整：根据经济业务的最新发展，定期修正各账户的记录，使各账户能正确反映实际情况。

（5）期末结账：在会计期间终了，分别结算收入、费用类账户，以确定损益，并列出资产、负债、所有者权益类账户余额，以便结转到下期连续记录。

（6）编制报表：会计期间结束，将经营期间内所有经济业务及其结果汇总，编制完成资产负债表、利润表和现金流量表，以反映企业的财务状况、经营成果和现金流量等。

手工核算程序包括记账凭证核算程序、科目汇总表核算程序、汇总记账核算程序以及日记总账核算程序等。在手工核算方式下对数据进行的分类整理，是通过将记账凭证的内容按会计科目转抄到日记账、明细分类账以及总分类账的形式来实现的。各种核算形式的根本出发点都一样，就是减少转抄的工作量，于是为了适应不同企业的特点而产生了各种各样的核算程序。但这些核算形式只能在一定程度上减少或简化转抄工作，而不能完全避免转抄。同一数据的多次转抄不仅浪费时间、精力和财物（存储纸张等），而且还容易造成错误。为了减少这类错误，必须增加一些核对工作，如编制试算平衡表、进行明细账与总账的核对、会计凭证与相关账簿的核对、账簿记录与财产物资的实际拥有数核对等。

7.1.2　Excel 记账会计循环流程

使用 Excel 进行会计核算时，登记账簿的环节完全可以取消，即平时不记现金日记账、银行存款日记账、明细分类账及总账，只将经济业务以会计分录（记账凭证）的形式保存在会计分录表（记账凭证表）中，在需要时对记账凭证按会计科目、日期等条件进行检索、编辑和直接输出日记账、明细账、总账甚至会计报表。由于计算机处理速度相当快，因此检索和编辑的时间很短，能快速得到各种账簿和报表资料；另外，由于计算机不会发生遗漏、重复及计算错误，因此，手工核算方式下的某些核对环节即可避免，从而节约了相当的人力和时间，提高了会计人员的工作效率。

Excel 提供了强大的表格处理函数和功能，借助这些工具，可以编制各种类型的报表。使用 Excel 进行会计核算的过程如图 7-2 所示。

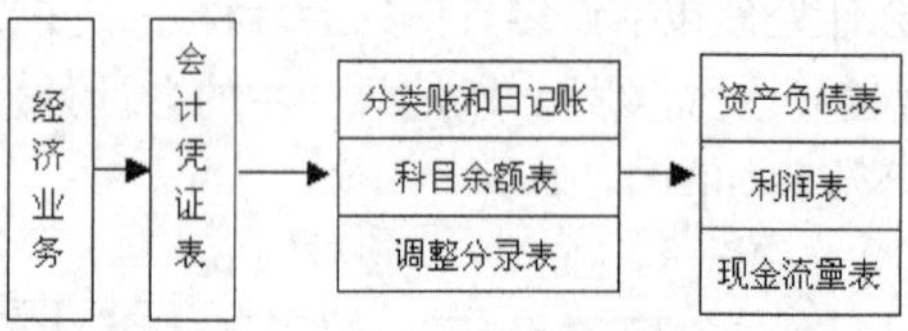

图 7-2　使用 Excel 记账会计循环流程图

由图 7-2 可知，利用 Excel 记账的会计循环包括以下几个步骤：

（1）编制会计凭证表：根据实际发生的经济业务编制生成会计分录表（即记账凭证表），并对此进行审核。

（2）生成分类账和日记账：将会计凭证表中的经济业务进行透视，生成分类账（总分类账和明细分类账）和日记账（现金日记账和银行存款日记账）。

（3）生成科目汇总表：将会计凭证表中所有具有相同一级科目名称的科目汇总生成一张科目汇总表。

（4）编制调整分录表：在编制现金流量表时需要按现金产生的原因调整会计分录表中的有关科目，即将现金区分为经营活动现金、投资活动现金和筹资活动现金，调整后生成一张“调整分录表”。

（5）生成会计报表：根据科目汇总表和调整分录表生成资产负债表、利润表和现金流量表。

可以看到，利用 Excel 进行会计核算并不用遵循传统会计核算程序（即依次为经济业务、原始凭证、记账凭证、日记账、分类账和会计报表）。这样做的理由主要有以下几个方面：

（1）编制会计报表所需的信息均可从会计分录表和调整分录表中直接或间接获得。

（2）使用表格化的“会计分录表”能更直观地反映出经济业务的具体内容。

（3）即便需要查询科目明细内容、现金日记账和银行日记账，通过 Excel 的数据库功能也很容易实现。

7.2　使用 Excel 进行会计核算流程案例

7.2.1　企业资料概况

企业名称：宏达有限责任公司　　法人名称：×××

单位地址：郑州市长江路 218 号　开户行：工行长江路分理处

账号：158001　　　　国税登记号：100090　　　　主要产品：A 型设备、B 型设备

核算要求：材料发出采用先进先出法

固定资产月折旧率为 0.4% 增值税率为 17%，所得税率为 25%

1. 2012 年 12 月初科目余额如表 7-1 所示。

表 7-1　　　　　　　　　　　　　科目余额表

科 目 名 称	借 方 余 额	贷 方 余 额
库存现金	21 960	
银行存款	1 308 640	
应收票据	15 000	
应收账款	42 000	
预付账款	11 000	
原材料	976 000	
库存商品	260 000	
长期股权投资	600 000	
固定资产	4 500 000	
累计折旧		1 020 000
无形资产	500 000	
短期借款		400 000
应付账款		17 000
应付票据		65 000
预收账款		8 000
应付利息		2 000
应付职工薪酬		12 800
应交税费		9 800
实收资本		5 000 000
资本公积		200 000
盈余公积		1 460 000
利润分配		40 000
余额合计	8 234 600	8 234 600

2. 明细账期初余额

应收账款——应收长治公司　　借：30 000

　　　　——应收齐天公司　　借：12 000

应收票据——大通公司　　借：15 000

预付账款——云阳公司　　借：11 000

原材料——甲 380 吨，每吨 1 600 元　　借：608 000

　　——乙 150 吨，每吨 2 000 元　　借：300 000

　　——丙 40 吨，每吨 1 700 元　　借：68 000

库存商品——A 20 台　每台 6 400 元　　借：128 000

库存商品——B 22 台　每台 6 000 元　　借：132 000

固定资产——车间用　　借：2 500 000

　　　　——厂部用　　借：2 000 000

应付账款——宁泰公司　　贷：17 000

应付票据——鼎立公司　　贷：65 000

预收账款——成功公司　　贷：8 000

应交税费——应交增值税　　贷：8 909.09

　　　　——应交城建税　　贷：623.64

　　　　——应交教育费附加　　贷：267.27

盈余公积——法定盈余公积　　贷：1 000 000

　　　　——任意盈余公积　　贷：460 000

3. 12 月份发生的经济业务如下：

（1）12 月 1 日用现金购买办公用品 400 元。

（2）12 月 2 日用支票偿还前欠宁泰公司货款 17 000 元。

（3）12 月 2 日以银行存款购买转账支票共计 60 元。

（4）12 月 3 日车间领用甲材料 10 吨，每吨 1 600 元用于 A 产品的生产。

（5）12 月 3 日从银行提取现金 2 000 元以作备用金使用。

（6）12 月 4 日由万峰公司购入甲材料 10 吨，每吨 1 600 元，货款共计 16 000 元，增值税 2 720 元，用支票支付，材料已入库。

（7）12 月 5 日缴纳上月增值税、城建税和教育费附加。

（8）12 月 6 日采购员张平出差借差旅费 2 000 元。

（9）12 月 7 日销售给盛大公司 B 产品一批，货款 91 000 元（10 台 × 9 100 元/台）增值税税率为 17%，收到的支票已存入银行。

（10）12 月 7 日用支票支付第三季度养路费 3 000 元。

提示　这笔业务涉及的原始凭证有支票存根和缴款收据等。

（11）12 月 8 日车间领用乙材料 1 吨，每吨 2 000 元，用于车间一般耗用。

（12）12 月 9 日用现金支付车间设备修理费 500 元。

（13）12 月 10 日用现金预付明年上半年的报刊费 600 元。

（14）12 月 11 日签发现金支票，提取现金准备支付本月工资 46 900 元。

（15）12 月 11 日发放本月工资 46 900 元。

（16）12 月 12 日厂部招待客户餐费支付现金 460 元。

（17）12 月 13 日职工王艳报销医药费 240 元。

（18）12 月 14 日由宁泰公司购入乙材料 3 吨，每吨 2 000 元，款项尚未支付，材料已入库。

（19）12 月 14 日由银行支付本月生产车间水费 600 元。

（20）12 月 15 日车间领用乙材料 15 吨，每吨 2 000 元，用于 B 产品的生产。

（21）12 月 16 日销售给齐天公司 A 产品一批，货款 117 600 元（12 台 × 9 800 元/台），已经开具增值税专用发票，增值税率 17%，货款尚未收到。

（22）12 月 17 日用支票支付广告费 2 000 元。

（23）12 月 18 日采购员张平出差回来报销差旅费 2 700 元，不足部分用现金支付。

（24）12 月 19 日用银行存款支付本月电费 2 700 元。其中厂部用电 800 元，车间用电 1 900 元。

（25）12 月 20 日发生本月借款利息费用 1 000 元。

（26）12 月 21 日销售给成功公司丙材料 10 吨，每吨 1 900 元，共计 19 000 元，冲销预收账款 8 000 元，其余收转账支票，丙材料成本为每吨 1 700 元。

（27）12 月 21 日以银行存款支付本月电话费 1 000 元。

（28）12 月 22 日分配本月工资，其中，生产 A 产品的生产工人工资 18 000 元，生产 B 产品的生产工人工资 12 000 元，车间管理人员工资 6 600 元，厂部人员工资 10 300 元。

（29）12 月 22 日按工资总额的 14%计提福利费。

（30）12 月 23 日本月以银行存款支付车间大修理费用 1 000 元。

（31）12 月 25 日年终盘点，盘盈生产用设备一台（全新），同类固定资产市场价格为 8　000 元（全新）。

（32）12 月 25 日年终盘点，盘亏甲材料 1 吨，金额 1 600 元（应负担的增值税为 272 元）。

（33）12 月 26 日用银行存款支付第四季度借款利息 3 000 元。

（34）12 月 26 日计提本月的折旧费用，其中车间应负担折旧 10 000 元，厂部应负担折旧 8 000 元。

（35）12 月 27 日接受协作单位无偿捐赠电脑一台，市场价格 12 000 元，用于管理。

（36）12 月 27 日盘点结果，经领导审批后，盘盈的设备 8 000 元扣除计入所得税后净额 6 000 元计入利润分配，盘亏的甲材料 1 872 元列入营业外支出。

（37）12 月 28 日结转本月制造费用，按工人工资比例分配。

（38）12 月 28 结转本月已完工的 A 产品成本（包括上期尚未生产完工的 A 产品），A 产品共 8 台。

（39）12 月 29 日计提本月城建税、教育费附加。

（40）12 月 29 日企业已有的丙材料现市场价为每吨 1 600 元，按已给资料计提存货跌价准备。

（41）12 月 30 日用现金购印花税票 500 元。

（42）12 月 30 日厂部报销汽车加油费 300 元，经审核后以现金支付。

（43）12 月 31 日按年末应收账款余额的 5‰计提坏账准备。

（44）12 月 31 日结转本月销售成本，其中，A 产品 12 台，每台 6 400 元；B 产品 10 台，每台 6 000 元。

（45）12 月 31 日结转本月各项收入与收益。

（46）12 月 31 日结转本月各项成本、费用与支出。

（47）12 月 31 日计算并结转所得税费用。（本年纳税调整项目有：实际发放工资超过计税工资 970 元，盘亏的甲材料 1 872 元税务部门不允许税前扣除。）所得税费用采用应付税款法计算。

（48）12 月 31 日按净利润的 10%计提法定盈余公积金。

（49）12 月 31 日将本年净利润转入利润分配科目。

7.2.2　使用 Excel 进行会计核算的准备工作

1. 建立会计科目表

具体操作步骤如下：

（1）首先打开 Excel 工作簿，将鼠标光标移至 A1 单元格单击鼠标，输入公司名称“宏达有限责任公司会计科目表”，如图 7-3 所示。

（2）选中 A2 和 B2 单元格，分别输入“科目编号”和“科目名称”，将列单元格调整为合适的宽度，选择“数据” | “记录单”命令，在“科目编号”和“科目名称”文本框中分别输入“1000”和“资产类”，然后单击“新建”按钮，逐条进行记录的添加。完成记录的添加操作后，单击“关闭”按钮完成会计科目的添加并关闭记录单，形成会计科目表。将工作表 Sheet1 重命名为“会计科目表”，本例中的会计科目表所列示的会计科目为宏达公司日常业务中常用的会计科目，如图 7-4 所示。

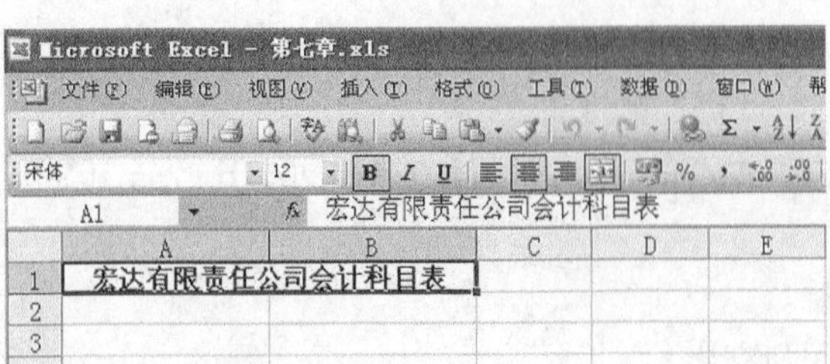

图 7-3　输入公司名称

图 7-4　使用记录单输入数据后的会计科目表

（3）如果会计科目表中的具体科目名称不适合本企业的经济业务类型，可以按照第 4 章所介绍的添加、修改、删除会计科目的方法进行调整。

2. 建立会计凭证表

具体操作步骤如下：

（1）将“第七章.xls”工作簿中的工作表 Sheet2 重命名为“会计凭证表”，在 A1 单元格中输入“宏达有限责任公司会计凭证表”；分别选中 A2 至 K2 单元格，输入“年、月、日、序号、凭证号码、摘要、科目代号、科目名称、明细科目、借方金额、贷方金额”，形成会计分录表的基本格式；根据第 4 章的介绍，完成会计凭证表单元格的设置，如图 7-5 所示。

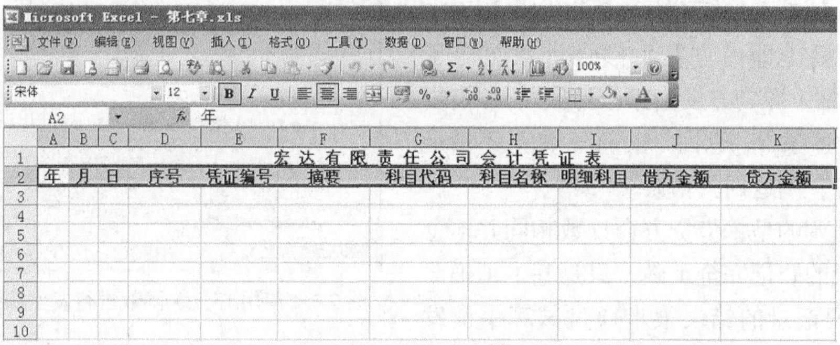

宏达有限责任公司会计凭证表										
年	月	日	序号	凭证编号	摘要	科目代码	科目名称	明细科目	借方金额	贷方金额

图 7-5　建立会计凭证表

（2）根据已知企业资料填制会计凭证表（即日记账），如图 7-6 所示。

宏达有限责任公司会计凭证表										
年	月	日	序号	凭证编号	摘要	科目代码	科目名称	明细科目	借方金额	贷方金额
12	12	1	01	1212101	用现金购买办公用品	5502	管理费用		400.00	
12	12	1	01	1212101	用现金购买办公用品	1001	库存现金			400.00
12	12	2	02	1212202	用支票偿还前欠宁泰公司货款	2121	应付账款	宁泰公司	17,000.00	
12	12	2	02	1212202	用支票偿还前欠宁泰公司货款	1002	银行存款			17,000.00
12	12	2	03	1212203	用银行存款购买转账支票	5503	财务费用		60.00	
12	12	2	03	1212203	用银行存款购买转账支票	1002	银行存款			60.00
12	12	3	04	1212304	车间领用甲材料用于A产品的	4101	生产成本	A	16,000.00	
12	12	3	04	1212304	车间领用甲材料用于A产品的	1211	原材料	甲		16,000.00
12	12	3	05	1212305	提取备用金	1133	其他应收款	备用金	2,000.00	
12	12	3	05	1212305	提取备用金	1002	银行存款			2,000.00
12	12	4	06	1212406	由万峰工厂购入甲材料	1211	原材料	甲	16,000.00	
12	12	4	06	1212406	由万峰工厂购入甲材料	2163	应交税费	应交增值	2,720.00	
12	12	4	06	1212406	由万峰工厂购入甲材料	1002	银行存款			18,720.00
12	12	5	07	1212507	缴纳上月增值税、城建税和教	2163	应交税费	未交增值	8,909.09	
12	12	5	07	1212507	缴纳上月增值税、城建税和教	2163	应交税费	应交城市	623.64	
12	12	5	07	1212507	缴纳上月增值税、城建税和教	2163	应交税费	教育费附	267.27	
12	12	5	07	1212507	缴纳上月增值税、城建税和教	1002	银行存款			9,800.00
12	12	6	08	1212608	采购员张平出差借差旅费	1133	其他应收款	张平	2,000.00	
12	12	6	08	1212608	采购员张平出差借差旅费	1002	银行存款			2,000.00
12	12	7	09	1212709	销售给盛大公司B产品一批	1002	银行存款		106,470.00	
12	12	7	09	1212709	销售给盛大公司B产品一批	5101	主营业务收	B		91,000.00
12	12	7	09	1212709	销售给盛大公司B产品一批	2163	应交税费	应交增值税（销项税额）		15,470.00
12	12	7	10	1212710	用支票支付第三季度养路费	5502	管理费用		3,000.00	
12	12	7	10	1212710	用支票支付第三季度养路费	1002	银行存款			3,000.00
12	12	8	11	1212811	车间领用乙材料	4105	制造费用		2,000.00	
12	12	8	11	1212811	车间领用乙材料	1211	原材料	乙		2,000.00
12	12	9	12	1212912	用现金支付车间修理费	5502	管理费用		500.00	
12	12	9	12	1212912	用现金支付车间修理费	1001	库存现金			500.00
12	12	10	13	12121013	用现金预付明年上半年的报刊	5502	管理费用		600.00	
12	12	10	13	12121013	用现金预付明年上半年的报刊	1001	库存现金			600.00
12	12	11	14	12121114	签发现金支票，提取本月工资	1001	库存现金		46,900.00	

图 7-6　填制会计凭证表

（3）进行发生额试算平衡。注意登记完毕后可以对会计凭证表登记的借方金额和贷方金额进行核对，根据借贷记账法 “有借必有贷、借贷必相等”的记账原则，本期登记分录的借方以及贷方发生额额分别进行合计，并使用函数“IF（ ）”进行判断，如果借贷方发生额的合计数相同，证明记账过程基本无误。此方法实际上属于试算平衡中的发生额试算平衡法。

单击 K142 单元格，输入公式“=IF(J141=K141,"正确","错误")”，按回车键确认。注意，公式中的符号为英文模式下的符号。具体函数参数如图 7-7 所示。

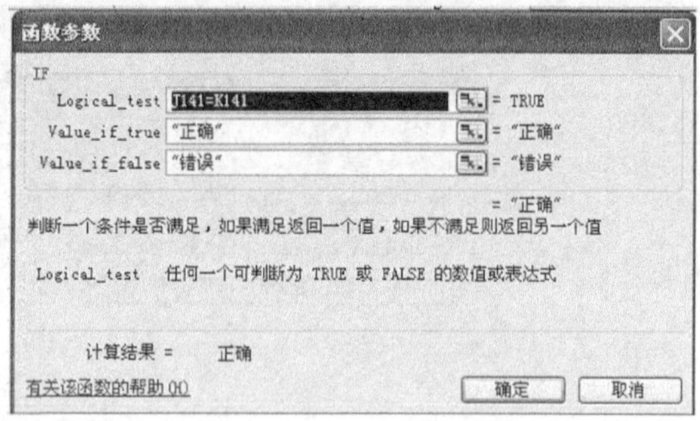

图 7-7 使用 IF（ ）函数进行发生额试算平衡分析

该公式表示针对“会计凭证表”工作表中借贷方本期发生额是否平衡进行判断，如果该表中“J141”单元格（即借方发生额合计数）等于“K141”单元格（即贷方发生额合计数），即借贷平衡。满足上述条件，返回“正确”，如果不满足借贷平衡条件，则返回“错误”。

但需要强调的是，借贷方合计数相同并不意味着会计记录的登记完全正确，只是基本正确。因为有些账户记录的错误很难通过试算平衡发现。这些错误包括：（1）借贷双方发生同等金额的记录错误；（2）全部漏记或重复记录同一项经济业务；（3）账户记录发生借贷方向错误；（4）用错有关账户名称。这些错误需要其他方法进行查找。

根据以下的经济业务编制会计分录表：

（1）借：管理费用　　400
　　贷：库存现金　　400
（2）借：应付账款——宁泰公司　　17 000
　　贷：银行存款　　17 000
（3）借：财务费用　　60
　　贷：银行存款　　60
（4）借：生产成本——A　　16 000
　　贷：原材料——甲　　16 000
（5）借：其他应收款——备用金　　2 000
　　贷：银行存款　　2 000
（6）借：原材料—— 甲　　16 000
　　应交税费—— 应交增值税（进项税额）　　2 720
　　贷：银行存款　　18 720
（7）借：应交税费——未交增值税　　8 909.09
　　—— 应交城市维护建设税　　623.64
　　—— 应交教育费附加　　267.27
　　贷：银行存款　　9 800
（8）借：其他应收款——张平　　2 000
　　贷：银行存款　　2 000
（9）借：银行存款　　106 470

贷：主营业务收入—— B　91 000
　　应交税费—— 应交增值税（销项税额）　15 470

（10）借：管理费用　3 000
　　贷：银行存款　3 000

（11）借：制造费用　2 000
　　贷：原材料—— 乙　2 000

（12）借：管理费用　500
　　贷：库存现金　500

（13）借：管理费用　600
　　贷：库存现金　600

（14）借：库存现金　46 900
　　贷：银行存款　46 900

（15）借：应付职工薪酬　46 900
　　贷：库存现金　46 900

（16）借：管理费用　460
　　贷：库存现金　460

（17）借：应付职工薪酬　240
　　贷：库存现金　240

（18）借：原材料—— 乙　6 000
　　应交税费—— 应交增值税（进项税额）　1 020
　　贷：应付账款—— 宁泰公司　7 020

（19）借：制造费用　600
　　贷：银行存款　600

（20）借：生产成本—— B　30 000
　　贷：原材料—— 乙　30 000

（21）借：应收账款—— 齐天公司　137 592
　　贷：主营业务收入—— A　117 600
　　　　应交税费—— 应交增值税（销项税额）　19 992

（22）借：销售费用　2 000
　　贷：银行存款　2 000

（23）借：管理费用　2 700
　　贷：其他应收款——张平　2 000
　　　　库存现金　700

（24）借：管理费用　800
　　制造费用　1 900
　　贷：银行存款　2 700

（25）借：财务费用　1 000
　　贷：应付利息　1 000

（26）借：预收账款——成功公司　8 000
　　银行存款　14 230

贷：其他业务收入—— 丙 19 000
应交税费—— 应交增值税（销项税额） 3 230
借：其他业务成本—— 丙 17 000
贷：原材料—— 丙 17 000
（27）借：管理费用 1 000
贷：银行存款 1 000
（28）借：生产成本—— A 18 000
—— B 12 000
制造费用 6 600
管理费用 10 300
贷：应付职工薪酬 46 900
（29）借：生产成本—— A 2 520
—— B 1 680
制造费用 924
管理费用 1 442
贷：应付职工薪酬 6 566
（30）借：管理费用 1 000
贷：银行存款 1 000
（31）借：固定资产 8 000
贷：以前年度损益调整 8 000
借：以前年度损益调整 2 000
贷：应交税费——应交所得税 2 000
（32）借：待处理财产损溢—— 待处理流动资产损溢 1 872
贷：原材料—— 甲 1 600
应交税费—— 应交增值税（进项税额转出） 272
（33）借：应付利息 3 000
贷：银行存款 3 000
（34）借：制造费用 10 000
管理费用 8 000
贷：累计折旧 18 000
（35）借：固定资产 12 000
贷：营业外收入 12 000
（36）借：以前年度损益调整 6 000
贷：利润分配——未分配利润 6 000
借：营业外支出 1 872
贷：待处理财产损溢—— 待处理流动资产损溢 1 872
（37）借：生产成本—— A 13 214.40
—— B 8 809.60
贷：制造费用 22 024
（38）借：库存商品—— A 49 734.40

贷：生产成本—— A　　49 734.40

（39）借：营业税金及附加　　3 522.40

贷：应交税费—— 应交城市维护建设税　　2 465.68

—— 应交教育费附加　　1 056.72

（40）借：资产减值损失　　3 000

贷：存货跌价准备　　3 000

（41）借：管理费用　　500

贷：库存现金　　500

（42）借：管理费用　　300

贷：库存现金　　300

（43）借：资产减值损失　　897.96

贷：坏账准备　　897.96

（44）借：主营业务成本 —— A　　76 800

—— B　　60 000

贷：库存商品—— A　　76 800

—— B　　60 000

（45）借：主营业务收入 —— A　　117 600

—— B　　91 000

其他业务收入　　19 000

营业外收入　　12 000

贷：本年利润　　239 600

（46）借：本年利润　　197 154.36

贷：管理费用　　31 002

财务费用　　1 060

销售费用　　2 000

资产减值损失　　3 897.96

营业税金及附加　　3 522.40

主营业务成本　　136 800

其他业务成本　　17 000

营业外支出　　1 872

（47）借：所得税费用　　11 321.91

贷：应交税费—— 应交所得税　　11 321.91

借：本年利润　　11 321.91

贷：所得税费用　　11 321.91

（48）借：利润分配—— 计提法定盈余公积金　　3 112.37

贷：盈余公积—— 计提法定盈余公积金　　3 112.37

（49）借：本年利润　　31 123.73

贷：利润分配—— 未分配利润　　31 123.73

7.2.3 使用 Excel 进行会计核算

1. 生成总分类账

打开“第七章.xls”工作簿的“会计凭证表”工作表，使用第 5 章介绍的生成总分类账的方法，通过执行“数据”|“数据透视表和图表报告”命令，建立透视数据表 Sheet1，并将其重新命名为“总分类账”，如图 7-8 所示。

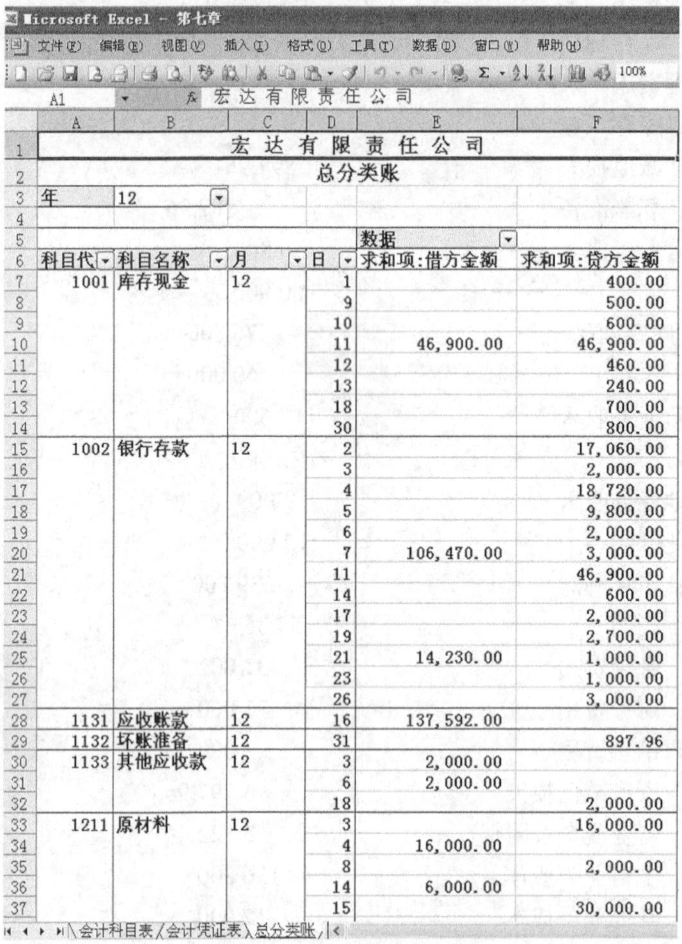

Microsoft Excel - 第七章

宏达有限责任公司

总分类账

年 12

科目代码	科目名称	月	日	求和项:借方金额	求和项:贷方金额
1001	库存现金	12	1		400.00
			9		500.00
			10		600.00
			11	46,900.00	46,900.00
			12		460.00
			13		240.00
			18		700.00
			30		800.00
1002	银行存款	12	2		17,060.00
			3		2,000.00
			4		18,720.00
			5		9,800.00
			6		2,000.00
			7	106,470.00	3,000.00
			11		46,900.00
			14		600.00
			17		2,000.00
			19		2,700.00
			21	14,230.00	1,000.00
			23		1,000.00
			26		3,000.00
1131	应收账款	12	16	137,592.00	
1132	坏账准备	12	31		897.96
1133	其他应收款	12	3	2,000.00	
			6	2,000.00	
			18		2,000.00
1211	原材料	12	3		16,000.00
			4	16,000.00	
			8		2,000.00
			14	6,000.00	
			15		30,000.00

会计科目表 / 会计凭证表 / 总分类账

图 7-8 建立总分类账

2. 生成明细分类账

打开“第七章.xls”工作簿的“会计凭证表”工作表，使用第 5 章介绍的生成总分类账的方法，建立透视数据表 Sheet2，并将其重新命名为“明细分类账”，如图 7-9 所示。

> **注释** 也可不必建立明细分类账，直接在想要了解具体数据的总分类账的数据单元格上双击鼠标，即可生成 Sheet1 等新的工作表，显示相关账户的明细数据。

3. 筛选出现金日记账、银行存款日记账

（1）打开“第七章.xls”工作簿的“会计凭证表”工作表，选择“数据”|“筛选”|“自动筛选”命令，如图 7-10 所示。

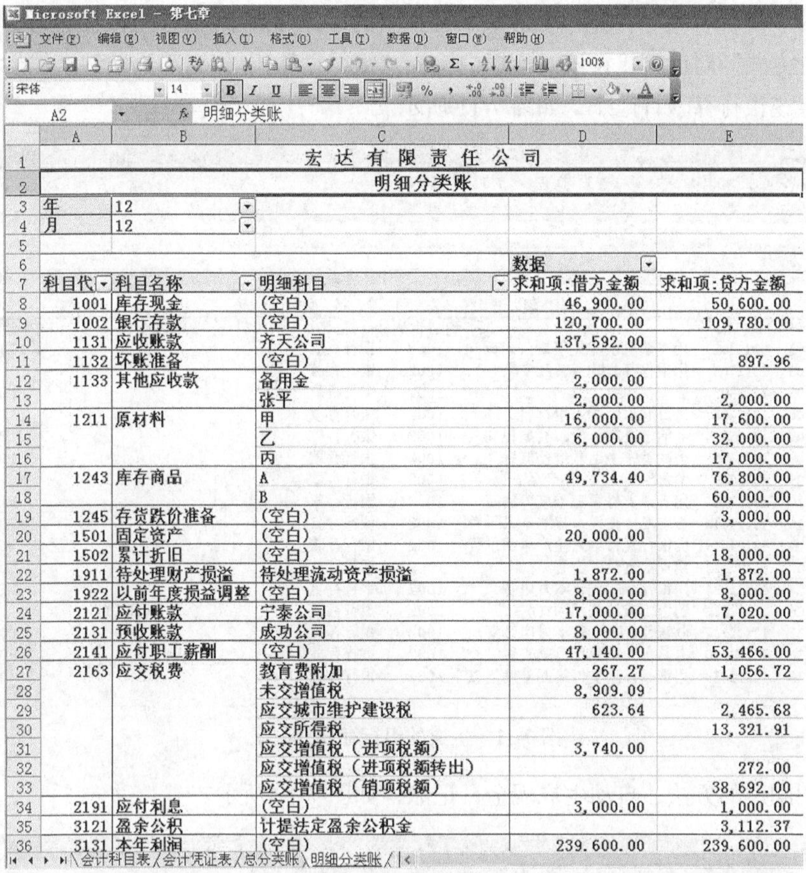

Microsoft Excel - 第七章

	A	B	C	D	E
1			宏达有限责任公司		
2			明细分类账		
3	年	12			
4	月	12			
5					
6				数据	
7	科目代	科目名称	明细科目	求和项:借方金额	求和项:贷方金额
8	1001	库存现金	(空白)	46,900.00	50,600.00
9	1002	银行存款	(空白)	120,700.00	109,780.00
10	1131	应收账款	齐天公司	137,592.00	
11	1132	坏账准备	(空白)		897.96
12	1133	其他应收款	备用金	2,000.00	
13			张平	2,000.00	2,000.00
14	1211	原材料	甲	16,000.00	17,600.00
15			乙	6,000.00	32,000.00
16			丙		17,000.00
17	1243	库存商品	A	49,734.40	76,800.00
18			B		60,000.00
19	1245	存货跌价准备	(空白)		3,000.00
20	1501	固定资产	(空白)	20,000.00	
21	1502	累计折旧	(空白)		18,000.00
22	1911	待处理财产损溢	待处理流动资产损溢	1,872.00	1,872.00
23	1922	以前年度损益调整	(空白)	8,000.00	8,000.00
24	2121	应付账款	宁泰公司	17,000.00	7,020.00
25	2131	预收账款	成功公司	8,000.00	
26	2141	应付职工薪酬	(空白)	47,140.00	53,466.00
27	2163	应交税费	教育费附加	267.27	1,056.72
28			未交增值税	8,909.09	
29			应交城市维护建设税	623.64	2,465.68
30			应交所得税		13,321.91
31			应交增值税(进项税额)	3,740.00	
32			应交增值税(进项税额转出)		272.00
33			应交增值税(销项税额)		38,692.00
34	2191	应付利息	(空白)	3,000.00	1,000.00
35	3121	盈余公积	计提法定盈余公积金		3,112.37
36	3131	本年利润	(空白)	239,600.00	239,600.00

会计科目表 / 会计凭证表 / 总分类账 / 明细分类账

图 7-9 建立明细分类账

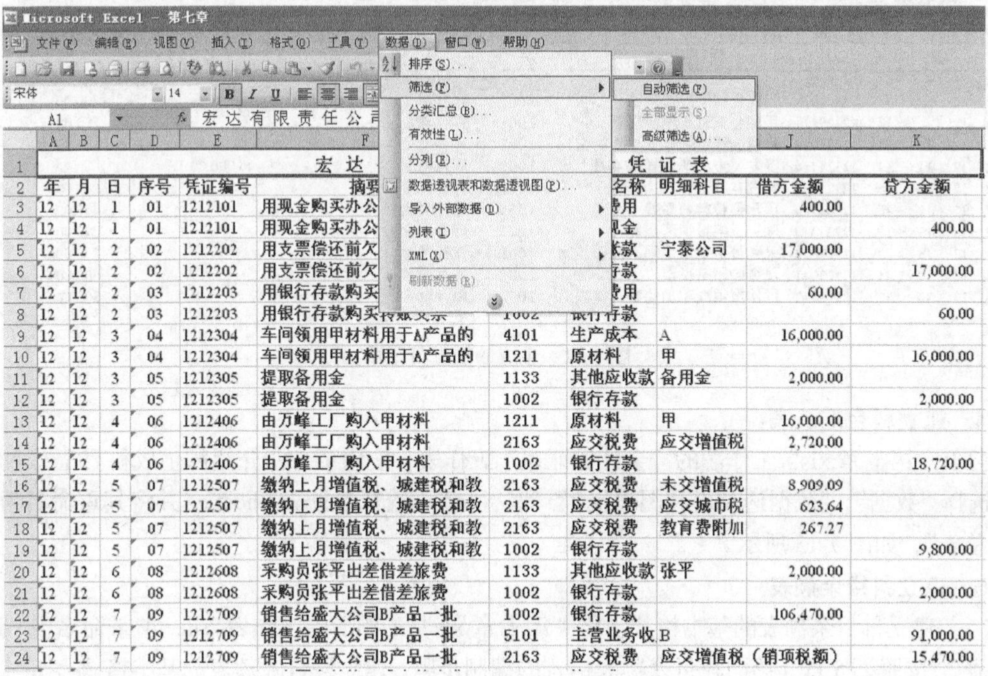

	A	B	C	D	E	F	G	H	I	J	K
1						宏达			凭证表		
2	年	月	日	序号	凭证编号	摘要		名称	明细科目	借方金额	贷方金额
3	12	12	1	01	1212101	用现金购买办公		费用		400.00	
4	12	12	1	01	1212101	用现金购买办公		现金			400.00
5	12	12	2	02	1212202	用支票偿还前欠		账款	宁泰公司	17,000.00	
6	12	12	2	02	1212202	用支票偿还前欠		存款			17,000.00
7	12	12	2	03	1212203	用银行存款购买		费用		60.00	
8	12	12	2	03	1212203	用银行存款购买转账支票	1002	银行存款			60.00
9	12	12	3	04	1212304	车间领用甲材料用于A产品的	4101	生产成本	A	16,000.00	
10	12	12	3	04	1212304	车间领用甲材料用于A产品的	1211	原材料	甲		16,000.00
11	12	12	3	05	1212305	提取备用金	1133	其他应收款	备用金	2,000.00	
12	12	12	3	05	1212305	提取备用金	1002	银行存款			2,000.00
13	12	12	4	06	1212406	由万峰工厂购入甲材料	1211	原材料	甲	16,000.00	
14	12	12	4	06	1212406	由万峰工厂购入甲材料	2163	应交税费	应交增值税	2,720.00	
15	12	12	4	06	1212406	由万峰工厂购入甲材料	1002	银行存款			18,720.00
16	12	12	5	07	1212507	缴纳上月增值税、城建税和教	2163	应交税费	未交增值税	8,909.09	
17	12	12	5	07	1212507	缴纳上月增值税、城建税和教	2163	应交税费	应交城市税	623.64	
18	12	12	5	07	1212507	缴纳上月增值税、城建税和教	2163	应交税费	教育费附加	267.27	
19	12	12	5	07	1212507	缴纳上月增值税、城建税和教	1002	银行存款			9,800.00
20	12	12	6	08	1212608	采购员张平出差借差旅费	1133	其他应收款	张平	2,000.00	
21	12	12	6	08	1212608	采购员张平出差借差旅费	1002	银行存款			2,000.00
22	12	12	7	09	1212709	销售给盛大公司B产品一批	1002	银行存款		106,470.00	
23	12	12	7	09	1212709	销售给盛大公司B产品一批	5101	主营业务收	B		91,000.00
24	12	12	7	09	1212709	销售给盛大公司B产品一批	2163	应交税费	应交增值税(销项税额)		15,470.00

图 7-10 进行筛选操作

（2）单击“科目名称”右侧的按钮▾，在弹出的下拉列表中选择“自定义”选项，打开“自定义自动筛选方式”对话框，在该对话框中输入“银行存款*”作为筛选条件，然后单击“确定”按钮，即可生成银行存款日记账，如图 7-11 所示。

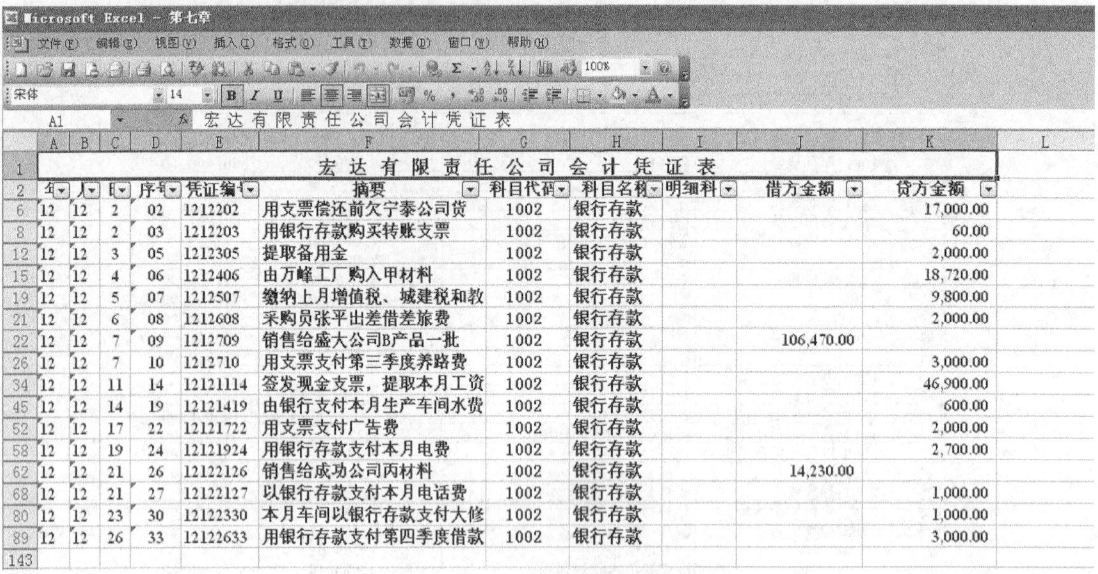

宏达有限责任公司会计凭证表

行	年	月	日	序号	凭证编号	摘要	科目代码	科目名称	明细科目	借方金额	贷方金额
6	12	12	2	02	1212202	用支票偿还前欠宁泰公司货	1002	银行存款			17,000.00
8	12	12	2	03	1212203	用银行存款购买转账支票	1002	银行存款			60.00
12	12	12	3	05	1212305	提取备用金	1002	银行存款			2,000.00
15	12	12	4	06	1212406	由万峰工厂购入甲材料	1002	银行存款			18,720.00
19	12	12	5	07	1212507	缴纳上月增值税、城建税和教	1002	银行存款			9,800.00
21	12	12	6	08	1212608	采购员张平出差借差旅费	1002	银行存款			2,000.00
22	12	12	7	09	1212709	销售给盛大公司B产品一批	1002	银行存款		106,470.00	
26	12	12	7	10	1212710	用支票支付第三季度养路费	1002	银行存款			3,000.00
34	12	12	11	14	12121114	签发现金支票，提取本月工资	1002	银行存款			46,900.00
45	12	12	14	19	12121419	由银行支付本月生产车间水费	1002	银行存款			600.00
52	12	12	17	22	12121722	用支票支付广告费	1002	银行存款			2,000.00
58	12	12	19	24	12121924	用银行存款支付本月电费	1002	银行存款			2,700.00
62	12	12	21	26	12122126	销售给成功公司丙材料	1002	银行存款		14,230.00	
68	12	12	21	27	12122127	以银行存款支付本月电话费	1002	银行存款			1,000.00
80	12	12	23	30	12122330	本月车间以银行存款支付大修	1002	银行存款			1,000.00
89	12	12	26	33	12122633	用银行存款支付第四季度借款	1002	银行存款			3,000.00
143											

图 7-11　生成的银行存款日记账

（3）使用同样的方法，自动生成现金日记账，如图 7-12 所示。

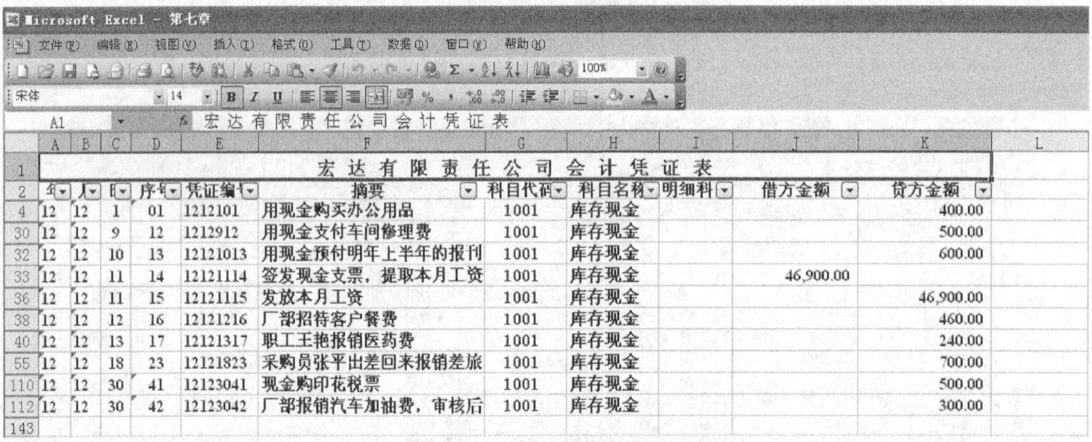

宏达有限责任公司会计凭证表

行	年	月	日	序号	凭证编号	摘要	科目代码	科目名称	明细科目	借方金额	贷方金额
4	12	12	1	01	1212101	用现金购买办公用品	1001	库存现金			400.00
30	12	12	9	12	1212912	用现金支付车间修理费	1001	库存现金			500.00
32	12	12	10	13	12121013	用现金预付明年上半年的报刊	1001	库存现金			600.00
33	12	12	11	14	12121114	签发现金支票，提取本月工资	1001	库存现金		46,900.00	
36	12	12	11	15	12121115	发放本月工资	1001	库存现金			46,900.00
38	12	12	12	16	12121216	厂部招待客户餐费	1001	库存现金			460.00
40	12	12	13	17	12121317	职工王艳报销医药费	1001	库存现金			240.00
55	12	12	18	23	12121823	采购员张平出差回来报销差旅	1001	库存现金			700.00
110	12	12	30	41	12123041	现金购印花税票	1001	库存现金			500.00
112	12	12	30	42	12123042	厂部报销汽车加油费，审核后	1001	库存现金			300.00
143											

图 7-12　生成的现金日记账

4. 建立科目汇总表

打开“第七章.xls”工作簿的“会计凭证表”工作表，使用第 5 章介绍的生成科目汇总表的方法，选择“数据”|“数据透视表和图表报告”命令，建立透视数据表 Sheet3，并将其重命名为“科目汇总表”，如图 7-13 所示。

5. 建立科目余额表

（1）建立科目余额表的基本格式。将“第七章.xls”工作簿的工作表 Sheet4 重命名为“科目余额表”，按照第 5 章介绍的科目余额表格式的编制步骤，建立科目余额表的基本格式，如图 7-14 所示。

宏达有限责任公司			
2012年12月科目汇总表			
月	12		
		数据	
科目代	科目名称	求和项:借方金额	求和项:贷方金额
1001	库存现金	46,900.00	50,600.00
1002	银行存款	120,700.00	109,780.00
1131	应收账款	137,592.00	
1132	坏账准备		897.96
1133	其他应收款	4,000.00	2,000.00
1211	原材料	22,000.00	66,600.00
1243	库存商品	49,734.40	136,800.00
1245	存货跌价准备		3,000.00
1501	固定资产	20,000.00	
1502	累计折旧		18,000.00
1911	待处理财产损溢	1,872.00	1,872.00
1922	以前年度损益调整	8,000.00	8,000.00
2121	应付账款	17,000.00	7,020.00
2131	预收账款	8,000.00	
2141	应付职工薪酬	47,140.00	53,466.00
2163	应交税费	13,540.00	55,808.31
2191	应付利息	3,000.00	1,000.00
3121	盈余公积		3,112.37
3131	本年利润	239,600.00	239,600.00
3141	利润分配	3,112.37	37,123.73
4101	生产成本	102,224.00	49,734.40
4105	制造费用	22,024.00	22,024.00
5101	主营业务收入	208,600.00	208,600.00
5102	其他业务收入	19,000.00	19,000.00
5301	营业外收入	12,000.00	12,000.00
5401	主营业务成本	136,800.00	136,800.00
5402	营业税金及附加	3,522.40	3,522.40
5405	其他业务成本	17,000.00	17,000.00
5501	销售费用	2,000.00	2,000.00
5502	管理费用	31,002.00	31,002.00
5503	财务费用	1,060.00	1,060.00

图 7-13　建立的科目汇总表

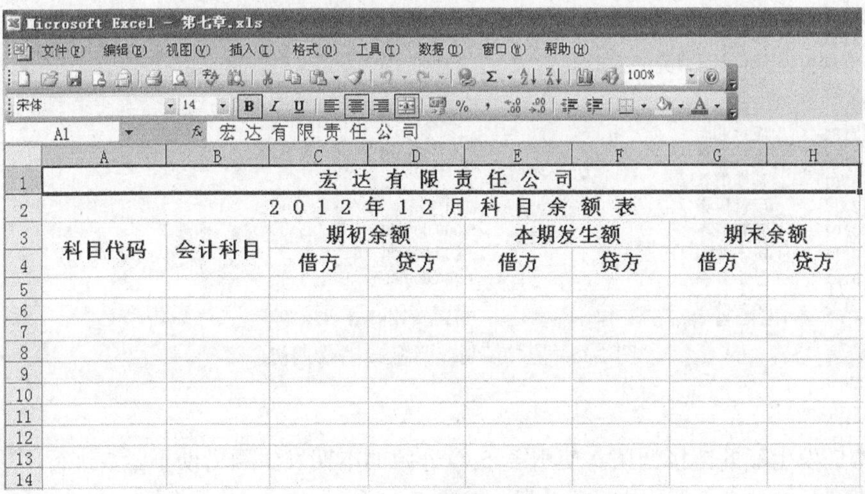

宏达有限责任公司							
2012年12月科目余额表							
科目代码	会计科目	期初余额		本期发生额		期末余额	
		借方	贷方	借方	贷方	借方	贷方

图 7-14　科目余额表的基本格式

（2）期初余额的链接调用。在 A4:B56 的单元格中输入科目代码及相应的会计科目，使用第 5 章介绍的期初余额链接调用的直接引用公式，建立会计科目期初余额的链接，完成 12 月份科目余额表的期初余额编制，本例直接根据已知企业科目余额直接填制 12 月份期初余额，如图 7-15 所示。

宏达有限责任公司

2012年12月科目余额表

科目代码	会计科目	期初余额		本期发生额		期末余额	
		借方	贷方	借方	贷方	借方	贷方
1001	库存现金	21,960.00					
1002	银行存款	1,308,640.00					
1003	其他货币资金	-					
1101	交易性金融资产	-					
1111	应收票据	15,000.00					
1131	应收账款	42,000.00					
1132	坏账准备		-				
1133	其他应收款	-					
1151	预付账款	11,000.00					
1161	应收股利	-					
1201	在途物资	-					
1211	原材料	976,000.00					
1243	库存商品	260,000.00					
1245	存货跌价准备		-				
1401	长期股权投资	600,000.00					
1501	固定资产	4,500,000.00					
1502	累计折旧		1,020,000.00				
1603	在建工程	-					
1801	无形资产	500,000.00					
1901	长期待摊费用	-					
1911	待处理财产损溢	-					
1921	以前年度损益调整	-					
2101	短期借款		400,000.00				
2111	应付票据		65,000.00				
2121	应付账款		17,000.00				
2131	预收账款		8,000.00				
2141	应付职工薪酬		12,800.00				
2163	应交税费		9,800.00				
2171	其他应付款		-				
2181	应付利润		-				
2191	应付利息		2,000.00				
2301	长期借款		-				
2311	应付债券		-				
3101	实收资本		5,000,000.00				
3111	资本公积		200,000.00				
3121	盈余公积		1,460,000.00				
3131	本年利润		-				

图 7-15　直接填制或调用 12 月份期初余额

（3）本期发生额的链接调用。使用第 5 章介绍的本期发生额借助于函数进行间接调用的方法，从本期科目汇总表中调用本期发生额，如图 7-16 所示。

宏达有限责任公司

2012年12月科目余额表

科目代码	会计科目	期初余额		本期发生额		期末余额	
		借方	贷方	借方	贷方	借方	贷方
1001	库存现金	21,960.00		46,900.00	50,600.00		
1002	银行存款	1,308,640.00		120,700.00	109,780.00		
1003	其他货币资金	-		-	-		
1101	交易性金融资产	-		-	-		
1111	应收票据	15,000.00		-	-		
1131	应收账款	42,000.00		137,592.00	-		
1132	坏账准备		-	-	897.96		
1133	其他应收款	-		4,000.00	2,000.00		
1151	预付账款	11,000.00		-	-		
1161	应收股利	-		-	-		
1201	在途物资	-		-	-		
1211	原材料	976,000.00		22,000.00	66,600.00		
1243	库存商品	260,000.00		49,734.40	136,800.00		
1245	存货跌价准备		-	-	3,000.00		
1401	长期股权投资	600,000.00		-	-		
1501	固定资产	4,500,000.00		20,000.00	-		
1502	累计折旧		1,020,000.00	-	18,000.00		
1603	在建工程	-		-	-		
1801	无形资产	500,000.00		-	-		
1901	长期待摊费用	-		-	-		
1911	待处理财产损溢	-		1,872.00	1,872.00		
1921	以前年度损益调整	-		8,000.00	8,000.00		
2101	短期借款		400,000.00	-	-		
2111	应付票据		65,000.00	-	-		
2121	应付账款		17,000.00	17,000.00	7,020.00		
2131	预收账款		8,000.00	8,000.00	-		
2141	应付职工薪酬		12,800.00	47,140.00	53,466.00		
2163	应交税费		9,800.00	13,540.00	55,808.31		
2171	其他应付款		-	-	-		
2181	应付利润		-	-	-		
2191	应付利息		2,000.00	3,000.00	1,000.00		
2301	长期借款		-	-	-		
2311	应付债券		-	-	-		
3101	实收资本		5,000,000.00	-	-		
3111	资本公积		200,000.00	-	-		
3121	盈余公积		1,460,000.00	-	3,112.37		
3131	本年利润		-	239,600.00	239,600.00		

图 7-16　调用 12 月份本期发生额

（4）期末余额的计算。使用第 5 章介绍的期末余额计算的基本公式：资产/成本类账户期末余额=期初余额+本期借方发生额－本期贷方发生额；负债/所有者权益类账户期末余额=期初余额+本期贷方发生额－本期借方发生额；损益类账户期末无余额，在资产类、负债类、所有者权益类、成本类、损益类账户所对应的单元格中分别输入各自的期末余额计算公式（注意：分清借贷方向），完成期末余额的计算，如图 7-17 所示。

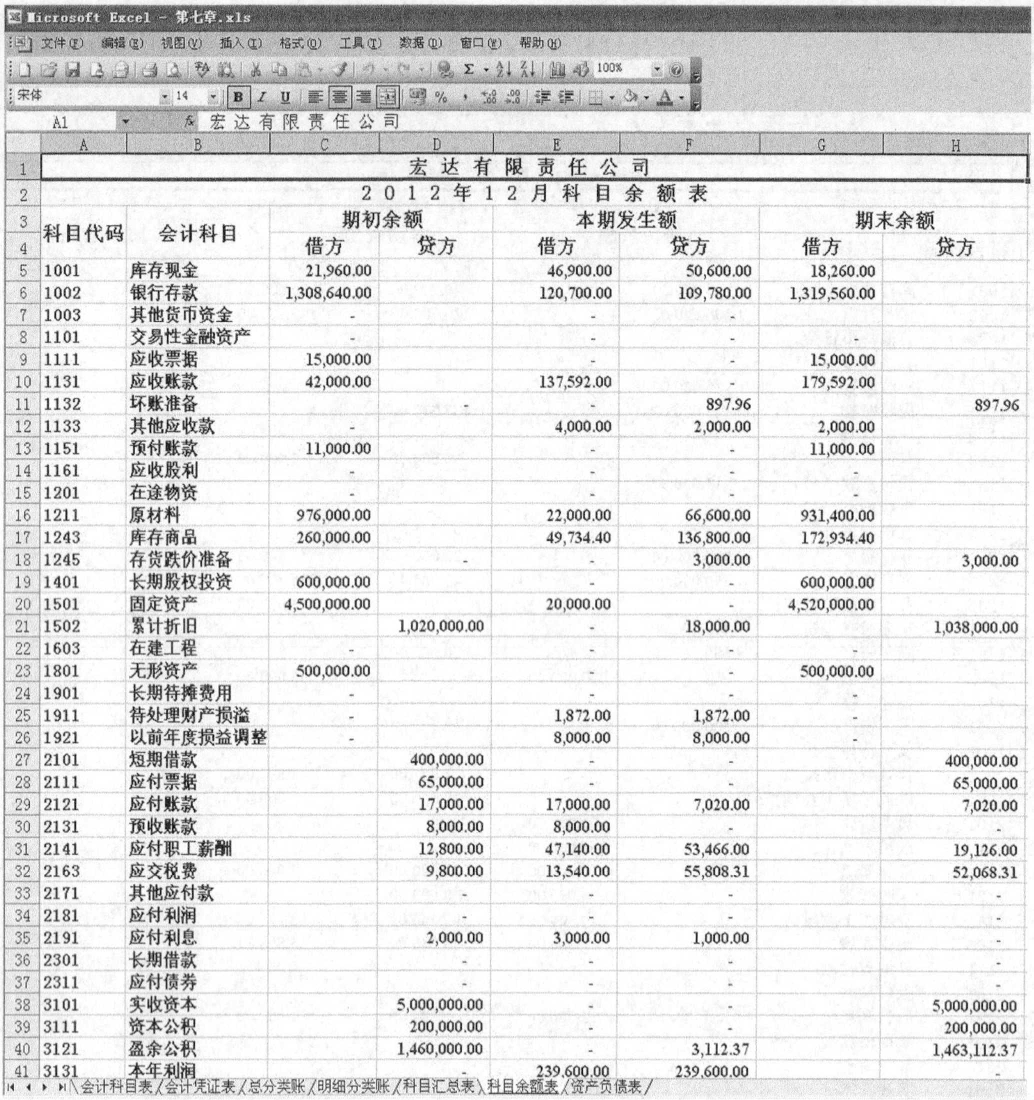

	A	B	C	D	E	F	G	H
1	宏 达 有 限 责 任 公 司							
2	2 0 1 2 年 1 2 月 科 目 余 额 表							
3	科目代码	会计科目	期初余额		本期发生额		期末余额	
4			借方	贷方	借方	贷方	借方	贷方
5	1001	库存现金	21,960.00		46,900.00	50,600.00	18,260.00	
6	1002	银行存款	1,308,640.00		120,700.00	109,780.00	1,319,560.00	
7	1003	其他货币资金	-		-	-		
8	1101	交易性金融资产	-		-	-	-	
9	1111	应收票据	15,000.00		-	-	15,000.00	
10	1131	应收账款	42,000.00		137,592.00	-	179,592.00	
11	1132	坏账准备		-	-	897.96		897.96
12	1133	其他应收款	-		4,000.00	2,000.00	2,000.00	
13	1151	预付账款	11,000.00		-	-	11,000.00	
14	1161	应收股利	-		-	-	-	
15	1201	在途物资	-		-	-	-	
16	1211	原材料	976,000.00		22,000.00	66,600.00	931,400.00	
17	1243	库存商品	260,000.00		49,734.40	136,800.00	172,934.40	
18	1245	存货跌价准备		-	-	3,000.00		3,000.00
19	1401	长期股权投资	600,000.00		-	-	600,000.00	
20	1501	固定资产	4,500,000.00		20,000.00	-	4,520,000.00	
21	1502	累计折旧		1,020,000.00	-	18,000.00		1,038,000.00
22	1603	在建工程	-		-	-	-	
23	1801	无形资产	500,000.00		-	-	500,000.00	
24	1901	长期待摊费用	-		-	-	-	
25	1911	待处理财产损溢	-		1,872.00	1,872.00	-	
26	1921	以前年度损益调整	-		8,000.00	8,000.00	-	
27	2101	短期借款		400,000.00	-	-		400,000.00
28	2111	应付票据		65,000.00	-	-		65,000.00
29	2121	应付账款		17,000.00	17,000.00	7,020.00		7,020.00
30	2131	预收账款		8,000.00	8,000.00	-		-
31	2141	应付职工薪酬		12,800.00	47,140.00	53,466.00		19,126.00
32	2163	应交税费		9,800.00	13,540.00	55,808.31		52,068.31
33	2171	其他应付款		-	-	-		-
34	2181	应付利润		-	-	-		-
35	2191	应付利息		2,000.00	3,000.00	1,000.00		-
36	2301	长期借款		-	-	-		-
37	2311	应付债券		-	-	-		-
38	3101	实收资本		5,000,000.00	-	-		5,000,000.00
39	3111	资本公积		200,000.00	-	-		200,000.00
40	3121	盈余公积		1,460,000.00	-	3,112.37		1,463,112.37
41	3131	本年利润		-	239,600.00	239,600.00		-

图 7-17　计算生成 12 月份期末余额

7.2.4　使用 Excel 编制会计报表

1. 编制资产负债表

（1）建立资产负债表格式。将“第七章.xls”工作簿新建的工作表 Sheet5 重命名为“资产负债表”，按照第 6 章介绍的账户式资产负债表的编制步骤，建立资产负债表的基本格式，并将表头的各个项目填制完整，如图 7-18 所示。

（2）资产负债表的编制

在建立好的科目余额表基础上，使用第 6 章介绍的资产负债表的编制方法，采用数据链接直接引用的方法，进行资产负债表的编制。一般的资产负债表项目可以引用科目余额表对应的会计科目而不需要调整，例如，交易性金融资产、短期借款、应付票据、应付职工薪酬、实收资本等，可以进行直接引用。但是，有些资产负债表项目的填制，需要对科目余额表的数据进行分析调整。下面介绍需要分析调整的资产负债表项目的填制。

	A	B	C	D	E	F	G	H
1			资　产　负　债　表					
2	编制单位：宏达有限责任公司		2012年	12月	31日			单位：元
3	资产	行次	期初数	期末数	负债及所有者权益	行次	期初数	期末数
4	流动资产				流动负债			
5	货币资金	1			短期借款	42		
6	交易性金融资产	2			应付票据	43		
7	应收票据	5			应付账款	44		
8	应收账款	6			预收账款	45		
9	其他应收款	10			应付职工薪酬	48		
10	预付账款	11			应付利润	49		
11	应收股利	12			应交税费	50		
12	存货	16			其他应付款	51		
13	一年内到期的非流动资产	18			应付利息	52		
14	其他流动资产	19			预计负债	53		
15	流动资产合计	20			一年到期的非流动负债	54		
16	非流动资产				其他流动负债	55		
17	可供出售金融资产	21						
18	持有至到期投资	22			流动负债合计	57		
19	长期股权投资	23			长期负债			
20	长期应收款	24			长期借款	58		
21					应付债券	59		
22	固定资产	27			长期应付款	60		
23	在建工程	28			递延所得税负债	62		
24	工程物资	29			长期负债合计	63		
25	固定资产清理	30						
26					负债合计	64		
27					所有者权益			
28					实收资本（股本）	65		
29	无形资产及其他资产				资本公积	66		
30	无形资产	35			盈余公积	67		
31	长期待摊费用	36			未分配利润	69		
32	其他长期资产	37						
33					所有者权益合计	70		
34	递延所得税资产	39						
35	非流动资产合计	40						
36								
37	资产总计	41			负债和所有者权益总计	75		
38								
39								
40								
41								
42								
43								
44								

图 7-18　建立资产负债表基本格式

货币资金=库存现金+银行存款+其他货币资金

货币资金期初数=科目余额表!C5+科目余额表!C6+科目余额表!C7

货币资金期末数=科目余额表!G5+科目余额表!G6+科目余额表!G7

应收账款=应收账款−坏账准备

应收账款期初数=科目余额表!C10 – 科目余额表!D11

应收账款期末数=科目余额表!G10 – 科目余额表!H11

存货=原材料+在途物资（即物资采购）+低值易耗品+库存商品+分期收款发出商品+委托加工物资+包装物+委托代销商品+受托代销商品+生产成本 – 受托代销商品款 – 存货跌价准备

存货期初数=科目余额表!C15+科目余额表!C16+科目余额表! C17 – 科目余额表!D18+科目余额表!C43

存货期末数=科目余额表!G15+科目余额表!G16+科目余额表!G17 – 科目余额表!H18+科目余

额表!G43

以下省略编制公式：

长期股权投资=长期股权投资－长期股权投资减值准备

固定资产=固定资产－累计折旧－固定资产减值准备

在建工程=在建工程－在建工程减值准备

相对资产类项目，负债类项目与所有者权益类项目相对简单，只要直接调用科目余额表对应的会计科目及对应的金额即可。

以上填制的内容需要结合报表编制者对资产负债表编制的知识，故显示部分内容的编制。

使用第 6 章介绍的资产负债表的编制方法，完成资产负债表的编制（注意检查资产负债表编制是否正确，具体检查方法见下文），如图 7-19 所示。

资 产 负 债 表

编制单位：宏达有限责任公司		2012年	12月	31日			单位：元
资产	行次	期初数	期末数	负债及所有者权益	行次	期初数	期末数
流动资产				流动负债			
货币资金	1	1,330,600.00	1,337,820.00	短期借款	42	400,000.00	400,000.00
交易性金融资产	2	-	-	应付票据	43	65,000.00	65,000.00
应收票据	5	15,000.00	15,000.00	应付账款	44	17,000.00	7,020.00
应收账款	6	42,000.00	178,694.04	预收账款	45	8,000.00	-
其他应收款	10	-	2,000.00	应付职工薪酬	48	12,800.00	19,126.00
预付账款	11	11,000.00	11,000.00	应付利润	49	-	-
应收股利	12	-	-	应交税费	50	9,800.00	52,068.31
存货	16	1,236,000.00	1,153,824.00	其他应付款	51	-	-
一年内到期的非流动资产	18	-	-	应付利息	52	2,000.00	-
其他流动资产	19			预计负债	53	-	-
流动资产合计	20	2,634,600.00	2,698,338.04	一年到期的非流动负债	54	-	-
非流动资产				其他流动负债	55	-	-
可供出售金融资产	21	-	-				
持有至到期投资	22	-	-	流动负债合计	57	514,600.00	543,214.31
长期股权投资	23	600,000.00	600,000.00	长期负债			
长期应收款	24	-	-	长期借款	58	-	-
				应付债券	59	-	-
固定资产	27	3,480,000.00	3,482,000.00	长期应付款	60	-	-
在建工程	28	-	-	递延所得税负债	62	-	-
工程物资	29	-	-	长期负债合计	63	-	-
固定资产清理	30	-	-				
				负债合计	64	514,600.00	543,214.31
				所有者权益			
				实收资本（股本）	65	5,000,000.00	5,000,000.00
无形资产及其他资产				资本公积	66	200,000.00	200,000.00
无形资产	35	500,000.00	500,000.00	盈余公积	67	1,460,000.00	1,463,112.37
长期待摊费用	36	-	-	未分配利润	69	40,000.00	74,011.36
其他长期资产	37	-	-				
				所有者权益合计	70	6,700,000.00	6,737,123.73
递延所得税资产	39	-	-				
非流动资产合计	40	4,580,000.00	4,582,000.00				
资产总计	41	7,214,600.00	7,280,338.04	负债和所有者权益总计	75	7,214,600.00	7,280,338.04

图 7-19 编制完成的资产负债表

（3）由于资产负债表编制的依据是会计恒等式“资产=负债+所有者权益”，同样可以通过函数“IF（ ）”对生成的资产负债表数据进行判断，具体方法在上文试算平衡中已经详加说明，本例不再赘述。

2. 编制利润表

（1）建立利润表格式。将“第七章.xls”工作簿的工作表 Sheet6 重命名为“利润表”，按照第 6 章介绍的多步式利润表的编制步骤，建立利润表的基本格式，并将表头的各个项目填制完整，如图 7-20 所示。

利　润　表			
编制单位：宏达有限责任公司	2012年度	12月份	单位：元
项　　目	行次	本月数	本年累计数
一、营业收入	1		
减：营业成本	2		
营业税金及附加	4		
销售费用	5		
管理费用	6		
财务费用	7		
资产减值损失	8		
加：公允价值变动损益	10		
投资收益	13		
二、营业利润	15		
加：营业外收入	16		
减：营业外支出	17		
三、利润总额	18		
减：所得税费用	19		
四、净利润	20		

图 7-20　建立的利润表格式

（2）利润表的编制。利润表的编制也是建立在科目余额表上，但是收入、费用类账户是虚账户，此类账户每期没有期初、期末余额，只有本期发生额。在编制时，需要根据科目余额表中本期发生额的有关会计科目进行编制。使用第 6 章介绍的利润表的编制方法，利用间接调用方式（选择函数“VOOLKUP（ ）”）填制本月数，完成利润表的编制，如图 7-21 所示。

利　润　表			
编制单位：宏达有限责任公司	2012年度	12月份	单位：元
项　　目	行次	本月数	本年累计数
一、营业收入	1	227,600.00	
减：营业成本	2	153,800.00	
营业税金及附加	4	3,522.40	
销售费用	5	2,000.00	
管理费用	6	31,002.00	
财务费用	7	1,060.00	
资产减值损失	8	3,897.96	
加：公允价值变动损益	10	-	
投资收益	13	-	
二、营业利润	15	32,317.64	
加：营业外收入	16	12,000.00	
减：营业外支出	17	1,872.00	
三、利润总额	18	42,445.64	
减：所得税费用	19	11,321.91	
四、净利润	20	31,123.73	

图 7-21　编制完成的利润表

3. 编制现金流量表

（1）建立现金流量表格式。将“第七章.xls”工作簿的工作表 Sheet7 重命名为“现金流量表”，按照第 6 章介绍的现金流量表的编制步骤，建立现金流量表的基本格式，并将表头的各个项目填制完整，如图 7-22 所示。本书重点讲述现金流量表主表的编制，不涉及补充资料的填制问题。

（2）编制调整分录表。将“第七章.xls”工作簿的工作表 Sheet8 重命名为“调整分录表”，将工作表“会计凭证表”复制到工作表“调整分录表”，以会计凭证表为基础编制调整分录表。

调整的方式为找到涉及库存现金和银行存款的单元格，按照业务发生的类型分别调整为“经营活动现金”、“投资活动现金”、“筹资活动现金”，其对应的会计科目调整为资产负债表或利润表报表项目，例如，凡是涉及“原材料”、“在途物资”、“库存商品”、“生产成本”、“制造费用”等的会计科目，调整为“存货”资产负债表项目，但须说明明细内容。具体调整过程见下文，登记后的调整分录表如图 7-23 所示。

现　金　流　量　表		
编制单位：宏达责任有限公司	2012年度12月份	单位：元
项目	行次	金额
一、经营活动产生的现金流量		
销售商品或提供劳务收到现金	1	
收到税费返还	3	
收到的其他与经营业务有关的现金	8	
现金流入小计	9	
购买商品、接受劳务支付的现金	10	
支付给职工以及为职工支付的现金	12	
支付的各项税费	13	
支付的其他与经营活动有关的现金	18	
现金流出小计	20	
经营活动产生的现金流量净额	21	
二、投资活动产生的现金流量		
收回投资所收到的现金	20	
取得投资收益所收到的现金	22	
处置固定资产、无形资产和其他长期资产的现金净额	25	
收到的其他与投资活动有关的现金	28	
现金流入小计	29	
购建固定资产、无形资产和其他长期资产支付的现金	30	
投资所支付的现金	31	
支付的其他与投资活动有关的现金	35	
现金流出小计	36	
投资活动产生的现金流量净额	37	
三、筹资活动产生的现金流量		
吸收投资所收到的现金	38	
借款所收到的现金	40	
收到的其他与投资活动有关的现金	43	
现金流入小计	44	
偿还债务所支付的现金	45	
分配股利、利润、偿付利息所支付的现金	46	
支付的其他与筹资活动有关的现金	52	
现金流出小计	53	
筹资活动产生的现金流量净额	54	
四、汇率变动对现金的影响	55	
五、现金流量净额	56	

图 7-22　建立的现金流量表格式

具体调整分录如下所示：

（1）借：管理费用—— 办公用品　　400

　　　贷：经营活动现金—— 支付其他　　400

（2）借：应付账款—— 宁泰公司　　17 000

　　　贷：经营活动现金—— 购买商品　　17 000

（3）借：财务费用—— 转账支票　　60

　　　贷：经营活动现金—— 支付其他　　60

顺序号	摘要	报表项目名称	借方金额	贷方金额
宏达有限责任公司调整分录表12月份				
1	用现金购买办公用品	管理费用－办公用品	400.00	
1	用现金购买办公用品	经营活动现金－支付其他		400.00
2	用支票偿还前欠宁泰公司货款	应付账款－宁泰公司	17,000.00	
2	用支票偿还前欠宁泰公司货款	经营活动现金－购买商品		17,000.00
3	用银行存款购买转账支票	财务费用－转账支票	60.00	
3	用银行存款购买转账支票	经营活动现金－支付其他		60.00
4	车间领用甲材料用于A产品的生产	存货－A	16,000.00	
4	车间领用甲材料用于A产品的生产	存货－甲		16,000.00
5	提取备用金	其他应收款	2,000.00	
5	提取备用金	经营活动现金－支付其他		2,000.00
6	由万峰公司购入甲材料	存货－甲	16,000.00	
6	由万峰公司购入甲材料	应交税费－应交增值税（进项税额）	2,720.00	
6	由万峰公司厂购入甲材料	经营活动现金－购买商品		16,000.00
6	由万峰公司购入甲材料	经营活动现金－进项税		2,720.00
7	缴纳上月增值税、城建税和教育费附加	应交税费－未交增值税	8,909.09	
7	缴纳上月增值税、城建税和教育费附加	应交税费－应交城市维护建设税	623.64	
7	缴纳上月增值税、城建税和教育费附加	应交税费－教育费附加	267.27	
7	缴纳上月增值税、城建税和教育费附加	经营活动现金－支付税费		9,800.00
8	采购员张平出差借差旅费	其他应收款	2,000.00	
8	采购员张平出差借差旅费	经营活动现金－支付其他		2,000.00
9	销售给盛大公司B产品一批	经营活动现金－销项税	15,470.00	
9	销售给盛大公司B产品一批	经营活动现金－销售商品	91,000.00	
9	销售给盛大公司B产品一批	主营业务收入－B		91,000.00
9	销售给盛大公司B产品一批	应交税费－应交增值税（销项税额）		15,470.00
10	用支票支付第三季度养路费	管理费用－养路费	3,000.00	
10	用支票支付第三季度养路费	经营活动现金－支付其他		3,000.00
11	车间领用乙材料	存货	2,000.00	
11	车间领用乙材料	存货－乙		2,000.00
12	用现金支付车间修理费	管理费用一支付修理费	500.00	
12	用现金支付车间修理费	经营活动现金－接受劳务		500.00
13	用现金预付明年上半年的报刊费	管理费用一支付书报费	600.00	

会计科目表／会计凭证表／总分类账／明细分类账／科目汇总表／科目余额表／资产负债表／利润表／现金流量表／调整分录表

图 7-23　调整分录表

（4）借：存货—— A　　16 000

　　贷：存货—— 甲　　16 000

（5）借：其他应收款　　2 000

　　贷：经营活动现金—— 支付其他　　2 000

（6）借：存货—— 甲　　16 000

　　应交税费—— 应交增值税（进项税额）　　2 720

　　贷：经营活动现金—— 购买商品　　16 000

　　　　经营活动现金—— 进项税　　2 720

（7）借：应交税费—— 未交增值税　　8 909.09

　　　　—— 应交城市维护建设税　　623.64

　　　　—— 教育费附加　　267.27

　　贷：经营活动现金—— 支付税费　　9 800

（8）借：其他应收款——张平　　2 000

　　贷：经营活动现金—— 支付其他　　2 000

（9）借：经营活动现金—— 销项税　　15 470

　　经营活动现金—— 销售商品　　91 000

贷：营业收入—— B　　91 000
　应交税费—— 应交增值税（销项税额）　　15 470
（10）借：管理费用—— 养路费　　3 000
　贷：经营活动现金—— 支付其他　　3 000
（11）借：存货　　2 000
　贷：存货—— 乙　　2 000
（12）借：管理费用——支付修理费　　500
　贷：经营活动现金——接受劳务　　500
（13）借：管理费用——支付书报费　　600
　贷：经营活动现金—— 支付其他　　600
（14）不涉及现金流入流出，即现金流量总额不动，不需要编制调整分录
（15）借：应付职工薪酬　　46 900
　贷：经营活动现金—— 支付职工工资　　46 900
（16）借：管理费用——业务招待　　460
　贷：经营活动现金—— 支付其他　　460
（17）借：应付职工薪酬　　240
　贷：经营活动现金—— 支付职工福利　　240
（18）借：存货—— 乙　　6 000
　应交税费—— 应交增值税（进项税额）　　1 020
　贷：应付账款—— 宁泰公司　　7 020
（19）借：存货　　600
　贷：经营活动现金—— 支付其他　　600
（20）借：存货—— B　　30 000
　贷：存货—— 乙　　30 000
（21）借：应收账款—— 齐天　　137 592
　贷：营业收入—— A　　117 600
　　应交税费—— 应交增值税（销项税）　　19 992
（22）借：销售费用—— 广告费　　2 000
　贷：经营活动现金—— 支付其他　　2 000
（23）借：管理费用—— 差旅费　　2 700
　贷：其他应收款——张平　　2 000
　　经营活动现金—— 支付其他　　700
（24）借：管理费用　　800
　存货　　1 900
　贷：经营活动现金—— 支付其他　　2 700
（25）借：财务费用　　1 000
　贷：应付利息　　1 000
（26）借：预收款项　　8 000
　经营活动现金—— 销售商品　　11 000
　　　—— 销项税　　3 230

贷：营业收入—— 丙 19 000

应交税费—— 应交增值税（销项税额） 3 230

借：营业成本—— 丙 17 000

贷：存货—— 丙 17 000

（27）借：管理费用—— 电话费 1 000

贷：经营活动现金—— 支付其他 1 000

（28）借：存货—— A 18 000

存货—— B 12 000

存货 6 600

管理费用—— 工资 10 300

贷：应付职工薪酬 46 900

（29）借：存货—— A 2 520

存货—— B 1 680

存货 924

管理费用—— 福利费 1 442

贷：应付职工薪酬 6 566

（30）借：管理费用 1 000

贷：经营活动现金——接受劳务 1 000

（31）借：固定资产 8 000

贷：以前年度损益调整 8 000

借：以前年度损益调整 2 000

贷：应交税费——应交所得税 2 000

（32）借：待处理财产损溢—— 待处理流动资产损溢 1 872

贷：存货—— 甲 1 600

应交税费—— 应交增值税（进项税额转出） 272

（33）借：应付利息 3 000

贷：筹资活动现金—— 偿付利息 3 000

（34）借：存货 10 000

管理费用 8 000

贷：固定资产——累计折旧 18 000

（35）借：固定资产 12 000

贷：营业外收入 12 000

（36）借：以前年度损益调整 6 000

贷：利润分配——未分配利润 6 000

借：营业外支出 1 872

贷：待处理财产损溢—— 待处理流动资产损溢 1 872

（37）借：存货—— A 13 214.40

—— B 8 809.60

贷：存货 22 024

（38）借：存货—— A 49 734.40

贷：存货—— A　　49 734.40

（39）借：营业税金及附加　　3 515.13

贷：应交税费—— 应交城市维护建设税　　2 460.59

应交税费—— 教育费附加　　1 054.54

（40）借：资产减值损失　　3 000

贷：存货——存货跌价准备　　3 000

（41）借：管理费用—— 税票　　500

贷：经营活动现金—— 支付税费　　500

（42）借：管理费用—— 加油费　　300

贷：经营活动现金—— 支付其他　　300

（43）借：资产减值损失　　897.96

贷：应收账款——坏账准备　　897.96

（44）借：营业成本—— A　　76 800

—— B　　60 000

贷：存货—— A　　76 800

—— B　　60 000

（3）现金流量表的编制。使用函数“SUMIF( )”引用并计算现金流量表的各个项目。

1）经营活动现金流量各项目。

①“销售商品或提供劳务收到现金”项目栏反映的是企业销售商品、提供劳务实际收到的现金（含销售收入和应向购买者收取的增值税），包括本期销售商品、提供劳务收到的现金，以及前期销售和前期提供劳务本期收到的现金和本期预收的账款，扣除本期退回本期销售的商品和前期销售本期退回的商品支付的现金。需要注意的是，企业销售材料和代购代销业务收到的现金也在本项目中反映。根据该项目所反映的内容，编辑公式如下：

单击选中 C5 单元格，输入公式“=SUMIF(调整分录表!$C$2:$C$115,"经营活动现金*销售商品*",调整分录表!$D$2:$D$115)+SUMIF(调整分录表!$C$2:$C$115,"经营活动现金*提供劳务*",调整分录表!$D$2:$D$115)+SUMIF(调整分录表!$C$2:$C$115,"经营活动现金*销项税*"，调整分录表!$D$2:$D$115) ”，单击“确认”按钮，完成对公式的编辑。

②“收到税费返还”项目栏反映的是企业收到返还的各种税费，例如，收到的增值税、消费税返还等。根据该项目所反映的内容，编辑公式如下：

单击选中 C6 单元格，输入公式“=SUMIF(调整分录表!$C$2:$C$115,"经营活动现金*收到税费*",调整分录表!$D$2:$D$115) ”，单击“确认”按钮，完成对公式的编辑。

③“收到的与经营业务有关的其他现金”项目栏反映的是企业除了上述各项目外，收到的其他与经营活动有关的现金流入，如罚款收入等。根据该项目所反映的内容，编辑公式如下：

单击选中 C7 单元格，输入公式“=SUMIF(调整分录表!$C$2:$C$115,"经营活动现金*收到其他*",调整分录表!$D$2:$D$115) ”，单击“确认”按钮，完成对公式的编辑。

④“现金流入合计”项目栏反映的是上述各经营活动现金流入项目的合计数。根据该项目所反映的内容，编辑公式如下：

单击选中 C8 单元格，输入公式“=C5+C6+C7(或=SUM(C5:C7)) ”，单击“确认”按钮，完成对公式的编辑。

⑤“购买商品、接受劳务支付的现金”项目栏反映的是企业购买商品、接受劳务实际支付的现金，包括本期购入商品、接受劳务支付的现金（包括增值税进项税额），以及本期支付前期购入商品、接受劳务的未支付款项和本期预付款项。本期发生的购货退回收到的现金应从本项目中扣除。根据该项目所反映的内容，编辑公式如下：

单击选中 C9 单元格，输入公式“=SUMIF(调整分录表!$C$2:$C$115,"经营活动现金*购买商品*",调整分录表!$E$2:$E$115)+SUMIF(调整分录表!$C$2:$C$115,"经营活动现金*接受劳务*",调整分录表!$E$2:$E$115)+SUMIF(调整分录表!$C$2:$C$115,"经营活动现金*进项税*",调整分录表!$E$2:$E$115) ”，单击“确认”按钮，完成对公式的编辑。

⑥“支付给职工以及为职工支付的现金”项目栏反映的是企业实际支付给职工，以及为职工支付的现金，包括本期实际支付给职工的工资、奖金、各种津贴和补贴等，以及为职工支付的其他费用。需要注意的是，本项目不包括支付的离退休人员的各项费用和支付各在建工程人员的工资等。根据该项目所反映的内容，编辑公式如下：

单击 C10 单元格，输入公式“=SUMIF(调整分录表!$C$2:$C$115,"经营活动现金*支付职工*",调整分录表!$E$2:$E$115) ”，单击“确认”按钮，完成对公式的编辑。

⑦“支付的各项税费”项目栏反映的是企业当期实际上缴税务部门的各种税金，以及支付的教育费附加、矿产资源补偿费、印花税、房产税等。需要注意的是，本项目不包括计入固定资产价值、实际支付的耕地占用税。根据该项目所反映的内容，编辑公式如下：

单击 C11 单元格，输入公式“=SUMIF(调整分录表!$C$2:$C$115,"经营活动现金*支付税费*",调整分录表!$E$2:$E$115) ”，单击“确认”按钮，完成对公式的编辑。

⑧“支付的与经营活动有关的其他现金”项目栏反映的是企业除上述各项目外，支付的其他与经营活动有关的现金流出，如罚款支出、支付的查旅费、业务招待费现金支出等。根据该项目所反映的内容，编辑公式如下：

单击 C12 单元格，输入公式“=SUMIF(调整分录表!$C$2:$C$115,"经营活动现金*支付其他*",调整分录表!$E$2:$E$115) ”，单击“确认”按钮，完成对公式的编辑。

⑨“现金流出合计”项目栏反映的是上述各经营活动现金流出项目的合计数。根据该项目所反映的内容，编辑公式如下：

单击 C13 单元格，输入公式“=C9+C10+C11+C12(或者=SUM(C9:C12)) ”，单击“确认”按钮，完成对公式的编辑。

⑩“经营活动产生的现金流量净额”项目栏反映的是上述各经营活动现金流入项目的合计数，减去上述各经营活动现金流出项目的合计数之后的差额。根据该项目所反映的内容，编辑公式如下：

单击 C14 单元格，输入公式“=C8 – C13”，单击“确认”按钮，完成对公式的编辑。

2）投资活动产生的现金流量各项目。

①“收回投资所收到的现金”项目栏反映的是企业出售、转让或者到期收回除现金等价物以外的短期投资、长期股权投资而收到的现金，以及收回长期债权投资本金而收到的现金。需要注意的是，本项目不包括长期债券投资收回的利息，以及收回的非现金资产。根据该项目所反映的内容，编辑公式如下：

单击 C16 单元格，输入公式“=SUMIF(调整分录表!$C$2:$C$115,"投资活动现金*收回投资*",调整分录表!$D$2:$D$115) ”，单击“确认”按钮，完成对公式的编辑。

②“取得投资收益所收到的现金”项目栏反映的是企业因各种投资而分得的现金股利、利润、利息等。根据该项目所反映的内容，编辑公式如下：

单击 C17 单元格，输入公式= “SUMIF(调整分录表!$C$2:$C$115,"投资活动现金*取得投资收益*",调整分录表!$D$2:$D$115) ”，单击“确认”按钮，完成对公式的编辑。

③“处置固定资产、无形资产和其他长期资产的现金净额”项目栏反映的是企业处置固定资产、无形资产和其他长期资产所取得的现金，扣除为处置这些资产而支付的有关费用后的净额。由于自然灾害所造成的固定资产等长期资产损失而收到的保险赔偿收入，也在本项目中反映。根据该项目所反映的内容，编辑公式如下：

单击选中 C18 单元格，输入公式“=SUMIF(调整分录表!$C$2:$C$115,"投资活动现金*固定资产*",调整分录表!$D$2:$D$115)+SUMIF(调整分录表!$C$2:$C$115,"投资活动现金*无形资产*",调整分录表!$D$2:$D$115)+SUMIF(调整分录表!$C$2:$C$115,"投资活动现金*其他资产*",调整分录表!$D$2:$D$115)”，单击“确认”按钮，完成对公式的编辑。

④“收到的与投资活动有关的其他现金”项目栏反映的是企业除了上述各项以外，收到的其他与投资活动有关的现金流入。根据该项目所反映的内容，编辑公式如下：

单击选中 C19 单元格，输入公式“=SUMIF(调整分录表!$C$2:$C$115,"投资活动现金*其他现金*",调整分录表!$D$2:$D$115) ”，单击“确认”按钮，完成对公式的编辑。

⑤“现金流入合计”项目栏反映的是上述各投资活动现金流入项目的合计数。根据该项目所反映的内容，编辑公式如下：

单击选中 C20 单元格，输入公式“=C16+C17+C18+C19(或者=SUM(C16:C19)) ”，单击“确认”按钮，完成对公式的编辑。

⑥“购建固定资产、无形资产和其他长期资产支付的现金”项目栏反映的是企业购买、建造固定资产、无形资产和其他长期资产所支付的现金。需要注意的是，本栏目不包括为构建固定资产而发生的借款利息资本化的部分，以及融资租入固定资产支付的租赁费。根据该项目所反映的内容，编辑公式如下：

单击选中 C21 单元格，输入公式“=SUMIF(调整分录表!$C$2:$C$115,"投资活动现金*固定资产*",调整分录表!$E$2:$E$115)+SUMIF(调整分录表!$C$2:$C$115,"投资活动现金*无形资产*",调整分录表!$E$2:$E$115)+SUMIF(调整分录表!$C$2:$C$115,"投资活动现金*其他长期资产*",调整分录表!$E$2:$E$115)”，单击“确认”按钮，完成对公式的编辑。

⑦“投资所支付的现金”项目栏反映的是企业进行各种性质的投资所支付的现金，包括企业取得的除现金等价物以外的短期股票投资、长期股权投资、长期债券投资等支付的现金，以及为取得各项投资而支付的佣金、手续费等附加费用。根据该项目所反映的内容，编辑公式如下：

单击选中 C22 单元格，输入公式“=SUMIF(调整分录表!$C$2:$C$115,"投资活动现金*投资*",调整分录表!$E$2:$E$115)”，单击“确认”按钮，完成对公式的编辑。

⑧“支付的与投资活动有关的其他现金”项目栏反映的是企业除了上述各项以外，支付的其他与投资活动有关的现金流出。根据该项目所反映的内容，编辑公式如下：

单击选中 C23 单元格，输入公式“=SUMIF(调整分录表!$C$2:$C$115,"投资活动现金*投资*",调整分录表!$E$2:$E$115)”，单击“确认”按钮，完成对公式的编辑。

⑨“现金流出合计”项目栏反映的是上述各投资活动现金流出项目的合计数。根据该项目所反映的内容，编辑公式如下：

单击选中 C24 单元格，输入公式“=C21+C22+C23(或者=SUM(C21:C23)) ”，单击“确认”按钮，完成对公式的编辑。

⑩“投资活动产生的现金流量净额”项目栏反映的是上述各投资活动现金流入项目的合计数，

减去上述各投资活动现金流出项目的合计数之后的差额。根据该项目所反映的内容，编辑公式如下：

单击选中 C25 单元格，输入公式“=C20 – C24”，单击“确认”按钮，完成对公式的编辑。

3）筹资活动产生的现金流量各项目。

①“吸收投资所收到的现金”项目栏反映的是企业收到的投资者投入的现金，包括以发行股票方式筹集的资金、发行债券实际收到的现金等。根据该项目所反映的内容，编辑公式如下：

单击选中 C27 单元格，输入公式“=SUMIF(调整分录表!$C$2:$C$115,"筹资活动现金*吸收投资*",调整分录表!$D$2:$D$115) ”，单击“确认”按钮，完成对公式的编辑。

②“借款所收到的现金”项目栏反映的是企业举借各种短期、长期借款所收到的现金。根据该项目所反映的内容，编辑公式如下：

单击选中 C28 单元格，输入公式“=SUMIF(调整分录表!$C$2:$C$115,"筹资活动现金*借款*",调整分录表!$D$2:$D$115) ”，单击“确认”按钮，完成对公式的编辑。

③“收到的与投资活动有关的其他现金”项目栏反映的是企业除上述各项目外，收到的其他与筹资活动有关的现金流入，如接受捐赠的现金等。根据该项目所反映的内容，编辑公式如下：

单击选中 C29 单元格，输入公式“=SUMIF(调整分录表!$C$2:$C$115,"筹资活动现金*其他现金*",调整分录表!$D$2:$D$115) ”，单击“确认”按钮，完成对公式的编辑。

④“现金流入合计”项目栏反映的是上述各筹资活动现金流入项目的合计数。根据该项目所反映的内容，编辑公式如下：

单击选中 C30 单元格，输入公式“=C27+C28+C29(或者=SUM(C27:C29)) ”，单击“确认”按钮，完成对公式的编辑。

⑤“偿还债务所支付的现金”项目栏反映的是企业以现金偿还债务的本金，包括偿还金融企业的借款本金、偿还债券本金等。需要注意的是，本项目不包括企业偿还的借款利息、债券利息等。根据该项目所反映的内容，编辑公式如下：

单击选中 C31 单元格，输入公式“=SUMIF(调整分录表!$C$2:$C$115,"筹资活动现金*借款*",调整分录表!$E$2:$E$115) ”，单击“确认”按钮，完成对公式的编辑。

⑥“分配股利、利润、偿付利息所支付的现金”项目栏反映的是企业实际支付给投资者的现金股利、利润，以及支付给债权人的利息。根据该项目所反映的内容，编辑公式如下：

单击选中 C32 单元格，输入公式“=SUMIF(调整分录表!$C$2:$C$115,"筹资活动现金*股利*",调整分录表!$E$2:$E$115)+SUMIF(调整分录表!$C$2:$C$115,"筹资活动现金*利润*",调整分录表!$E$2:$E$115)+SUMIF(调整分录表!$C$2:$C$115,"筹资活动现金*利息*",调整分录表!$E$2:$E$115) ”，单击“确认”按钮，完成对公式的编辑。

⑦“支付的与筹资活动有关的其他现金”项目栏反映的是企业除了上述各项目外，支付的其他与筹资活动有关的现金流出，如捐赠现金支出等。根据该项目所反映的内容，编辑公式如下：

单击选中 C33 单元格，输入公式“=SUMIF(调整分录表!$C$2:$C$115,"筹资活动现金*其他资金*",调整分录表!$E$2:$E$115) ”，单击“确认”按钮，完成对公式的编辑。

⑧“现金流出合计”项目栏反映的是上述各筹资活动现金流出项目的合计数。根据该项目所反映的内容，编辑公式如下：

单击选中 C34 单元格，输入公式“=C31+C32+C33(或者=SUM(C31:C33)) ”，单击“确认”按钮，完成对公式的编辑。

⑨“筹资活动产生的现金流量净额”项目栏反映的是上述各筹资活动现金流入项目的合计数，减去上述各筹资活动现金流出项目的合计数之后的差额。根据该项目所反映的内容，编辑公式如下：

单击选中 C35 单元格，输入公式“=C30 – C34”，单击“确认”按钮，完成对公式的编辑。

4）汇率变动对现金的影响。

“汇率变动对现金的影响”项目栏反映的是企业外币现金流量以及境外子公司的现金流量折算为人民币时，所采用的现金流量发生日的汇率或者平均汇率折算的人民币金额与“现金及现金等价物净增加额”中外币现金净增加额，按照期末汇率折算的人民币金额之间的差额。一般企业不涉及该业务，本章不对此作介绍。

5）现金流量净额。

“现金流量净额”项目栏反映的是上述经营活动现金流量净额，筹资活动现金流量净额与筹资活动现金流量净额的合计数。根据该项目所反映的内容，编辑公式如下：

单击选中 C37 单元格，输入公式“=C14+C25+C35”，单击“确认”按钮，完成对公式的编辑。

经过一系列函数的应用，完成现金流量表的编制工作，如图 7-24 所示。

现　金　流　量　表		
编制单位：宏达责任有限公司	2012年度12月份	单位：元
项目	行次	金额
一、经营活动产生的现金流量		
销售商品或提供劳务收到现金	1	120,700.00
收到税费返还	3	-
收到的其他与经营业务有关的现金	8	-
现金流入小计	9	120,700.00
购买商品、接受劳务支付的现金	10	37,220.00
支付给职工以及为职工支付的现金	12	47,140.00
支付的各项税费	13	10,300.00
支付的其他与经营活动有关的现金	18	15,820.00
现金流出小计	20	110,480.00
经营活动产生的现金流量净额	21	10,220.00
二、投资活动产生的现金流量		
收回投资所收到的现金	20	-
取得投资收益所收到的现金	22	-
处置固定资产、无形资产和其他长期资产的现金净额	25	-
收到的其他与投资活动有关的现金	28	-
现金流入小计	29	-
购建固定资产、无形资产和其他长期资产支付的现金	30	-
投资所支付的现金	31	-
支付的其他与投资活动有关的现金	35	-
现金流出小计	36	-
投资活动产生的现金流量净额	37	-
三、筹资活动产生的现金流量		
吸收投资所收到的现金	38	-
借款所收到的现金	40	-
收到的其他与投资活动有关的现金	43	-
现金流入小计	44	-
偿还债务所支付的现金	45	-
分配股利、利润、偿付利息所支付的现金	46	3,000.00
支付的其他与筹资活动有关的现金	52	-
现金流出小计	53	3,000.00
筹资活动产生的现金流量净额	54	-3,000.00
四、汇率变动对现金的影响	55	-
五、现金流量净额	56	7,220.00

图 7-24　编制完成的现金流量表

（4）检验现金流量表编制的正确性。我们还可以借助报表之间的勾稽关系，检验编制完成的现金流量表是否正确。

如果不考虑现金等价物的影响，现金流量表的现金流量净额项目与资产负债表中的货币资金项目的期末余额与期初余额的差额应该相同。

根据“现金流量表的现金净流量=资产负债表中货币资金的期末余额-货币资金的期初余额”可以建立一个简单的验证公式。

单击 C10 单元格，在单元格输入公式“=资产负债表!D5 – 资产负债表!C5”，而后确认，C10 单元格中显示“7 200.00”，该数据与现金流量净额完全一致，证明现金流量表编制正确，如图 7-25 所示。

	A	B	C
7	收到的其他与经营业务有关的现金	8	–
8	现金流入小计	9	120,700.00
9	购买商品、接受劳务支付的现金	10	37,220.00
10	支付给职工以及为职工支付的现金	12	47,140.00
11	支付的各项税费	13	10,300.00
12	支付的其他与经营活动有关的现金	18	15,820.00
13	现金流出小计	20	110,480.00
14	经营活动产生的现金流量净额	21	10,220.00
15	二、投资活动产生的现金流量		
16	收回投资所收到的现金	20	–
17	取得投资收益所收到的现金	22	–
18	处置固定资产、无形资产和其他长期资产的现金净额	25	–
19	收到的其他与投资活动有关的现金	28	–
20	现金流入小计	29	–
21	购建固定资产、无形资产和其他长期资产支付的现金	30	–
22	投资所支付的现金	31	–
23	支付的其他与投资活动有关的现金	35	–
24	现金流出小计	36	–
25	投资活动产生的现金流量净额	37	–
26	三、筹资活动产生的现金流量		
27	吸收投资所收到的现金	38	–
28	借款所收到的现金	40	–
29	收到的其他与投资活动有关的现金	43	–
30	现金流入小计	44	–
31	偿还债务所支付的现金	45	–
32	分配股利、利润、偿付利息所支付的现金	46	3,000.00
33	支付的其他与筹资活动有关的现金	52	–
34	现金流出小计	53	3,000.00
35	筹资活动产生的现金流量净额	54	-3,000.00
36	四、汇率变动对现金的影响	55	–
37	五、现金流量净额	56	7,220.00
38	*验证现金流量表编制的正确性*		*7,220.00*

图 7-25 检验现金流量表编制的正确性

本章小结

本章介绍了如何使用 Excel 进行会计核算。首先介绍了手工记账和使用 Excel 进行会计核算的区别，使读者认识到使用 Excel 进行会计核算的优势和便利；接着介绍了如何利用 Excel 各种基础功能建立会计凭证表；通过会计凭证表进一步生成总分类账、明细分类账、现金日记账、银行存款日记账；通过建立科目汇总表、科目余额表进一步建立资产负债表、利润表和现金流量表；并通过实例介绍了如何通过 Excel 的公式设置、函数等功能进行账表间数据的直接或间接链接引用，使读者对使用 Excel 进行会计核算的过程形成更加直观、全面的认识。

思考练习

1. 简答题

（1）与手工账务处理程序相比，使用 Excel 进行会计核算的显著优势有哪些？

（2）企业常用账簿的类型有哪些，是否必须全部建立日记账，如何使用 Excel 利用现有资料自动生成部分日记账？

（3）编制调整分录表的目的是什么？编制调整分录表的依据是什么？如何编制调整分录表？如何验证编制的各个报表的正确性？

2. 上机操作题

[资料]：云阳股份有限公司为一家加工制造企业，属于增值税一般纳税人，增值税率为 17%，所得税率为 25%。存货采用先进先出法核算。

2012 年 11 月 30 日，公司各总分类账户及其所属明细分类账户的期末余额如表 7-2 所示：

表 7-2　习题

资产类账户	借方余额/元	负债及所有者权益类账户	贷方余额/元
库存现金	2 500	短期借款	140 000
银行存款	600 000	应付账款	93 500
应收账款	172 000	其中：运丰公司	85 000
其中：鼎盛公司	32 000	大通公司	8 500
齐天公司	140 000	应付职工薪酬	9 000
管理费用—办公费	800	应付利息—短期借款利息	2 000
原材料	240 000	长期借款	100 000
—甲材料（100 吨，@900 元）	90 000		
—乙材料（250 吨，@600 元）	150 000		
生产成本—A 产品	52 500		
库存商品	270 000		
—A 产品（2 800 件、@50 元）	140 000		
—B 产品（1 300 件、@100 元）	130 000	股本	800 000
持有至到期投资	10 000	盈余公积	55 000
固定资产	186 000	本年利润	200 000
累计折旧	贷余 94 300	利润分配—未分配利润	40 000
合计	1 439 500	合计	1 439 500

公司 2012 年 12 月发生经济业务如下：

（1）1 日，开出现金支票一张（支票号码 No.560），从银行提取现金 8 000 元备用。

（2）1 日，职工李山预借差旅费 3 500 元，出纳以现金支付。

（3）2 日，以现金购买办公用品 700 元。

（4）2 日，从 A 公司购入甲、乙、两种材料，发票账单已到达，货款用银行存款支付，材料已验收入库。其中，甲材料 15 吨，单价 900 元；乙材料 20 吨，单价 600 元。

（5）3 日，向鼎盛公司销售 A 产品 2 000 件，每件售价 95 元，开具增值税专用发票。产品已发出，货款已收到并存入银行。

（6）4 日，以银行存款支付前欠运丰公司货款 85 000 元。

（7）5 日，生产 A 产品领用甲材料 15 吨，领用乙材料 8 吨。

（8）6 日，职工李山出差归来报销差旅费 3 300 元，余额退回现金。

（9）15 日，开出转账支票（No.763）一张，支付车间设备修理费 1 170 元（价税合计）。

（10）17 日，向齐天公司销售 B 产品 1 000 件，每件售价 130 元，开具增值税专用发票。货款尚未收到。

（11）22 日，用银行存款支付明年全年的财产保险费 3 600 元。

（12）22 日，用现金支付职工报销医药费 950 元。

（13）23 日，本月应付职工工资 150 000 元。其中，A、B 产品生产工人工资分别为 50 000 元、50 000 元，厂部管理人员工资 50 000 元。

（14）23 日，按工资总额的 14%提取职工福利费。

（15）24 日，通知银行转账 150 000 元，发放工资。

（16）26 日，以银行存款支付本月销售费用 35 000 元。

（17）27 日，预提本月短期借款利息 7 000 元。

（18）31 日，计提本月固定资产折旧 20 000 元，其中生产车间应负担折旧费 15 000 元，厂部负担折旧费 5 000 元。

（19）31 日，本月发生书报费 400 元，以银行存款转账支付。

（20）31 日，分摊并结转本月发生的制造费用（按 A、B 两种产品的生产工人工资的比例分摊）。

（21）31 日，本月 A 产品全部完工，结转其完工成本（包括上月未完工成本）。

（22）31 日，结转本月 A、B 产品的销售成本。其中，A 产品每件 50 元，B 产品每件 100 元。

（23）31 日，本月经营业务应交城市维护建设税、教育费附加。城建税税率 7%，教育费附加费率 3%。

（24）31 日，结转本月收支至“本年利润”账户。

（25）31 日，按当月利润总额计算所得税（所得税率为 25%），并结转至“本年利润”账户。

（26）31 日，结转“本年利润”账户余额至“利润分配”账户。

根据以上企业资料，建立会计凭证表，生成总分类账、明细分类账、现金日记账、银行存款日记账，建立科目汇总表、科目余额表，建立资产负债表、利润表、现金流量表。

第 8 章 Excel 在应收账款管理中的应用

通过本章的学习，读者应了解并掌握 Excel 针对企业现有的应收账款进行管理的具体方法。

本章的学习目标

- 掌握如何利用 Excel 建立并登记应收账款明细账。
- 掌握如何利用 Excel 分析逾期应收账款。
- 掌握如何利用 Excel 分析应收账款账龄。
- 掌握如何利用 Excel 计算应收账款的坏账准备。

8.1 应收账款管理概述

8.1.1 应收账款的概念与作用

应收账款，是指企业由于销售商品、产品或提供劳务等原因，应向购货单位或接受劳务单位收取的款项，包括代垫的运杂费等。应收账款实质是由于赊销向客户提供的信用。

企业通过提供商业信用，采取赊销、分期付款等方式可以扩大销售，增强竞争力，获得利润。具体而言，应收账款具有增加销售和减少存货的作用：

（1）应收账款产生于赊销，而赊销会给企业带来销售收入和利润增加。

（2）企业持有一定产成品存货时，会相应占用资金，形成相关管理成本等，而赊销可避免这些成本的产生。故当企业产成品存货较多，一般会赊销，将存货转化为应收账款，节约支出。

8.1.2 应收账款管理的必要性

随着商品经济的发展，商业信用越来越重要，应收账款管理已经成为企业流动资产管理中的一个重要项目。根据对企业日常管理的调研分析发现，部分企业经营不善甚至倒闭，不是因为没有赢利能力，而是应为没有重视应收账款管理。

应收账款管理的目标是：在发挥应收账款扩大销售，减少存货，增加竞争力的同时，制定合理的应收账款信用政策，强化应收账款管理，减少坏账损失。

应收账款管理的基本内容包括客户（即债务人）管理和应收账款账龄分析：

（1）客户管理的具体内容是对现有债权人的还款情况进行分析。客户通常都是货款到期后才付款，有的客户只有被不断催促后才付款，甚至还有些客户蓄意欺诈，根本无意还款。这就要求企业做好客户的甄别筛选工作，做好债权凭证的制作保管工作，尽可能防范和降低交易风险。

（2）应收账款账龄分析是指根据应收账款入账时间的长短来估计坏账损失的方法。账龄分析法的设计，对提取坏账准备来说应该肯定是比较科学的，虽然应收账款能否收回以及能收回多少，不一定完全取决于时间的长短，但一般来说，账款拖欠的时间越长，发生坏账的可能性就越大。

以上针对应收账款进行具体管理时，利用 Excel 可以极大提高管理人员的工作效率。

8.2 应收账款统计

8.2.1 应收账款明细账的建立

在 Excel 中进行应收账款管理，首先要将企业现有应收账款信息登记到工作表中，具体操作如下所示。

（1）建立应收账款管理工作表。首先打开 Excel 工作簿，将鼠标光标移至左下方 sheet1 处，单击鼠标右键，在弹出的快捷菜单中选择“重命名”命令，输入“应收账款管理”。如图 8-1 所示。

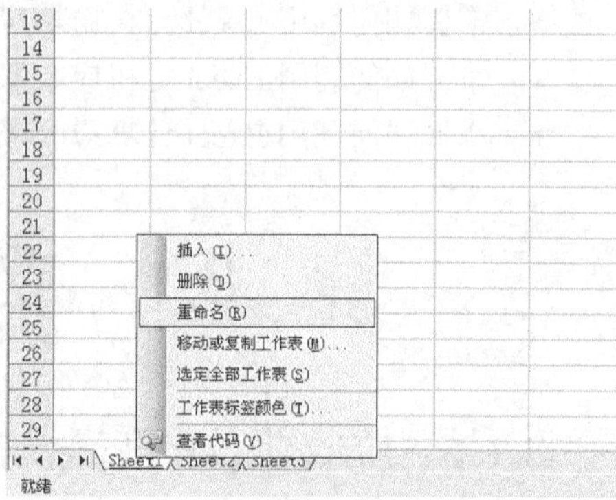

图 8-1　修改 Excel 工作表的名称

（2）登记各项应收账款的相关信息。针对各项应收账款分别登记其相关信息如下：

1）应收账款产生日期（赊销日期）。

2）客户（债务人）单位名称。

3）应收账款金额（赊销金额）。

4）付款期限（信用期，一般以天为单位）。

5）应收账款到期日。

以上所列相关信息仅作参考，根据企业的实际需要，可以进一步根据不同管理要求对上述信息进行添加或删除。

（1）登记应收账款的相关明细信息。

选择 A1 单元格，输入“宏达公司应收账款管理”。将列单元格调整为合适的宽度。

选择 A2 单元格，输入“当前日期”本例默认日期为“2012 年 12 月 31 日”，实际工作中可以使用函数“NOW（ ）”来确定当前日期，并将该列单元格的格式调整为日期格式中的年月日形式，调整后单击“Enter”键确认。如图 8-2 所示。

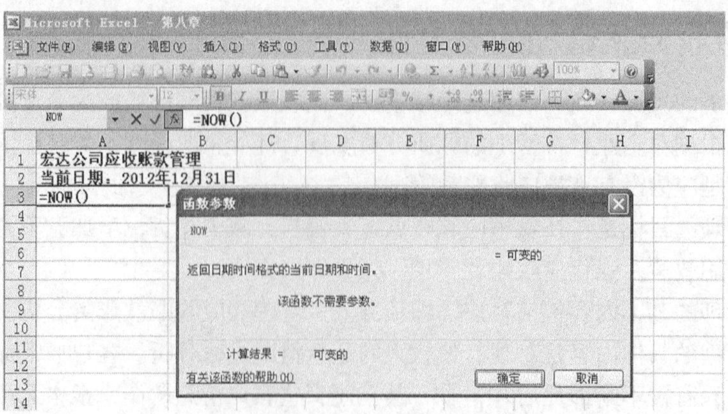

图 8-2　输入当前日期

选择 A3 单元格，输入“赊销日期”。登记应收账款产生的日期。选择 B3 单元格，输入“债务人名称”。选择 C3 单元格，输入“应收金额”。选择 D3 单元格，输入“付款期限（天）”。选择 E3 单元格，输入“到期日”。在具体实务处理中，为了使应收账款管理更加合理、完善，可以根据实际情况添加补充说明资料。如图 8-3 所示。

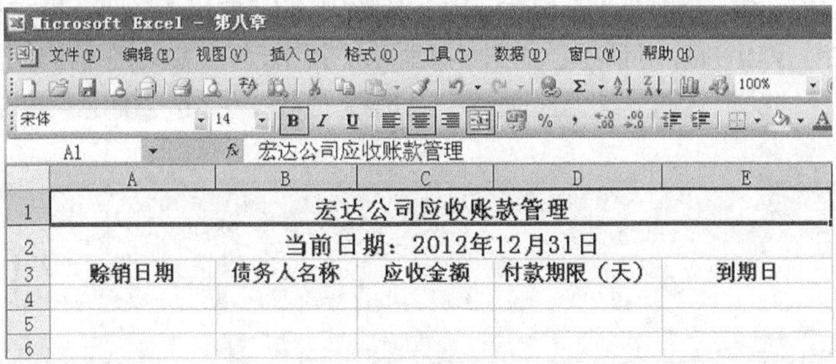

宏达公司应收账款管理				
当前日期：2012年12月31日				
赊销日期	债务人名称	应收金额	付款期限（天）	到期日

图 8-3 输入应收账款管理信息

（2）输入企业现有应收账款详细信息。选择 A4 单元格，输入具体赊销（应收账款产生）日期，将单元格格式设置为“日期”，选择企业常用日期格式。选择 B4 单元格，输入具体债务人名称。选择 C4 单元格，输入“应收金额”，将单元格格式设置为“货币”，选择企业常用货币形式。选择 D4 单元格，输入“付款期限（天）”。选择 E4 单元格，输入函数“=A4+D4”，单击“Enter”键确认，即可直接计算出该项应收账款的到期日，如图 8-4 所示。将以上单元的有效性控制复制到 A～E 列的其他单元。

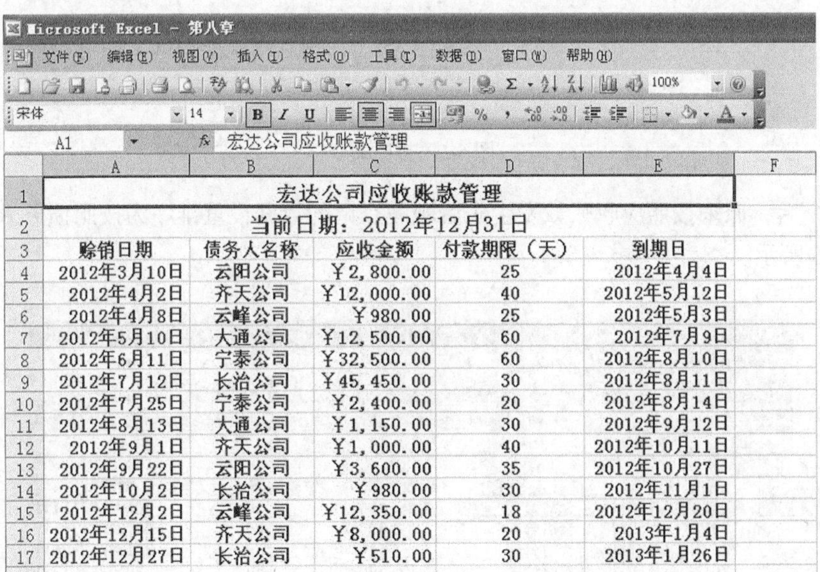

宏达公司应收账款管理				
当前日期：2012年12月31日				
赊销日期	债务人名称	应收金额	付款期限（天）	到期日
2012年3月10日	云阳公司	￥2,800.00	25	2012年4月4日
2012年4月2日	齐天公司	￥12,000.00	40	2012年5月12日
2012年4月8日	云峰公司	￥980.00	25	2012年5月3日
2012年5月10日	大通公司	￥12,500.00	60	2012年7月9日
2012年6月11日	宁泰公司	￥32,500.00	60	2012年8月10日
2012年7月12日	长治公司	￥45,450.00	30	2012年8月11日
2012年7月25日	宁泰公司	￥2,400.00	20	2012年8月14日
2012年8月13日	大通公司	￥1,150.00	30	2012年9月12日
2012年9月1日	齐天公司	￥1,000.00	40	2012年10月11日
2012年9月22日	云阳公司	￥3,600.00	35	2012年10月27日
2012年10月2日	长治公司	￥980.00	30	2012年11月1日
2012年12月2日	云峰公司	￥12,350.00	18	2012年12月20日
2012年12月15日	齐天公司	￥8,000.00	20	2013年1月4日
2012年12月27日	长治公司	￥510.00	30	2013年1月26日

图 8-4 输入宏达公司现有应收账款详细信息

8.2.2 各债务人的应收账款统计

当宏达公司现有的各项应收账款登记完毕后，由于债务人众多，为了方便了解某一债务人所欠本公司款项的总额，利用 Excel 提供的数据命令，建立针对不同债权人所欠金额进行汇总的功能。

首先打开 Excel 工作簿，将鼠标光标移至左下方 sheet2 处，单击鼠标右键，在弹出的快捷菜单中选择“重命名”命令，输入“各个债务人应收账款金额统计”。复制“应收账款管理”工作表中的数据到当前工作表。

（1）以“债务人名称”重新排序。为了方便数据筛选，可以先删除该表的表头，即删除“宏达公司应收账款管理”和“当前日期”两行。接下来选中 A2“债权人名称”单元格，然后选择“数据”|“排序”|命令，弹出排序对话框，如图 8-5 所示。其中，“主要关键字”选择“债务人名称”，“次要关键字”选择“赊销日期”，“第三关键字”选择“无”，单击“确定”按钮。

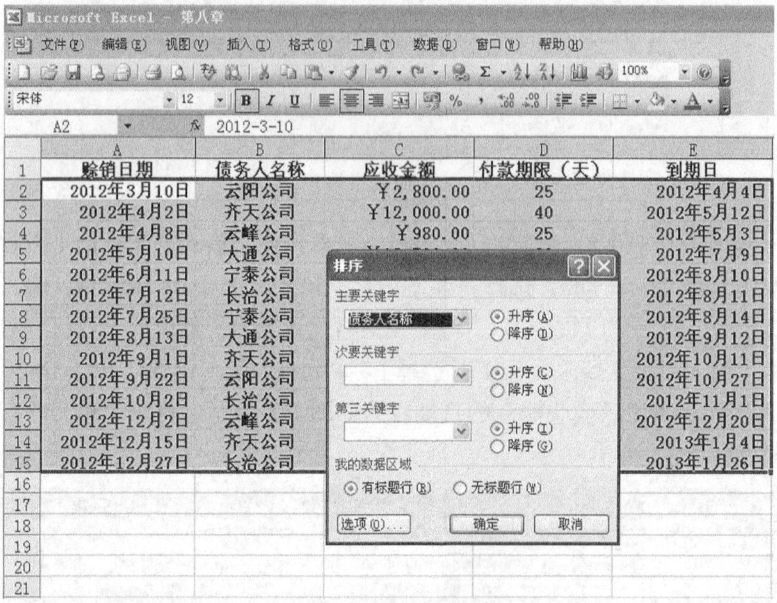

	A	B	C	D	E
1	赊销日期	债务人名称	应收金额	付款期限（天）	到期日
2	2012年3月10日	云阳公司	￥2, 800. 00	25	2012年4月4日
3	2012年4月2日	齐天公司	￥12, 000. 00	40	2012年5月12日
4	2012年4月8日	云峰公司	￥980. 00	25	2012年5月3日
5	2012年5月10日	大通公司			2012年7月9日
6	2012年6月11日	宁泰公司			2012年8月10日
7	2012年7月12日	长治公司			2012年8月11日
8	2012年7月25日	宁泰公司			2012年8月14日
9	2012年8月13日	大通公司			2012年9月12日
10	2012年9月1日	齐天公司			2012年10月11日
11	2012年9月22日	云阳公司			2012年10月27日
12	2012年10月2日	长治公司			2012年11月1日
13	2012年12月2日	云峰公司			2012年12月20日
14	2012年12月15日	齐天公司			2013年1月4日
15	2012年12月27日	长治公司			2013年1月26日

图 8-5　排序命令

执行命令后，原来按照应收账款发生先后顺序登记的数据，重排序为按照债务人名称进行排序，如图 8-6 所示。

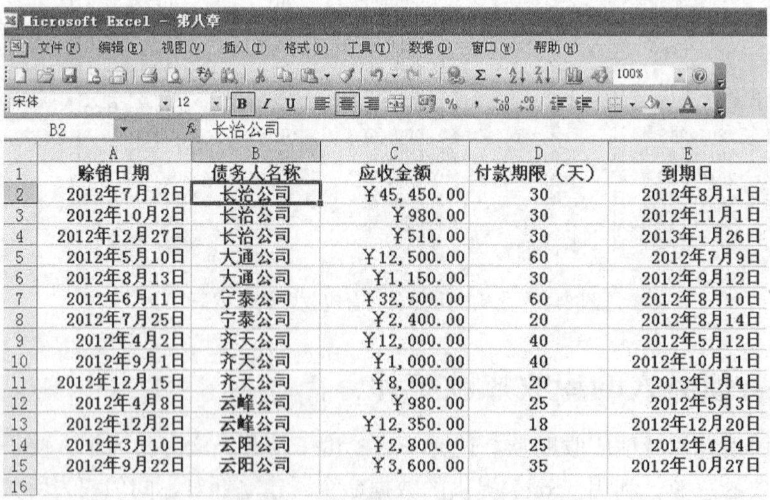

	A	B	C	D	E
1	赊销日期	债务人名称	应收金额	付款期限（天）	到期日
2	2012年7月12日	长治公司	￥45, 450. 00	30	2012年8月11日
3	2012年10月2日	长治公司	￥980. 00	30	2012年11月1日
4	2012年12月27日	长治公司	￥510. 00	30	2013年1月26日
5	2012年5月10日	大通公司	￥12, 500. 00	60	2012年7月9日
6	2012年8月13日	大通公司	￥1, 150. 00	30	2012年9月12日
7	2012年6月11日	宁泰公司	￥32, 500. 00	60	2012年8月10日
8	2012年7月25日	宁泰公司	￥2, 400. 00	20	2012年8月14日
9	2012年4月2日	齐天公司	￥12, 000. 00	40	2012年5月12日
10	2012年9月1日	齐天公司	￥1, 000. 00	40	2012年10月11日
11	2012年12月15日	齐天公司	￥8, 000. 00	20	2013年1月4日
12	2012年4月8日	云峰公司	￥980. 00	25	2012年5月3日
13	2012年12月2日	云峰公司	￥12, 350. 00	18	2012年12月20日
14	2012年3月10日	云阳公司	￥2, 800. 00	25	2012年4月4日
15	2012年9月22日	云阳公司	￥3, 600. 00	35	2012年10月27日

图 8-6　按照债务人名称重新排序

（2）对各债务人的应收账款金额进行汇总。接下来选中 A2“债权人名称”单元格，然后选择“数据”|“分类汇总”|命令，弹出分类汇总对话框，如图 8-5 所示。其中，“分类字段”选择“债务人名称”，“汇总方式”选择“求和”，“选定汇总项”选择“应收金额”，单击“确认”按钮，如图 8-7 所示。

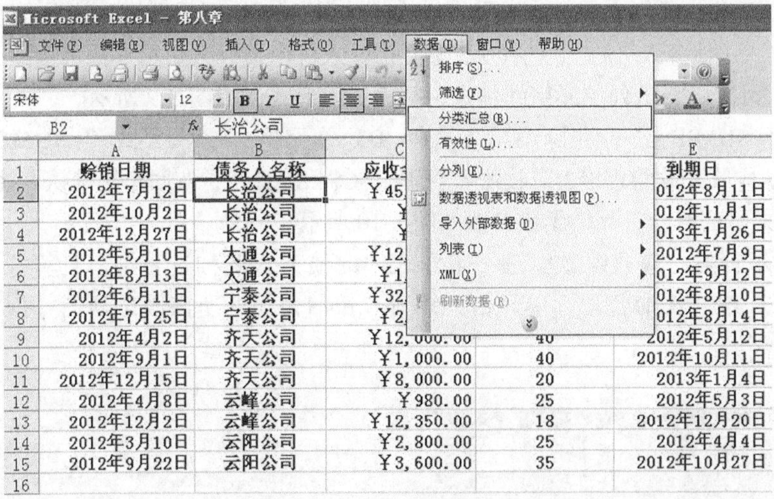

图 8-7 分类汇总命令

执行命令后，即可显示按照债务人名称针对应收账款金额进行的汇总数据，如图 8-8 所示。

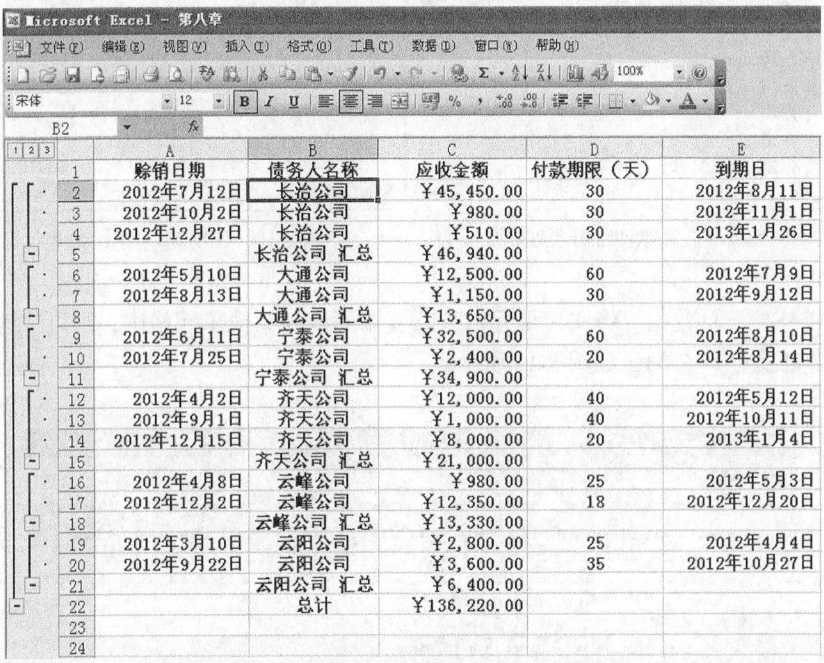

图 8-8 按照债务人名称汇总应收账款总额

通过汇总数据可以看出，长治公司与宁泰公司所欠本公司的款项较高，必须对其进行重点管理。

8.2.3 利用函数、图标统计各债务人应收账款

除了利用工具栏对各债务人进行排序和金额的汇总以外，还可以利用 SUMIF 函数实现该统

计结果。

1. 使用 SUMIF 函数统计各债务人的应收账款

（1）建立应收账款分类明细账。首先打开 Excel 工作簿，将鼠标光标移至左下方 Sheet3 处，单击鼠标右键，在弹出的快捷菜单中选择“重命名”命令，输入“应收账款分类明细账”。

选择 A1 单元格，输入“宏达公司应收账款分类明细”。将列单元格调整为合适的宽度。选择 A2 单元格，输入“债务人名称”。选择 A3 单元格输入各个债务人名称。输入选择 B2 单元格，输入“应收账款合计”。将该列单元格的格式调整为货币形式。如图 8-9 所示。

（2）使用 SUMIF 公式进行汇总。选择 B3 单元格，输入公式“=SUMIF(应收账款管理!$B$4:$B$17,应收账款管理!A3 应收账款管理！ $C$4:$C$17”，按回车键确认。注意，公式中的符号为英文模式下的符号。具体函数参数如图 8-10 所示。

该公式表示针对“应收账款管理”工作表中的债务人名称进行汇总计算，找到“应收账款汇总明细账”中“长治公司”单元格，针对“长治公司”所涉及的所有“应收金额”进行汇总。

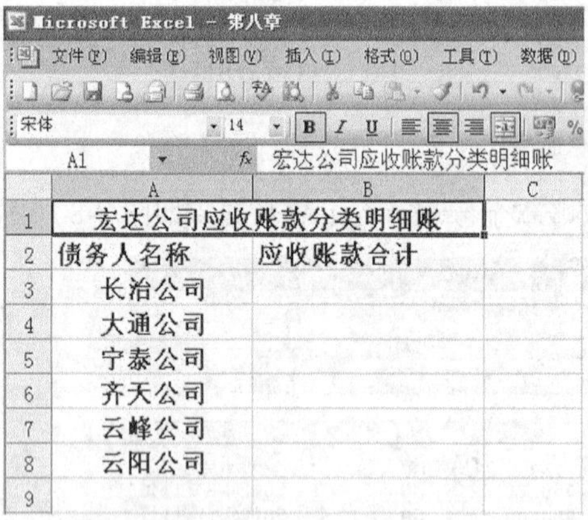

图 8-9　建立应收账款明细分类账

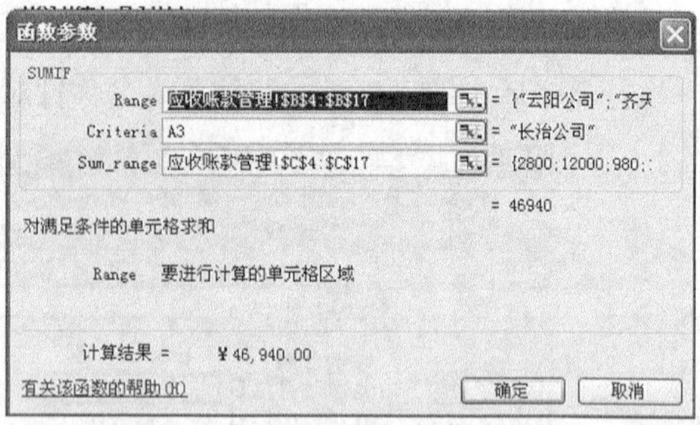

图 8-10　使用 SUMIF 函数进行汇总

（3）生成分类汇总数据。将 B3 单元格公式复制到该列其他单元格中，则可快速计算出其他债务人的应收账款合计金额，如图 8-11 所示。

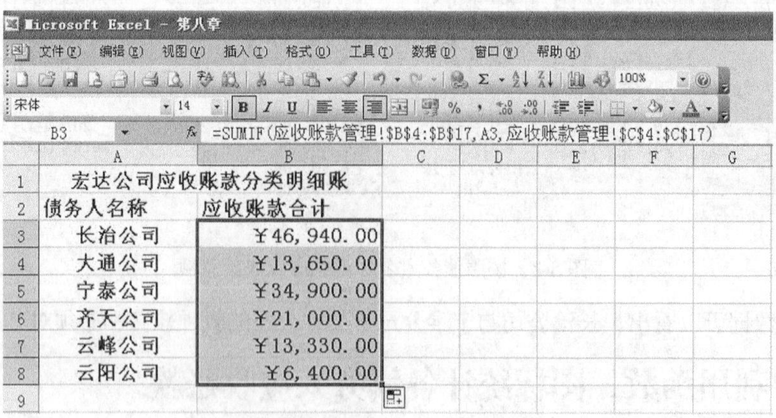

图 8-11　复制 SUMIF 函数公式汇总各债务人所欠金额

通过对比，可发现利用 SUMIF 函数公式汇总的各个债务人应收账款合计金额与利用分类汇总命令计算的合计金额完全相同，以上两种汇总方式根据应收账款管理人员的需要可自行选择。

2．建立图表进行对比分析

通过建立饼形图可以更加直观地显示出各债务人应收账款占应收账款总额的百分比。具体操作如下：

（1）在上文编制完成的“应收账款分类明细账”工作表中，单击工具栏中的“插入”按钮“图表”，打开“图标向导-4 步骤之 1-图表类型”对话框，如图 8-12 所示，使用图标向导来逐步创建图表。

（2）将对话框切换到“标准类型”选项卡，在“图表类型”列表框中选择“饼图”选项，如图 8-13 所示。

图 8-12　“图标向导-4 步骤之 1-图表类型”对话框

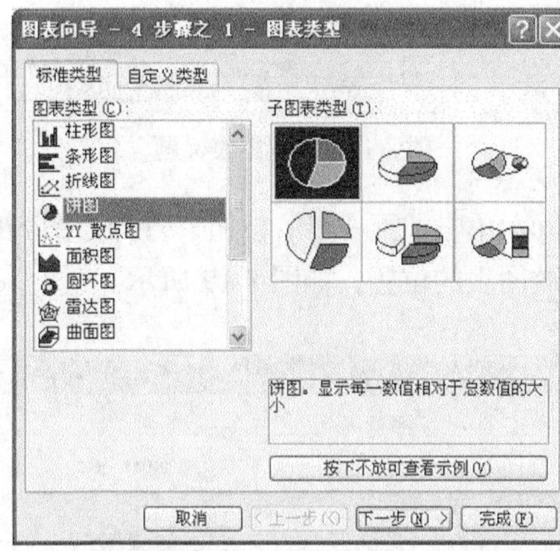

图 8-13　选择图表类型

（3）单击“下一步”按钮，打开“图标向导-4 步骤之 2-图表源数据”对话框，如图 8-14 所示。

（4）在“数据区域”文本框中输入数据所在的单元格区域，也可以单击文本框右侧的按钮在原表中选择。在“系列产生在”选项组中选中“列”单选按钮，效果如图 8-15 所示。

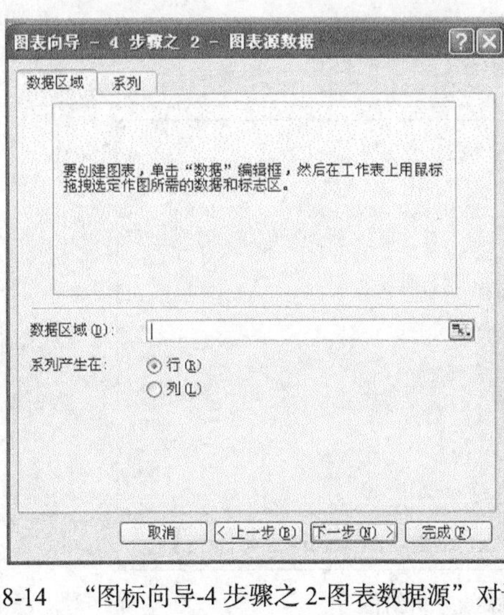

图 8-14　“图标向导-4 步骤之 2-图表数据源”对话框

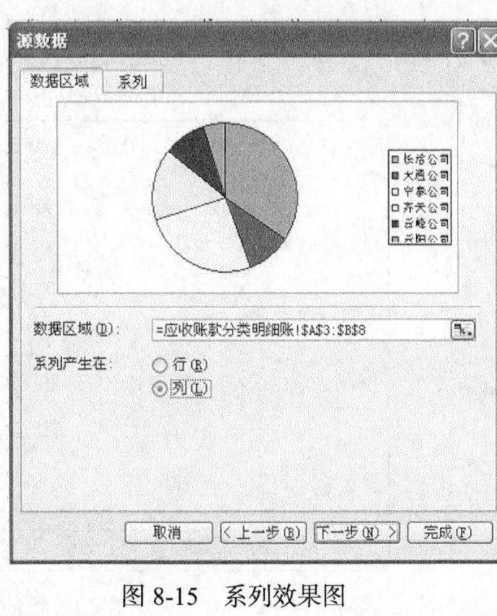

图 8-15　系列效果图

（5）单击“下一步”按钮，打开“图标向导-4 步骤之 3-图表选项”对话框。该对话框包含 3 个选项卡，包括标题、图例、数据标志。“标题”用于设置图表的标题，本例需要输入“各债务人应收账款分析图”，如图 8-16 所示；“图例”选项卡用于设置图例显示和位置，如图 8-17 所示；“数据标志”选项卡用于设置显示数据标志，如图 8-18 所示。

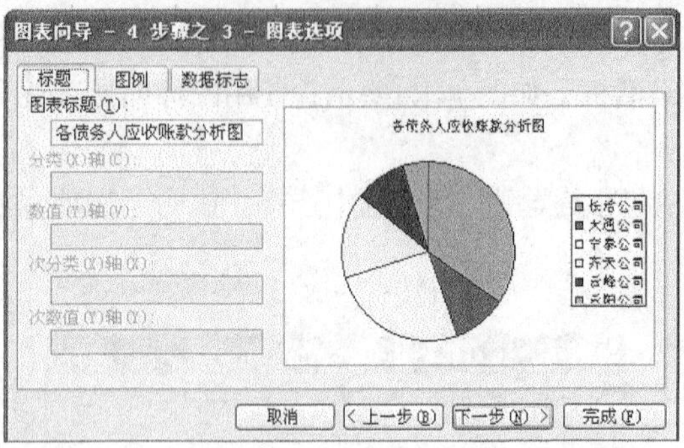

图 8-16　设置图表标题

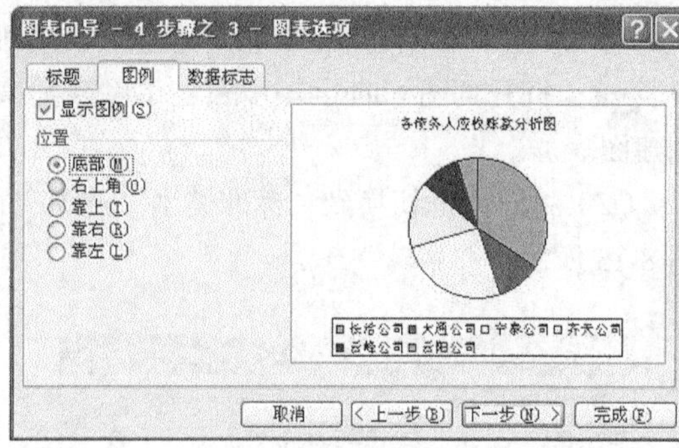

图 8-17　设置图例

（6）单击“下一步”按钮，打开“图表向导-4 步骤之 4-位置图表”对话框，在该对话框中设置存放图表的位置，如图 8-19 所示。

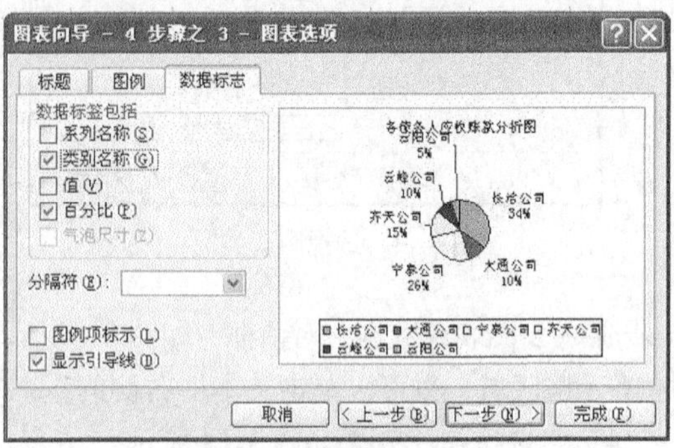

图 8-18　设置数据标志

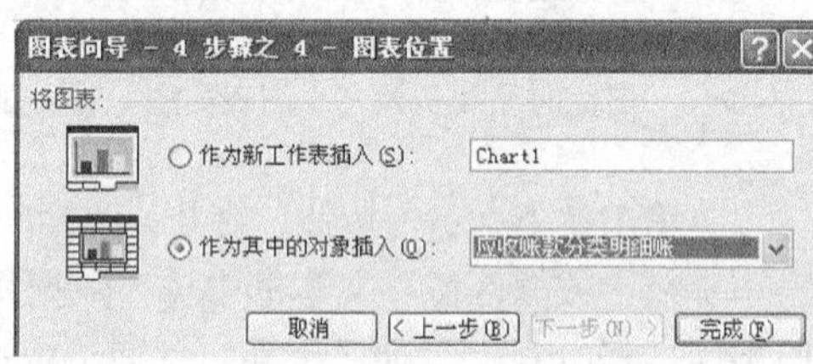

图 8-19　“图表向导-4 步骤之 4-位置图表”对话框

（7）单击“完成”按钮，创建的图表如图 8-20 所示。

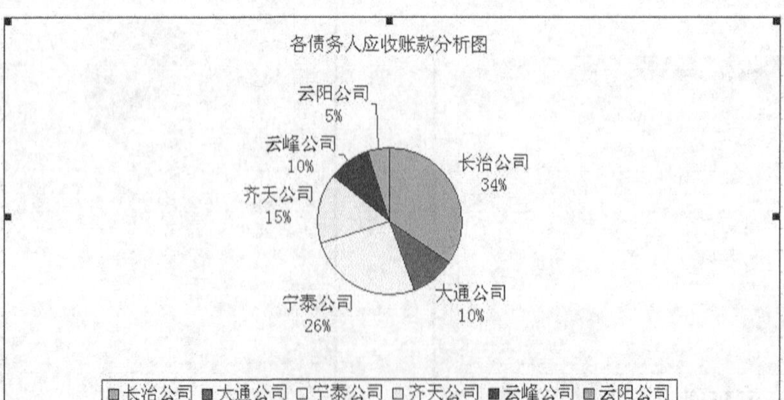

图 8-20　各债务人应收账款分析饼图

通过分析图可以看出，长治公司与宁泰公司所欠本公司的款项分别占宏达公司应收账款总额的 34%和 26%，必须对这两个公司的应收账款重点进行管理。

8.3　逾期应收账款分析

应收账款在登记入账时会记录赊销日期和约定付款期限，当企业应收账款数量较多时，一般于月底统计本期是否有应收账款到期，如果到期应收账款尚未收款，必须反映逾期天数，以便及时采取催收措施，减少坏账发生的可能性，降低企业应收账款的坏账成本。

8.3.1　计算分析应收账款是否到期

1．建立“逾期应收账款分析”工作表

在“第八章.xls”工作簿中插入新建工作表 Sheet1，并重命名为“逾期应收账款分析”。复制“应收账款管理”工作表中的数据到当前工作表中。为方便后文使用函数进行分析、判断，将“当前日期”与“2012 年 12 月 31 日”分列 A2 和 B2 两个单元格。

注：本例假设“当前日期”为“2012 年 12 月 31 日”，实际工作中可以使用函数“NOW ( )”来确定当前日期。

选中 E 列与 F 列两列，单击鼠标右键，选择插入命令，即可一次性插入两列。单击 E3 单元格输入“已收金额”，单击 F3 单元格输入“未收金额”，并输入实际已收金额和未收金额，将 E 列与 F 列的单元格格式调整为“货币”格式。单击 H3 单元格输入“是否到期”，建立“宏达公司逾期应收账款分析表”，如图 8-21 所示。

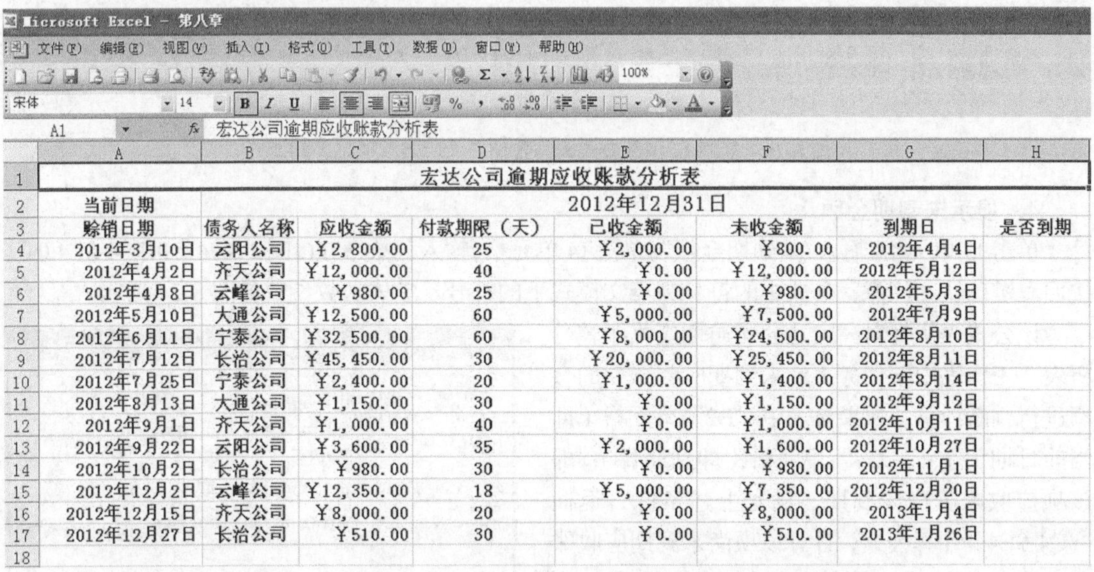

	A	B	C	D	E	F	G	H
1	宏达公司逾期应收账款分析表							
2	当前日期	2012年12月31日						
3	赊销日期	债务人名称	应收金额	付款期限（天）	已收金额	未收金额	到期日	是否到期
4	2012年3月10日	云阳公司	￥2,800.00	25	￥2,000.00	￥800.00	2012年4月4日	
5	2012年4月2日	齐天公司	￥12,000.00	40	￥0.00	￥12,000.00	2012年5月12日	
6	2012年4月8日	云峰公司	￥980.00	25	￥0.00	￥980.00	2012年5月3日	
7	2012年5月10日	大通公司	￥12,500.00	60	￥5,000.00	￥7,500.00	2012年7月9日	
8	2012年6月11日	宁泰公司	￥32,500.00	60	￥8,000.00	￥24,500.00	2012年8月10日	
9	2012年7月12日	长治公司	￥45,450.00	30	￥20,000.00	￥25,450.00	2012年8月11日	
10	2012年7月25日	宁泰公司	￥2,400.00	20	￥1,000.00	￥1,400.00	2012年8月14日	
11	2012年8月13日	大通公司	￥1,150.00	30	￥0.00	￥1,150.00	2012年9月12日	
12	2012年9月1日	齐天公司	￥1,000.00	40	￥0.00	￥1,000.00	2012年10月11日	
13	2012年9月22日	云阳公司	￥3,600.00	35	￥2,000.00	￥1,600.00	2012年10月27日	
14	2012年10月2日	长治公司	￥980.00	30	￥0.00	￥980.00	2012年11月1日	
15	2012年12月2日	云峰公司	￥12,350.00	18	￥5,000.00	￥7,350.00	2012年12月20日	
16	2012年12月15日	齐天公司	￥8,000.00	20	￥0.00	￥8,000.00	2013年1月4日	
17	2012年12月27日	长治公司	￥510.00	30	￥0.00	￥510.00	2013年1月26日	
18								

图 8-21　宏达公司逾期应收账款分析表

2．判断现有各项应收账款是否到期

通过 IF 函数判断宏达公司现有各项应收账款是否到期。

单击 H4 单元格，输入公式“=IF(G4<$B$2,"是","否")”，按回车键确认。注意，公式中的符

号为英文模式下的符号。具体函数参数如图 8-22 所示。

该公式表示针对“宏达公司逾期应收账款分析表”工作表中某债务人的应收账款是否到期进行判断，如果该表中“G4”单元格（即到期日）小于“B2”单元格（即当前日期），即该项应收账款已经到期。满足上述条件，返回“是”；如果不满足应收账款已经到期条件，则返回“否”。

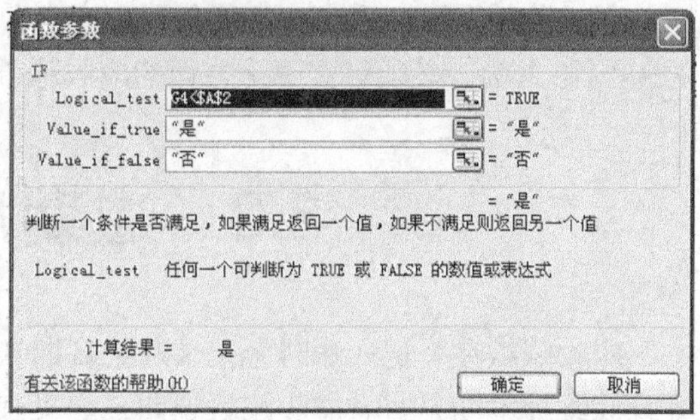

图 8-22 使用 IF 函数分析应收账款是否到期

3. 生成判断结果

将 H4 单元格公式复制到该列其他单元格中，则可快速判断其他债务人所欠本企业的款项是否到期，如图 8-23 所示。

	A	B	C	D	E	F	G	H	I
1					宏达公司逾期应收账款分析表				
2	当前日期				2012年12月31日				
3	赊销日期	债务人名称	应收金额	付款期限（天）	已收金额	未收金额	到期日	是否到期	
4	2012年3月10日	云阳公司	￥2,800.00	25	￥2,000.00	￥800.00	2012年4月4日	是	
5	2012年4月2日	齐天公司	￥12,000.00	40	￥0.00	￥12,000.00	2012年5月12日	是	
6	2012年4月8日	云峰公司	￥980.00	25	￥0.00	￥980.00	2012年5月3日	是	
7	2012年5月10日	大通公司	￥12,500.00	60	￥5,000.00	￥7,500.00	2012年7月9日	是	
8	2012年6月11日	宁泰公司	￥32,500.00	60	￥8,000.00	￥24,500.00	2012年8月10日	是	
9	2012年7月12日	长治公司	￥45,450.00	30	￥20,000.00	￥25,450.00	2012年8月11日	是	
10	2012年7月25日	宁泰公司	￥2,400.00	20	￥1,000.00	￥1,400.00	2012年8月14日	是	
11	2012年8月13日	大通公司	￥1,150.00	30	￥0.00	￥1,150.00	2012年9月12日	是	
12	2012年9月1日	齐天公司	￥1,000.00	40	￥0.00	￥1,000.00	2012年10月11日	是	
13	2012年9月22日	云阳公司	￥3,600.00	35	￥2,000.00	￥1,600.00	2012年10月27日	是	
14	2012年10月2日	长治公司	￥980.00	30	￥0.00	￥980.00	2012年11月1日	是	
15	2012年12月2日	云峰公司	￥12,350.00	18	￥5,000.00	￥7,350.00	2012年12月20日	是	
16	2012年12月15日	齐天公司	￥8,000.00	20	￥0.00	￥8,000.00	2013年1月4日	否	
17	2012年12月27日	长治公司	￥510.00	30	￥0.00	￥510.00	2013年1月26日	否	
18									
19									

图 8-23 复制 IF 函数公式判断各债务人所欠款项是否到期

4. 显示未到期金额

单击 I3 单元格，输入“未到期金额”。单击 I4 单元格，输入公式“=IF($B$2-$G4 < 0,$C4-$E4,0)”，按回车键确认。注意，公式中的符号为英文模式下的符号。具体函数参数如图 8-24 所示。

该公式表示针对“宏达公司逾期应收账款分析表”工作表中某债务人的未到期应收账款的金额进行判断计算，如果该表中“B2”单元格（即当前日期）小于“G4”单元格（即到期日），即该项应收账款尚未到期。满足上述条件，返回“$C4-$E4”计算公式，计算该项尚未到期应收账款的剩余未收金额；如果不满足未到期条件，则返回“0”，表示未到期金额为 0，即该项应收账款已经到期。

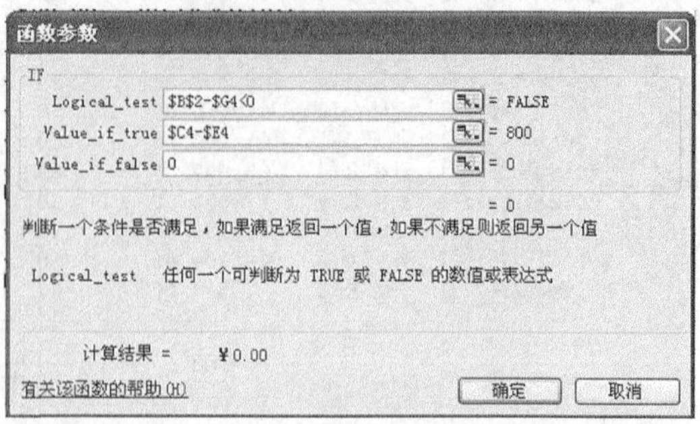

图 8-24 使用 IF 函数计算未到期应收账款

5. 生成计算结果

将 I4 单元格公式复制到该列其他单元格中，则可快速计算其他债务人所欠本企业的尚未到期的应收账款，如图 8-25 所示。

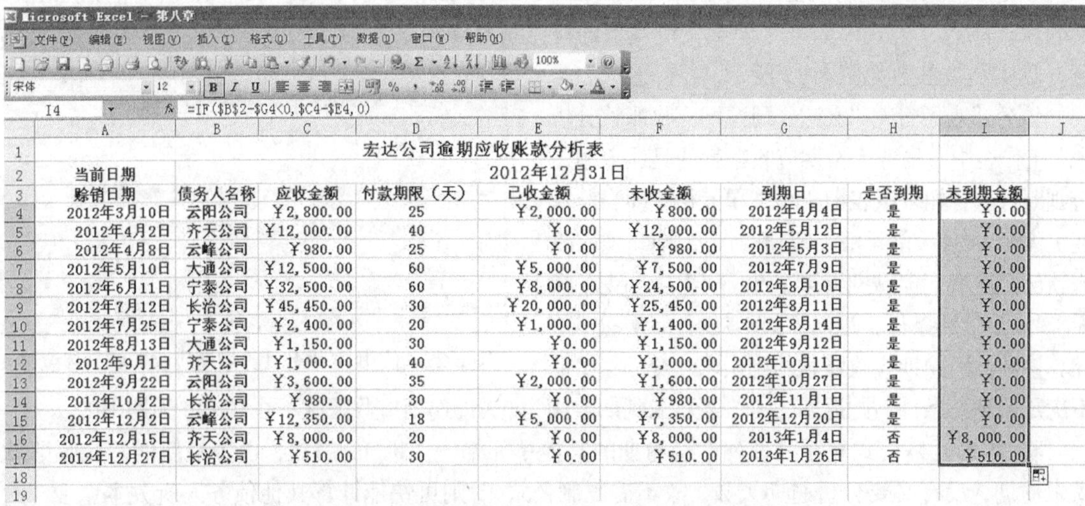

I4　=IF($B$2-$G4<0,$C4-$E4,0)

宏达公司逾期应收账款分析表								
当前日期	2012年12月31日							
赊销日期	债务人名称	应收金额	付款期限（天）	已收金额	未收金额	到期日	是否到期	未到期金额
2012年3月10日	云阳公司	￥2,800.00	25	￥2,000.00	￥800.00	2012年4月4日	是	￥0.00
2012年4月2日	齐天公司	￥12,000.00	40	￥0.00	￥12,000.00	2012年5月12日	是	￥0.00
2012年4月8日	云峰公司	￥980.00	25	￥0.00	￥980.00	2012年5月3日	是	￥0.00
2012年5月10日	大通公司	￥12,500.00	60	￥5,000.00	￥7,500.00	2012年7月9日	是	￥0.00
2012年6月11日	宁泰公司	￥32,500.00	60	￥8,000.00	￥24,500.00	2012年8月10日	是	￥0.00
2012年7月12日	长治公司	￥45,450.00	30	￥20,000.00	￥25,450.00	2012年8月11日	是	￥0.00
2012年7月25日	宁泰公司	￥2,400.00	20	￥1,000.00	￥1,400.00	2012年8月14日	是	￥0.00
2012年8月13日	大通公司	￥1,150.00	30	￥0.00	￥1,150.00	2012年9月12日	是	￥0.00
2012年9月1日	齐天公司	￥1,000.00	40	￥0.00	￥1,000.00	2012年10月11日	是	￥0.00
2012年9月22日	云阳公司	￥3,600.00	35	￥2,000.00	￥1,600.00	2012年10月27日	是	￥0.00
2012年10月2日	长治公司	￥980.00	30	￥0.00	￥980.00	2012年11月1日	是	￥0.00
2012年12月2日	云峰公司	￥12,350.00	18	￥5,000.00	￥7,350.00	2012年12月20日	是	￥0.00
2012年12月15日	齐天公司	￥8,000.00	20	￥0.00	￥8,000.00	2013年1月4日	否	￥8,000.00
2012年12月27日	长治公司	￥510.00	30	￥0.00	￥510.00	2013年1月26日	否	￥510.00

图 8-25　复制 IF 函数公式计算各债务人所欠未到期金额

8.3.2　计算应收账款逾期天数

虽然上文为应收账款管理提供了应收账款是否到期的判断结果，但是为了下文进一步分析应收账款账龄，还可以利用 Excel 进一步计算各项应收账款的逾期天数，以便提供更加详细的管理数据。具体计算过程如下：

1．设计逾期天数分析表

在“逾期应收账款分析”工作表的数据右侧建立“逾期天数分析表”，对逾期天数进行分类筛选，实际工作中，通常对逾期天数划分不同等级，如“0～30”、“30～60”、“60～90”、“90 天以上”等，如图 8-26 所示。

A2　当前日期

公司逾期应收账款分			逾期天数分析			
2012年12月31日			当前日期	2012年12月31日		
到期日	是否到期	未到期金额	0-30	30-60	60-90	90天以上
2012年4月4日	是	￥0.00				
2012年5月12日	是	￥0.00				
2012年5月3日	是	￥0.00				
2012年7月9日	是	￥0.00				
2012年8月10日	是	￥0.00				
2012年8月11日	是	￥0.00				
2012年8月14日	是	￥0.00				
2012年9月12日	是	￥0.00				
2012年10月11日	是	￥0.00				
2012年10月27日	是	￥0.00				
2012年11月1日	是	￥0.00				
2012年12月20日	是	￥0.00				
2013年1月4日	否	￥8,000.00				
2013年1月26日	否	￥510.00				

图 8-26　在原有工作表中建立逾期天数分析表

2. 使用 IF 函数分析逾期“0～30”天的应收账款

单击 J4 单元格，输入公式“=IF(AND($K$2-$G4 > 0, $K$2-$G4 < =30),$C4-$E4,0)”，按“Enter”键确认。注意，公式中的符号为英文模式下的符号，具体函数参数如图 8-27 所示。

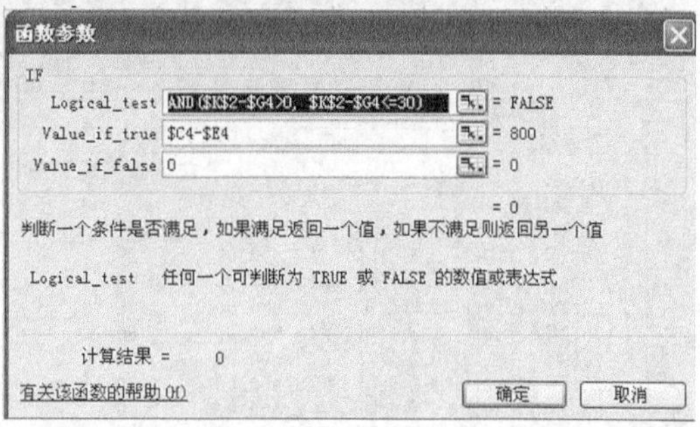

图 8-27 使用 IF 函数计算逾期应收账款具体金额

该公式表示针对“宏达公司逾期应收账款分析表”工作表中某债务人逾期应收账款的具体金额进行判断计算，如果该表中“K2”单元格（即当前日期）大于“G4”单元格（即到期日），即该项应收账款已经逾期，但逾期天数在 30 天以内（包括 30 天）。满足上述条件，返回“$C4-$E4”计算公式，计算该项已经逾期应收账款的剩余未收金额；如果不满足未到期条件，则返回“0”，表示未到期金额为 0，即逾期应收账款不在 0～30 天期限内。

将 J4 单元格公式复制到该列已经逾期的其他单元格中（即 J5～J15，由于最后两笔应收账款尚未逾期，没有必要分析逾期天数，故不需复制公式），则可快速计算其他债务人所欠本企业“逾期 0～30 天”的应收账款具体金额，如图 8-28 所示。

	E	F	G	H	I	J	K	L	M
1	宏达公司逾期应收账款分析表						逾期天数分析		
2	2012年12月31日					当前日期	2012年12月31日		
3	已收金额	未收金额	到期日	是否到期	未到期金额	0-30	30-60	60-90	90天以上
4	¥2,000.00	¥800.00	2012年4月4日	是	¥0.00	0			
5	¥0.00	¥12,000.00	2012年5月12日	是	¥0.00	0			
6	¥0.00	¥980.00	2012年5月3日	是	¥0.00	0			
7	¥5,000.00	¥7,500.00	2012年7月9日	是	¥0.00	0			
8	¥8,000.00	¥24,500.00	2012年8月10日	是	¥0.00	0			
9	¥20,000.00	¥25,450.00	2012年8月11日	是	¥0.00	0			
10	¥1,000.00	¥1,400.00	2012年8月14日	是	¥0.00	0			
11	¥0.00	¥1,150.00	2012年9月12日	是	¥0.00	0			
12	¥0.00	¥1,000.00	2012年10月11日	是	¥0.00	0			
13	¥2,000.00	¥1,600.00	2012年10月27日	是	¥0.00	0			
14	¥0.00	¥980.00	2012年11月1日	是	¥0.00	0			
15	¥5,000.00	¥7,350.00	2012年12月20日	是	¥0.00	7350			
16	¥0.00	¥8,000.00	2013年1月4日	否	¥8,000.00				
17	¥0.00	¥510.00	2013年1月26日	否	¥510.00				

图 8-28 复制 IF 函数公式计算各债务人所欠逾期 0～30 天的应收账款金额

3. 使用 IF 函数分析逾期“30～60”天的应收账款

单击 K4 单元格，输入公式“=IF(AND($K$2-$G4>30, $K$2-$G4<=60),$C4- $E4,0)”，按回车键确认。注意，公式中的符号为英文模式下的符号，具体函数参数如图 8-29 所示。

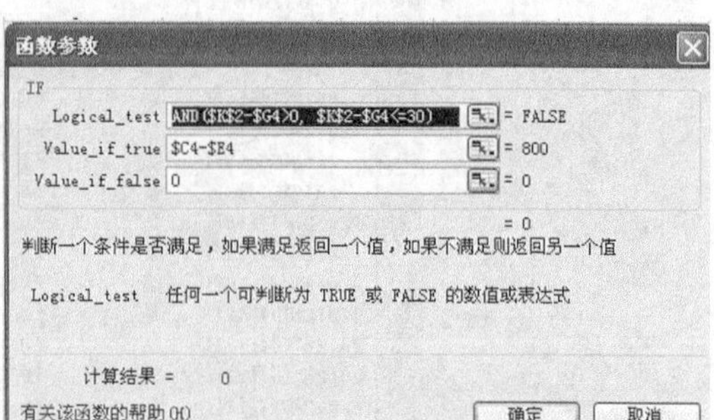

图 8-29 使用 IF 函数计算逾期应收账款具体金额

该公式表示针对“宏达公司逾期应收账款分析表”工作表中某债务人的逾期应收账款的具体金额进行判断计算，如果该表中“K2”单元格（即当前日期）大于“G4”单元格（即到期日），即该项应收账款已经逾期，但逾期天数在 30～60 天以内（大于 30 天，小于等于 60 天）。满足上述条件，返回“$C4-$E4”计算公式，计算该项已经逾期应收账款的剩余未收金额；如果不满足未到期条件，则返回“0”，表示未到期金额为 0，即逾期应收账款不在 30～60 天期限内。

将 K4 单元格公式复制到该列已经逾期的其他单元格中（即 K5～K15，同样由于最后两笔应收账款尚未逾期，没有必要分析逾期天数，故不需复制公式），则可快速计算其他债务人所欠本企业“逾期 30～60 天”的应收账款具体金额，如图 8-30 所示。

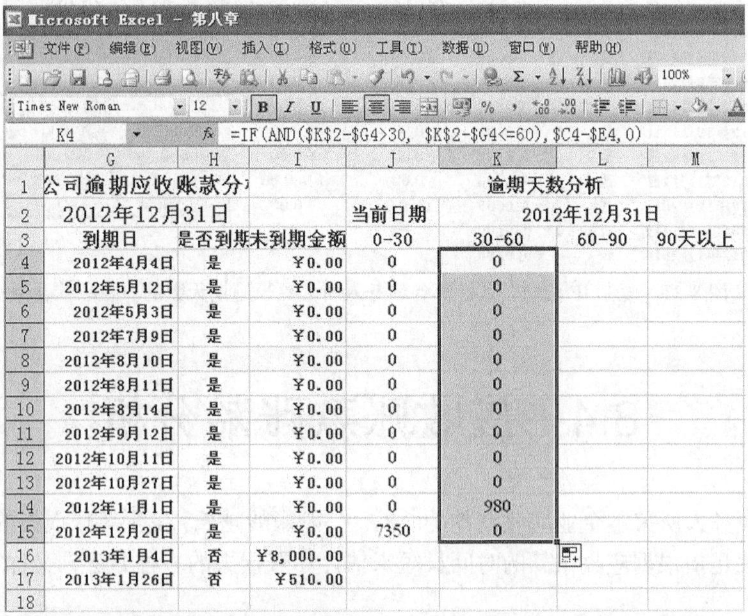

	G	H	I	J	K	L	M
1	公司逾期应收账款分				逾期天数分析		
2	2012年12月31日			当前日期	2012年12月31日		
3	到期日	是否到期	未到期金额	0-30	30-60	60-90	90天以上
4	2012年4月4日	是	¥0.00	0	0		
5	2012年5月12日	是	¥0.00	0	0		
6	2012年5月3日	是	¥0.00	0	0		
7	2012年7月9日	是	¥0.00	0	0		
8	2012年8月10日	是	¥0.00	0	0		
9	2012年8月11日	是	¥0.00	0	0		
10	2012年8月14日	是	¥0.00	0	0		
11	2012年9月12日	是	¥0.00	0	0		
12	2012年10月11日	是	¥0.00	0	0		
13	2012年10月27日	是	¥0.00	0	0		
14	2012年11月1日	是	¥0.00	0	980		
15	2012年12月20日	是	¥0.00	7350	0		
16	2013年1月4日	否	¥8,000.00				
17	2013年1月26日	否	¥510.00				
18							

图 8-30　复制 IF 函数公式计算各债务人所欠逾期 30～60 天的应收账款金额

4. 使用 IF 函数分析逾期“60～90”天和“90 天以上”的应收账款

依次类推，使用 IF 函数分析计算逾期“60～90”天和“90 天以上”的应收账款金额。

单击 L4 单元格，输入公式“=IF(AND($K$2-$G4＞60, $K$2-$G4＜=90),$C4-$E4,0)”，按“Enter”键确认。可以计算各债权人所欠逾期“60～90”天的应收账款金额。

单击 M4 单元格，输入公式“=IF($K$2-$G4＞90,$C4-$E4,0)”，按回车键确认。可以计算各债权人所欠逾期“90 天以上”的应收账款金额。

将以上公式复制到该列已经逾期的其他单元格中，则可快速计算其他债务人所欠本企业“逾期 60～90 天”和“90 天以上”的应收账款具体金额，并将 J4：M15 单元格区域的单元格格式设置为货币格式，如图 8-31 所示。

由以上统计数据可以明显看出，宏达公司应收账款逾期情况非常严重，本企业 14 笔应收账款中有 8 笔逾期 90 天以上，必须重视以上逾期应收账款的催收，盘活流动资产，减少坏账损失的发生。

根据应收账款逾期天数分析表所提供的信息，可使企业了解各债务人收款、欠款情况，判断欠款的可收回程度和可能发生的损失。同时，企业还可酌情制定出采取放宽或紧缩商业信用政策，并可作为衡量负责收款部门和资信部门工作效率的依据。

	G	H	I	J	K	L	M	N
1	公司逾期应收账款分				逾期天数分析			
2	2012年12月31日			当前日期		2012年12月31日		
3	到期日	是否到期	未到期金额	0-30	30-60	60-90	90天以上	
4	2012年4月4日	是	￥0.00	￥0.00	￥0.00	￥0.00	￥800.00	
5	2012年5月12日	是	￥0.00	￥0.00	￥0.00	￥0.00	￥12,000.00	
6	2012年5月3日	是	￥0.00	￥0.00	￥0.00	￥0.00	￥980.00	
7	2012年7月9日	是	￥0.00	￥0.00	￥0.00	￥0.00	￥7,500.00	
8	2012年8月10日	是	￥0.00	￥0.00	￥0.00	￥0.00	￥24,500.00	
9	2012年8月11日	是	￥0.00	￥0.00	￥0.00	￥0.00	￥25,450.00	
10	2012年8月14日	是	￥0.00	￥0.00	￥0.00	￥0.00	￥1,400.00	
11	2012年9月12日	是	￥0.00	￥0.00	￥0.00	￥0.00	￥1,150.00	
12	2012年10月11日	是	￥0.00	￥0.00	￥0.00	￥1,000.00	￥0.00	
13	2012年10月27日	是	￥0.00	￥0.00	￥0.00	￥1,600.00	￥0.00	
14	2012年11月1日	是	￥0.00	￥0.00	￥980.00	￥0.00	￥0.00	
15	2012年12月20日	是	￥0.00	￥7,350.00	￥0.00	￥0.00	￥0.00	
16	2013年1月4日	否	￥8,000.00					
17	2013年1月26日	否	￥510.00					

图 8-31 复制 IF 函数公式计算各债务人所欠更长逾期天数的应收账款金额

8.4 应收账款账龄分析

账龄是指债务人所欠本企业应收账款的时间。一般账龄越长，发生坏账损失的可能性就越大。所以账龄分析法是指根据应收帐款的时间长短来估计坏账损失的一种方法，又称“应收账款账龄分析法”。

在估计坏账损失之前，可将应收账款按其账龄编制一张“应收账款账龄分析表”，借以了解应收账款在各个债务人之间的金额分布情况及其拖欠时间的长短。这张应收账款账龄分析表，实际上就是上文刚编制完成的“逾期天数分析表”，利用逾期天数分析表，不仅可以对个债务人产生的应收账款进行分析，更为计算坏账准备提供了可靠的依据。

8.4.1 建立应收账款账龄分析表

1. 利用“应收账款逾期天数分析表”建立“应收账款账龄分析表”

利用 8.3.2 节中对应收账款逾期天数进行分析的表格可以建立账龄分析表。在“第八章.xls”工作簿中插入新建工作表 Sheet2，并重命名为“应收账款账龄分析”。单击 A1 单元格，输入“应收账款账龄分析表”。单击 A2 单元格，输入“当前日期”。单击 B2 单元格，输入“2012 年 12 月 31 日”。

注：本例假设“当前日期”为“2012 年 12 月 31 日”，实际工作中可以使用函数“NOW ( )”来确定当前日期。

单击 A3 单元格，输入“账龄”，并设置账龄的种类。本例将账龄分为 5 类，分别为“未到期”、“0～30 天”、“30～60 天”、“60～90 天”、“90 天以上”。

单击 B3 单元格，输入“应收账款”，此列显示不同账龄的应收账款金额，设置此列单元格格式为 “货币”，选择企业常用的货币表示形式即可。

单击 C3 单元格，输入“占应收账款总额百分比”，此列显示不同账龄的应收账款金额占应收账款总额的比例，设置此列单元格格式为“百分比”，并默认小数位数为 2。

对填制完的内容进行调整、美化，从而完成应收账款账龄分析表的表头以及各项标示的建立，如图 8-32 所示。

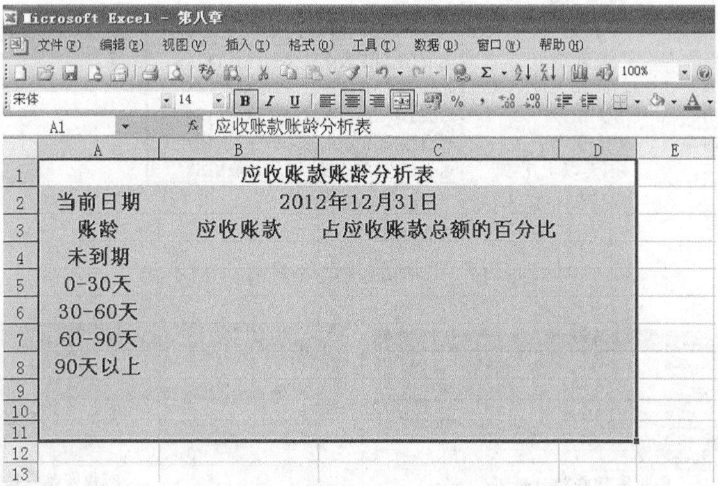

图 8-32　建立应收账款账龄分析表

2. **计算各账龄所涉及的应收账款金额**

单击 B4 单元格，输入公式“=SUM(逾期应收账款分析!I4:I17)”，按回车键确认。可以引用“逾期应收账款分析”工作表中的未到期金额，汇总计算出截止到 2012 年 12 月 31 日，应收账款总额中尚未到期的应收账款金额为“￥8 510.00”，如图 8-33 所示。

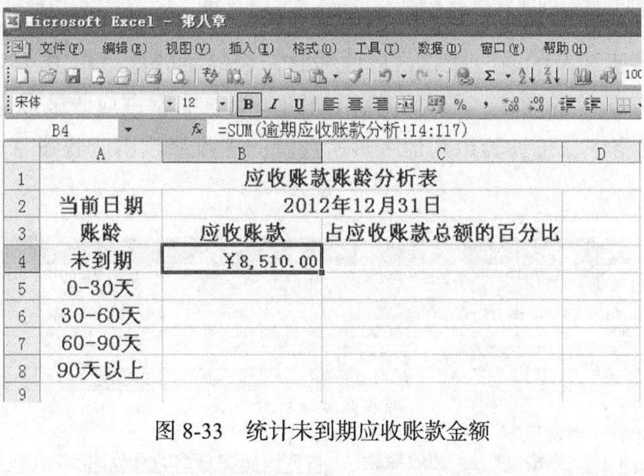

图 8-33　统计未到期应收账款金额

依次类推，单击 B4～B8 单元格，可以输入 SUM 公式，对其余账龄的应收账款金额进行统计、汇总，各具体求和公式如图 8-34 所示。按回车键确认，生成各账龄所对应的应收账款金额，如图 8-35 所示。

3. **计算各账龄所涉及的应收账款占应收账款总额的百分比**

首先计算现有应收账款总额，单击 B9 单元格，输入公式“=SUM(B4:B8)”，按回车键确认，即可计算各账龄所涉及的应收账款总额，如图 8-36 所示。

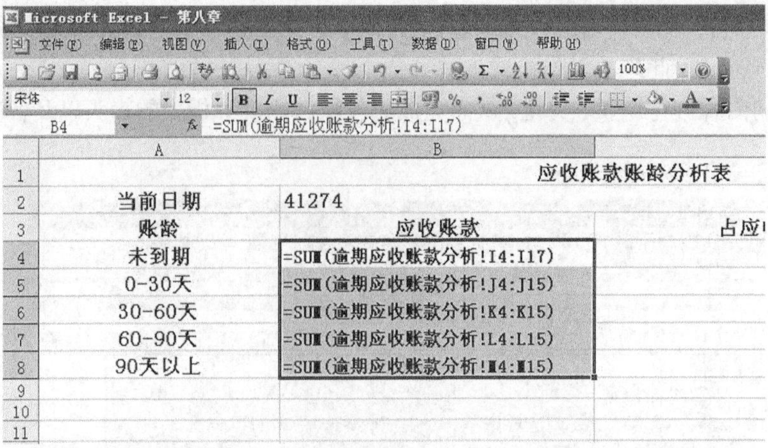

图 8-34 统计其他应收账款金额的 SUM 公式

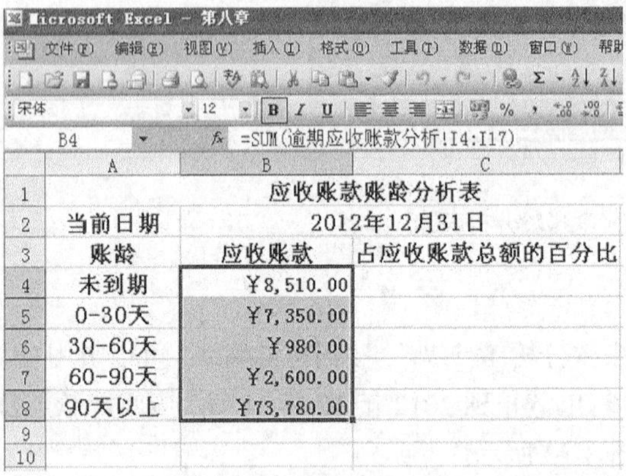

图 8-35 统计得到各账龄的应收账款金额

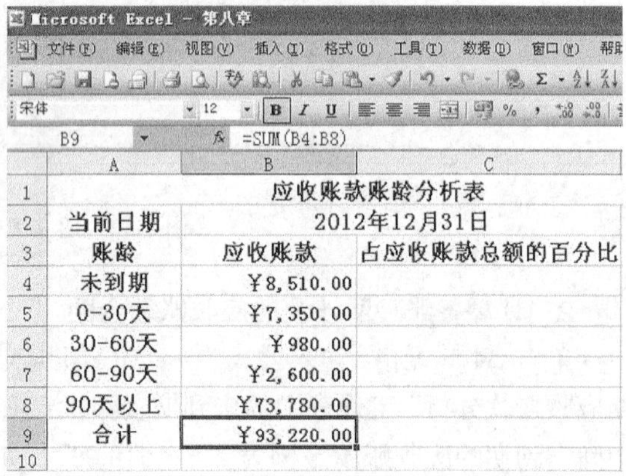

图 8-36 汇总各账龄所涉及的应收账款总额

然后计算各账龄所涉及的应收账款占应收账款总额的百分比，单击 C4 单元格，输入公式"=B4/$B$9"，按"Enter"键确认，即可计算出未到期应收账款占应收账款总额的百分比。复制公式到该列其他单元格中，可计算出其他账龄所涉及的应收账款占应收账款总额的百分比，如图 8-37 所示。

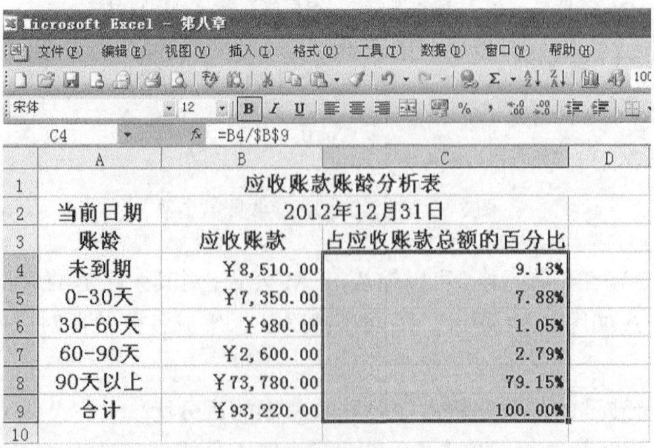

图 8-37 计算各账龄所涉及的应收账款占应收账款总额的百分比

8.4.2　计算应收账款坏账准备的金额

企业赊销虽然可以扩大销售，消化库存，但也会发生各种成本，例如应收账款机会成本、管理成本和坏账成本等，其中坏账是应收账款带来的最大损失，必须加以重视。

我国现行会计制度要求企业应当定期于每年年度终了，对应收账款进行全面检查，预计各项应收账款可能发生的坏账准备，对预计不能收回的应收款项，应当计提坏账准备。企业计提坏账准备的方法由企业自行确定，常用计提坏账准备的方法是账龄分析法。

采用账龄分析法计提坏账准备时，将不同账龄的应收账款进行分组，将应收账款拖欠时间（即逾期天数也就是账龄）的长短分为若干区间，计列各个区间上应收账款的金额，并为每一个区间估计一个坏账损失百分比；然后，用各区间上的应收账款金额乘以各该区间的坏账损失百分比，估计各个区间上的坏账损失；最后，将各区间上的坏账损失估计数求和，即为坏账损失的估计总额。采用这种方法，使坏账损失的计算结果更符合客观情况。

1. 估计坏账准备比例

坏账率就是坏账额占应收账款总额的比例，其计算公式为：

坏账率=年坏账额/年应收账款总额

我国《企业会计制度》在坏账准备计提比例方面给予企业较大的自主权，主要表现在：一是计提比例不限；二是对不能够收回或收回的可能性不大的应收账款可以全额计提坏账准备，在实际工作中，企业估计坏账准备比例时可以考虑以下因素：

① 函证情况，每次函证发出后，对方是否及时、准确地回函。

② 历史上应收款项回收的情况，包括回收时间和归还应收账款是否呈现周期性。

③ 债务单位历史上是否存在无法支付的情况。

④ 某一债务单位近期内是否有不良记录。

⑤ 债务单位目前发生的财务困难与过去已发生的财务状况是否存在类似的情形。

⑥ 债务单位的债务状况有否好转的可能性，包括债务单位的产品开发，现产品的销售、回款，市场需求以及资产质量状况，有无呈现出好转态势等。

⑦ 债务单位所处的经济、政治和法制环境。

⑧ 债务单位的内部控制、财务、生产、技术管理等情况，以及其他有利于判断可收回性的情况。

而账龄分析法下，计提坏账准备的比例则简单得多，通常账龄越长，发生坏账的可能性越大，估计的坏账准备的比例就越高，假设宏达公司根据历史经验估计，未到期的应收账款发生坏账的可能性是 0，逾期“0～30 天”的应收账款发生坏账的可能性约为 1%，逾期“30～60 天” 的应收账款发生坏账的可能性约为 3%，逾期“60～90 天”的应收账款发生坏账的可能性约为 6%，逾期“90 天以上”的应收账款发生坏账的可能性约为 10%，将估计的坏账准备率分别输入 D4～D9 单元格，实际工作中，企业可以根据历史经验进行估计，如图 8-38 所示。

2. 计算坏账准备金额

单击 E3 单元格，输入“坏账准备金额”。单击 E4 单元格，输入公式“=B4*D4”，按“Enter”键确认。

将 E4 单元格公式复制到该列已经逾期的其他单元格中（即 E5～E8），则可计算各账龄所涉及应收账款产生的坏账准备金额。单击 E9 单元格，输入公式“=SUM(E4:E8)”，按“Enter”键确认，计算坏账准备总额，如图 8-39 所示。

	A	B	C	D
1	应收账款账龄分析表			
2	当前日期	2012年12月31日		
3	账龄	应收账款	收账款总额的百	坏账准备比例
4	未到期	￥8,510.00	9.13%	0.00%
5	0~30天	￥7,350.00	7.88%	1.00%
6	30~60天	￥980.00	1.05%	3.00%
7	60~90天	￥2,600.00	2.79%	6.00%
8	90天以上	￥73,780.00	79.15%	10.00%
9	合计	￥93,220.00	100.00%	
10				

图 8-38　宏达公司估计的坏账准备计提比例

	A	B	C	D	E
1	应收账款账龄分析表				
2	当前日期	2012年12月31日			
3	账龄	应收账款	收账款总额的百	坏账准备比例	坏账准备金额
4	未到期	￥8,510.00	9.13%	0.00%	￥0.00
5	0~30天	￥7,350.00	7.88%	1.00%	￥73.50
6	30~60天	￥980.00	1.05%	3.00%	￥29.40
7	60~90天	￥2,600.00	2.79%	6.00%	￥156.00
8	90天以上	￥73,780.00	79.15%	10.00%	￥7,378.00
9	合计	￥93,220.00	100.00%		￥7,636.90
10					

图 8-39　计算各账龄所涉及应收账款产生的坏账准备

由以上计算的坏账准备可以明显看出，宏达公司应收账款产生的坏账金额较高，主要原因是逾期“90 天以上”的应收账款较多，且坏账发生的比例较高。但即便如此企业也不能放弃对逾期时间较长的应收账款的催收，而且还要加强对逾期“60～90 天”以及逾期“30～60 天”的应收账款的催收工作，防止债务人继续拖欠款项，造成企业更多坏账损失的发生。

使用 Excel 进行应收账款管理的方法，同样可以应用于企业的应收票据管理甚至应付账款管理，本章不再重复介绍，对于应收票据和应付账款的账龄分析，可以参照前文进行操作，但需要注意，应付账款不需要研究坏账准备的问题。

本章小结

本章介绍了应收账款管理明细账的建立和填置；列示了采用函数、图标等方法统计不同债务人所欠应收账款的金额；分析了统计逾期应收账款的必要性，讲解了判断应收账款是否逾期的函数的应用，进而计算应收账款逾期天数；利用已经统计完成的应收账款逾期数据，建立应收账款账龄分析表，并利用账龄分析数据进一步帮助企业快捷地计算坏账准备的金额等。

思考练习

1. 简答题

（1）为什么需要对应收账款进行重点管理？

（2）如何使用 Excel 的工具对现有债务人所欠款项进行统计？

（3）如何使用 Excel 的函数或图表分析现有债务人所欠款项？

（4）什么是应收账款账龄，分析应收账款账龄有何意义？

（5）如何利用已知账龄结果快捷计算坏账准备？

2. 上机操作题

资料：　云阳公司 2012 年 11 月 30 日发生的应收账款资料，如表 8-1 所示。

表 8-1　应收账款概况

赊销日期	债务人名称	应收金额	付款期限/天
2012 年 1 月 8 日	红光公司	30 000	50
2012 年 2 月 18 日	蓝天公司	500 000	40
2012 年 3 月 6 日	胜利公司	20 000	30
2012 年 4 月 20 日	永安公司	100 000	40
2012 年 5 月 11 日	蓝天公司	12 000	35
2012 年 6 月 4 日	永安公司	30 000	30
2012 年 7 月 23 日	胜利公司	15 000	30
2012 年 8 月 15 日	红光公司	58 000	30
2012 年 10 月 17 日	蓝天公司	16 000	30
2012 年 11 月 5 日	永安公司	40 000	25

要求：（1）分别计算各应收账款到期日。

（2）汇总统计各债务人所欠云阳公司的欠款总额，并建立饼形图分析各债务人所占比重。

（3）计算各应收账款是否到期以及未到期金额，并计算逾期天数。

（4）建立应收账款账龄分析表。

（5）根据未到期的应收账款发生坏账的可能性是 0，逾期“0～30 天”的应收账款发生坏账的可能性约为 2%，逾期“30～60 天”的应收账款发生坏账的可能性约为 5%，逾期“60～90 天”的应收账款发生坏账的可能性约为 8%，逾期“90 天以上”的应收账款发生坏账的可能性约为 10%的估计值，分别计算各账龄所涉及应收账款的坏账准备。

第9章

Excel 在工资核算中的应用

工资是企业在一定时间内直接支付给本单位员工的劳动报酬，也是企业进行各种费用计提的基础。工资管理是企业管理的重要组成部分，是每个单位财会部门最基本的业务之一，不仅关系到每个员工的切身利益，也是直接影响产品成本核算的重要因素。手工进行工资核算，需要占用财务人员大量的精力和时间，并且容易出错，采用计算机进行工资核算可以有效提高工资核算的准确性和及时性。通过本章的学习，读者应了解并掌握 Excel 在工资账务处理流程中的应用。

本章的学习目标

- 掌握如何利用 Excel 制作员工工资表。
- 掌握如何利用 Excel 进行工资项目的设置。
- 掌握如何利用 Excel 进行工资数据的查询与汇总分析。
- 掌握如何利用 Excel 打印工资发放条。

9.1 制作员工工资表

9.1.1 背景资料

宏达股份有限公司是一家小型工业企业，主要有管理部、生产部、销售部 3 个部门。另外，它还有 5 种职务类别：公司管理、生产管理、生产工人、销售管理和销售人员。每个员工的工资项目有基本工资、岗位工资、住房补贴、奖金、事假扣款、病假扣款、养老保险扣款、医疗保险扣款等。除基本工资因人而异外（要求必须一一输入），其他的工资项目将根据员工职务类别和部门决定，而且随时间的变化而变化（为便于介绍，假设有 12 名员工）。

2012 年 1 月宏达股份有限公司员工基本工资情况与出勤情况如表 9-1 所示。

表 9-1　　2012 年 1 月公司员工基本工资情况与出勤情况

员工编号	姓名	部门	性别	员工类别	基本工资	事假天数	病假天数
1001	李飞	管理部	男	公司管理	4 500		
1002	马媛	管理部	女	公司管理	4 000	2	
1003	李正	管理部	男	公司管理	3 800		2
2001	张力	生产部	男	生产管理	4 000		
2002	王沙	生产部	男	生产工人	3 300		

（续）

员工编号	姓名	部门	性别	员工类别	基本工资	事假天数	病假天数
2003	孔丽	生产部	女	生产工人	3 000		
2004	赵阳	生产部	男	生产工人	3 000	16	
3001	白雪	销售部	女	销售管理	4 000		
3002	孙武	销售部	男	销售人员	3 500		
3003	齐磊	销售部	男	销售人员	3 000		15
3004	牛玲	销售部	女	销售人员	3 000		
3005	王林	销售部	男	销售人员	3 200		

其他工资项目的发放情况及有关规定如下。

（1）岗位工资：根据员工类别不同进行发放，管理人员（公司管理、生产管理、销售管理）为 1 000 元，生产工人为 500 元，销售人员 800 元。

（2）住房补贴：根据员工类别不同进行发放，生产工人为 200 元，销售人员 280，管理人员为 350 元。

（3）奖金：奖金根据部门的效益决定，本月管理部奖金为 500 元，生产部奖金为 600 元，销售部奖金与个人销售额相关，完成基本销售额 30 万的奖金为 500 元，超额完成的按超出金额的 1%提成，未完成基本销售额的没有奖金。

（4）事假扣款规定：如果事假小于 14 天，将应发工资平均到每天（每月按 22 天计算），按天扣钱；如果事假大于 14 天，扣除应发工资的 80%。

（5）病假扣款规定：如果病假小于 14 天，工人扣款 300 元，非工人扣款 500 元；如果病假大于 14 天，工人扣款 500 元，非工人扣款 800 元。

（6）养老保险扣款：按基本工资+岗位工资的 8%扣除。

（7）医疗保险扣款：按基本工资+岗位工资的 2%扣除。

（8）个人所得税：依据个人所得税税率表，如表 9-2 所示。

表 9-2　　个人所得税税率表

级　数	全月应纳所得税额	税　率	速算扣除数
1	不超过 1 500 元部分	3%	0
2	超过 1 500 至 4 500 元部分	10%	105
3	超过 4 500 至 9 000 元部分	20%	555
4	超过 9 000 至 35 000 元部分	25%	1 005
5	超过 35 000 至 55 000 元部分	30%	2 755
6	超过 55 000 至 80 000 元部分	35%	5 505
7	超过 80 000 元以上	45%	13 505

9.1.2　基本工资项目和数据的输入

（1）建立以下工资项目。员工编号、姓名、部门、性别、员工类别、基本工资、岗位工资、住房补贴、奖金、应发合计、事假天数、事假扣款、病假天数、病假扣款、其他扣款、扣款合计、养老保险、医疗保险、应扣社保合计、应发工资、代扣税、实发合计，如图 9-1、图 9-2 和图 9-3 所示。

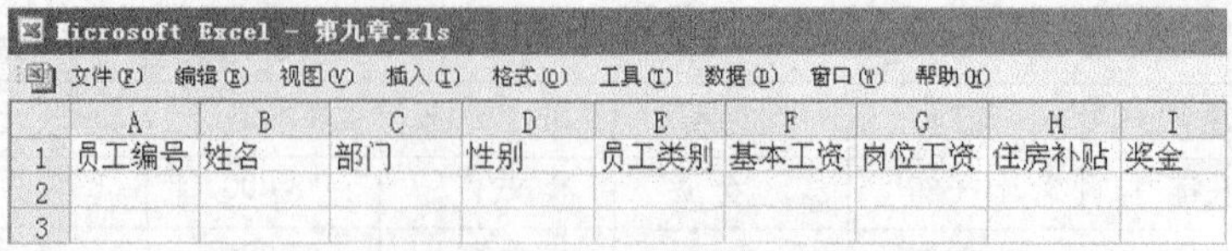

图 9-1 输入基本工资项目 1

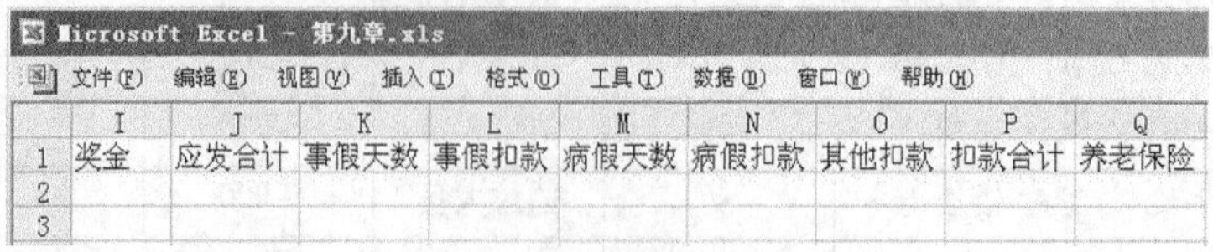

图 9-2 输入基本工资项目 2

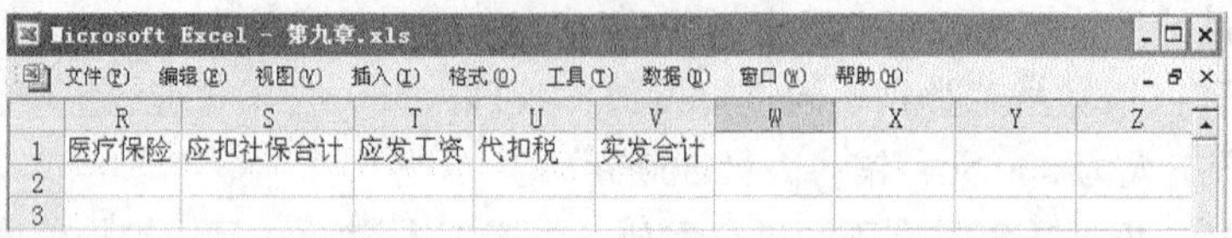

图 9-3 输入基本工资项目 3

（2）进行有效性控制。为了输入方便并防止出错，可对“部门”列、“性别”列、“员工类别”列设置有效性控制。以“部门”列为例，将光标移到 C2 单元，选择“数据”|“有效性”命令，按如图 9-4 所示设置对话框，在“有效性条件”中选择“序列”选项，在“来源”选项中输入本企业的所有部门——管理、生产和销售，设置完成后，向下拖动鼠标，如图 9-5 所示，将 C2 单元格的有效性控制复制到 C 列的其他单元格。

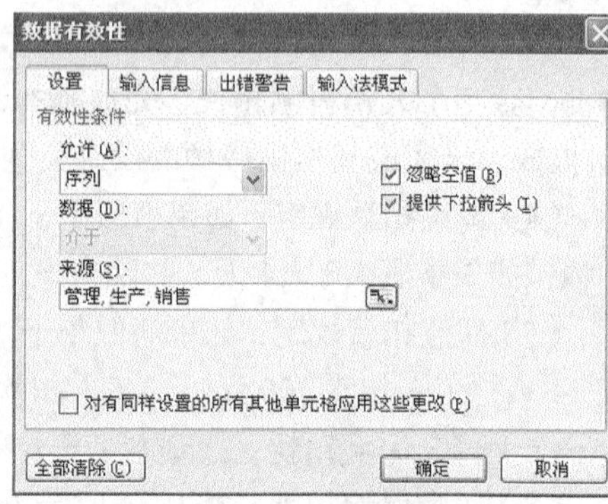

图 9-4 设置有效性控制

（3）输入员工编号。可先在 A2 单元中输入第一个员工编号 1001，然后向下拖动鼠标并同时按下 Ctrl 键自动生成其他管理部门的员工编码。使用同样的方法，依次输入生产部门、销售部门的员工编号，如图 9-6 所示。

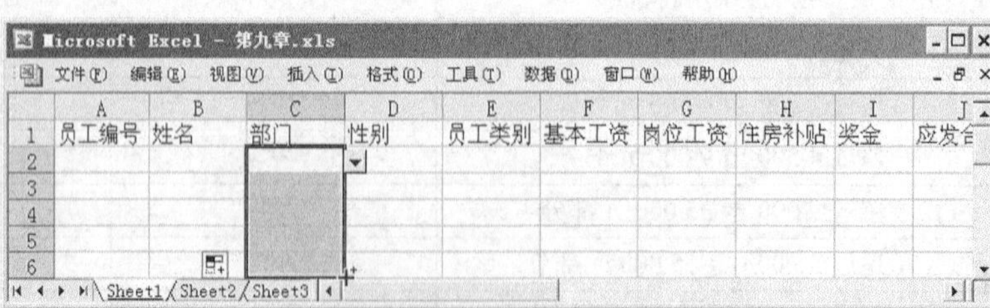

图 9-5 有效性控制复制

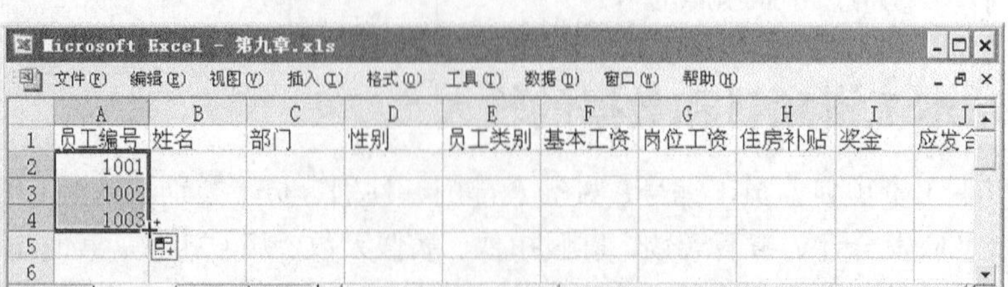

图 9-6 输入员工编号

（4）依次输入“员工编号”、“姓名”、“部门”、“性别”、“员工类别”、“基本工资”、“岗位工资”、“住房补贴”各项信息。对于设置了有效性控制的列也可进行选择输入，其他项目的信息不必输入，如图 9-7 所示。

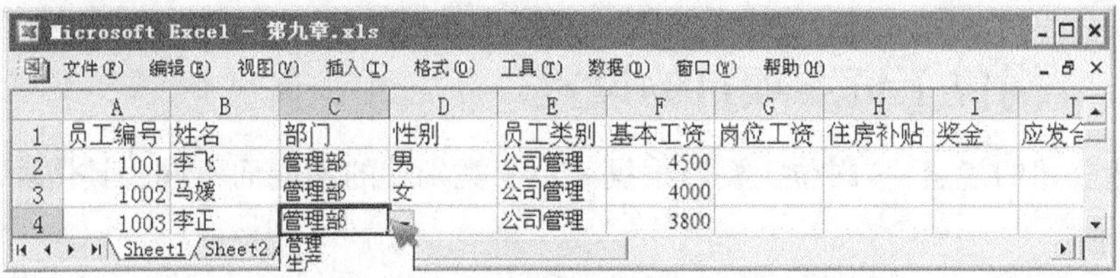

	A	B	C	D	E	F	G	H	I	J
1	员工编号	姓名	部门	性别	员工类别	基本工资	岗位工资	住房补贴	奖金	应发合
2	1001	李飞	管理部	男	公司管理	4500				
3	1002	马媛	管理部	女	公司管理	4000				
4	1003	李正	管理部		公司管理	3800				

图 9-7 有关项目的信息输入

（5）输入数据时，也可采取另外一种输入方式。选择“数据”|“记录单”命令，单击“新建”按钮，可输入一条新记录；单击“下一条”按钮，可查询下一条记录；单击“上一条”按钮，可查询上一条记录；如图 9-8 和图 9-9 所示。宏达公司 2012 年 1 月员工的基本工资与请假情况如图 9-10 所示。

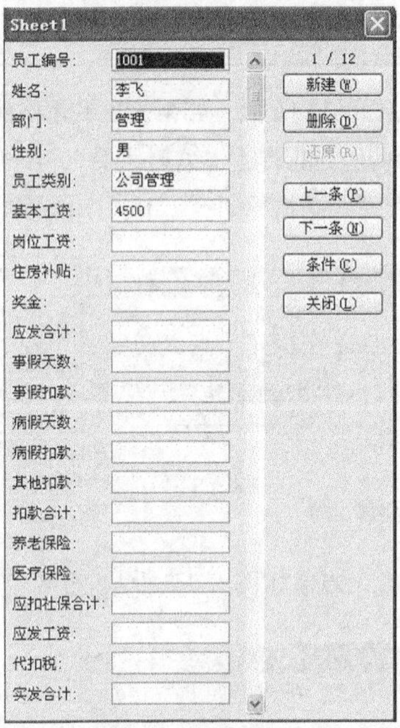

图 9-8 查询记录

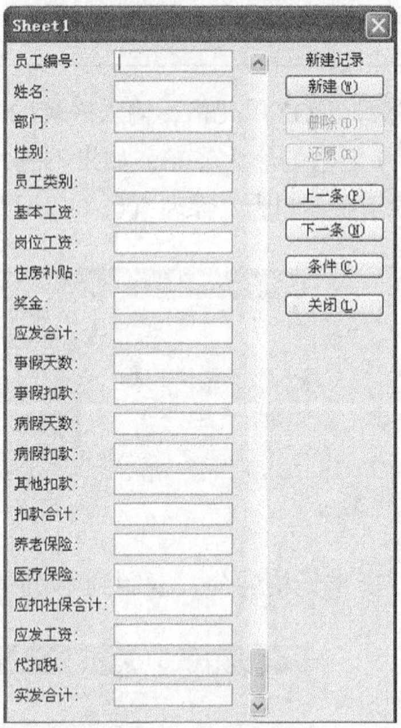

图 9-9 新建记录

	A	B	C	D	E	F	K	M
1	员工编号	姓名	部门	性别	员工类别	基本工资	事假天数	病假天数
2	1001	李飞	管理	男	公司管理	4500		
3	1002	马媛	管理	女	公司管理	4000	2	
4	1003	李正	管理	男	公司管理	3800		2
5	2001	张力	生产	男	生产管理	4000		
6	2002	王沙	生产	男	生产工人	3300		
7	2003	孔丽	生产	女	生产工人	3000		
8	2004	赵阳	生产	男	生产工人	3000	16	
9	3001	白雪	销售	女	销售管理	4000		
10	3002	孙武	销售	男	销售人员	3500		
11	3003	齐磊	销售	男	销售人员	3000		15
12	3004	牛玲	销售	女	销售人员	3000		
13	3005	王林	销售	男	销售人员	3200		

图 9-10 基本工资与请假情况

9.2 工资项目的设置

9.2.1 “岗位工资”项目的设置

根据宏达公司的规定，“岗位工资”根据“员工类别”的不同而不同，具体要求如表 9-3 所示。

表 9-3 岗位工资情况

员 工 类 别	岗 位 工 资
公司管理	1 000
生产管理	1 000
销售管理	1 000
生产工人	500
销售人员	800

（1）光标移到 G2 单元格，输入嵌套的 IF 函数。如图 9-11 所示，如果 G2 单元格的值为“生产工人”，IF（ ）函数的值为 500；如果不是，再进一步判断。如果是“销售人员”，IF（ ）函数的值为 800；如果不是，则为“管理人员（公司管理、生产管理、销售管理）”，IF（ ）函数的值为 1 000。

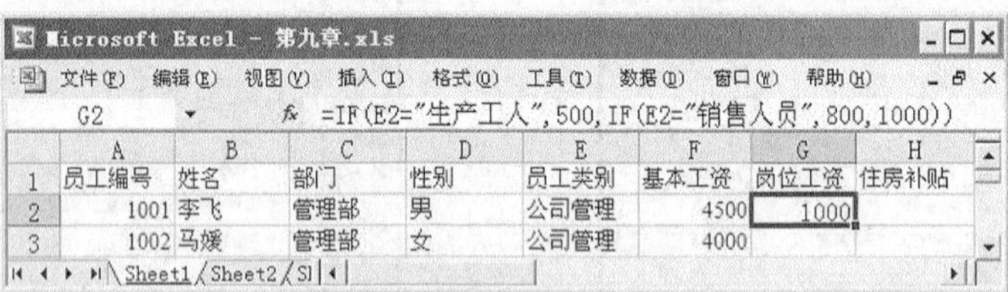

图 9-11 岗位工资的函数设置

（2）将 G2 单元格的公式复制到 G 列的其他单元格，结果如图 9-12 所示。

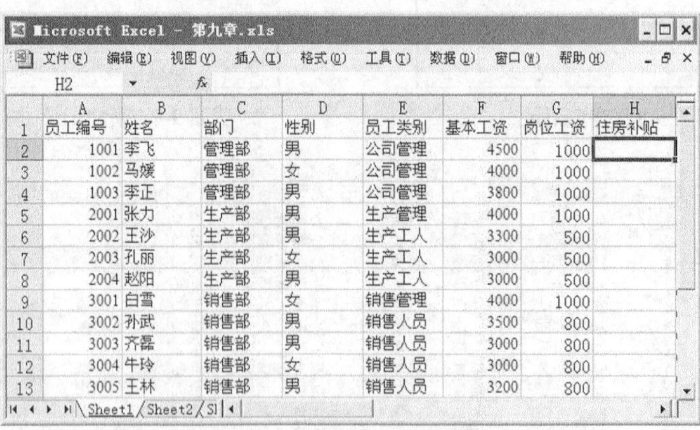

图 9-12 岗位工资设置结果

9.2.2　“住房补贴”项目的设置

在宏达公司，“住房补贴”是根据“员工类别”来决定的，具体要求如表 9-4 所示。

表 9-4　　住房补贴情况

单位：元

员 工 类 别	住 房 补 贴
公司管理	350
生产管理	350
销售管理	350
生产工人	200
销售人员	280

（1）光标移到 H2 单元格，输入嵌套的 IF 函数。如图 9-13 所示，如果 H2 单元格的值为“生产工人”，IF（ ）函数的值为 200；如果不是，则进一步判断。如果是“销售人员”，IF（ ）函数的值为 280；如果不是，则为“管理人员（公司管理、生产管理、销售管理）”，IF（ ）函数的值为 350。

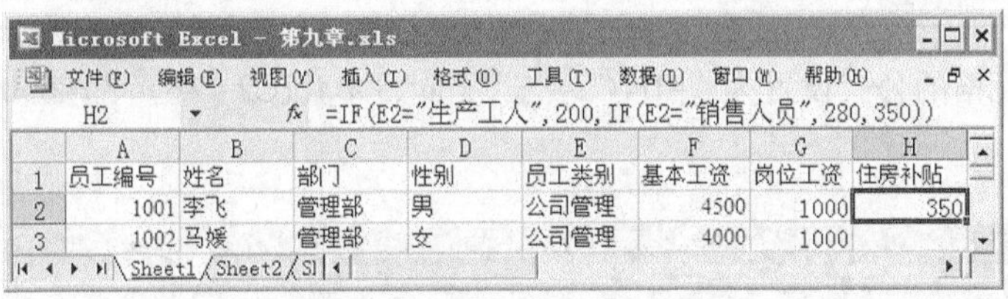

图 9-13　住房补贴的函数设置

（2）将 H2 单元格的公式复制到 H 列的其他单元格，结果如图 9-14 所示。

图 9-14　住房补贴设置结果

9.2.3　“奖金”项目的设置

根据宏达公司的规定，“奖金”是根据部门的效益决定的，具体要求如表 9-5 所示。

表 9-5　　　　　　　　　　　　　　　　　　奖金情况

单位：元

部　门	奖　金
管理部	500
生产部	600
销售部	与个人销售额相关，完成基本销售额 30 万的奖金为 500 元，超额完成的按超出金额的 1%提成，未完成基本销售额的没有奖金

假设销售部本月销售情况完成情况如表 9-6 所示。

表 9-6　　　　　　　　　　　　　　　　　　销售情况

单位：万元

姓　名	销　售　额
白雪	35
孙武	42
齐磊	15
牛玲	36
王林	34

（1）将 I2 单元格的公式设置为 “=IF(C2="管理部",500,IF(C2="生产部",600,"销售部"))”，如图 9-15 所示。

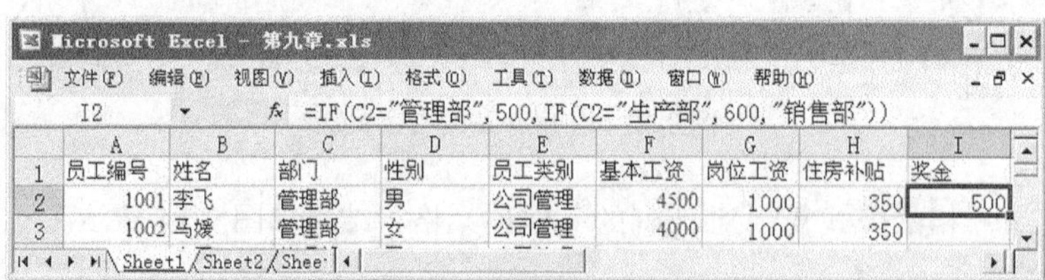

Microsoft Excel - 第九章.xls

I2　=IF(C2="管理部",500,IF(C2="生产部",600,"销售部"))

	A	B	C	D	E	F	G	H	I
1	员工编号	姓名	部门	性别	员工类别	基本工资	岗位工资	住房补贴	奖金
2	1001	李飞	管理部	男	公司管理	4500	1000	350	500
3	1002	马媛	管理部	女	公司管理	4000	1000	350	

图 9-15　奖金的函数设置 1

（2）将 I2 单元格的公式复制到 I 列的其他单元格，结果如图 9-16 所示。

Microsoft Excel - 第九章.xls

I2　=IF(C2="管理部",500,IF(C2="生产部",600,"销售部"))

	A	B	C	D	E	F	G	H	I
1	员工编号	姓名	部门	性别	员工类别	基本工资	岗位工资	住房补贴	奖金
2	1001	李飞	管理部	男	公司管理	4500	1000	350	500
3	1002	马媛	管理部	女	公司管理	4000	1000	350	500
4	1003	李正	管理部	男	公司管理	3800	1000	350	500
5	2001	张力	生产部	男	生产管理	4000	1000	350	600
6	2002	王沙	生产部	男	生产工人	3300	500	200	600
7	2003	孔丽	生产部	女	生产工人	3000	500	200	600
8	2004	赵阳	生产部	男	生产工人	3000	500	200	600
9	3001	白雪	销售部	女	销售管理	4000	1000	350	销售部
10	3002	孙武	销售部	男	销售人员	3500	800	280	销售部
11	3003	齐磊	销售部	男	销售人员	3000	800	280	销售部
12	3004	牛玲	销售部	女	销售人员	3000	800	280	销售部
13	3005	王林	销售部	男	销售人员	3200	800	280	销售部

图 9-16　奖金的设置结果 1

（3）从第一个显示“销售部”的 I9 单元格，将该单元格的公式设置为“=IF(AND(C9="销售部",销售总额!F2>=30),500+100*(销售总额!F2−30),0)”，如图 9-17 所示。（该步骤需要用到销售部的销售总额表，如图 9-18 所示）

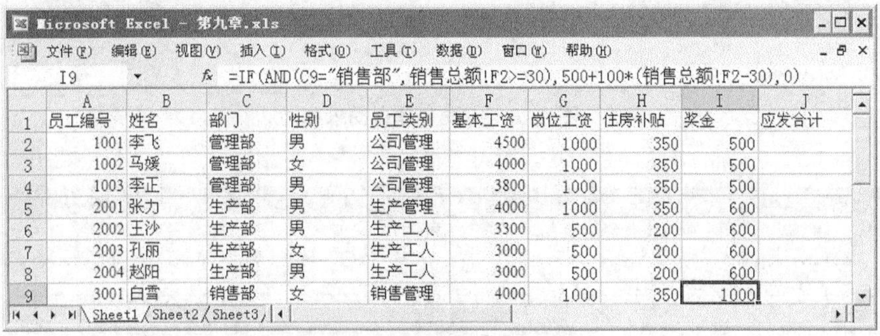

图 9-17 奖金的函数设置 2

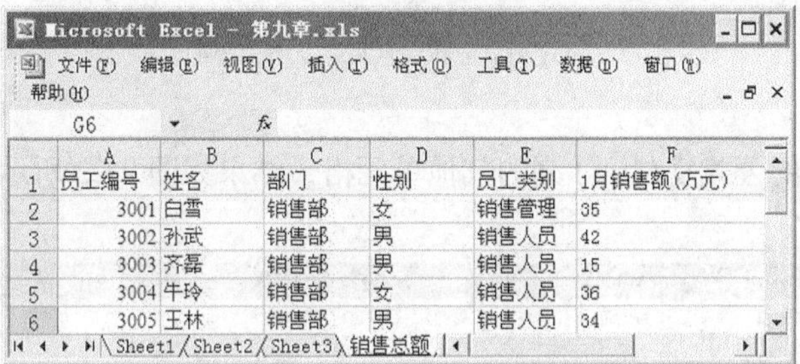

图 9-18 销售总额表

（4）将 I9 单元的公式复制到 I 列的其他显示为“销售部”的单元格，结果如图 9-19 所示。

图 9-19 奖金的设置结果 2

9.2.4 “应发合计”项目的设置

此项目为基本工资、岗位工资、奖金的合计数。

（1）选中 J2 单元格，单击“自动求和”按钮“Σ”，或直接在 J2 单元格中进行公式设置“=SUM(F2：I2)”，如图 9-20、图 9-21 所示。

图 9-20　应发合计自动求和

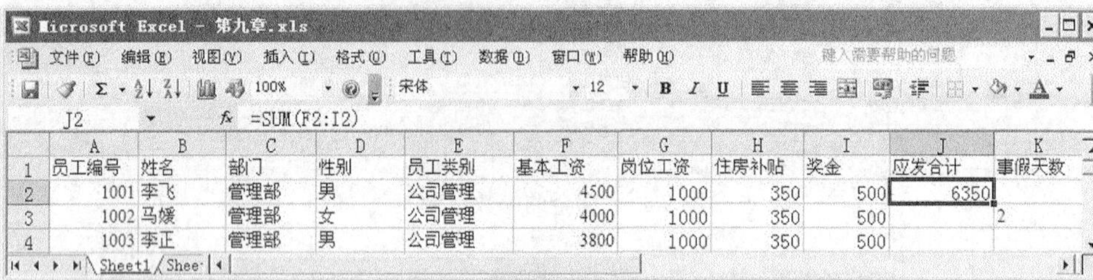

图 9-21　应发合计的函数设置

（2）将 J2 单元格的公式复制到 J 列的其他单元格，结果如图 9-22 所示。

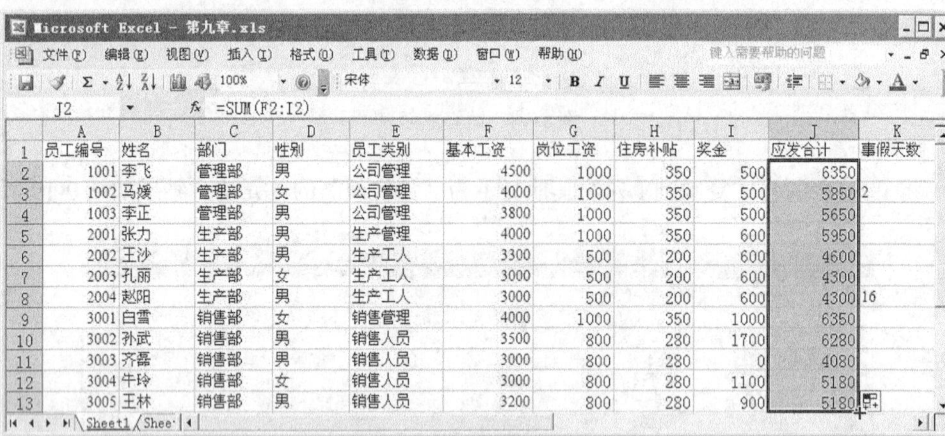

图 9-22　应发合计设置结果

9.2.5　“事假扣款”项目的设置

在宏达公司，“事假扣款”与事假天数相关，具体如表 9-7 所示。

表 9-7　　事假扣款情况

事 假 天 数	事 假 扣 款
>14 天	应发工资的 80%
<=14 天	（应发工资/22）× 事假天数

（1）将 L2 单元格的公式设置为“=IF(K2>14，J2*0.8，J2/22*K2)”，如图 9-23 所示。

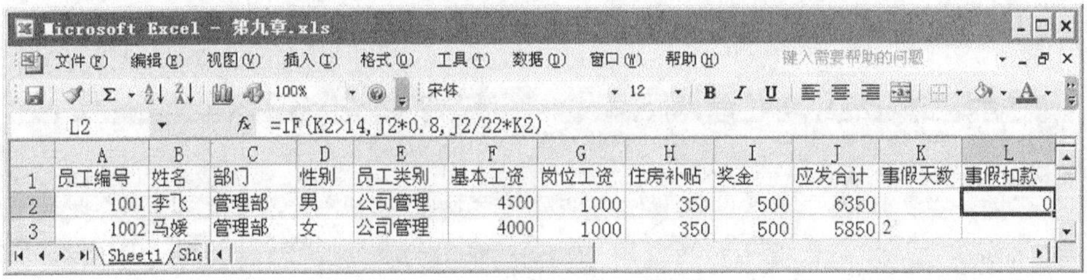

图 9-23　事假扣款的函数设置

（2）将 L2 单元格的公式复制到 L 列的其他单元格，结果如图 9-24 所示。

图 9-24　事假扣款的设置结果

9.2.6　“病假扣款”项目的设置

在宏达公司，“病假扣款”由病假天数和员工类别来决定，具体如表 9-8 所示。

表 9-8　病假扣款情况

病 假 天 数	员 工 类 别	病 假 扣 款
>14 天	生产工人	500
>14 天	非生产工人	800
≤14 天	生产工人	300
≤14 天	非生产工人	500

（1）将 N2 单元格的公式设置为“=IF(M2=0，0，IF(M2<=14，IF(E2="生产工人"，300，500)，IF(E2="生产工人"，500，800)))”，如图 9-25 所示。

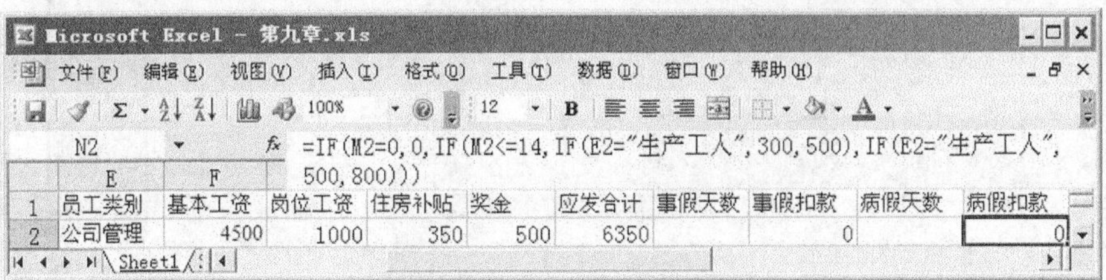

图 9-25　病假扣款的函数设置

（2）将 N2 单元格的公式复制到 N 列的其他单元格，结果如图 9-26 所示。

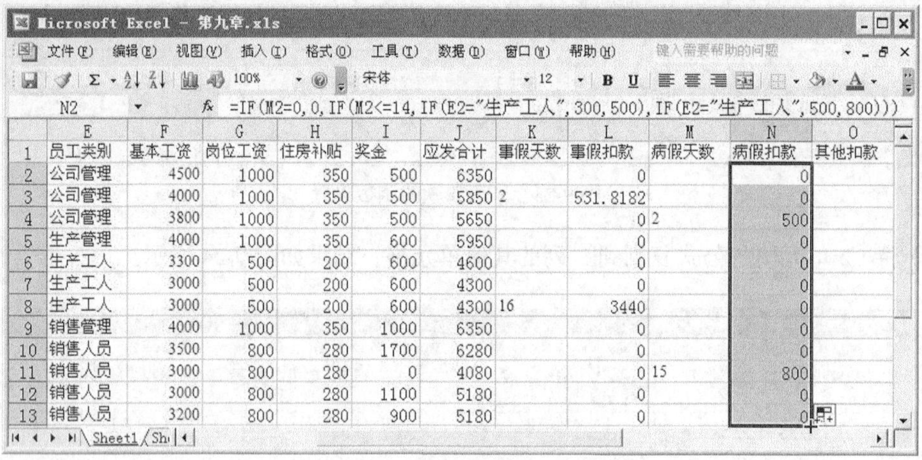

图 9-26　病假扣款的设置结果

9.2.7　“扣款合计”项目的设置

扣款合计是“事假扣款”和“病假扣款”与“其他扣款”的合计，假设本月没有发生其他扣款。

（1）将 P2 单元格的公式设置为“=L2+N2+O2”，如图 9-27 所示。

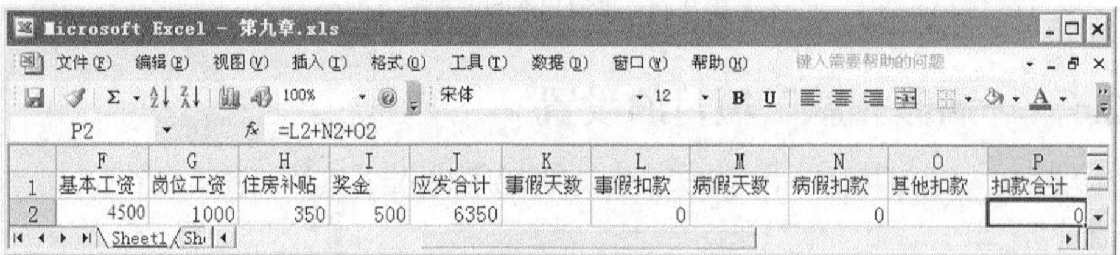

图 9-27　扣款合计的公式设置

（2）将 P2 单元格的公式复制到 P 列的其他单元格，结果如图 9-28 所示。

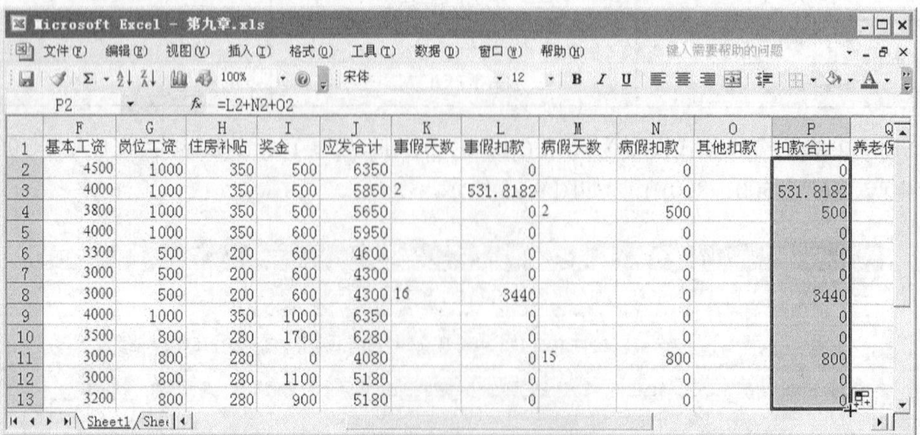

图 9-28　扣款合计的设置结果

9.2.8 “养老保险”、“医疗保险”项目的设置

在宏达公司，“养老保险”按基本工资+岗位工资的 8%扣除。“医疗保险”是按基本工资+岗位工资的 2%扣除。

（1）将 Q2 单元格的公式设置为“=(F2+G2)*0.08”，如图 9-29 所示。

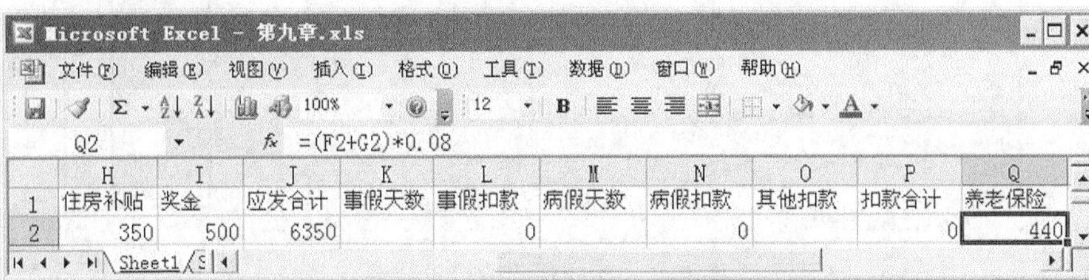

Q2 fx =(F2+G2)*0.08

	H	I	J	K	L	M	N	O	P	Q
1	住房补贴	奖金	应发合计	事假天数	事假扣款	病假天数	病假扣款	其他扣款	扣款合计	养老保险
2	350	500	6350		0		0		0	440

图 9-29 养老保险的公式设置

（2）将 Q2 单元格的公式复制到 Q 列的其他单元格，结果如图 9-30 所示。

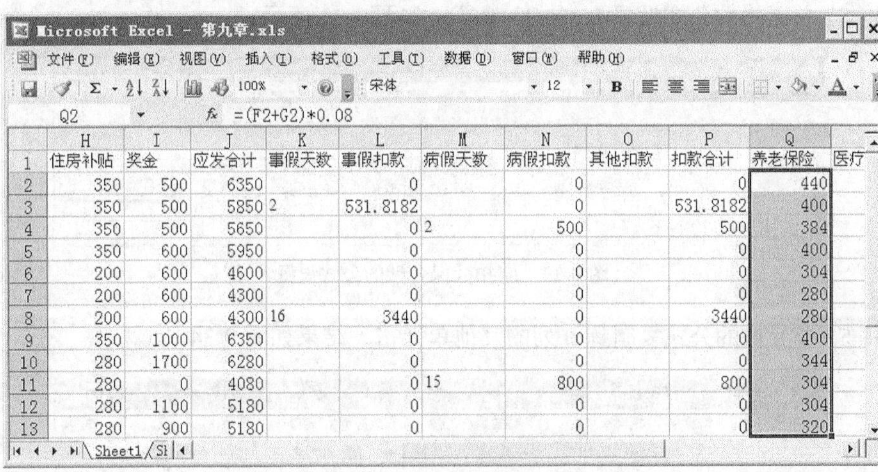

Q2 fx =(F2+G2)*0.08

	H	I	J	K	L	M	N	O	P	Q	
1	住房补贴	奖金	应发合计	事假天数	事假扣款	病假天数	病假扣款	其他扣款	扣款合计	养老保险	医疗
2	350	500	6350		0		0		0	440	
3	350	500	5850	2	531.8182		0		531.8182	400	
4	350	500	5650		0	2	500		500	384	
5	350	600	5950		0		0		0	400	
6	200	600	4600		0		0		0	304	
7	200	600	4300		0		0		0	280	
8	200	600	4300	16	3440		0		3440	280	
9	350	1000	6350		0		0		0	400	
10	280	1700	6280		0		0		0	344	
11	280	0	4080		0	15	800		800	304	
12	280	1100	5180		0		0		0	304	
13	280	900	5180		0		0		0	320	

图 9-30 养老保险的设置结果

（3）将 R2 单元格的公式设置为“=(F2+G2)*0.02”，如图 9-31 所示。

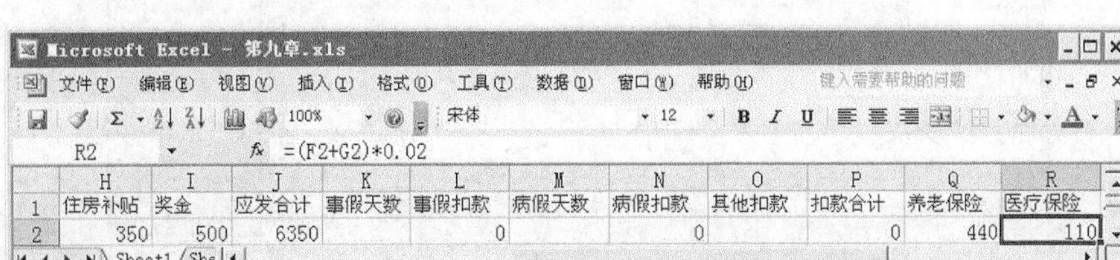

R2 fx =(F2+G2)*0.02

	H	I	J	K	L	M	N	O	P	Q	R
1	住房补贴	奖金	应发合计	事假天数	事假扣款	病假天数	病假扣款	其他扣款	扣款合计	养老保险	医疗保险
2	350	500	6350		0		0		0	440	110

图 9-31 医疗保险的公式设置

（4）将 R2 单元格的公式复制到 R 列的其他单元格，结果如图 9-32 所示。

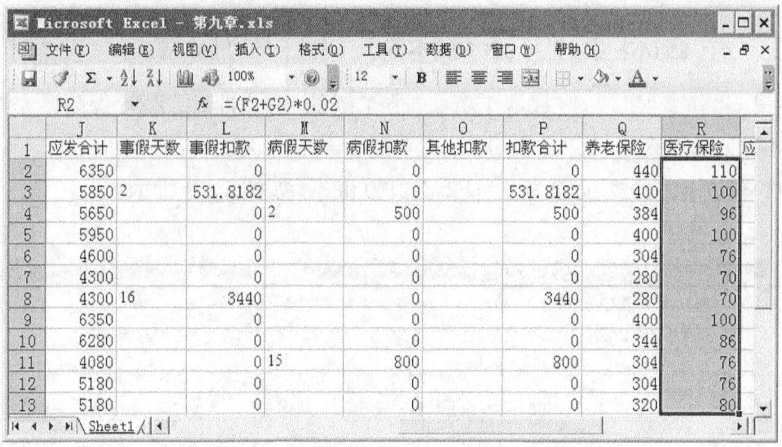

Microsoft Excel - 第九章.xls

R2 = (F2+G2)*0.02

	J	K	L	M	N	O	P	Q	R
1	应发合计	事假天数	事假扣款	病假天数	病假扣款	其他扣款	扣款合计	养老保险	医疗保险
2	6350		0		0		0	440	110
3	5850	2	531.8182		0		531.8182	400	100
4	5650		0	2	500		500	384	96
5	5950		0		0		0	400	100
6	4600		0		0		0	304	76
7	4300		0		0		0	280	70
8	4300	16	3440		0		3440	280	70
9	6350		0		0		0	400	100
10	6280		0		0		0	344	86
11	4080		0	15	800		800	304	76
12	5180		0		0		0	304	76
13	5180		0		0		0	320	80

图 9-32 医疗保险的设置结果

9.2.9 “应扣社保合计”项目的设置

应扣社保合计为“养老保险”和“医疗保险”的合计。

（1）将 S2 单元格的公式设置为“=Q2+R2”，如图 9-33 所示。

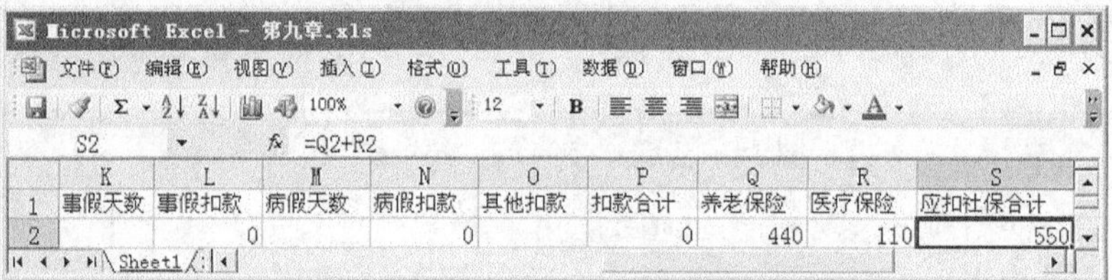

Microsoft Excel - 第九章.xls

S2 =Q2+R2

	K	L	M	N	O	P	Q	R	S
1	事假天数	事假扣款	病假天数	病假扣款	其他扣款	扣款合计	养老保险	医疗保险	应扣社保合计
2		0		0		0	440	110	550

图 9-33 应扣社保合计的公式设置

（2）将 S2 单元格的公式复制到 S 列的其他单元格，结果如图 9-34 所示。

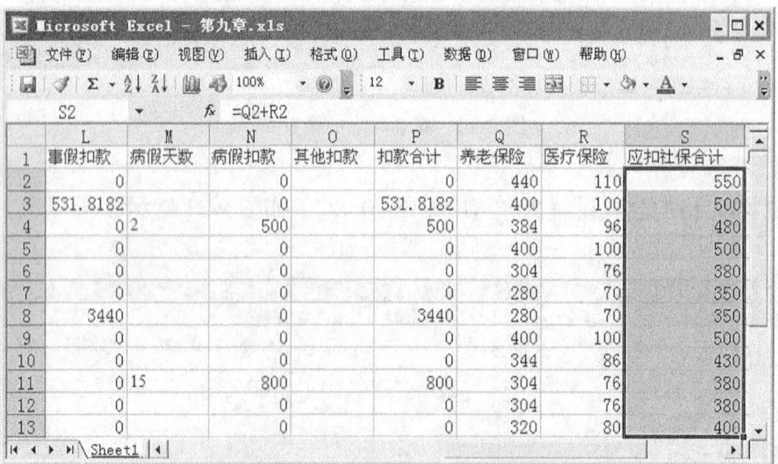

Microsoft Excel - 第九章.xls

S2 =Q2+R2

	L	M	N	O	P	Q	R	S
1	事假扣款	病假天数	病假扣款	其他扣款	扣款合计	养老保险	医疗保险	应扣社保合计
2	0		0		0	440	110	550
3	531.8182		0		531.8182	400	100	500
4	0	2	500		500	384	96	480
5	0		0		0	400	100	500
6	0		0		0	304	76	380
7	0		0		0	280	70	350
8	3440		0		3440	280	70	350
9	0		0		0	400	100	500
10	0		0		0	344	86	430
11	0	15	800		800	304	76	380
12	0		0		0	304	76	380
13	0		0		0	320	80	400

图 9-34 应扣社保合计的设置结果

9.2.10 “应发工资”项目的设置

应发工资是“应发合计”和“扣款合计”、“应扣社保合计”的差额。

（1）将 T2 单元格的公式设置为“=J2 – P2 – S2”，如图 9-35 所示。

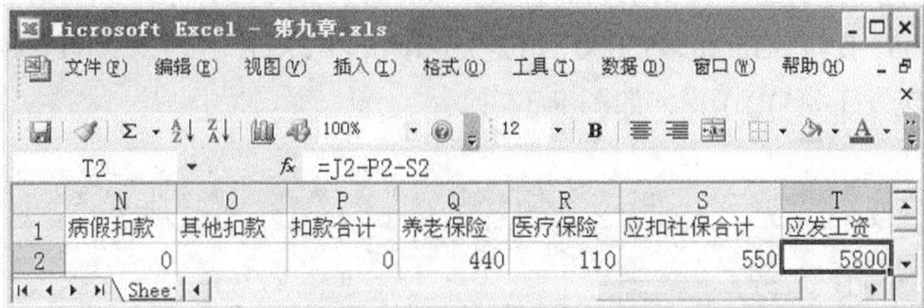

Microsoft Excel - 第九章.xls

T2　　fx =J2-P2-S2

	N	O	P	Q	R	S	T
1	病假扣款	其他扣款	扣款合计	养老保险	医疗保险	应扣社保合计	应发工资
2	0		0	440	110	550	5800

图 9-35　应发工资的公式设置

（2）将 T2 单元格的公式复制到 T 列的其他单元格，结果如图 9-36 所示。

Microsoft Excel - 第九章.xls

T2　　fx =J2-P2-S2

	N	O	P	Q	R	S	T
1	病假扣款	其他扣款	扣款合计	养老保险	医疗保险	应扣社保合计	应发工资
2	0		0	440	110	550	5800
3	0		531.8182	400	100	500	4818.182
4	500		500	384	96	480	4670
5	0		0	400	100	500	5450
6	0		0	304	76	380	4220
7	0		0	280	70	350	3950
8	0		3440	280	70	350	510
9	0		0	400	100	500	5850
10	0		0	344	86	430	5850
11	800		800	304	76	380	2900
12	0		0	304	76	380	4800
13	0		0	320	80	400	4780

图 9-36　应发工资的设置结果

9.2.11　“代扣税”项目的设置

代扣所得税应当是根据应发工资的数额而定，根据该企业的情况，假设要求如表 9-9 所示。

表 9-9　　所得税情况

单位：元

应发工资−2 000	代　扣　税
应发工资−3 500≤0	0
<0 应发工资−3 500≤1 500	（应发工资−3 500）*0.03
1 500<应发工资−3 500≤4 500	（应发工资−3 500）*0.10−105
4 500<应发工资−3 500≤9 000	（应发工资−3 500）*0.20−555
9 000<应发工资−3 500≤35 000	（应发工资−3 500）*0.25−1 005
35 000<应发工资−3 500≤55 000	（应发工资−3 500）*0.30−2 755
55 000<应发工资−3 500≤80 000	（应发工资−3 500）*0.35−5 505
80 000<应发工资−3 500	复核应发工资

（1）将 U2 单元格的公式设置为“=IF(T2-3500<=0，0，IF(T2-3500<=1500，(T2-3500)*0.03，IF(T2-3500<=4500，(T2-3500)*0.1-105，IF(T2-3500<=9000，(T2-3500)*0.20-555，IF(T2-3500<=35000，(T2-3500)*0.25-1005，IF(T2-3500<=55000，(T2-3500)*0.30-2755，IF(T2-3500<=80000，(T2-3500)*0.35-5505，"复核应发工资")))))))”，如图 9-37 所示。

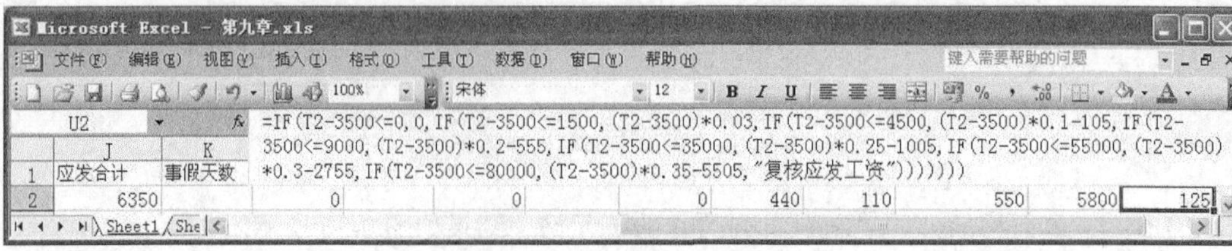

图 9-37　代扣税的函数设置

（2）将 U2 单元格的公式复制到 U 列的其他单元格，结果如图 9-38 所示。

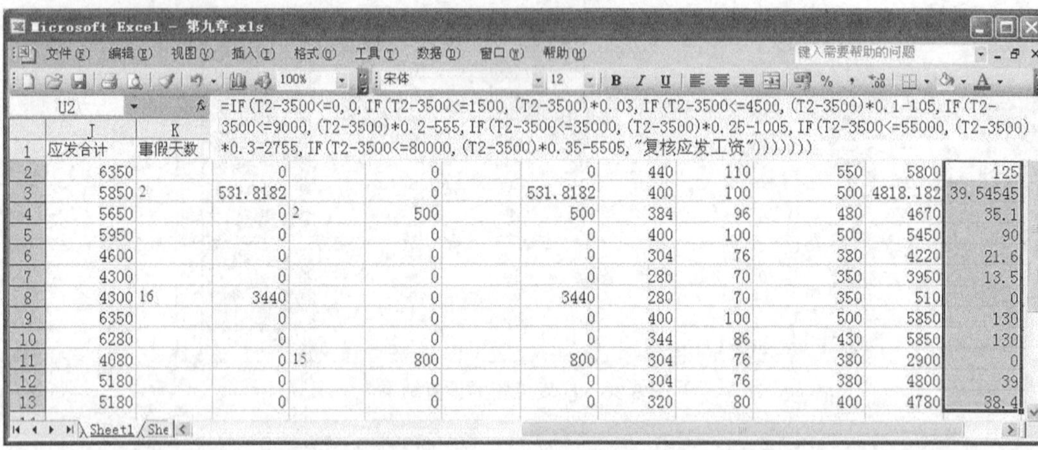

图 9-38　代扣税的函数设置结果

9.2.12　“实发合计”项目的设置

实发合计即实发工资，是“应发工资”与“代扣税”的差。

（1）将 V2 单元格的公式设置为“=T2-U2”，如图 9-39 所示。

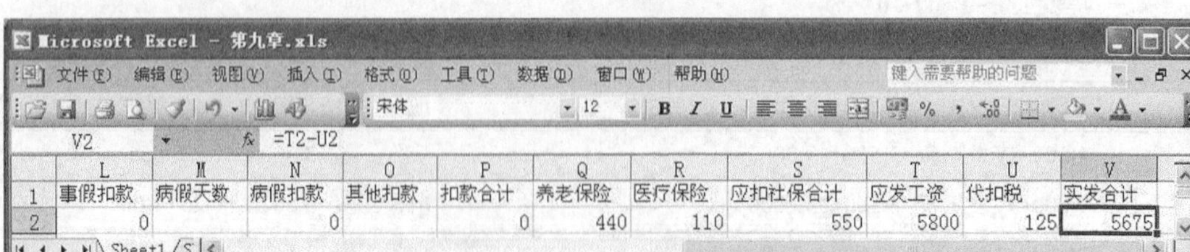

图 9-39　实发合计的公式设置

（2）将 V2 单元格的公式复制到 V 列的其他单元格，结果如图 9-40 所示。

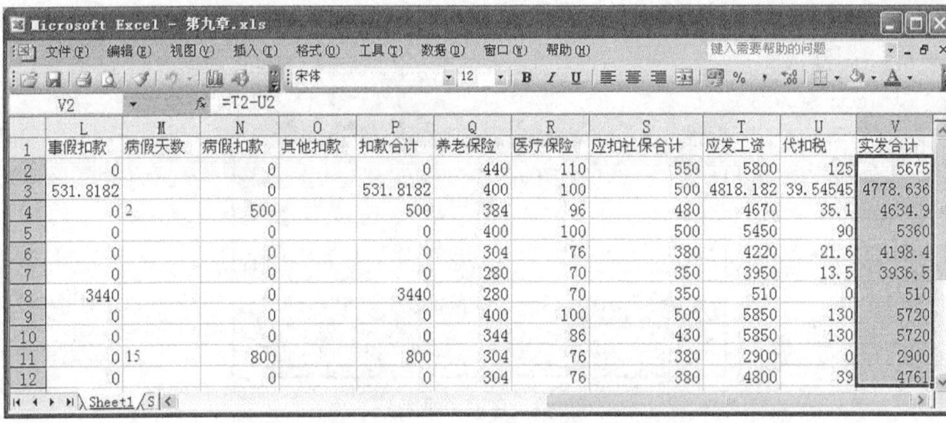

Microsoft Excel - 第九章.xls

V2　=T2-U2

	L	M	N	O	P	Q	R	S	T	U	V
1	事假扣款	病假天数	病假扣款	其他扣款	扣款合计	养老保险	医疗保险	应扣社保合计	应发工资	代扣税	实发合计
2	0		0		0	440	110	550	5800	125	5675
3	531.8182		0		531.8182	400	100	500	4818.182	39.54545	4778.636
4	0	2	500		500	384	96	480	4670	35.1	4634.9
5	0		0		0	400	100	500	5450	90	5360
6	0		0		0	304	76	380	4220	21.6	4198.4
7	0		0		0	280	70	350	3950	13.5	3936.5
8	3440		0		3440	280	70	350	510	0	510
9	0		0		0	400	100	500	5850	130	5720
10	0		0		0	344	86	430	5850	130	5720
11	0	15	800		800	304	76	380	2900	0	2900
12	0		0		0	304	76	380	4800	39	4761

图 9-40　实发合计的设置结果

9.3　工资数据的查询与汇总分析

9.3.1　利用筛选功能进行工资数据的查询

要利用筛选功能进行工资数据的查询，首先要选择"数据"|"筛选"|"自动筛选"命令，进入筛选状态，如图 9-41 所示。

Microsoft Excel - 第九章.xls

	A	B	C	D	E	F	G	H	I	J
1	员工编号	姓名	部门	性别	员工类别	基本工资	岗位工资	住房补贴	奖金	应发合计
2	1001	李飞	管理部	男	公司管理	4500	1000	350	500	6350
3	1002	马媛	管理部	女	公司管理	4000	1000	350	500	5850
4	1003	李正	管理部	男	公司管理	3800	1000	350	500	5650
5	2001	张力	生产部	男	生产管理	4000	1000	350	600	5950
6	2002	王沙	生产部	男	生产工人	3300	500	200	600	4600
7	2003	孔丽	生产部	女	生产工人	3000	500	200	600	4300
8	2004	赵阳	生产部	男	生产工人	3000	500	200	600	4300
9	3001	白雪	销售部	女	销售管理	4000	1000	350	1000	6350
10	3002	孙武	销售部	男	销售人员	3500	800	280	1700	6280
11	3003	齐磊	销售部	男	销售人员	3000	800	280	0	4080
12	3004	牛玲	销售部	女	销售人员	3000	800	280	1100	5180
13	3005	王林	销售部	男	销售人员	3200	800	280	900	5180
14										

图 9-41　筛选状态

1. 以员工姓名为依据进行查询。例如，查询姓名为"白雪"的员工工资情况。

（1）单击"姓名"列的下拉按钮，在弹出的下拉列表中选择"自定义"选项，如图 9-42 所示。

Microsoft Excel - 第九章.xls

	A	B	C	D	E	F	G	H	I	J
1	员工编号	姓名	部门	性别	员工类别	基本工资	岗位工资	住房补贴	奖金	应发合计
2			管理部	男	公司管理	4500	1000	350	500	6350
3			管理部	女	公司管理	4000	1000	350	500	5850
4			管理部	男	公司管理	3800	1000	350	500	5650
5			生产部	男	生产管理	4000	1000	350	600	5950

图 9-42　自定义筛选

（2）在打开的对话框中输入需要查询的员工姓名，如图 9-43 所示。单击“确定”按钮，查询结果如图 9-44 所示。

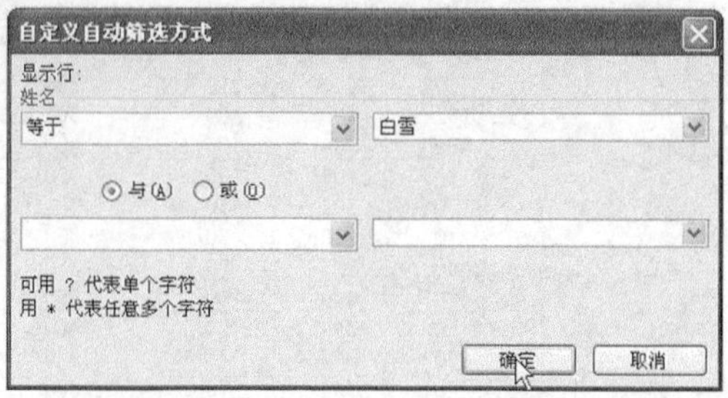

图 9-43　自定义筛选条件

图 9-44　筛选结果

2. 以部门为依据进行查询。例如，查询销售部的所有员工的工资情况。

（1）单击“部门”列的下拉按钮，在弹出的下拉列表中选择“销售部”选项，如图 9-45 所示。查询结果如图 9-46 所示。

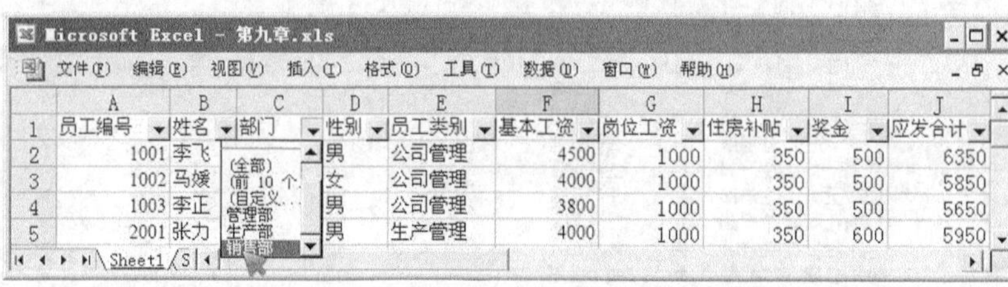

图 9-45　选择查询

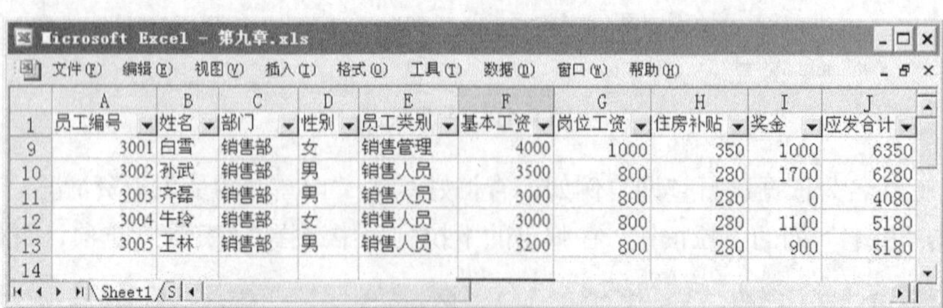

图 9-46　查询结果

（2）如果要返回原来的状态，则单击相应列的下拉按钮然后选择“全部”选项，如图 9-47 所示。

3. 以员工类别和基本工资为依据进行查询。例如，查询生产工人中基本工资低于或等于 3 000 的员工的工资情况。

图 9-47　返回原来状态

（1）单击“员工类别”列的下拉按钮，选择“生产工人”选项，如图 9-48 所示。

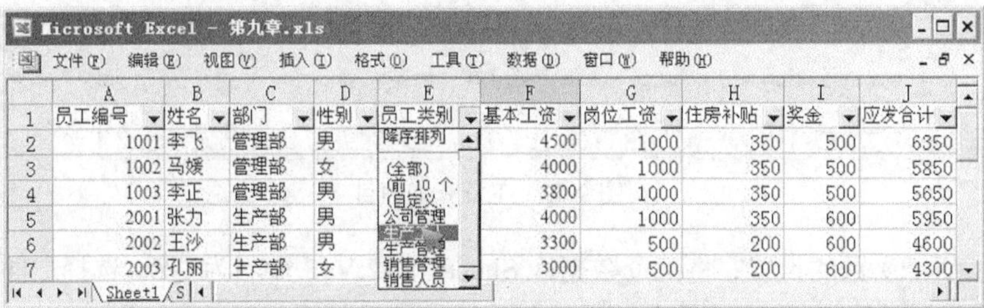

图 9-48　选择筛选

（2）单击“基本工资”列的下拉按钮，选择“自定义”选项，在打开的对话框中输入基本工资小于或等于 3 000 的筛选条件，如图 9-49、图 9-50 所示。单击“确定”按钮，查询结果如图 9-51 所示。

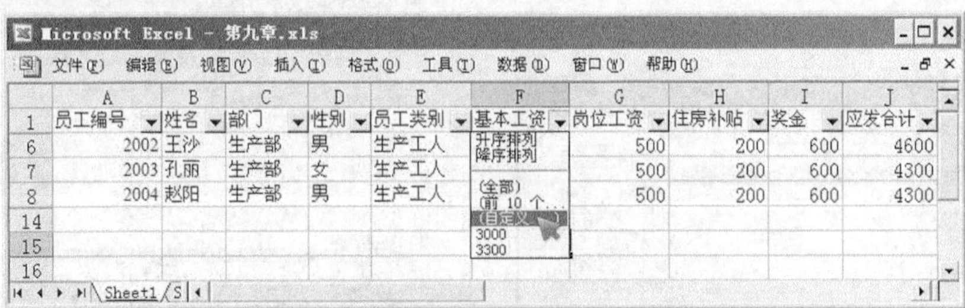

图 9-49　自定义筛选

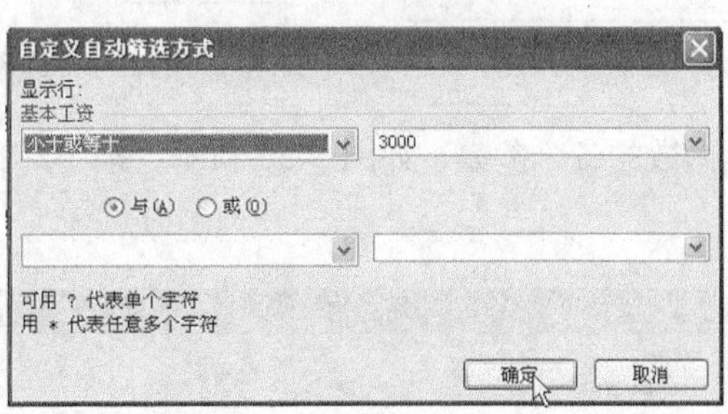

图 9-50　自定义筛选条件

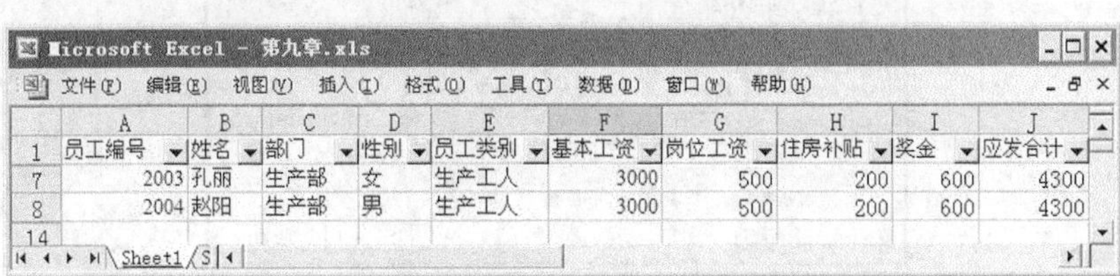

图 9-51　筛选结果

如果要退出筛选状态，选择“数据”|“筛选”|“自动筛选”命令。

9.3.2 利用 VLOOKUP 函数进行工资数据的查询

利用 VLOOKUP 函数，依据员工的姓名查询个人工资情况。

（1）将当前工作表切换到 Sheet2，并将它重命名为“工资查询”，在“工资查询”表中输入个工资项目，如图 9-52 所示。

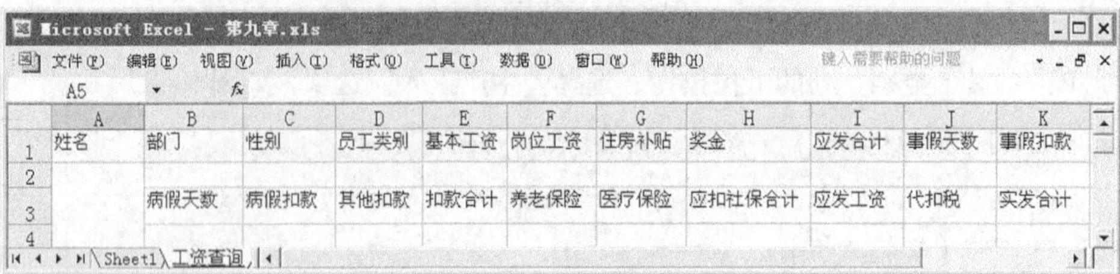

图 9-52 工资查询项目

（2）为了便于函数的设置，将工资数据区 Sheet1！B2:V13 命名为 GZ，选择“插入”|“名称”|“定义”命令，区域选择完毕，单击“添加”按钮。结果如图 9-53 所示。

（3）将光标移动到 B2 单元格，选择“插入”|“函数”命令，在打开的对话框中选择 VLOOKUP 函数，如图 9-54 所示。

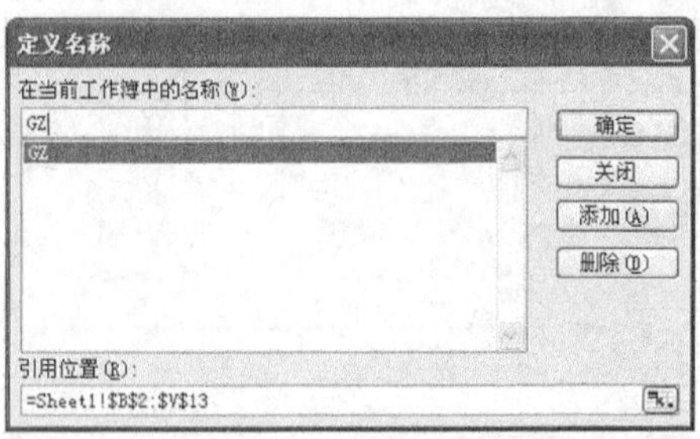

图 9-53 选定区域命名

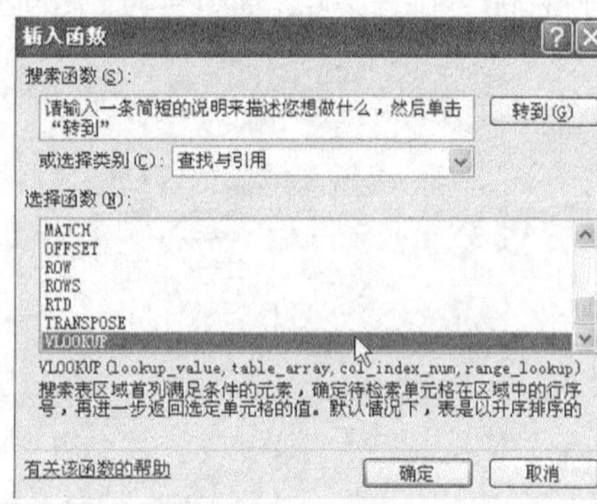

图 9-54 选择 VLOOKUP 函数

（4）设置 VLOOKUP 函数的各个参数，如图 9-55 所示，则 B2 单元格的公式设置如图 9-56 所示。

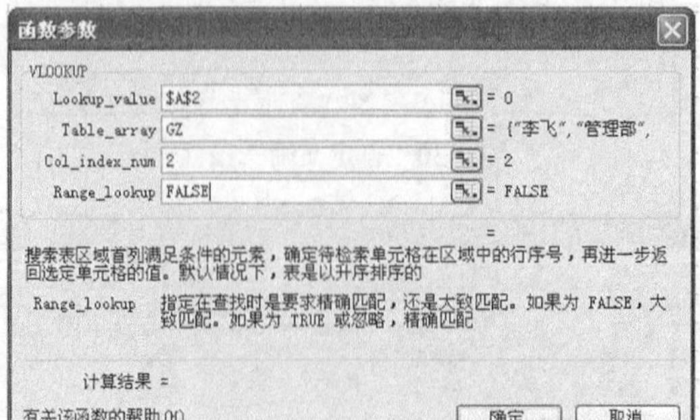

图 9-55 输入 VLOOKUP 函数的各参数

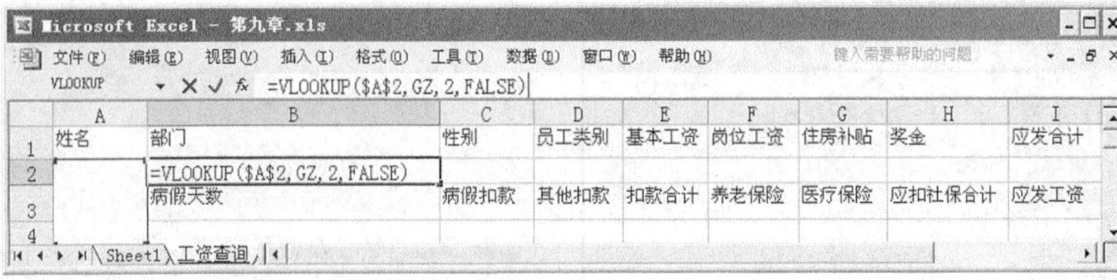

图 9-56　B2 单元格的公式设置

（5）将 B2 单元格的公式复制到其他单元格，并修改 Col_index_num 参数，即按照此项在 GZ 中对应的列数修改。

（6）在 A2 单元格输入需要查询的员工姓名，即可查询出此员工的工资情况，如图 9-57、图 9-58 所示。

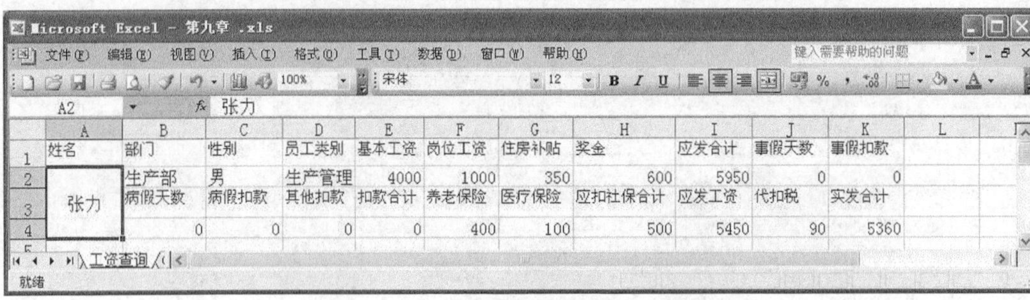

图 9-57　查询结果

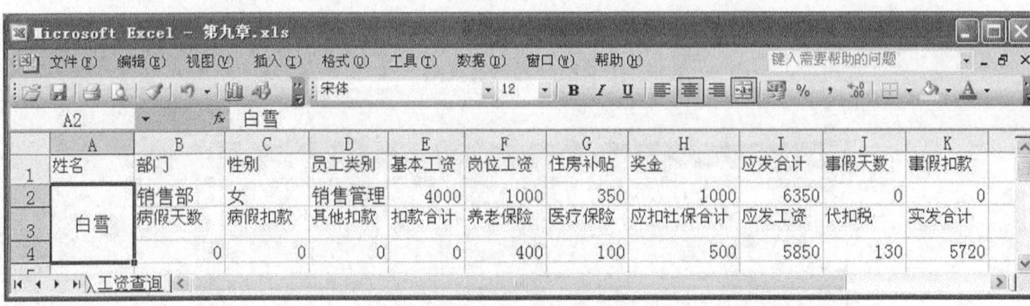

图 9-58　查询结果

9.3.3　依据部门和员工类别的统计分析

计算每一部门每一员工类别“应发工资”汇总数和“实发合计”的汇总数。

（1）选择“数据”|“数据透视表和数据透视图”命令，在打开的对话框中选中“数据透视图（数据透视表）”单选按钮，如图 9-59 所示。

（2）单击“下一步”按钮，选择需要汇总的工资数据区域，如图 9-60 所示。进入下一步，选择数据透视表产生的位置，选择产生在新建的工作表上，单击“完成”按钮。

（3）将“应发工资”、“部门”、“员工类别”分别拖至上方的“页字段”、右方的“系列字段”和下方的“其他分类字段”处，即产生“应发工资”按部门与员工类别的数据透视图和数据透视汇总表，如图 9-61、图 9-62 所示。

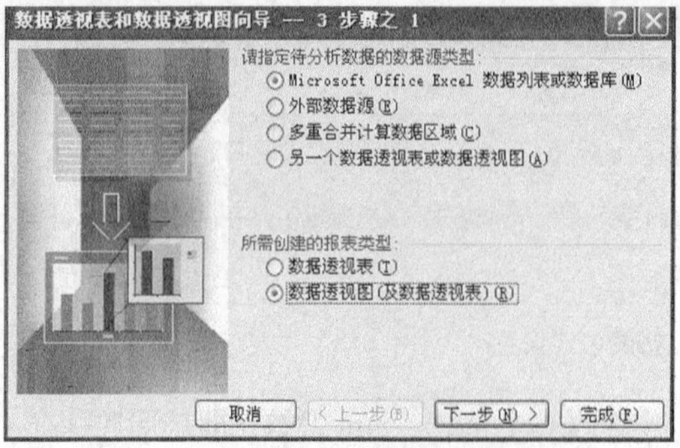

图 9-59　数据透视图和数据透视表向导

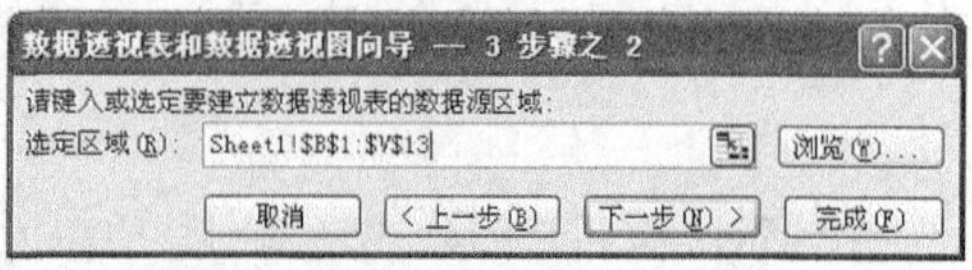

图 9-60　选择要汇总的数据区域

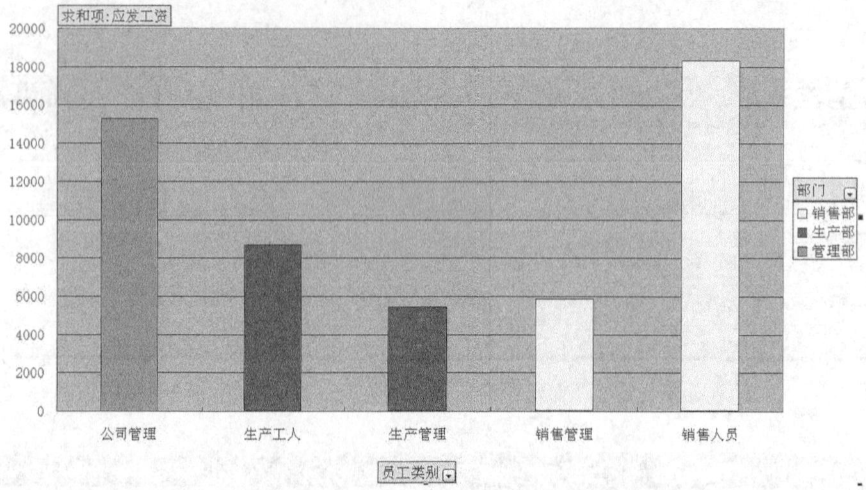

图 9-61　数据透视图

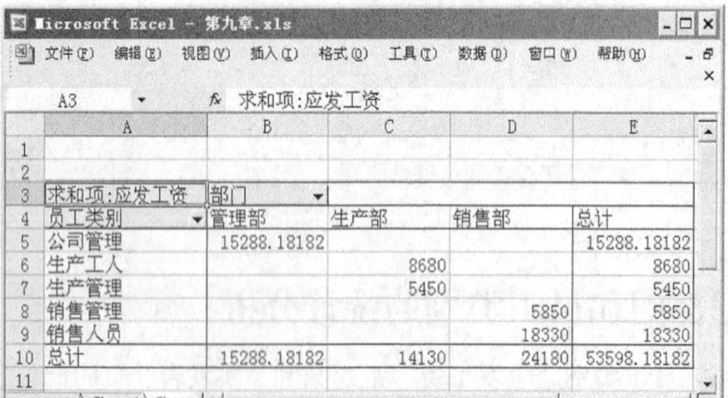

Microsoft Excel - 第九章.xls

A3　求和项:应发工资

	A	B	C	D	E
1					
2					
3	求和项:应发工资	部门			
4	员工类别	管理部	生产部	销售部	总计
5	公司管理	15288.18182			15288.18182
6	生产工人		8680		8680
7	生产管理		5450		5450
8	销售管理			5850	5850
9	销售人员			18330	18330
10	总计	15288.18182	14130	24180	53598.18182
11					

图 9-62　数据透视汇总表

（4）选择数据透视图，选择“图表”|“图表选项”命令，在打开的对话框的“数字标志”选项卡中选择“显示值”选项，即可在数据透视表上显示数字，如图 9-63 所示。

（5）选择“视图”|“工具栏”|“数据透视表”命令，先将“应发工资”拖至“数据透视表字段列表”，如图 9-64 所示。然后将“实发合计”项拖至上方的“求和项”，即可变成“实发合计”的透视表和透视图，如图 9-65、图 9-66 所示。

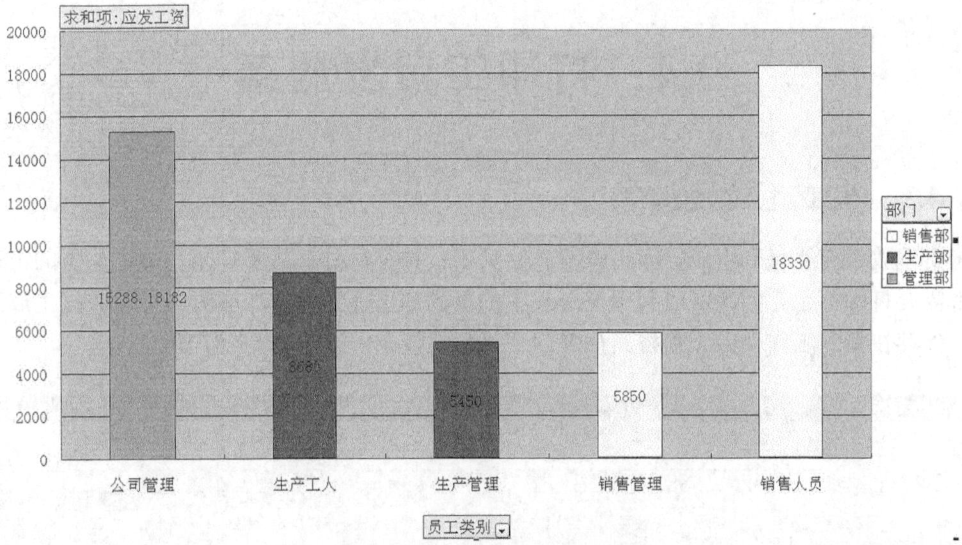

图 9-63　带有数据标志的透视图

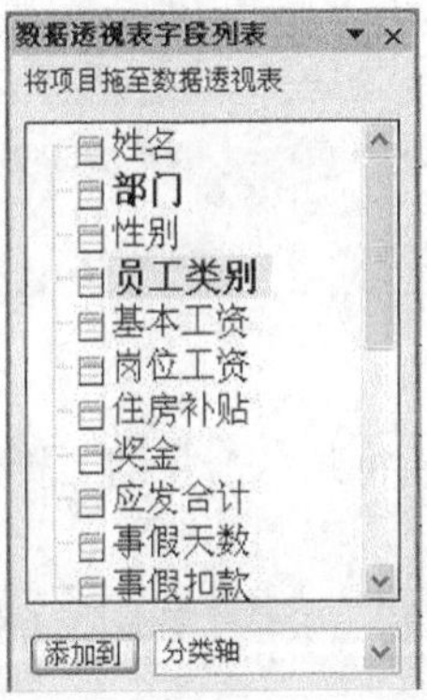

图 9-64　数据透视表字段列表图

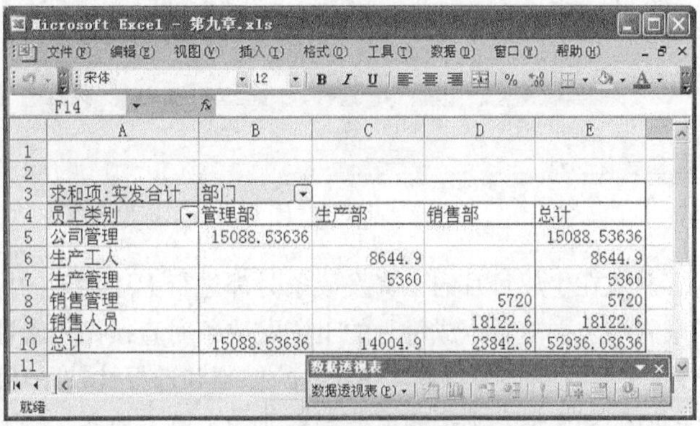

图 9-65　实发合计的数据透视表

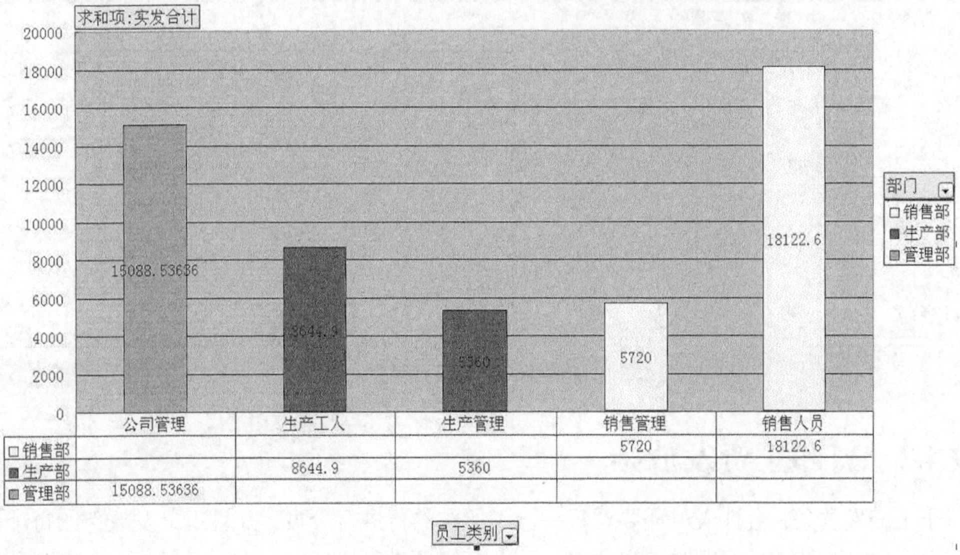

图 9-66　实发合计的带有数据表的数据透视图

9.4 打印工资发放条

9.4.1 生成工资发放条

工资发放条需要每月生成打印出来发放给员工，并且每月都需要打印。每个员工的工资发放条上都需要打印标题，因此可以利用 Excel 中的复制和选择性粘贴功能由工资表数据生成工资发放条，保存在新的工作表中，并将其命名为“工资发放条一”，如图 9-67 所示。

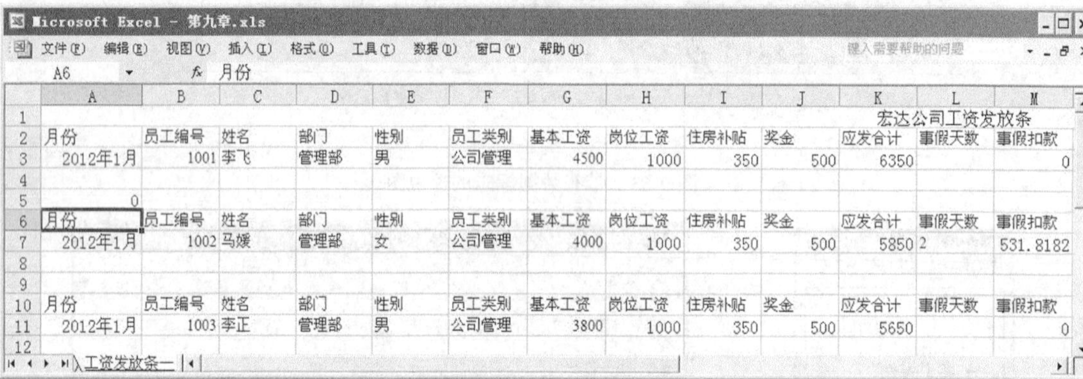

	A	B	C	D	E	F	G	H	I	J	K	L	M
1												宏达公司工资发放条	
2	月份	员工编号	姓名	部门	性别	员工类别	基本工资	岗位工资	住房补贴	奖金	应发合计	事假天数	事假扣款
3	2012年1月	1001	李飞	管理部	男	公司管理	4500	1000	350	500	6350		0
4													
5	0												
6	月份	员工编号	姓名	部门	性别	员工类别	基本工资	岗位工资	住房补贴	奖金	应发合计	事假天数	事假扣款
7	2012年1月	1002	马媛	管理部	女	公司管理	4000	1000	350	500	5850	2	531.8182
8													
9													
10	月份	员工编号	姓名	部门	性别	员工类别	基本工资	岗位工资	住房补贴	奖金	应发合计	事假天数	事假扣款
11	2012年1月	1003	李正	管理部	男	公司管理	3800	1000	350	500	5650		0
12													

图 9-67　工资发放条一

为了避免在生成每月的工资发放条时都进行上述烦琐的操作，可以将某一个月的工资发放条的操作录制为宏，随后生成每月的工资发放条时直接调用宏即可。

此外，会计人员还可以利用 Excel 的复制和选择性粘贴功能直接复制工资表，如图 9-68 所示。通过打印时的相应设计来编制另一种格式的工资发放条。

	A	B	C	D	E	F	G	H	I	J	K	L	M
1										宏达公司工资发放条			
2	月份	员工编号	姓名	部门	基本工资	岗位工资	住房补贴	奖金	应发合计	事假扣款	病假扣款	其他扣款	扣款合计
3	2012年1月	1001	李飞	管理部	4500	1000	350	500	6350	0	0		0
4	2012年1月	1002	马媛	管理部	4000	1000	350	500	5850	531.8182	0		531.8182
5	2012年1月	1003	李正	管理部	3800	1000	350	500	5650	0	500		500
6	2012年1月	2001	张力	生产部	4000	1000	350	600	5950	0	0		0
7	2012年1月	2002	王沙	生产部	3300	500	200	600	4600	0	0		0
8	2012年1月	2003	孔丽	生产部	3000	500	200	600	4300	0	0		0
9	2012年1月	2004	赵阳	生产部	3000	500	200	600	4300	3440	0		3440
10	2012年1月	3001	白雪	销售部	4000	1000	350	1000	6350	0	0		0
11	2012年1月	3002	孙武	销售部	3500	800	280	1700	6280	0	0		0
12	2012年1月	3003	齐磊	销售部	3000	800	280	0	4080	0	800		800

图 9-68　工资发放条二

9.4.2 打印工资发放条

对于工资发放条，会计人员需要对每一员工所在的行进行分页，并且工资发放条的每个员工的工资所在页都需要打印出标题和工资项目，因此还需要进行设置跨页列、行标题，最后进行打印。

（1）插入分页符。选择第 4 行，选择“插入”|“分页符”命令，从第一个员工下方开始插入行分页符，进行强制分页，并依次进行直至最后一位员工。如图 9-69 和图 9-70 所示。

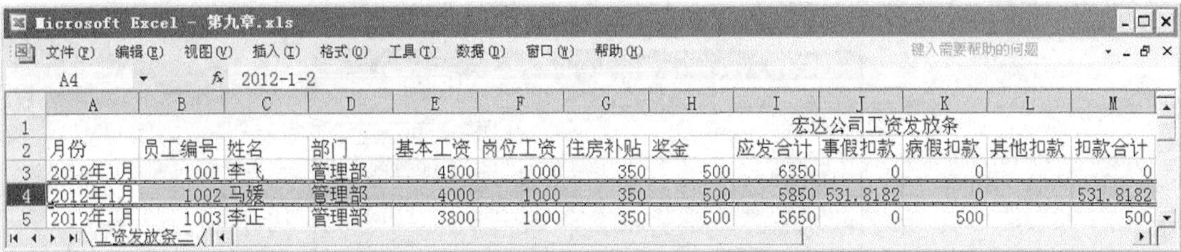

图 9-69　插入分页符

图 9-70　插入分页符设置结果

（2）单击“文件”|“页面设置”命令，打开“页面设置”对话框，切换到“工作表”选项卡，进行“顶端标题行”设置，如图 9-71 所示。这样设置的结果将会保证打印出来的每一个员工的工资条上都出现第一行的标题“宏达公司工资发放条”和工资项目行。

（3）打印预览。单击常用工具栏按钮“打印预览”，则屏幕上出现打印预览对话框，如图 9-72 所示。

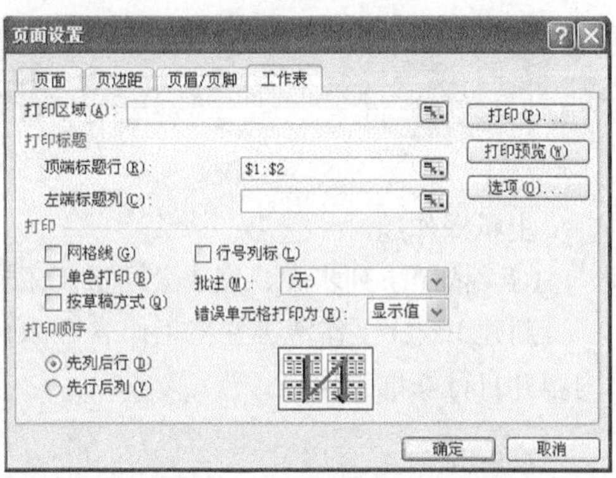

图 9-71　顶端标题行设置

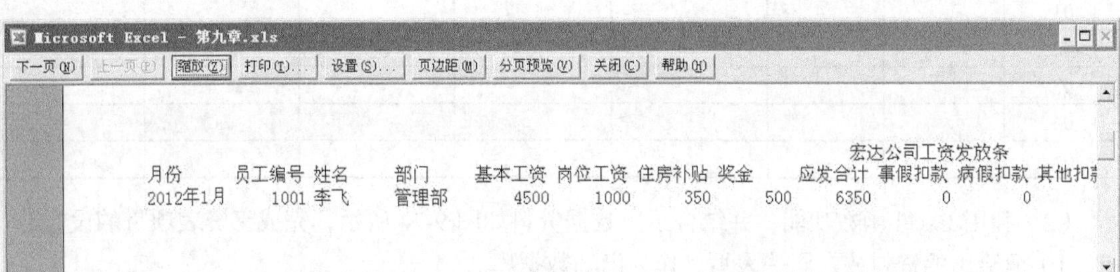

图 9-72　打印预览

（4）指定工资发放条的打印区域进行打印。单击“文件”|“页面设置”命令，打开“页面设置”对话框，切换到“工作表”选项卡，在“打印区域”输入需要打印的范围，如图 9-73 所示，然后单击“打印”按钮即可打印。

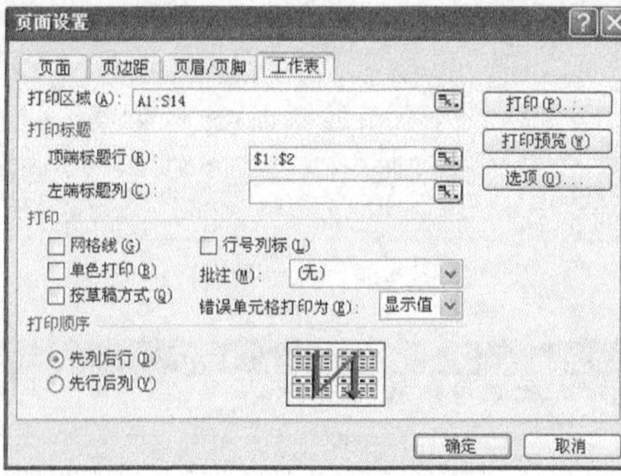

图 9-73 打印区域设置

本章小结

本章讲解了如何利用 Excel 进行企业的工资核算。首先，介绍了如何制作员工工资表、工资表项目的设置，使读者对 Excel 在工资核算中的应用有一定的初步认识。接下来介绍了如何利用 Excel 的功能进行工资数据的查询与汇总分析以及如何打印工资发放条，以便于向员工发放。

思考练习

上机操作题

（1）依照下列步骤，完成公司员工工资表。

新建 Excel 工作簿，并将工作表 Sheet1 命名为“员工工资表”，按表 9-10 的工作表输入相关内容并自行修饰工作表。

表 9-10 工作表内容

序号	姓名	职称	基本工资	超课时费	工资总额	应扣税金	应发工资
01							
02							
03							
04							
05							

（2）利用 Excel 函数功能，并结合给出数据资料如图 9-74 所示，完成工资表项目的设置。

1）把给出的资料放在同一表页，作为已知数据库。

2）利用给出资料建立并完成超课时费表，如图 9-75 所示。

代号姓名职称对照表

代号	姓名	职称
101	李晓	讲师
102	李明	教授
103	李民	讲师
104	李国风	副教授
105	李天	副教授
106	李静	实习教师
107	李雷	教授

职称基本工资课时费对照表

职称	基本工资	课时费
实习教师	2000	35
讲师	2500	40
副教授	3000	45
教授	3500	50

职称课时对照表

实习教师	6
讲师	8
副教授	5
教授	3

图 9-74　已知数据库资料

超课时费表

姓名	实际课时	基本课时	超课时数	超课时费
李晓	12.8			
李明	9.6			
李民	4.8			
李国风	3.8			
李天	15			
李静	14			
李雷	6.8			

图 9-75　超课时费表

3）利用 Vlookup 等函数，并结合已知数据库完成工资表项目的设置。

（3）利用 Excel 完成如图 9-76 所示的工资表的查询与汇总。

每月按职称汇总统计表

职称	基本工资	应交所得税	超课时费	应发工资
实习教师				
讲师				
副教授				
教授				

每月基本工资查询表

姓名	基本工资	应扣税金	超课时费
李晓			

图 9-76　工资表的查询与汇总

第 10 章 Excel 在固定资产管理中的应用

通过本章的学习，读者应了解并掌握 Excel 针对企业拥有或控制的固定资产进行管理的具体方法。

本章的学习目标

- 掌握如何利用 Excel 建立并登记固定资产卡片账。
- 掌握如何利用 Excel 计算固定资产的累计折旧。
- 掌握如何利用 Excel 计算固定资产的账面价值。

10.1 固定资产概述

10.1.1 固定资产的概念

固定资产指的是企业拥有或控制的，使用期限超过 1 年的房屋、建筑物、机器、机械、运输工具以及其他与生产、经营有关的设备、器具、工具等。不属于生产经营主要设备的物品，单位价值在 2 000 元以上，并且使用年限超过 2 年的，也应当作为固定资产。

企业固定资产种类很多，根据不同的分类标准，可以分成不同的类别。企业应当选择适当的分类标准，将固定资产进行分类，以满足经营管理的需要。

（1）固定资产按经济用途分类，可以分为生产用固定资产和非生产用固定资产。生产用固定资产指的是直接服务于企业生产经营过程的固定资产。非生产用固定资产指的是不直接服务于生产经营过程的固定资产。

固定资产按经济用途分类，可以归类反映企业生产经营用固定资产和非生产经营用固定资产之间的组成变化情况，借以考核和分析企业固定资产管理和利用情况，从而促进固定资产的合理配置，充分发挥其效用。

（2）固定资产按使用情况分类，可分为使用中的固定资产、未使用的固定资产和不需用的固定资产。使用中的固定资产，指的是正在使用的经营性和非经营性固定资产。由于季节性经营或修理等原因，暂时停止使用的固定资产仍属于企业使用中的固定资产；企业出租给其他单位使用的固定资产以及内部替换使用的固定资产，也属于使用中的固定资产。未使用的固定资产指的是已完工或已购建的尚未交付使用的固定资产以及因进行改建、扩建等原因停止使用的固定资产，例如，企业购建的尚待安装的固定资产、经营任务变更停止使用的固定资产等。不需用的固定资产指的是本企业多余或不适用，需要调配处理的固定资产。

固定资产按使用情况进行分类，有利于企业掌握固定资产的使用情况，便于比较分析固定资产的利用效率，挖掘固定资产的使用潜力，促进固定资产的合理使用，同时也便于企业准确合理地计提固定资产折旧。

（3）固定资产按所有权进行分类，可分为自有固定资产和租入固定资产。自有固定资产指的是企业拥有的可供企业自由支配使用的固定资产；租入固定资产指的是企业采用租赁方式从其他单位租入的固定资产。

（4）固定资产按经济用途和使用情况进行综合分类，可分为生产经营用固定资产、非生产经营用固定资产、租出固定资产、不需用固定资产、未使用固定资产、土地、融资租入固定资产。

由于企业的经营性质不同，经营规模有大有小，对于固定资产的分类可以有不同的分类方法，企业可以根据自己的实际情况和经营管理、会计核算的需要进行分类。

10.1.2　对固定资产进行单独管理的必要性

固定资产由于其特殊性，在企业资产管理中，处于举足轻重的地位。一般而言，其重要性体现在以下几个方面：

（1）固定资产是生产资料，是物质生产的基础。固定资产属于生产资料，生产资料是劳动者用以影响或改变劳动对象的性能或形态的物质资料，例如，机器设备、厂房、运输工具等。生产资料是物质生产的基础，在企业经济活动中处于十分重要的地位。

（2）固定资产单位价值高，所占资金比重大。与流动资产相比，固定资产的购置或取得，通常要花费较大的代价。在绝大多数企业中，固定资产所占的资金在其资金总额中占有较大的比重，是企业家底的“大头”。由于经济价值大的特点，固定资产对企业财务状况的反映也有很大影响，任何在固定资产计价或记录上的错误，都有可能在较大程度上改变企业真实的财务状况。

（3）固定资产的折旧计提对成本费用的影响较大。固定资产在使用过程中，它们的价值应以折旧的形式逐渐转移到产品或服务成本中去。由于固定资产的价值较大，即使其折旧计提几乎贯穿整个使用期间，在某一会计期间计入产品或服务成本中的折旧额依然较大，所以，固定资产的折旧计提方法是否合理，折旧额的计算是否正确，将在很大程度上影响当期的成本费用水平以及固定资产的净值。

（4）固定资产管理工作的难度较大，问题较多。由于企业的固定资产种类多、数量大、使用分散、使用期限较长，在使用和管理中容易发生被遗忘、遗失、损坏或失盗等事件。

10.2　固定资产卡片账的管理

10.2.1　固定资产卡片账的建立

在我国的会计实务中，企业对固定资产在日常核算时常采用卡片账形式。卡片账是将账户所需的格式印刷在硬卡上。严格说，卡片账也是一种活页账，只不过它不是装在活页账夹中，而是装在卡片箱内。在卡片账上详细登记固定资产的相关信息。卡片账能够对固定资产进行独立的、详尽的记录，帮助企业加强对固定资产的管理。但是，纸质卡片账也存在记录和保存的不便，通过 Excel 对固定资产取得的信息进行记录、查询、修改和删除，比纸质卡片账更加准确、快捷、方便，保管更加节约空间和安全。

1. 建立固定资产管理工作表

首先打开 Excel 工作簿，将鼠标光标移至左下方 Sheet1 处，单击鼠标右键，在弹出的快捷菜单中选择“重命名”命令，输入“固定资产管理”。如图 10-1 所示。

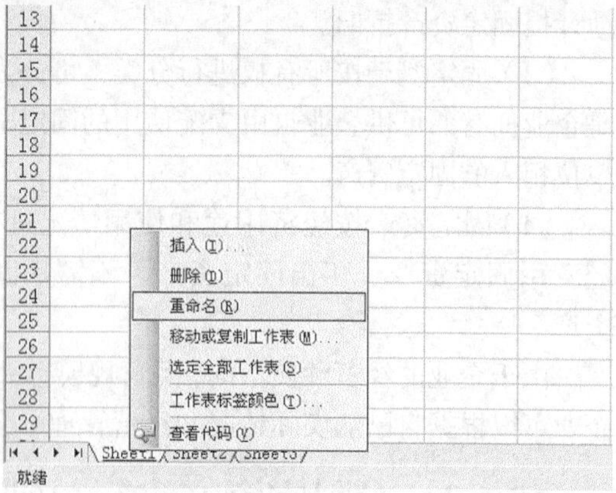

图 10-1　修改 Excel 工作表的名称

2. 登记单项固定资产的相关信息

针对单项固定资产分别登记其相关信息如下：

（1）资产购置日期。

（2）资产类别，该部分是固定资产管理的重要分类依据。在前文提到，固定资产基本分为 5 个类别：房屋建筑物、电子设备、机器设备、办公设备和运输设备。

（3）资产名称。

（4）增加方式。

（5）购置单位。

（6）数量。

（7）初始购置成本。

（8）金额合计。

（9）使用年限。

（10）预计净残值。

（11）本期计提折旧。

（12）累计折旧。

（13）账面价值。

（14）处置时间。

（15）处置净损益。

以上所列相关信息仅作参考，根据不同企业需要，可以进一步根据实际情况进行添加或删除。

登记固定资产的相关明细信息。选择 A1 单元格，输入“宏达公司固定资产管理”。选择 A2 单元格，输入“购置日期”。将列单元格调整为合适的宽度，并将该列单元格的格式调整为日期格式。选择 B2 单元格，输入“资产类别”。登记固定资产名称。选择 C2 单元格，输入“资产名称”。使用相同的方法登记固定资产的其他信息。在具体实务处理中，为了使固定资产管理更加完善，可以根据实际情况添加明细资料。如图 10-2 和图 10-3 所示。

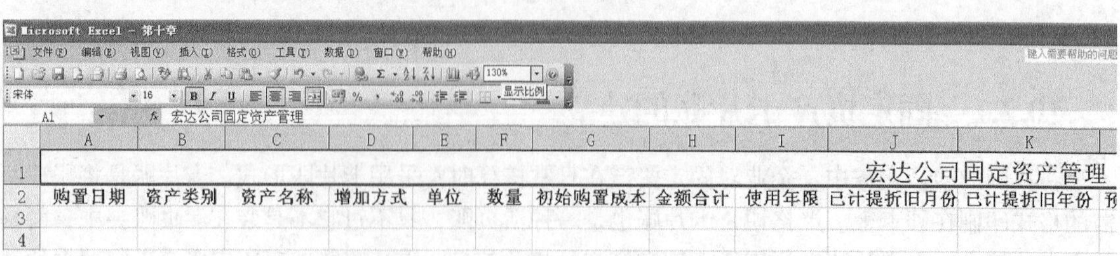

图 10-2　输入固定资产详细信息 1

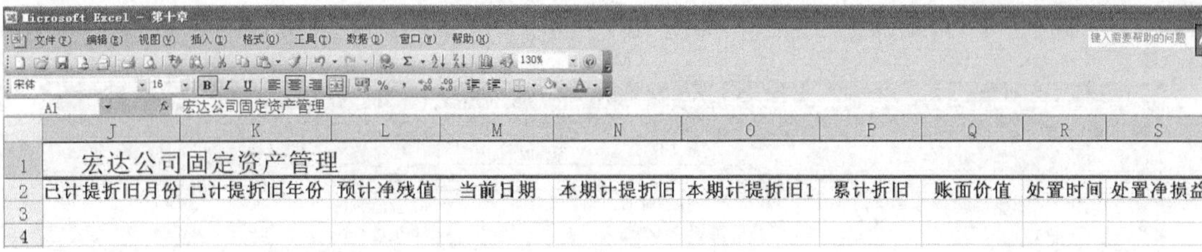

图 10-3　输入固定资产详细信息 2

3. 保证输入固定资产相关信息的方便和有效

为了方便数据的输入并防止出错，在“增加方式”列设置有效性控制。光标移到 D3 单元格，选择“数据”|“有效性”命令，在打开的对话框中单击设置“允许”旁边的下拉三角，选择“序列”选项，如图 10-4 所示。在“来源”选项中设置固定资产增加方式：“在建工程转入，投资者投入，直接购入，部门调拨，捐赠”等方式（注意，输入增加方式的具体内容时，以英文模式下的“,”进行分隔，不可以采用中文模式下的“，”进行分隔，否则无法按照序列显示具体的增加方式），如图 10-5 所示。将 D3 单元的有效性控制复制到 D 列的其他单元。

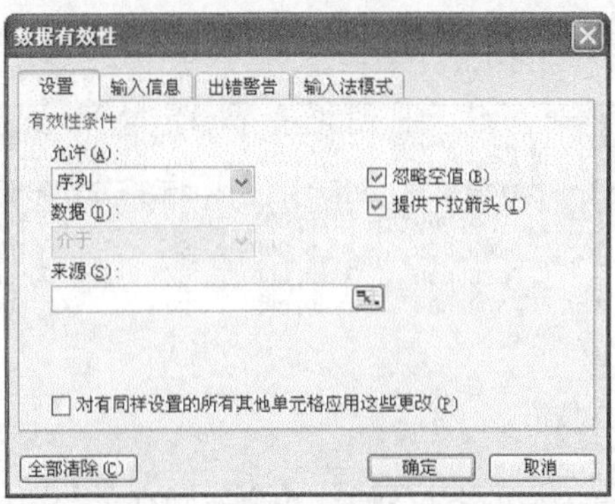

图 10-4　“数据有效性”对话框

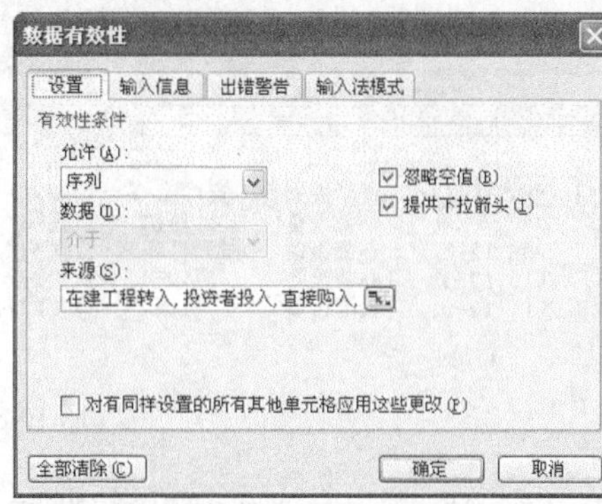

图 10-5　输入固定资产增加方式

4. 输入现有固定资产的具体信息，如图 10-6 所示。

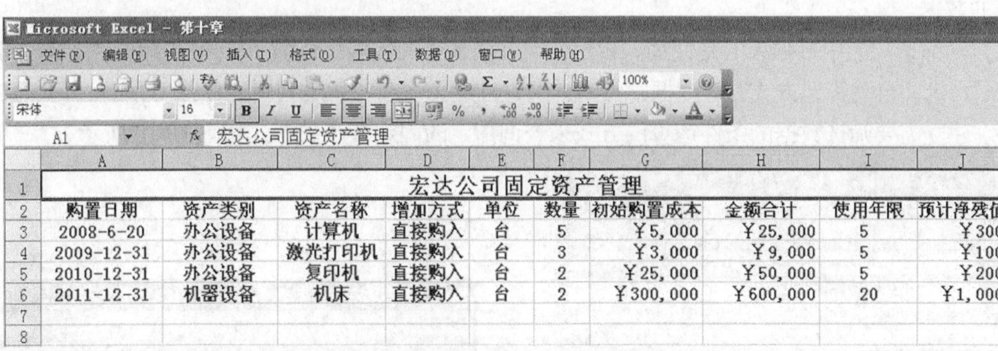

图 10-6　现有固定资产的具体信息

10.2.2　固定资产卡片账的查询

当企业拥有的固定资产登记完毕后，由于固定资产数量众多，为了方便查找某一项固定资产，利用 Excel 提供的自动筛选命令，建立固定资产查询功能。首先选中 A3 单元格，然后选择

“数据”|“筛选”|“自动筛选”命令，如图 10-7 所示。

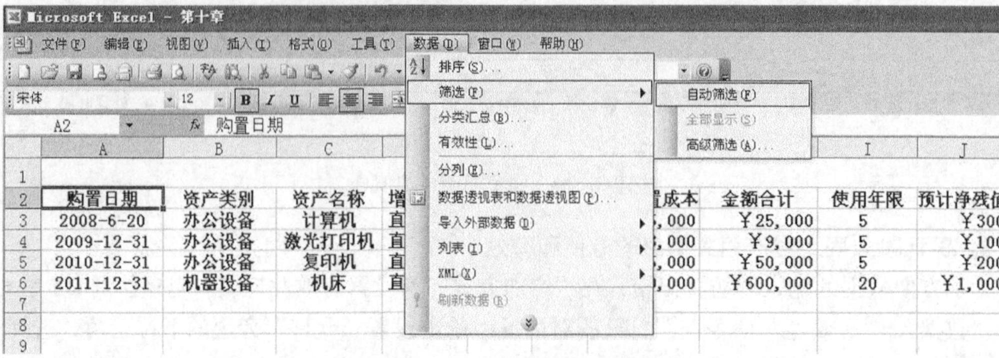

图 10-7　选择自动筛选命令

执行命令后，系统在“购置日期”等栏显示筛选按钮，如图 10-8 所示。

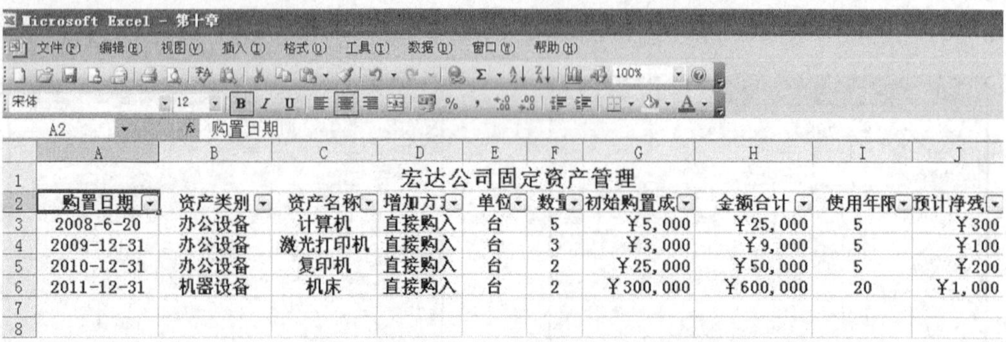

图 10-8　出现筛选按钮

单击该按钮，弹出查询方式的下拉列表，单击任意一栏的下拉列表，可以看到有“升序排列”、“降序排列”、“全部”、“前 10 个”、“自定义”等数据查询方式，如图 10-9 所示。其中，“全部”是指显示查询到的所有数据，“前 10 个”是指可以查询最前（或最后）的指定笔数（默认为 10 笔）的数据。

自动筛选功能中最强大的是使用“自定义”方式来查询数据。在图 10-9 中选择“自定义”选项，打开“自定义自动筛选方式”对话框，可以看到，自定义筛选功能是利用运算符（等于、不等于或大于等）建立需要筛选数据的条件运算的方式来查询指定的固定资产数据，如图 10-10 所示。

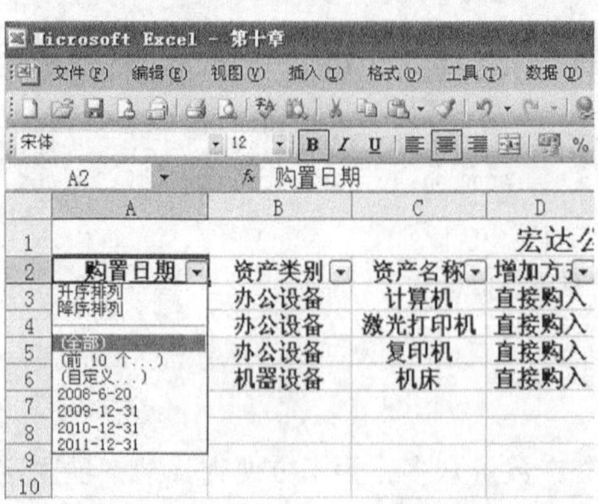

图 10-9　弹出查询方式下拉列表

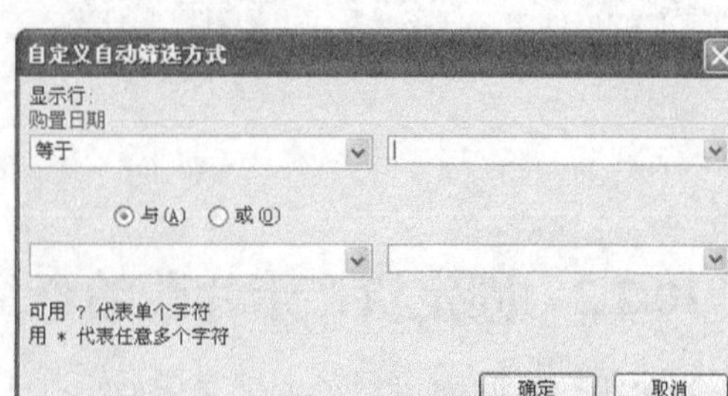

图 10-10　“自定义自动筛选方式”对话框

下面以现有的固定资产资料为例，介绍自定义筛选的查询方式。如果需要查询 2009～2011 年购置的固定资产，首先在“自定义自动筛选方式”对话框的第一个运算子设置框中选择“大于”选项，在数据输入区选择“2008.6.20”选项；在第二个运算子设置框中选择“小于或等于”选项，在数据输入区选择“2011.12.31”选项，如图 10-11 所示。设置完毕后，单击“确定”开始执行筛选命令。

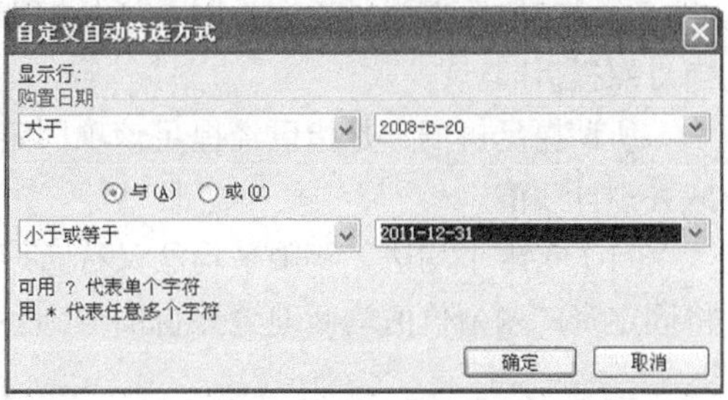

图 10-11　确定筛选区间

当返回固定资产管理工作表后，可以看到显示的固定资产项目数据已经成为所需查询的从 2009～2011 年的现有固定资产数据，如图 10-12 所示。

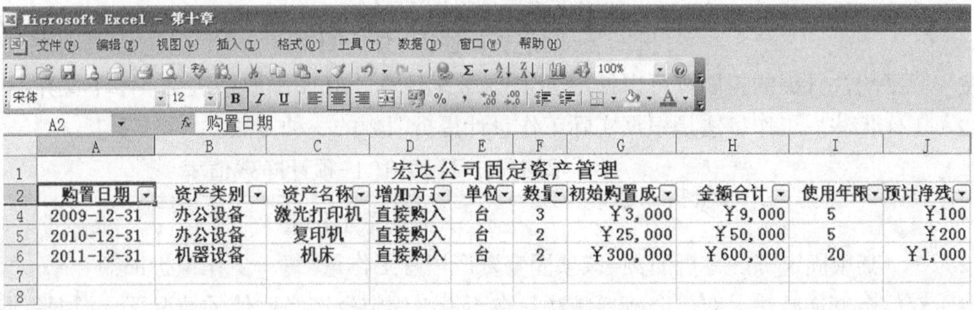

图 10-12　显示筛选后的数据

如果需要还原为显示全部数据，只需要选择筛选功能中的“全部”选项，即可显示现有的全部数据。

10.3　固定资产折旧的计提

10.3.1　固定资产折旧的计提

1. 固定资产折旧概述

固定资产的折旧是指固定资产在使用过程中逐渐损耗而消失的那部分价值。固定资产损耗的这部分价值应当在固定资产的有效使用年限内进行分摊，形成折旧费用，计入各期成本。

（1）固定资产折旧的性质。固定资产的价值随着固定资产的使用而逐渐转移到生产的产品中或构成费用，然后通过产品（商品）的销售，收回货款，得到补偿。

固定资产的损耗分为有形损耗和无形损耗两种：有形损耗是指固定资产由于使用和自然力的影响而引起的使用价值和价值的损失。无形损耗是指由于科学进步等而引起的固定资产的价值损失。

（2）计提折旧的范围。企业在用的固定资产（包括经营用固定资产、非经营用固定资产、租出固定资产）一般均应计提折旧，包括房屋和建筑物；在用的机器设备、仪器仪表、运输工具，季节性停用、大修理停用的设备；融资租入和以经营租赁方式租出的固定资产。

不提折旧的固定资产包括未使用、不需用的机器设备；以经营租赁方式租入的固定资产；在建工程项目交付使用以前的固定资产；已提足折旧继续使用的固定资产；未提足折旧提前报废的固定资产；国家规定不提折旧的其他固定资产（如土地等）。

2. 固定资产折旧方法

企业一般应按当月提取折旧，当月增加的固定资产，当月不提折旧；当月减少的固定资产，当月照提折旧。

所谓提足折旧，是指已经提足该项固定资产的应提折旧总额。应提折旧总额为固定资产原价减去预计残值。

（1）年限平均法。年限平均法又称直线法，是根据固定资产原值减去预计净残值后的金额，将固定资产剩余价值均衡地分摊折旧额到各期的一种方法。

$$年折旧率=\frac{1-预计净残值率}{预计使用年限}\times 100\%$$

$$月折旧率=年折旧率\div 12$$

$$月折旧额=固定资产原值\times 月折旧率$$

按年限平均法计提的折旧额可以使用 SLN 函数来计算（SLN 函数用法见本章下文介绍）。

（2）工作量法。工作量法是根据实际工作量计提折旧额的一种方法。

$$每一工作量折旧额=\frac{固定资产原值\times（1-预计净残值率）}{预计总工作量}$$

$$某项固定资产月折旧额=该项固定资产当月工作量\times 每一工作量折旧额$$

（3）双倍余额递减法。双倍余额递减法是在不考虑固定资产净残值的情况下，根据每期期初固定资产账面余额和双倍的直线法折旧率计算固定资产折旧的一种方法。

$$年折旧率=\frac{2}{预计使用年限}\times 100\%$$

$$月折旧率=年折旧率\div 12$$

$$月折旧额=固定资产账面净值\times 月折旧率$$

实行双倍余额递减法计提折旧的固定资产，应当在其固定资产折旧年限到期以前两年内，将固定资产净值（扣除净残值）平均摊销。

按双倍余额递减法计提的折旧额可以使用 DDB、VDB 函数来计算（DDB、VDB 函数用法见本章下文介绍）。

（4）年数总和法。年数总和法又称合计年限法，是将固定资产的原值减去净残值后的净额乘以一个逐年递减的分数计算每年的折旧额，这个分数的分子代表固定资产尚可使用的年数，分母代表使用年限的逐年数字总和。

$$年折旧率=\frac{尚可使用的年数}{预计使用年限的年数总和}$$

或者：

$$年折旧率=\frac{预计使用年限-已使用年限}{预计使用年限\times（预计使用年限+1）\div 2}$$

$$月折旧率=年折旧率\div 12$$

$$月折旧额=（固定资产原值-预计净残值）\times 月折旧率$$

按年数总和法计提的折旧额可以使用 SYD 函数来计算（SYD 函数用法见本章下文介绍）。

10.3.2 固定资产折旧函数

手工计算固定资产的折旧金额非常烦琐，但是，利用 Excel 拥有的函数可以自动生成固定资产折旧金额。具体处理折旧的函数有 7 个（常用的有 5 个），每个折旧函数都有不同的使用方式，在本书第二章介绍了 DB 和 DDB 两个函数，在此进一步具体说明。

1. DB 函数

函数用途：DB 函数是利用固定余额递减法计算在一定日期内资产的折旧额。

使用语法：DB(Cost、Salvage、Life、Period、Month)

参数说明如下：

- Cost：指固定资产的初始取得（常为外购）成本。
- Salvage：指固定资产的残值（预计残值）。
- Life：指固定资产的预计可使用年限。
- Period：指需要计算折旧的日期，注意使用时 Period 必须与 Life 使用相同的衡量单位。
- Month：指第一年的月份数，如果 Month 自变量被省略，则假定其值为 12。

用法说明：固定余额递减法为在一固定比率下计算折旧。DB 函数运用下列公式来计算折旧：（Cost－上一期总折旧值）*比率。其中，比率=1−((Salvage/Cost)^(1/Life))，计算时四舍五入至小数第三位。对于第一期的折旧和最后一期的折旧，必须使用特别的计算方式。对第一期而言，DB 函数使用运算公式：Cost*比率*Month/12。对最后一期而言，DB 函数使用公式((Cost−前几期折旧值总和)*比率*(12−Month))/12。

2. DDB 函数

函数用途：DDB 函数是指定固定资产在指定日期内按加倍余额递减法或其他指定方法计算所得的折旧值。

使用语法：DDB(Cost、Salvage、Life、Period、Factor)

参数说明如下。

- Cost、Salvage、Life、Period 参数说明同 DB 函数。
- Factor：此参数用来指定余额递减的速率。如果该参数被省略，其假定值是 2（即采用双倍余额递减法）。

3. SLN 函数

函数用途：SLN 函数是指定固定资产使用“年限平均法”计算出的每期折旧金额。

使用语法：SLN(Cost、Salvage、Life)

参数说明如下。

- Cost、Salvag、Life 参数说明同 DB 函数。

4. SYD 函数

函数用途：SYD 函数是指定固定资产在某段日期内按年数合计法（Sum-Of-Years）计算出的每期折旧金额。

使用语法：SYD(Cost、Salvage、Life、Per)

参数说明如下。

- Cost、Salvage、Life、Per 参数说明同 DB 函数。

5. VDB 函数

函数用途：VDB 函数是指定固定资产在某一时段间的折旧数总额，折旧方式是使用倍率递减法计算的。VDB 函数是指变量余额递减（Variable Declining Balance）折旧法。

使用语法：VDB(Cost、Salvage、Life、Start-Period、End-Period、Factor、No-Switch)

参数说明如下。

- Cost、Salvage、Life 参数说明同 DB 函数。
- Start-Period：此参数用来指定折旧数额的计算是从第几期开始，该参数必须与 Life 自变量采用相同的衡量单位。
- End- Period：此参数用来指定折旧数额的计算是要算到第几期为止，该参数必须与 Life 自变量采用相同的单位。
- Factor：用途为指定余额递减的速率。如果省略 Factor 自变量，则使用默认值 2（即采用倍率递减法）。
- No-Switch：此参数是个逻辑值参数，用于判断是否要在折旧数额大于递减余额法算出的数额时将折旧切换成直线法的折旧数额。

6. AMORDEGRC 函数（略）

7. AMORLINC 函数（略）

10.3.3 折旧函数应用举例

对于固定资产管理而言，折旧费用的计提尤其重要，一般计算常用的折旧方法即本节前文所述的 5 种方法。在本节采用双倍余额递减法作为资产计提折旧的计算方法。

【例 1】 固定资产的原值为 50 000，预计净残值率为 5%，预计使用年限为 6 年，采用双倍余额递减法计提折旧，计算此固定资产第一年的折旧额。计算过程如下：

首先打开 Excel 工作簿，将鼠标光标移至左下方 Sheet2 处，单击鼠标右键，在弹出的快捷菜单中选择“重命名”命令，输入“固定资产计提折旧演示”，在该工作表中进行演示。

（1）单击 A1 单元格，选择“插入”|“函数”命令，在打开的对话框中单击“或选择类别”下拉按钮▼，在弹出的下拉列表中选择“财务”选项，在出现的财务函数中选择 DDB()函数，如图 10-13 所示。

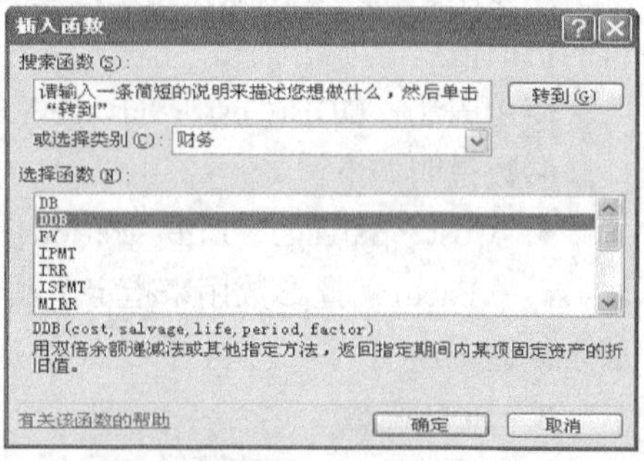

图 10-13 选择 DDB()折旧函数

（2）按要求输入 DDB()函数的参数——固定资产原值、固定资产残值率、预计使用年限、折旧计提年，如图 10-14 所示。要计算的折旧值出现在 A1 单元中，显示具体函数内容如图 10-15 所示。

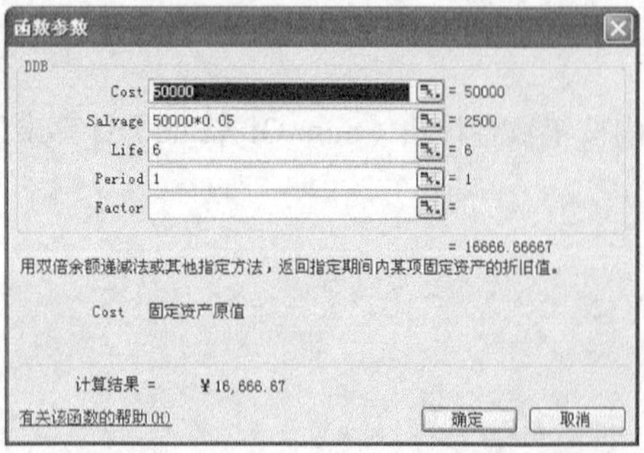

图 10-14 输入按照年份计提的折旧参数

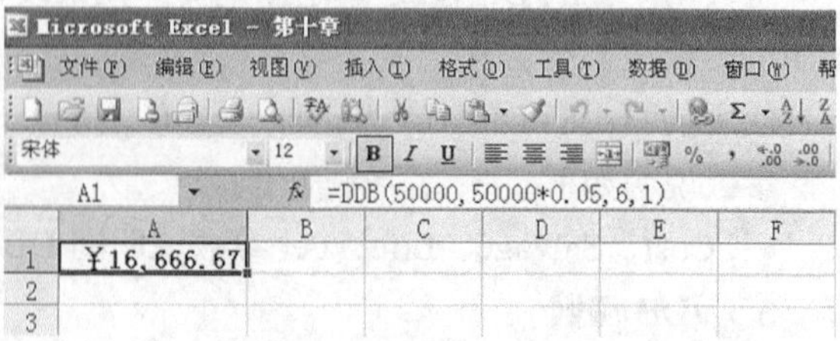

图 10-15 显示第一年折旧数据

【例 2】 承【例 1】，如果需要计算第 1～6 年所有的折旧金额，具体操作步骤如下：

（1）单击 Al～A7 单元格，分别输入需要计提折旧的固定资产原值 50 000 元。单击 B1～B7 单元格，输入需要计提折旧的时间即计提折旧年份 1～6 年。如图 10-16 所示。

（2）单击 C1 单元格，输入“每年计提折旧额”。单击 C2 单元格，根据以上 DDB 函数的输入方法，引用 A2 和 B2 单元格的数据，完成函数内容的填制，如图 10-17 所示。

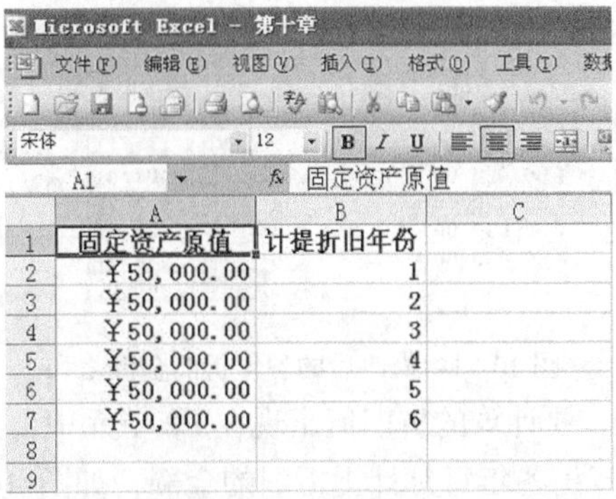

图 10-16　输入需要计提折旧的金额和年份

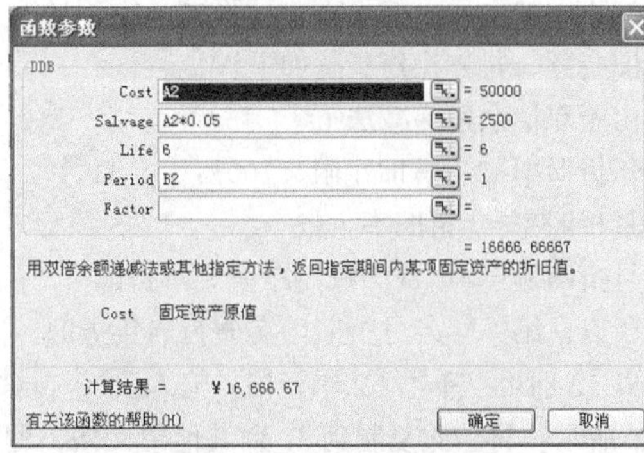

图 10-17　引用或输入折旧参数

（3）单击“确定”按钮，在 C2 单元格生成第一年折旧数据，将光标移至 C2 单元格右下方，当光标变为“+”时，向下拖动鼠标进行复制，复制至 C7 单元格，则出现 1～6 年的折旧额，如图 10-18 所示。

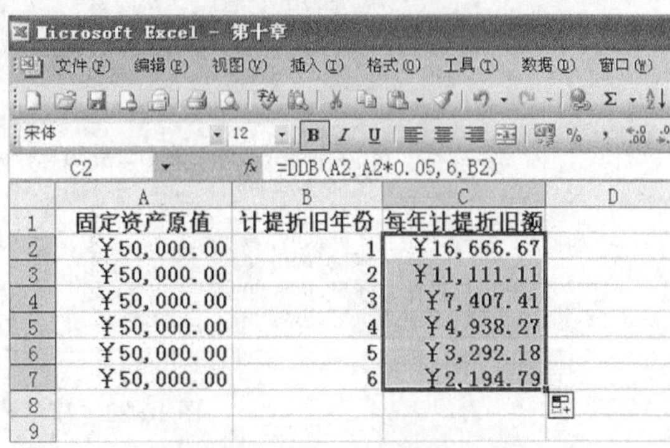

图 10-18　产生全部的折旧数据

（4）利用 SUM 函数计算 6 年计提折旧金额之和。合计数为 45 610.43，不等于固定资产的原值-净残值（50 000−50 000×0.05=47 500），如图 10-19 所示。原因在于，采用双倍余额递减法计算折旧，最后两年的数据需要改用年限平均法计提折旧。

单击 C6 单元格，删除错误的折旧金额。选择“插入”|“函数”命令，在打开的对话框中单击“或选择类别”下拉按钮▼，选择“财务”选项，在出现的财务函数中选择前文介绍的年限平均法计提折旧的 SLN()函数。在 Cost 选项中输入固定资产在计提了前 4 年折旧之后的剩余账面价值。在 Salvage 选项中输入固定资产的净残值（50 000*0.05=2 500）。在 Life 选项中输入固定资产的剩余使用年限 2 年，如图 10-20 所示。

图 10-19　计算各年折旧金额之和

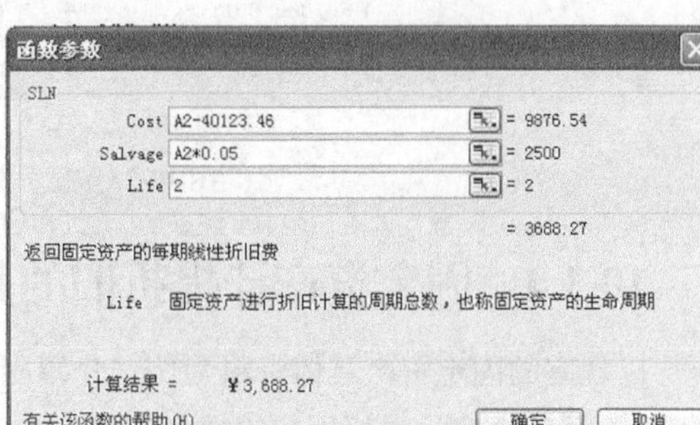

图 10-20　转为年限平均法需要填制的数据

单击“确定”按钮后，固定资产在第五年需要计提的折旧额为 3688.27 元，将该格式复制至 C7 单元格。将最后两年的折旧金额确定下来。利用 SUM 函数计算 6 年计提折旧金额之和。合计数为 47500，等于固定资产的原值−净残值（50 000−50 000*0.05=47 500），说明折旧的金额计算正确，如图 10-21 所示。

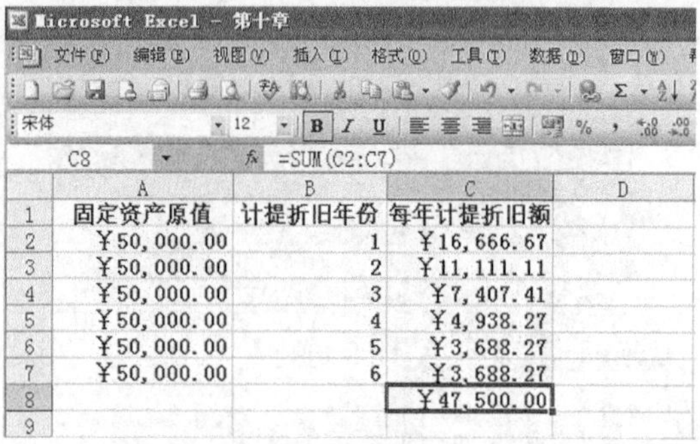

	A	B	C	D
1	固定资产原值	计提折旧年份	每年计提折旧额	
2	¥50,000.00	1	¥16,666.67	
3	¥50,000.00	2	¥11,111.11	
4	¥50,000.00	3	¥7,407.41	
5	¥50,000.00	4	¥4,938.27	
6	¥50,000.00	5	¥3,688.27	
7	¥50,000.00	6	¥3,688.27	
8			¥47,500.00	
9				

图 10-21　修改后的各年折旧金额之和

【例 3】 承【例 1】，由于通常需要显示按月计提折旧的金额，如果需要计算第一年各月的折旧金额，具体操作步骤如下。

由于双倍余额递减法下

年折旧率=2 ÷ 折旧年限 × 100%

月折旧率=年折旧率 ÷ 12

月折旧额=固定资产账面净值 × 月折旧率

所以，第一年各月折旧额实质为当年折旧额除以 12 即可，单击 E2 单元格，输入公式“=C2/12”，要计算的折旧值出现在 E2 单元中，如图 10-22 所示。将公式复制到 E 列其他单元格，即可计算出各年每月计提折旧的金额，如图 10-23 所示。通过这种方法，可以进一步得到该固定资产使用过程中，每个月需要计提的折旧金额。

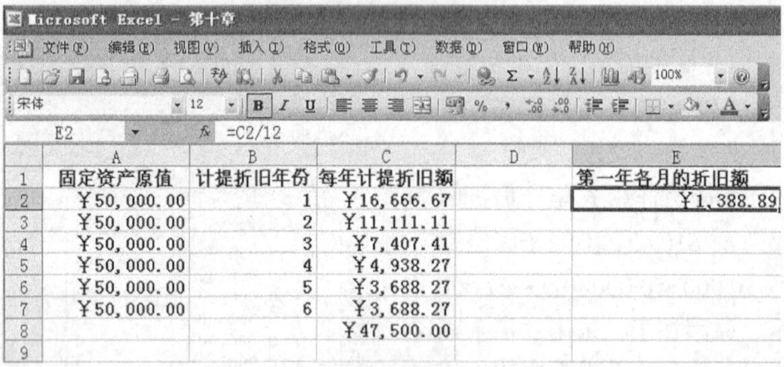

	A	B	C	D	E
1	固定资产原值	计提折旧年份	每年计提折旧额		第一年各月的折旧额
2	¥50,000.00	1	¥16,666.67		¥1,388.89
3	¥50,000.00	2	¥11,111.11		
4	¥50,000.00	3	¥7,407.41		
5	¥50,000.00	4	¥4,938.27		
6	¥50,000.00	5	¥3,688.27		
7	¥50,000.00	6	¥3,688.27		
8			¥47,500.00		
9					

图 10-22　显示第一年各月折旧额

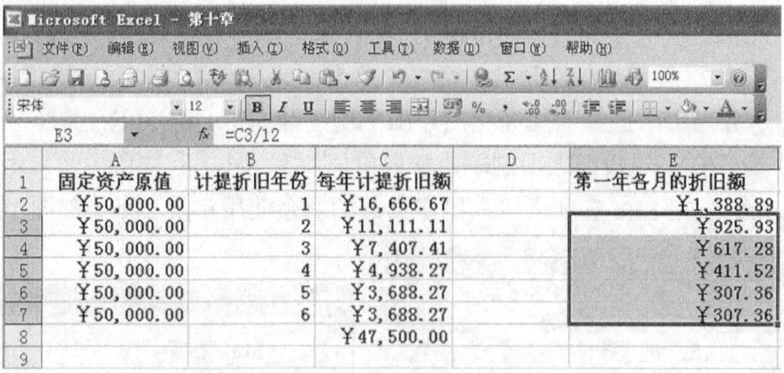

	A	B	C	D	E
1	固定资产原值	计提折旧年份	每年计提折旧额		第一年各月的折旧额
2	¥50,000.00	1	¥16,666.67		¥1,388.89
3	¥50,000.00	2	¥11,111.11		¥925.93
4	¥50,000.00	3	¥7,407.41		¥617.28
5	¥50,000.00	4	¥4,938.27		¥411.52
6	¥50,000.00	5	¥3,688.27		¥307.36
7	¥50,000.00	6	¥3,688.27		¥307.36
8			¥47,500.00		
9					

图 10-23　显示每一年各月的折旧数据

10.3.4　固定资产计提折旧的具体应用

以现有的固定资产具体资料为例，介绍固定资产计提折旧的实务处理方法。

1. 固定资产计提折旧前的准备工作

为了能方便、正确地计提现有的每一项固定资产的折旧额，在计提折旧前，需要根据当前的日期先计算每一固定资产已经计提折旧的月份、年份。如果固定资产是依据工作量法计提折旧的，需要输入相关工作量。本节固定资产具体资料来自 10.2.1 节。

（1）打开“固定资产管理”工作表，单击 K2 单元格，输入“当前日期”，如图 10-24 所示。假设当前日期为 2012 年 12 月 31 日。

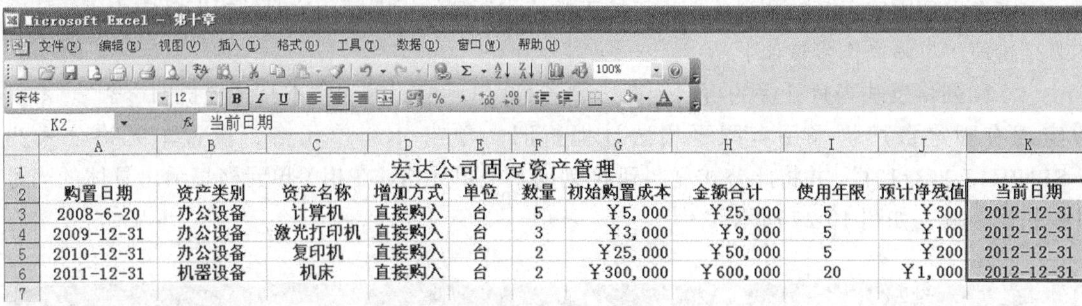

	A	B	C	D	E	F	G	H	I	J	K
1	宏达公司固定资产管理										
2	购置日期	资产类别	资产名称	增加方式	单位	数量	初始购置成本	金额合计	使用年限	预计净残值	当前日期
3	2008-6-20	办公设备	计算机	直接购入	台	5	￥5,000	￥25,000	5	￥300	2012-12-31
4	2009-12-31	办公设备	激光打印机	直接购入	台	3	￥3,000	￥9,000	5	￥100	2012-12-31
5	2010-12-31	办公设备	复印机	直接购入	台	2	￥25,000	￥50,000	5	￥200	2012-12-31
6	2011-12-31	机器设备	机床	直接购入	台	2	￥300,000	￥600,000	20	￥1,000	2012-12-31

图 10-24　确定当前日期

（2）将光标移至 J 列，选择“插入”|“列”命令，插入“已计提折旧月份”列。单击 J3 单元格，设置单元格公式为“=INT(DAYS360(A3,L3)/30)”，并将此公式复制到 J 列的其他单元格，在相关单元格显示出具体的已计提折旧月份，如图 10-25 所示。在操作时需注意将 A 列及 L 列的单元格的格式设置为“日期”格式。

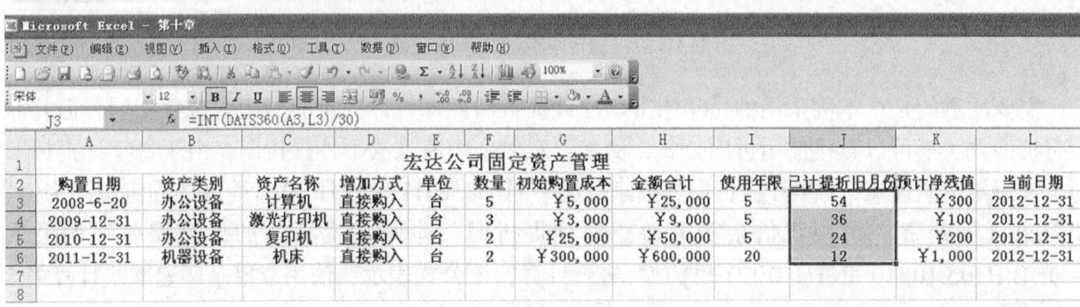

	A	B	C	D	E	F	G	H	I	J	K	L
1	宏达公司固定资产管理											
2	购置日期	资产类别	资产名称	增加方式	单位	数量	初始购置成本	金额合计	使用年限	已计提折旧月份	预计净残值	当前日期
3	2008-6-20	办公设备	计算机	直接购入	台	5	￥5,000	￥25,000	5	54	￥300	2012-12-31
4	2009-12-31	办公设备	激光打印机	直接购入	台	3	￥3,000	￥9,000	5	36	￥100	2012-12-31
5	2010-12-31	办公设备	复印机	直接购入	台	2	￥25,000	￥50,000	5	24	￥200	2012-12-31
6	2011-12-31	机器设备	机床	直接购入	台	2	￥300,000	￥600,000	20	12	￥1,000	2012-12-31

图 10-25　确定已提折旧月份

函数 DAYS360(A3,L3)表示将计算从固定资产购置日期（认定为固定资产使用日期）开始，到当前日期的天数（如果每月按 30 天计算），函数 DAYS360(A3,L3)/30 表示为从固定资产使用日期开始到当前日期的月份数，如果该数据不是整数，则在其前面加一条取整函数 INT()。

（3）将光标移至 K 列，选择“插入”|“列”命令，插入“已计提折旧年份”列。单击 K3 单元格，设置单元格公式为“=INT(J3/ 12)”，并将此公式复制到 K 列的其他单元格，在相关单元格显示出具体的已计提折旧年份，如图 10-26 所示。

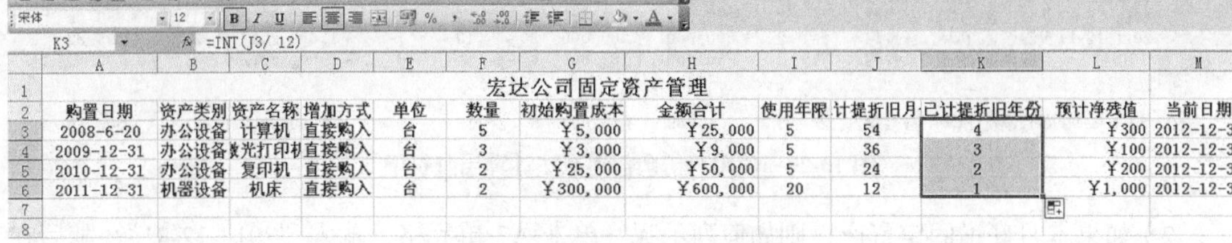

	A	B	C	D	E	F	G	H	I	J	K	L	M
1	宏达公司固定资产管理												
2	购置日期	资产类别	资产名称	增加方式	单位	数量	初始购置成本	金额合计	使用年限	计提折旧月	已计提折旧年份	预计净残值	当前日期
3	2008-6-20	办公设备	计算机	直接购入	台	5	￥5,000	￥25,000	5	54	4	￥300	2012-12-31
4	2009-12-31	办公设备	激光打印机	直接购入	台	3	￥3,000	￥9,000	5	36	3	￥100	2012-12-31
5	2010-12-31	办公设备	复印机	直接购入	台	2	￥25,000	￥50,000	5	24	2	￥200	2012-12-31
6	2011-12-31	机器设备	机床	直接购入	台	2	￥300,000	￥600,000	20	12	1	￥1,000	2012-12-31

图 10-26　确定已计提折旧年份

2. 固定资产折旧的计提

在计提固定资产折旧时，首先，需要确定固定资产计提折旧的方法（本例选择年限平均法计提折旧）；其次，需要考虑当月新增固定资产当月不提折旧；再次，需要考虑折旧已经计提完毕仍继续使用的固定资产不应再计提折旧；最后，还需要考虑由于各种原因导致最后一个月计提折旧时，可能会出现固定资产的剩余价值小于按正常公式计算的折旧额，这时的折旧额应为固定资产的剩余价值。具体操作步骤如下：

（1）N 列将反映当月计提的折旧金额。单击 N2 单元格，输入“本月计提折旧金额”。本例假定现有固定资产均采用年限平均法计提折旧。单击 N3 单元格，设置单元格公式为“=SLN(H3,L3,I3*12)”，并将此公式复制到 N 列的其他单元格，在相关单元格显示出具体的当月计提折旧金额，如图 10-27 所示。

Microsoft Excel - 第十章

N3 =SLN(H3, L3, I3*12)

	A	B	C	D	E	F	G	H	I	J	K	L	M	N
1	宏达公司固定资产管理													
2	购置日期	资产类别	资产名称	增加方式	单位	数量	初始购置成本	金额合计	使用年限	十提折旧	月提折旧年	预计净残值	当前日期	本月计提折旧金额
3	2008-6-20	办公设备	计算机	直接购入	台	5	¥5,000	¥25,000	5	54	4	¥300	2012-12-31	¥411.67
4	2009-12-31	办公设备	数光打印机	直接购入	台	3	¥3,000	¥9,000	5	36	3	¥100	2012-12-31	¥148.33
5	2010-12-31	办公设备	复印机	直接购入	台	2	¥25,000	¥50,000	5	24	2	¥200	2012-12-31	¥830.00
6	2011-12-31	机器设备	机床	直接购入	台	2	¥300,000	¥600,000	20	12	1	¥1,000	2012-12-31	¥2,495.83
7														

图 10-27　确定本期计提折旧金额

需要注意的是，本例采用的是年限平均法计提折旧，每月计提折旧的完全金额相同。但并非所有折旧方法都可以直接使用折旧公式，例如，双倍余额递减法下计提折旧，由于每年计提折旧的金额每年逐期递减，当年计提折旧的金额可能不同。以 2011 年 6 月 30 日购入的固定资产为例，如果该批固定资产采用双倍余额额递减法计提折旧，本月计提折旧的计算需要采用公式“=DDB(H10,L10,I10, INT(J10/12) +1)/12”进行计算，该公式表示：使用双倍余额递减法计算第 2 年每月折旧额。

由于 DDB 函数计算得出的每年折旧额也各不相同，所以如果计算本月折旧额，则需要先计算出当年的折旧额，然后再除以 12，则为每月折旧额。本例中 J10 等于 18，即该固定资产目前使用时间为 1 年 6 个月，所以公式 DDB(H10,L10,I10,INT(J10/12) +1)用于计算第 2 年的折旧额，然后除以 12 得出当前每月折旧额。（注意，同一折旧年度，每月折旧额相同。）

则该月计提折旧金额为 300 元，如图 10-28 所示。

	A	B	C	D	E	F	G	H	I	J	K	L	M	N
1	宏达公司固定资产管理													
2	购置日期	资产类别	资产名称	增加方式	单位	数量	初始购置成本	金额合计	使用年限	计提折旧	月提折旧	预计净残值	当前日期	本月计提折旧
3	2008-6-20	办公设备	计算机	直接购入	台	5	¥5,000	¥25,000	5	54	4	¥300	2012-12-31	¥411.67
4	2009-12-31	办公设备	光打印	直接购入	台	3	¥3,000	¥9,000	5	36	3	¥100	2012-12-31	¥148.33
5	2010-12-31	办公设备	复印机	直接购入	台	2	¥25,000	¥50,000	5	24	2	¥200	2012-12-31	¥830.00
6	2011-12-31	机器设备	机床	直接购入	台	2	¥300,000	¥600,000	20	12	1	¥1,000	2012-12-31	¥2,495.83
7	2012-12-6	运输设备	卡车	直接购入	辆	3	¥60,000	¥180,000	4	0	0	¥2,000	2012-12-31	¥3,708.33
8														
9														
10	2011-6-30	办公设备	计算机	直接购入	台	3	¥5,000	¥15,000	5	18	1	¥500	2012-12-31	¥300.00

图 10-28　使用双倍余额递减法计算当月折旧

（2）如果本月新增固定资产，则如何列示呢？单击 A7 单元格，输入“2012-12-31”，随后在资产类别、资产名称等相关类别内输入本月新增固定资产详情，如图 10-29 所示。

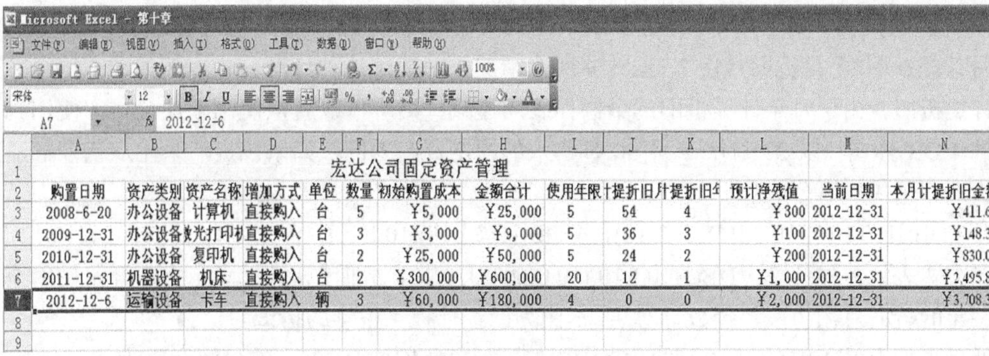

A7　2012-12-6

	A	B	C	D	E	F	G	H	I	J	K	L	M	N
1						宏达公司固定资产管理								
2	购置日期	资产类别	资产名称	增加方式	单位	数量	初始购置成本	金额合计	使用年限	计提折旧月	提折旧年	预计净残值	当前日期	本月计提折旧金额
3	2008-6-20	办公设备	计算机	直接购入	台	5	￥5,000	￥25,000	5	54	4	￥300	2012-12-31	￥411.67
4	2009-12-31	办公设备	激光打印机	直接购入	台	3	￥3,000	￥9,000	5	36	3	￥100	2012-12-31	￥148.33
5	2010-12-31	办公设备	复印机	直接购入	台	2	￥25,000	￥50,000	5	24	2	￥200	2012-12-31	￥830.00
6	2011-12-31	机器设备	机床	直接购入	台	2	￥300,000	￥600,000	20	12	1	￥1,000	2012-12-31	￥2,495.83
7	2012-12-6	运输设备	卡车	直接购入	辆	3	￥60,000	￥180,000	4	0	0	￥2,000	2012-12-31	￥3,708.33

图 10-29　本期新增固定资产

我们发现第 7 行的运输设备属于本月新增固定资产，本月不应计提折旧，但是如果将 N6 公式复制到 N7，则发现当月本不应该计提折旧的资产也出现了当月折旧金额“￥3 708.33”。考虑到这种情况，将 N 列数据在 O 列进行修正。

单击 O2 单元格，输入“修正后的本期计提折旧”列。单击 O3 单元格，设置单元格公式为“=IF(J3=0,0,N3)”，并将此公式复制到 O 列的其他单元格。此公式的含义为：如果“已计提折旧月份”为 0（即为当月新增固定资产），则该项固定资产的月折旧额为 0，否则为原月折旧额。如图 10-30 所示。经过修正后，可以看出当月新增固定资产的折旧已经显示为 0。

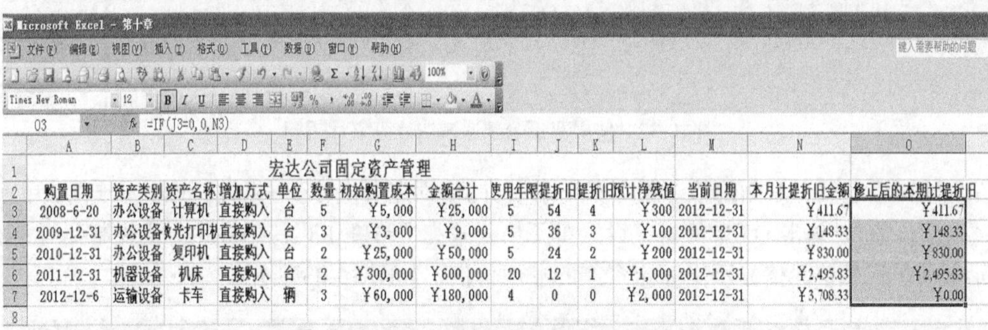

O3　=IF(J3=0,0,N3)

	A	B	C	D	E	F	G	H	I	J	K	L	M	N	O
1						宏达公司固定资产管理									
2	购置日期	资产类别	资产名称	增加方式	单位	数量	初始购置成本	金额合计	使用年限	提折旧	提折旧	预计净残值	当前日期	本月计提折旧金额	修正后的本期计提折旧
3	2008-6-20	办公设备	计算机	直接购入	台	5	￥5,000	￥25,000	5	54	4	￥300	2012-12-31	￥411.67	￥411.67
4	2009-12-31	办公设备	激光打印机	直接购入	台	3	￥3,000	￥9,000	5	36	3	￥100	2012-12-31	￥148.33	￥148.33
5	2010-12-31	办公设备	复印机	直接购入	台	2	￥25,000	￥50,000	5	24	2	￥200	2012-12-31	￥830.00	￥830.00
6	2011-12-31	机器设备	机床	直接购入	台	2	￥300,000	￥600,000	20	12	1	￥1,000	2012-12-31	￥2,495.83	￥2,495.83
7	2012-12-6	运输设备	卡车	直接购入	辆	3	￥60,000	￥180,000	4	0	0	￥2,000	2012-12-31	￥3,708.33	￥0.00

图 10-30　修正本期计提折旧金额

（3）计算截至本期的累计折旧金额。由于本例中规定的累计折旧的计提方法为年限平均法，需要根据已计提折旧月份和本期计提折旧的修正数额，相乘计算出累计折旧的金额。单击 P2 单元格，输入“累计折旧”。单击 P3 单元格，设置单元格公式为“=J3*N3”，并将此公式复制到 P 列的其他单元格，在相关单元格显示出具体的从计提折旧开始到截至本月的累计折旧金额，如图 10-31 所示。

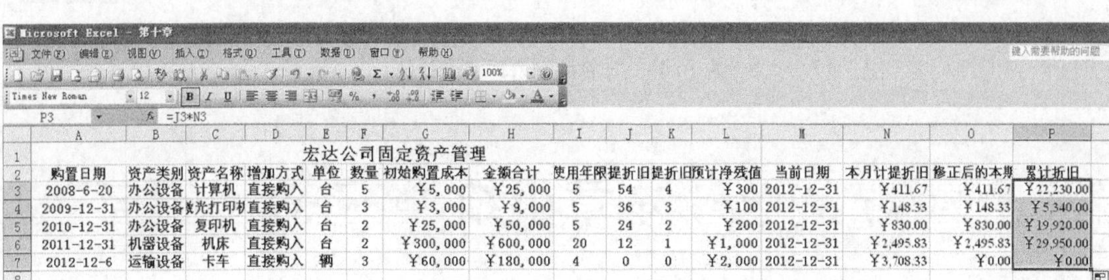

P3　=J3*N3

	A	B	C	D	E	F	G	H	I	J	K	L	M	N	O	P
1						宏达公司固定资产管理										
2	购置日期	资产类别	资产名称	增加方式	单位	数量	初始购置成本	金额合计	使用年限	提折旧	提折旧	预计净残值	当前日期	本月计提折旧	修正后的本期	累计折旧
3	2008-6-20	办公设备	计算机	直接购入	台	5	￥5,000	￥25,000	5	54	4	￥300	2012-12-31	￥411.67	￥411.67	￥22,230.00
4	2009-12-31	办公设备	激光打印机	直接购入	台	3	￥3,000	￥9,000	5	36	3	￥100	2012-12-31	￥148.33	￥148.33	￥5,340.00
5	2010-12-31	办公设备	复印机	直接购入	台	2	￥25,000	￥50,000	5	24	2	￥200	2012-12-31	￥830.00	￥830.00	￥19,920.00
6	2011-12-31	机器设备	机床	直接购入	台	2	￥300,000	￥600,000	20	12	1	￥1,000	2012-12-31	￥2,495.83	￥2,495.83	￥29,950.00
7	2012-12-6	运输设备	卡车	直接购入	辆	3	￥60,000	￥180,000	4	0	0	￥2,000	2012-12-31	￥3,708.33	￥0.00	￥0.00

图 10-31　计算累计折旧金额

需要注意的是，本例采用的是年限平均法计提折旧，累计折旧的计算方式可以使用公式"=每月计提折旧*已提折旧月份"。但并非所有情况下都使用这种计算公式，例如，双倍余额递减法下计提折旧，由于每年计提折旧的金额在逐期递减，则不可以直接使用上述公式。使用到前文介绍的 VDB 公式。以 2011 年 6 月 30 日购入的固定资产为例，如果该资产采用双倍余额递减法计提折旧，采用以下公式：

"=VDB(H10,L10,I10,0,INT(J10/12)) +DDB(H10,L10,I10,INT(J10/12) +1)/12*MOD(J10,12)"

该公式表示首先计算 VDB(H10,L10,I10,0,INT(J10/12))，即计算该批固定资产开始使用至当年的前一年的折旧总额（按整年数计算），本例为已经计提 1 整年的折旧。

然后再加上 DDB(H10,L10,I10,INT(J10/12) +1)/12*MOD(J10,12) 的分解意思为：

DDB(H10,L10,I10,INT(J10/12) +1)/12 为计算该批资产(J10/12) +1 期的折旧，本例中 J10 为 18 个月，因此(J10/12) +1 等于 2，DDB(H10,L10,I10,INT(J10/12) +1)即求出第二年的年折旧额，再除以 12 得出第二年每月折旧额；DDB(H10,L10,I10,INT(J10/12) +1)/12*MOD(J10,12)则为第二年前 6 个月的折旧合计金额。

则截止到当月累计计提折旧金额为 7 800 元，如图 10-32 所示。

	A	B	C	D	E	F	G	H	I	J	K	L	M	N	O	P
1	宏达公司固定资产管理															
2	购置日期	资产类别	资产名称	增加方式	单位	数量	初始购置成本	金额合计	使用年限	计提折旧	月提折旧	预计净残值	当前日期	本月计提折旧	修正后的本期	累计折旧
3	2008-6-20	办公设备	计算机	直接购入	台	5	￥5,000	￥25,000	5	54	4	￥300	2012-12-31	￥411.67	￥411.67	￥22,230.00
4	2009-12-31	办公设备	光打印	直接购入	台	3	￥3,000	￥9,000	5	36	3	￥100	2012-12-31	￥148.33	￥148.33	￥5,340.00
5	2010-12-31	办公设备	复印机	直接购入	台	2	￥25,000	￥50,000	5	24	2	￥200	2012-12-31	￥830.00	￥830.00	￥19,920.00
6	2011-12-31	机器设备	机床	直接购入	台	2	￥300,000	￥600,000	20	12	1	￥1,000	2012-12-31	￥2,495.83	￥2,495.83	￥29,950.00
7	2012-12-6	运输设备	卡车	直接购入	辆	3	￥60,000	￥180,000	4	0	0	￥2,000	2012-12-31	￥3,708.33	￥0.00	￥0.00
8																
9																
10	2011-6-30	办公设备	计算机	直接购入	台	3	￥5,000	￥15,000	5	18	1	￥500	2012-12-31	￥300.00		￥7,800.00

图 10-32 使用双倍余额递减法计算累计折旧

（4）计算固定资产账面价值。固定资产账面价值=固定资产原价−累计折旧。单击 Q2 单元格，输入"账面价值"。单击 Q3 单元格，设置单元格公式为"=H3−P3"，并将此公式复制到 Q 列的其他单元格，在相关单元格显示出固定资产的账面价值，如图 10-33 所示。

Microsoft Excel - 第十章

Q3 =H3-P3

	A	B	C	D	E	F	G	H	I	J	K	L	M	N	O	P	Q
1	宏达公司固定资产管理																
2	购置日期	资产类别	资产名称	增加方式	单位	数量	初始购置成本	金额合计	使用年限	提折旧	月提折旧	预计净残值	当前日期	本月计提折旧	修正后的本期	累计折旧	账面价值
3	2008-6-20	办公设备	计算机	直接购入	台	5	￥5,000	￥25,000	5	54	4	￥300	2012-12-31	￥411.67	￥411.67	￥22,230.00	￥2,770.00
4	2009-12-31	办公设备	光打印	直接购入	台	3	￥3,000	￥9,000	5	36	3	￥100	2012-12-31	￥148.33	￥148.33	￥5,340.00	￥3,660.00
5	2010-12-31	办公设备	复印机	直接购入	台	2	￥25,000	￥50,000	5	24	2	￥200	2012-12-31	￥830.00	￥830.00	￥19,920.00	￥30,080.00
6	2011-12-31	机器设备	机床	直接购入	台	2	￥300,000	￥600,000	20	12	1	￥1,000	2012-12-31	￥2,495.83	￥2,495.83	￥29,950.00	￥570,050.00
7	2012-12-6	运输设备	卡车	直接购入	辆	3	￥60,000	￥180,000	4	0	0	￥2,000	2012-12-31	￥3,708.33	￥0.00	￥0.00	￥180,000.00
8																	
9																	

图 10-33 计算固定资产账面价值

本章小结

本章介绍了固定资产卡片账的建立和填置；列示了利用不同的折旧函数计算固定资产的累计折旧；分析了在正确计算固定资产累计折旧的基础上，进一步计算固定资产的账面价值。首先，浏览了固定资产的基本概念和对其实施单独管理的必要性，使读者建立对固定资产重点管理的认识，接着详细列示了计提固定资产折旧的几种常用方法和相关函数。之后，详细介绍了运用 Excel 进行固定资产卡片账的建立与登记的具体过程，例如，如何创建和管理固定资产卡片账，采用不同的函数计提固定资产的累计折旧，进而计算固定资产的账面价值等。

思考练习

1. 简答题

（1）如何利用 Excel 建立固定资产管理明细账，具体可以设置哪些管理项目？

（2）常用固定资产折旧函数有哪些？各函数的使用语法是什么？

（3）按月计提的折旧函数与按年计提的折旧有何不同？

（4）如何对当月增加的固定资产计提折旧进行修正？

2. 上机操作题

资料：云天公司 2012 年 12 月 31 日有关固定资产资料，如表 10-1 所示。

表 10-1 固定资产概况

项　目	取得时间	金　额	预计使用年限	预计净残值率（%）
机器设备	2009 年 5 月 20 日	300 000	10	0.3
办公设备	2010 年 3 月 5 日	80 000	5	0.5
建筑物	2000 年 8 月 13 日	90 000 000	20	0.02

要求：利用折旧函数，采用年限平均法、双倍余额递减法、年数总和法计算各项固定资产的年折旧额和月折旧额。

第 11 章 Excel 在财务分析中的应用

通过本章的学习，读者应了解并掌握 Excel 针对已经编制完成的财务会计报表进行财务分析、帮助财务决策的应用。

本章的学习目标

- 掌握如何引用已经编制完成的财务报表。
- 掌握如何利用 Excel 进行比率分析。
- 掌握如何利用 Excel 进行趋势分析。
- 掌握如何利用 Excel 进行比较分析。
- 掌握如何利用 Excel 进行综合财务分析。

11.1 财务分析概述

财务分析，又称财务报表分析，是指在财务报表及其相关资料的基础上，通过一定的方法和手段，对财务报表提供的数据进行系统和深入的分析研究，揭示有关指标之间的关系、变动情况及其形成原因，从而向使用者提供相关和全面的信息，也就是将财务报表及相关数据转换为对特定决策有用的信息，对企业过去的财务状况和经营成果以及未来前景作出评价。通过这一评价，可以为财务决策、计划和控制提供帮助。

财务报表中涉及的数据不仅种类繁多，而且还涉及不同时期、不同企业之间的比较，因此，利用 Excel 所提供的各种功能来辅助财务分析和决策人员的工作，可以迅速、准确地完成财务分析。

本章将介绍财务分析中的常见方法和如何运用 Excel 进行财务分析。

11.1.1 财务分析目的

财务报表的使用者包括投资人、债权人、经理、政府、雇员、会计师事务所等利益关系人，不同的人员所关心的问题和侧重点不同，因此进行财务分析的目的也有所不同。主要有以下几个方面。

1. 评价企业的财务状况

通过对企业的财务报表等会计资料进行分析，了解企业资产的流动性、负债水平和偿债能力，从而评价企业的财务状况和经营成果，为企业管理者、投资者和债权人等提供财务信息。

2. 评价企业的资产管理水平

企业的生产经营过程就是利用资产取得收益的过程。资产是企业生产经营活动的经济资源，资产的管理水平直接影响到企业的收益，它体现了企业的整体素质。通过财务分析可以了解到企业资产的管理水平和资金周转情况，为评价经营管理水平提供依据。

3. 评价企业的获利能力

通过财务分析评价企业的获利能力。利润是企业经营的最终成果的体现，是企业生存和发展的最终目的。因此，不同的利益关系人都十分关心企业的获利能力。

4. 评价企业的发展趋势

通过财务分析可以判断出企业的发展趋势，预测企业的经营前景，从而避免因决策失误而带来的重大经济损失。

11.1.2 财务报表分析的方法

财务报表虽然可以提供大量的财务信息，但很难获取各种直接有用的信息，有时甚至还会被会计数据引入歧途，被表面假象蒙蔽。为了让报表使用者正确揭示各种会计数据之间存在着的重要关系，并且全面反映企业财务状况和经营成果，通常采用以下几种方法进行报表分析。

1. 财务报表纵向分析

纵向分析又称动态分析或趋势分析，是指不同时期财务报表之间相同项目变化的比较分析，即将企业连续两年（或多年）的财务报表的相同项目并行排列在一起，并计算相同项目增减的绝对额和增减的百分比，编制出比较财务报表，以揭示各会计项目在这段时期内所发生的绝对金额变化和百分率变化情况。在计算相同项目增减的绝对额和增减的百分比时，基期（被比较的时期）可以是固定（如基期固定在第一年）的，也可以是变动的（如将计算期的第一期作为基期）。若基期是固定的，则称为定基趋势分析；若基期是变动的，则称为环比趋势分析。

2. 财务报表横向分析

横向分析又称静态分析，是指同一时期财务报表中不同项目之间的比较和分析，主要是通过编制“共同比财务报表”（或称百分比报表）进行分析，即将财务报表中的某一重要项目（如资产负债表中的资产总额或权益总额，利润表中的营业收入，现金流量表中现金来源总额等）的数据作为 100%，然后将报表中其余项目的金额都以这个重要项目的百分率的形式作纵向排列，从而揭示出各个项目的数据在企业财务中的相对意义。不仅如此，采用这种形式编制的财务报表还使得在规模不同的企业之间进行经营和财务状况比较成为可能。因为把报表中各个项目的绝对金额都转化成百分数，在经营规模不同的企业之间就形成了可比性，这就是“共同比”的含义。当然，要在不同企业之间进行比较，其前提条件是这些企业应属于同一行业，它们所采用的会计核算方法和财务报表编制程序也必须大致相同，否则就不会得到任何有实际意义的结果。

3. 财务比率分析

财务比率是相互联系的指标项目之间的比值，用以反映各项财务数据之间的相互关系，从而揭示企业的财务状况和经营成果，是财务分析中最重要的部分。财务比率包括同一张报表中不同项目之间的比较和不同财务报表的相关项目之间的比较；其比值有的是用系数表示的，有的是用百分数表示的。

4. 因素分析

因素分析是利用各种因素之间的数量依存关系，通过因素替换，从数量上测定各因素变动对某项综合性经济指标的影响程度的一种方法，具体包括差额分析法、指标分解法、连环替代法和定基替代法等。

11.1.3 财务分析的数据来源

会计报表的数据是财务分析的主要数据来源，财务分析的数据来源主要有以下两方面。

1. 会计核算数据源

会计核算数据源是指第 7 章中通过 Excel 生成的资产负债表、利润表、现金流量表等。财务分析以本企业的资产负债表、利润表和现金流量表为基础，通过提取、加工和整理会计核算数据来生成所需的数据报表，然后再对其进行加工处理，便可得到一系列的财务指标。

除了会计核算数据外，进行财务分析还需要其他的数据，如同行业的主要经营比率等，这些数据统称为其他数据。

2. 外部数据库

在 Excel 中获取外部数据库的方式之一是利用 Microsoft Query 获取外部数据库。首先建立 Excel 与 Query 之间的通信，然后让 Query 与 ODBC 驱动程序之间进行通信，而通过 ODBC 可以与数据库通信，这样，通过一系列的通信交换过程便可实现数据库的读取。

获取外部数据库的方式之二是利用 VBA 直接与 ODBC 通信获取外部数据库。在 Excel 中可通过宏调用（Visual Basic for Application，VBA），VBA 又可以直接与 ODBC 通信，从而获取外部数据库。限于篇幅，对如何使用 Excel 调用外部数据库这一部分的内容，本书不做详细介绍，有兴趣的读者可参考和查阅其他书籍。

11.2 Excel 在财务比率分析中的应用

11.2.1 财务比率分析的具体指标

财务比率分析是指将财务报表中的有关项目进行对比，得出一系列的财务比率，以此来揭示企业财务状况。常用的财务比率可分为 5 大类：变现能力比率、资产管理比率、长期负债比率、盈利能力比率和市价比率。

1. 变现能力比率

变现能力比率又称偿债能力比率，是衡量企业产生现金能力大小的比率，它取决于可以在近期转变为现金的流动资产的多少。反映变现能力的财务比率主要有流动比率和速动比率。

（1）流动比率。流动比率是企业流动资产与流动负债之比，其计算公式如下：

流动比率=流动资产/流动负债

流动资产一般包括库存现金、有价证券、应收账款及库存商品。流动负债一般包括应付账款、应付票据、一年内到期的债务、应付未付的各项税费及其他应付未付的开支。

流动比率是衡量企业短期偿债能力的一个重要财务指标。这个比率越高，说明企业偿还流动负债的能力越强，流动负债得到偿还的保障越大。如果流动负债上升的速度过快，会使流动比率下降，从而引起财务方面的麻烦。一般情况下，营业周期、流动资产中的应收账款和存货的周转速度是影响流动比率的主要因素。因此，在分析流动比率时，还要结合流动资产的周转速度和构成情况来进行。

（2）速动比率。速动比率也称酸性测试比率，是流动资产扣除变现能力较差且不稳定的存货、预付账款等资产后形成的速动资产与流动负债之比。其计算公式如下：

速动比率=速动资产/流动负债

速动资产=货币资金+交易性金融资产+应收账款+应收票据

=流动资产−存货−预付账款−1 年内到期的非流动资产−其他流动资产

影响速动比率的重要因素是应收账款的变现能力。

除了以上财务比率外，还应结合影响变现能力的其他因素来分析企业的短期偿债能力。增强变现能力的因素主要有可动用的银行贷款指标、准备很快变现的长期资产及企业偿债能力的声誉等；减弱变现能力的因素主要有未做记录的或有负债、担保责任引起的负债等。

2. 资产管理比率

资产管理比率，又称运营效率比率，是用来衡量企业在资产管理方面效率高低的财务比率。资产管理比率包括存货周转率、应收账款周转率、流动资产周转率、固定资产周转率和总资产周转率等。通过对这些指标的高低及其成因的考察，利益关系人能够对资产负债表的资产是否在有效运转、资产结构是否合理、所有的资产是否能有效利用以及资产总量是否合理等问题，作出较为客观的认识。

（1）存货周转率。在流动资产中，存货所占的比重较大。存货的变现能力将直接影响企业资产的利用效率，因此，必须特别重视对存货的分析。存货周转率是衡量和评价企业购入存货、投入生产、销售收回等各环节管理状况的综合性指标。它是营业成本与平均存货余额的比值，也称为存货的周转次数。用时间表示的存货周转率就是存货周转天数。其计算公式如下：

存货周转率=营业成本/平均存货余额

存货周转天数=360/存货周转率

其中，平均存货余额=（期初存货余额+期末存货余额）/2

（2）应收账款周转率。应收账款周转率是反映年度内应收账款转换为现金的平均次数的指标，用时间表示的应收账款周转速度是应收账款周转天数，也称为平均应收款回收期，它表示企业从取得应收账款的权利到收回款项所需要的时间。其计算公式如下：

应收账款周转率=营业收入/平均应收账款余额

应收账款周转天数=360/应收账款周转率

其中，平均应收账款余额=（期初应收账款余额+期末应收账款余额）/2

（3）营业周期。营业周期是指从取得存货开始到销售存货并收回现金为止的这段时间。营业周期的长短取决于存货周转天数和应收账款周转天数，其计算公式如下：

营业周期=存货周转天数+应收账款周转天数

存货周转率和应收账款周转率以及两者相结合的营业周期是反映企业资产运营效率的最主要的指标。

（4）流动资产周转率。流动资产周转率是营业收入与平均流动资产总额之比，它反映的是全部流动资产的利用效率。其计算公式如下：

流动资产周转率=营业收入/平均流动资产总额

其中，平均流动资产总额=（期初流动资产总额+期末流动资产总额）

（5）固定资产周转率。固定资产周转率指的是企业营业收入与平均固定资产净值之比。该比率越高，说明固定资产的利用率越高，管理水平越好。其计算公式如下：

固定资产周转率=营业收入/平均固定资产净值

其中，平均固定资产净值=（期初固定资产净值+期末固定资产净值）/2

（6）总资产周转率。总资产周转率指的是企业营业收入与平均资产总额之比，可以用来分析企业全部资产的使用效率。如果该比率较低，企业应采取措施提高营业收入或处置资产，以提高总资产利用率。其计算公式如下：

总资产周转率=营业收入/平均资产总额

其中，平均资产总额=（期初资产总额+期末资产总额）/2

3. 长期负债比率

长期负债比率是说明债务和资产、净资产间关系的比率。它反映企业偿付到期长期债务的能力。反映长期偿债能力的负债比率主要有资产负债率、产权比率、有形资产债务率和已获利息倍数。通过对负债比率的分析，可以看出企业的资本结构是否健全合理，从而评价企业的长期偿债能力。

（1）资产负债率。资产负债率是企业负债总额与资产总额之比，又称举债经营比率，它反映企业的资产总额中有多少是通过举债而得到的。资产负债率反映企业偿还债务的综合能力，该比率越高，企业偿还债务的能力越差。反之，偿还债务的能力越强。其计算公式如下：

资产负债率=负债总额/资产总额

（2）产权比率。产权比率又称负债权益比率，是负债总额与所有者权益（或股东权益，以下同）总额之比，也是衡量企业长期偿债能力的指标之一。该比率反映了债权人所提供的资金与投资人所提供资金的对比关系，从而揭示企业的财务风险以及所有者权益对债务的保障程度。其计算公式如下：

产权比率=负债总额/所有者权益总额

（3）有形资产债务率。有形资产债务率是企业负债总额与有形净值的百分比。有形资产是由所有者权益减去无形资产净值得来的。其计算公式如下：

有形资产债务率=负债总额/（所有者权益总额−无形资产净值）

（4）已获利息倍数。已获利息倍数是税前利润加利息费用之和与利息费用的比值，反映了企业用经营所得支付债务利息的能力。其计算公式如下：

已获利息倍数=息税前利润/利息费用

息税前利润=税前利润+利息费用

=净利润+所得税费用+利息费用

如果企业有租金支出，则应予以考虑，相应的比率称为固定负担倍率。其计算公式如下：

固定负担倍率=（息税前利润+租金）/（利息费用+租金）

公式中的“息税前利润”是指利润表中未扣除利息费用和所得税之前的利润。它可以通过“利润总额+利息费用”计算得到，其中，“利息费用”是指本期发生的全部应付利息，不仅包括财务费用中的利息费用，还包括计入固定资产成本中的资本化利息。由于我国现行利润表中的“利息费用”没有单列，而是列计在“财务费用”之中，外部报表使用人员只好用“利润总额加财务费用”来估算“息税前利润”。该比率越高，说明企业用经营所得按时按量支付债务利息的能力越强，它会增强贷款人对企业支付能力的信任程度。

除了用以上相关项目之间的比率来反映长期偿债能力外，还应该注意一些影响长期偿债能力的因素，如经营租赁、担保责任、或有负债等。

4. 盈利能力比率

盈利能力比率是考察企业赚取利润能力高低的比率。不论是投资人、债权人还是企业经理人员都重视和关心企业的盈利能力。因此，可以按照会计基本要素设置营业利润率、成本费用利润率、盈余现金保障倍数、总资产报酬率、净资产收益率和资本收益率 6 项指标，借以评价企业各要素的获利能力及资本保值增值情况。此外，上市公司经常使用的获利能力指标还有每股收益、每股股利、市盈率和每股净资产等。

（1）营业利润率。营业利润率指的是企业一定时期营业利润与营业收入的比率。其计算公式如下：

营业利润率=营业利润/营业收入

在会计实务中也经常使用销售净利率、销售毛利率等指标来分析企业经营业务的获利水平。销售毛利率表示每 1 元营业收入扣除销售成本后，有多少剩余可以用于各项期间费用的补偿和形成盈利。销售净利率可以评价企业通过销售赚取利润的能力。该比率越高，说明企业通过扩大销售获取收益的能力越强。销售净利率反映每 1 元营业收入带来净利润的多少，表示通过营业收入获得利润的水平。其计算公式如下：

销售毛利率=销售毛利/营业收入净额

=（销售收入净额−销售成本）/营业收入净额

销售净利率=净利润/营业收入净额

（2）总资产报酬率。总资产报酬率也称资产利润率或总资产收益率，是企业在一定时期内所获得的报酬总额与平均资产总额之比。总资产报酬率用来衡量企业利用全部资产获取利润的能力，反映了企业总资产的利用效率。其计算公式如下：

总资产报酬率=息税前利润/平均资产总额

息税前利润=税前利润+利息费用

=净利润+所得税费用+利息费用

（3）净资产收益率。净资产收益率是在一定时期内企业的净利润与平均净资产之比。净资产收益率是评价企业获利能力的一个重要财务指标，反映了企业自有资本获取投资报酬的高低。其计算公式如下：

净资产收益率=净利润/平均净资产

其中，平均净资产=（期初所有者权益总额+期末所有者权益总额）/ 2

5. 市价比率

市价比率又称市场价值比率，实质上是反映每股市价和企业盈余、每股账面价值关系的比率，它是上述 4 个指标的综合反映。管理者可根据该比率来了解投资人对企业的评价。市价比率包括每股盈余、市盈率、每股股利、股利支付比率和每股账面价值等指标。

（1）每股盈余。每股盈余是本年盈余与流通在外股数的比值，是衡量股份制企业盈利能力的指标之一。其计算公式如下：

每股盈余=（净利润−优先股股息）/发行在外的加权平均普通股股数

每股盈余反映普通股的获利水平，指标越高，每股可获得的利润越多，股东的投资效益越好，反之则越差。由于每股盈余是一个绝对指标，因此在分析时，还应结合流通在外的普通股的变化及每股股价高低的影响。

（2）市盈率。市盈率是每股股价与每股盈余相比计算得到的比率，是衡量股份制企业盈利能力的重要指标。其计算公式如下：

市盈率=每股市价/每股盈余

公式中的市价是指每股普通股在证券市场上的买卖价格。市价与每股盈余比率是衡量股份制企业盈利能力的重要指标，市盈率反映投资者对每 1 元利润愿意支付的价格。

（3）每股股利。每股股利是股利总额与流通股数的比值，是衡量股份制企业的获利能力指标之一。其计算公式如下：

每股股利=股利总额/流通股数

（4）股利支付比率。股利支付比率是每股股利与每股盈余的比例，反映普通股东从每股全部盈余中能分到手的那部分的数量多少。股利支付率反映公司的净利润中有多少用于股利的分派。其计算公式如下：

股利支付比率=每股股利/每股盈余

（5）每股账面价值。每股账面价值是股东权益总额减去优先股权益后的余额与发行在外的普通股股数的比值，反映的是发行在外的每股普通股所代表的企业记在账面上的股东权益额。计算公式如下：

每股账面价值=（股东权益总额–优先股权益）/发行在外的普通股股数

11.2.2 利用 Excel 计算和分析财务比率

利用 Excel 进行各财务比率的计算，方法比较简单，可直接用 Excel 中的数据链接功能，在财务比率的计算公式基础上，对其进行定义。即根据已有财务报表中的原始数据（主要是资产负债表和利润表），从不同工作表的财务报表中读取数据，设计相应的公式，并在相应的单元格中输入公式。

下面以宏达公司 2011 年和 2012 年的财务报表数据（资产负债表和利润表）为例。具体操作步骤如下：

（1）首先打开 Excel，创建宏达公司的资产负债表和利润表，如图 11-1 和图 11-2 所示。

（2）按照财务分析比率分类创建一个宏达公司的财务比率分析表的框架，如图 11-3 所示。

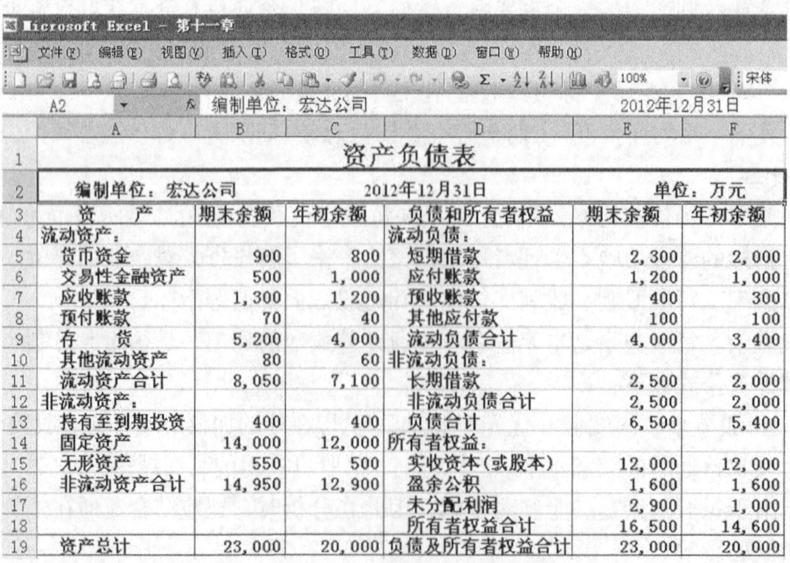

资产负债表

编制单位：宏达公司　　2012年12月31日　　单位：万元

资　　产	期末余额	年初余额	负债和所有者权益	期末余额	年初余额
流动资产：			流动负债：		
货币资金	900	800	短期借款	2,300	2,000
交易性金融资产	500	1,000	应付账款	1,200	1,000
应收账款	1,300	1,200	预收账款	400	300
预付账款	70	40	其他应付款	100	100
存　　货	5,200	4,000	流动负债合计	4,000	3,400
其他流动资产	80	60	非流动负债：		
流动资产合计	8,050	7,100	长期借款	2,500	2,000
非流动资产：			非流动负债合计	2,500	2,000
持有至到期投资	400	400	负债合计	6,500	5,400
固定资产	14,000	12,000	所有者权益：		
无形资产	550	500	实收资本(或股本)	12,000	12,000
非流动资产合计	14,950	12,900	盈余公积	1,600	1,600
			未分配利润	2,900	1,000
			所有者权益合计	16,500	14,600
资产总计	23,000	20,000	负债及所有者权益合计	23,000	20,000

图 11-1　宏达公司的资产负债表

	A	B	C
1	利润表		
2	编制单位：宏达公司	2012　年度	单位：万元
3	项　　目	本期金额	上期金额
4	一、营业收入	21,200	18,800
5	减：营业成本	12,400	10,900
6	营业税金及附加	1,200	1,080
7	销售费用	1,900	1,620
8	管理费用	1,000	800
9	财务费用	300	200
10	加：投资收益	300	300
11	二、营业利润	4,700	4,500
12	加：营业外收入	150	100
13	减：营业外支出	650	600
14	三、利润总额	4,200	4,000
15	减：所得税费用	1,050	1,000
16	四、净利润	3,150	3,000

图 11-2　宏达公司的利润表

	A	B	C	D
1		财务比率分析表	2012	2011
2	一、变现能力比率			
3	流动比率	流动资产/流动负债		
4	速动比率	（货币资金+交易性金融资产+应收账款+应收票据）/流动负债		
5				
6	二、长期负债比率			
7	资产负债率：	负债总额/资产总额		
8	产权比率：	负债总额/所有者权益总额		
9	有形资产债务率：	负债总额/（所有者权益总额-无形资产净值）		
10	已获利息倍数：	息税前利润/利息费用		
11				
12	三、资产管理比率			
13	存货周转率	营业成本/平均存货余额		
14	应收账款周转率	营业收入/平均应收账款余额		
15	流动资产周转率	营业收入/平均流动资产总额		
16	总资产周转率	营业收入/平均资产总额		
17				
18	四、盈利能力比率			
19	营业利润率	营业利润/营业收入		
20	总资产报酬率	息税前利润/平均资产总额		
21	净资产收益率	净利润/平均净资产		

图 11-3　宏达公司财务比率分析表

（3）在财务比率表中创建公式和跨表引用数据。以计算 2012 年流动比率为例，将光标移至 C3 单元格后单击鼠标左键，如图 11-4 所示。

	A	B	C
1		财务比率分析表	2012
2	一、变现能力比率		
3	流动比率	流动资产/流动负债	

图 11-4　选取财务比率表的单元格

（4）单击编辑栏的 = 按钮，打开下拉菜单，进行单元格函数公式的编辑，如图 11-5 所示。

（5）根据流动比率公式提示（流动比率=流动资产 / 流动负债），单击工作簿中的“资产负债表”工作表，将光标移至 B11 单元格并单击鼠标左键，然后在函数编辑栏中输入“/”。单击单元格 E9，生成流动比率计算公式，如图 11-6 所示。

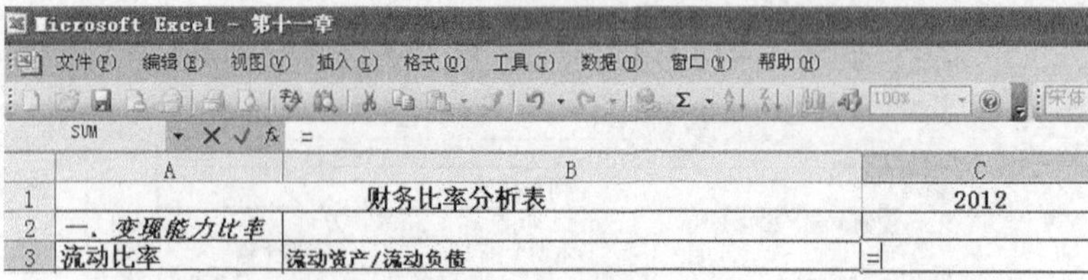

	A	B	C
1		财务比率分析表	2012
2	一、变现能力比率		
3	流动比率	流动资产/流动负债	=

图 11-5　单元格函数公式编辑

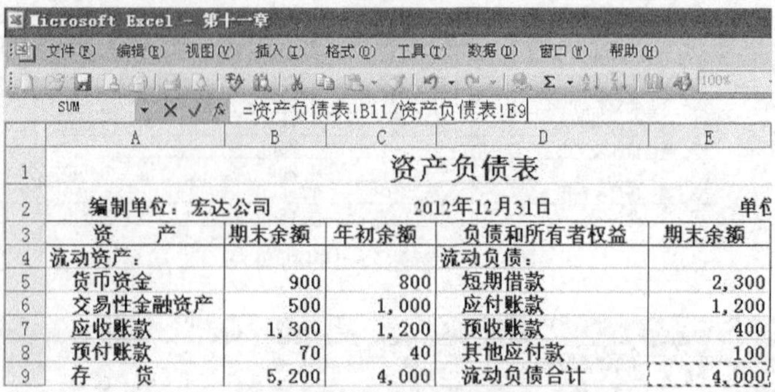

	A	B	C	D	E
1			资产负债表		
2	编制单位：宏达公司		2012年12月31日		单位
3	资　　产	期末余额	年初余额	负债和所有者权益	期末余额
4	流动资产：			流动负债：	
5	货币资金	900	800	短期借款	2,300
6	交易性金融资产	500	1,000	应付账款	1,200
7	应收账款	1,300	1,200	预收账款	400
8	预付账款	70	40	其他应付款	100
9	存　　货	5,200	4,000	流动负债合计	4,000

图 11-6　流动比率计算公式

（6）单击“确认”按钮，结束公式的输入，这时单元格中已显示计算结果，如图 11-7 所示。

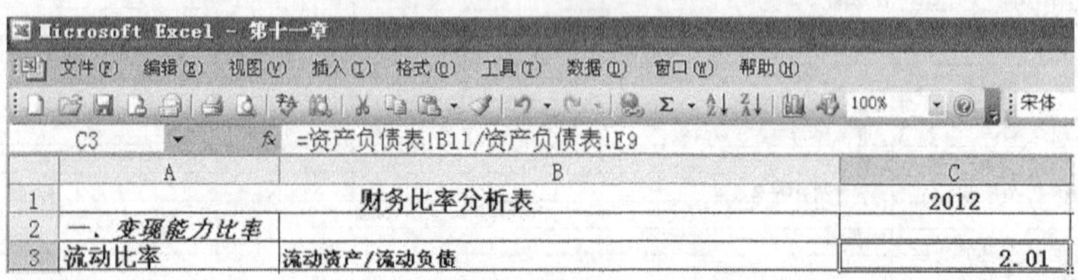

	A	B	C
1		财务比率分析表	2012
2	一、变现能力比率		
3	流动比率	流动资产/流动负债	2.01

图 11-7　流动比率公式计算结果

（7）如果需要计算 2011 年流动比率，因为计算公式一致，相对引用工作表也一致，所以，直接可以将 2012 年流动比率计算公式复制到单元格 D3，自动生成 2011 年流动比率的计算公式，从而进行两年数据的对比（为了简化计算，在输入公式时，均使用各年年末数据），如图 11-8 所示。

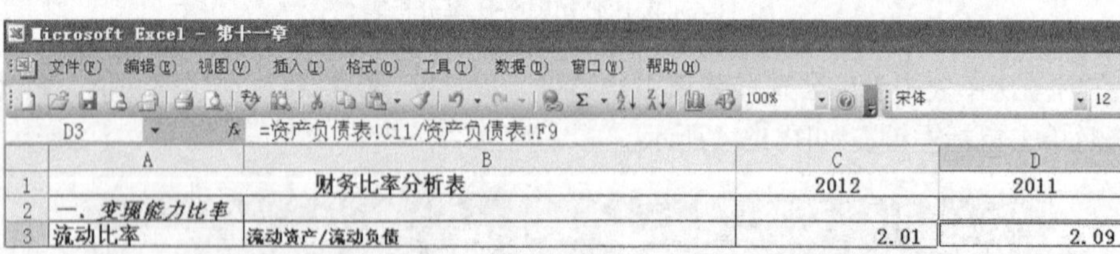

	A	B	C	D
1		财务比率分析表	2012	2011
2	一、变现能力比率			
3	流动比率	流动资产/流动负债	2.01	2.09

图 11-8　自动生成 2011 年流动比率公式的计算结果

（8）以同样的方法，按照公式提示，在相应的单元格中输入速动比率的计算公式，以便计算速动比率，如图 11-9 和图 11-10 所示。

	A	B	C
1		财务比率分析表	2012
2	一、变现能力比率		
3	流动比率	流动资产/流动负债	2.01
4	速动比率	(货币资金+交易性金融资产+应收账款+应收票据)	=(资产负债表!B5+资产负债表!B6+资产负债表!B7)/资产负债表!E9

图 11-9　速动比率计算公式

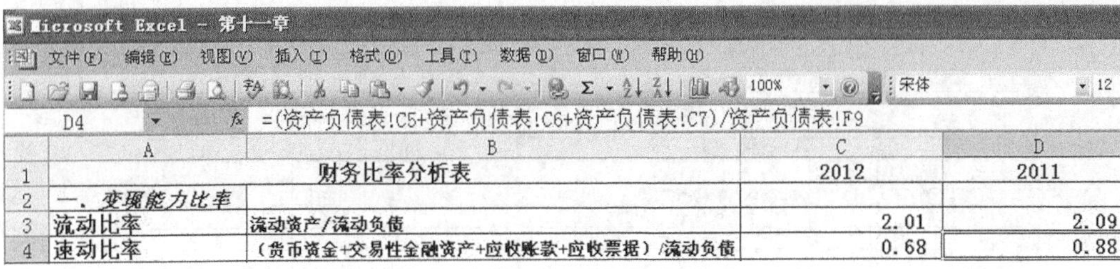

图 11-10　速动比率计算结果

（9）使用相同的方法，按照公式提示，在“财务比率分析表”相应的单元格中输入各个财务比率的计算公式，并对已经输入的公式进行复制粘贴操作，如图 11-11 所示。图 11-12 的显示模式为“公式审核”。在主菜单“工具栏”下的“公式审核”栏内单击“公式审核模式”即可。

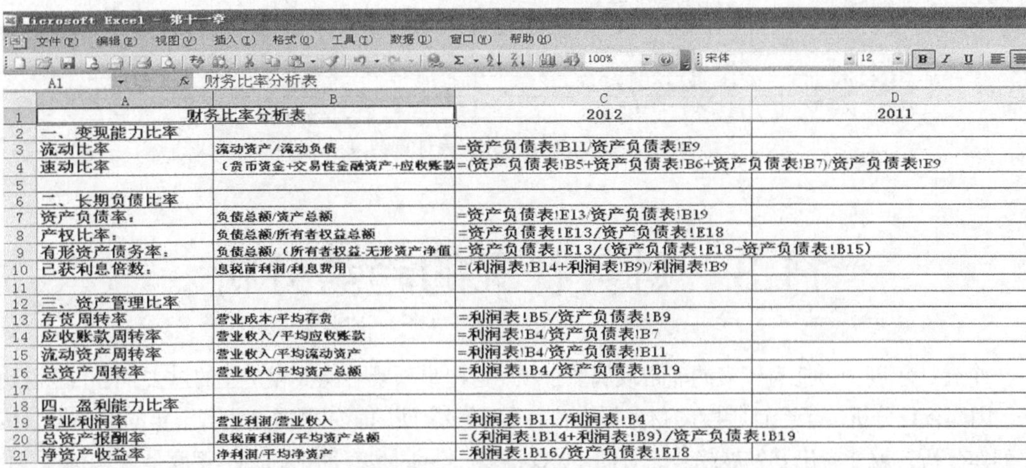

图 11-11　生成各财务比率计算公式

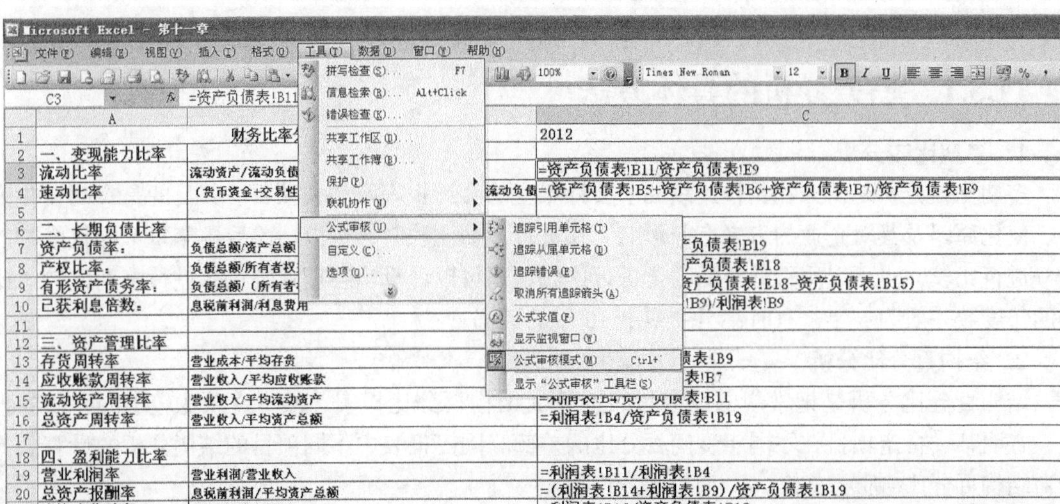

图 11-12　公式审核模式下的计算公式

公式的计算结果如图 11-13 所示。

将计算得到的数据与同行业企业的财务指标标准值进行比较，即可利用相关报表分析的方法，对企业的财务状况和经营成果进行分析、对比和评价。

	A	B	C	D
1	财务比率分析表		2012	2011
2	一、变现能力比率			
3	流动比率	流动资产/流动负债	2.01	2.09
4	速动比率	（货币资金+交易性金融资产+应收账款+应	0.68	0.88
5				
6	二、长期负债比率			
7	资产负债率：	负债总额/资产总额	28.26%	27.00%
8	产权比率：	负债总额/所有者权益总额	39.39%	36.99%
9	有形资产债务率：	负债总额/（所有者权益-无形资产净值）	40.75%	38.30%
10	已获利息倍数：	息税前利润/利息费用	15.00	21.00
11				
12	三、资产管理比率			
13	存货周转率	营业成本/平均存货	2.38	2.73
14	应收账款周转率	营业收入/平均应收账款	16.31	15.67
15	流动资产周转率	营业收入/平均流动资产	2.63	2.65
16	总资产周转率	营业收入/平均资产总额	0.92	0.94
17				
18	四、盈利能力比率			
19	营业利润率	营业利润/营业收入	22.17%	23.94%
20	总资产报酬率	息税前利润/平均资产总额	19.57%	21.00%
21	净资产收益率	净利润/平均净资产	19.09%	20.55%

图 11-13　财务比率分析表计算结果

11.3　财务状况的趋势分析

一个会计年度中可能有较多的非常或偶然事项，这些事项既不能代表企业的过去，也不能说明其未来，因此，只分析一个会计年度的财务报表往往是不够全面的。如果对企业若干年的财务报表按时间序列作分析，就能看出其发展趋势，有助于规划未来，同时也有助于判断本年度是否具有代表性。不同时期的分析有 3 种常用方法：多期比较分析、结构百分比分析和定基百分比趋势分析。不同时期的分析，主要是判断发展趋势，故亦称趋势分析；分析时主要使用百分率，故亦称百分率分析。

11.3.1　趋势分析的具体方法

1. 多期比较分析

多期比较分析是研究和比较连续几个会计年度的会计报表及相关项目。其目的是查明变化内容、变化原因及其对企业的未来有何影响。在进行多期比较时，可以用前后各年每个项目金额的差额进行比较，也可以用百分率的变化进行比较，还可以计算出各期财务比率进行多期比较。比较的年度数一般为 5 年，有时甚至要列出 10 年的数据。

2. 结构百分比分析

结构百分比分析是把常规的财务报表换算成结构百分比报表，然后逐项比较不同年份的报表，查明某一特定项目在不同年度间百分比的差额。同一报表中不同项目的结构分析的计算公式为：结构百分比=部分/总体。

通常情况下，利润表的“总体”是指“营业收入”；资产负债表的“总体”是指“总资产”。

3. 定基百分比趋势分析

定基百分比趋势分析，首先要选取一个基期，将基期报表上各项数额的指数均定为 100，其他各年度财务报表上的数字也均用指数表示，由此得出定基百分比报表。通过定基百分比可以看出各项目的发展变化趋势。不同时期的同类报表项目的定基百分比的计算公式为：考察期指数=

考察期数值/基期数值。

11.3.2 Excel 在财务状况趋势分析中的应用

沿用上一节中宏达公司的财务报表数据，可以利用 Excel 非常方便地将常规财务报表转换为结构百分比报表。具体操作步骤如下：

（1）新建“比较资产负债表”工作表，如图 11-14 所示。

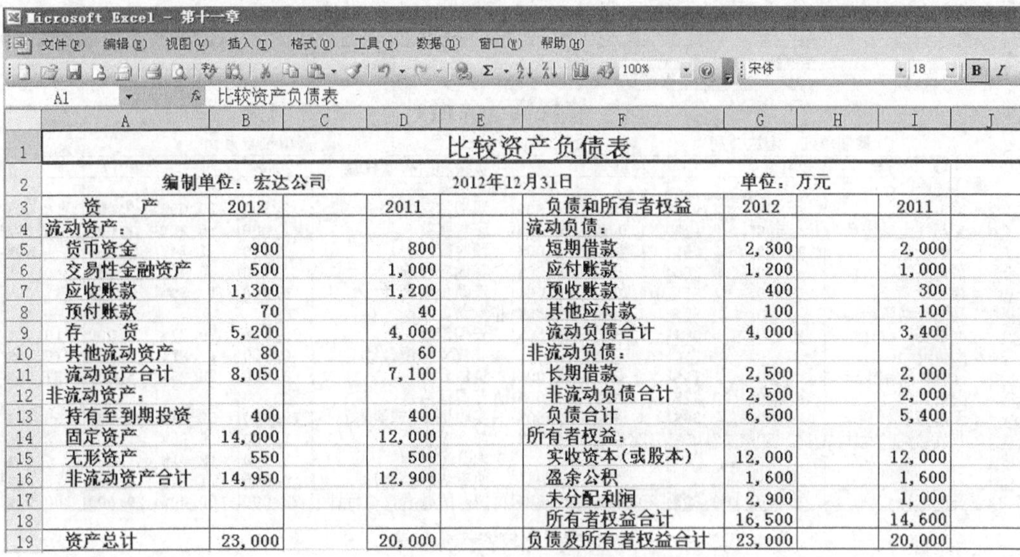

比较资产负债表

编制单位：宏达公司　2012年12月31日　单位：万元

资　产	2012	2011	负债和所有者权益	2012	2011
流动资产：			流动负债：		
货币资金	900	800	短期借款	2,300	2,000
交易性金融资产	500	1,000	应付账款	1,200	1,000
应收账款	1,300	1,200	预收账款	400	300
预付账款	70	40	其他应付款	100	100
存　货	5,200	4,000	流动负债合计	4,000	3,400
其他流动资产	80	60	非流动负债：		
流动资产合计	8,050	7,100	长期借款	2,500	2,000
非流动资产：			非流动负债合计	2,500	2,000
持有至到期投资	400	400	负债合计	6,500	5,400
固定资产	14,000	12,000	所有者权益：		
无形资产	550	500	实收资本(或股本)	12,000	12,000
非流动资产合计	14,950	12,900	盈余公积	1,600	1,600
			未分配利润	2,900	1,000
			所有者权益合计	16,500	14,600
资产总计	23,000	20,000	负债及所有者权益合计	23,000	20,000

图 11-14 新建“比较资产负债表”

（2）在该工作表中，单击单元格 C5，输入计算公式“=B5/$B$19”，并且拖动鼠标，列向复制公式到单元格 C19，即可得出各个资产项目占资产总额的计算数据，如图 11-15 所示。

（3）单击选中 C 列，准备设置单元格格式，单击 % 按钮，生成百分比数据，但此时生成的百分比数据为整数，不够精确，再单击 .00 按钮添加小数位数，保留两位小数即可，如图 11-16 所示。

C5　=B5/$B$19

编制单位：宏达公司

资　产	2012	
流动资产：		
货币资金	900	0.0391
交易性金融资产	500	0.0217
应收账款	1,300	0.0565
预付账款	70	0.0030
存　货	5,200	0.2261
其他流动资产	80	0.0035
流动资产合计	8,050	0.3500
非流动资产：		
持有至到期投资	400	0.0174
固定资产	14,000	0.6087
无形资产	550	0.0239
非流动资产合计	14,950	0.6500
资产总计	23,000	1.0000

图 11-15 复制计算公式

C5　=B5/$B$19

编制单位：宏达公司

资　产	2012	
流动资产：		
货币资金	900	3.91%
交易性金融资产	500	2.17%
应收账款	1,300	5.65%
预付账款	70	0.30%
存　货	5,200	22.61%
其他流动资产	80	0.35%
流动资产合计	8,050	35.00%
非流动资产：		
持有至到期投资	400	1.74%
固定资产	14,000	60.87%
无形资产	550	2.39%
非流动资产合计	14,950	65.00%
资产总计	23,000	100.00%

图 11-16 设置单元格格式

（4）单击单元格 E5，输入计算公式“=D5/$D$19”，并且拖动鼠标，列向复制公式到单元格 E19；单击单元格 H5，输入计算公式“=G5/$G$19”，并且拖动鼠标，列向复制公式到单元格 H19；单击单元格 J5，输入计算公式“=I5/$I$19”，并且拖动鼠标，列向复制公式到单元格 J19，可以得到各个负债和所有者权益项目占负债与所有者权益合计数（即权益总额）的比例，进而得到比较百分比资产负债表，如图 11-17 所示。

	A	B	C	D	E	F	G	H	I	J
1	比较资产负债表									
2	编制单位：宏达公司			2012年12月31日			单位：万元			
3	资　产	2012		2011		负债和所有者权益	2012		2011	
4	流动资产：					流动负债：				
5	货币资金	900	3.91%	800	4.00%	短期借款	2,300	10.00%	2,000	10.00%
6	交易性金融资产	500	2.17%	1,000	5.00%	应付账款	1,200	5.22%	1,000	5.00%
7	应收账款	1,300	5.65%	1,200	6.00%	预收账款	400	1.74%	300	1.50%
8	预付账款	70	0.30%	40	0.20%	其他应付款	100	0.43%	100	0.50%
9	存　货	5,200	22.61%	4,000	20.00%	流动负债合计	4,000	17.39%	3,400	17.00%
10	其他流动资产	80	0.35%	60	0.30%	非流动负债：				
11	流动资产合计	8,050	35.00%	7,100	35.50%	长期借款	2,500	10.87%	2,000	10.00%
12	非流动资产：					非流动负债合计	2,500	10.87%	2,000	10.00%
13	持有至到期投资	400	1.74%	400	2.00%	负债合计	6,500	28.26%	5,400	27.00%
14	固定资产	14,000	60.87%	12,000	60.00%	所有者权益：				
15	无形资产	550	2.39%	500	2.50%	实收资本(或股本)	12,000	52.17%	12,000	60.00%
16	非流动资产合计	14,950	65.00%	12,900	64.50%	盈余公积	1,600	6.96%	1,600	8.00%
17						未分配利润	2,900	12.61%	1,000	5.00%
18						所有者权益合计	16,500	71.74%	14,600	73.00%
19	资产总计	23,000	100.00%	20,000	100.00%	负债及所有者权益合计	23,000	100.00%	20,000	100.00%

图 11-17　比较资产负债表

（5）新建“比较利润表”工作表，在该工作表中，单击单元格 C4，输入计算公式“=B4/$B$4”，并且拖动鼠标，列向复制公式到单元格 C16；单击单元格 E4，输入计算公式“=D4/$D$4”，并且拖动鼠标，列向复制公式到单元格 E16，可得各个利润表项目与营业收入的比例，进而得到比较百分比利润表，如图 11-18 所示。

	A	B	C	D	E
1	比较利润表				
2	编制单位：宏达公司	2012　年度			单位：万元
3	项　　目	2012		2011	
4	一、营业收入	21,200	100.00%	18,800	100.00%
5	减：营业成本	12,400	58.49%	10,900	57.98%
6	营业税金及附加	1,200	5.66%	1,080	5.74%
7	销售费用	1,900	8.96%	1,620	8.62%
8	管理费用	1,000	4.72%	800	4.26%
9	财务费用	300	1.42%	200	1.06%
10	加：投资收益	300	1.42%	300	1.60%
11	二、营业利润	4,700	22.17%	4,500	23.94%
12	加：营业外收入	150	0.71%	100	0.53%
13	减：营业外支出	650	3.07%	600	3.19%
14	三、利润总额	4,200	[illegible]	[illegible]	21.28%
15	减：所得税费用	1,050	[illegible]	[illegible]	5.32%
16	四、净利润	3,150	[illegible]	[illegible]	15.96%
17					
18					

Lenovo User:
所得税率为25%

图 11-18　比较利润表

用比较资产负债表（如图 11-17 所示）和比较利润表（如图 11-18 所示）的计算结果，可以分析该企业的资产、负债和所有者权益的变化趋势，同时也可以用于分析应该采取何种有效措施改善财务状况。

此外，为了直观地反映出财务状况的变动趋势，还可以利用图解法进行财务状况趋势分析。所谓图解法，是将企业连续几个会计期间的财务数据或财务指标绘制成图，并根据图形走势来判断企业财务状况及其变化趋势。

这种方法能比较简单地反映企业财务状况的发展趋势，使分析者能够发现一些通过比较法所不易发现的问题。

例如：某企业 2007～2012 年的主营业务利润的数据如图 11-19 所示。

	A	B	C	D	E	F	G
1	某公司2007年至2012年主营业务利润					单位：万元	
2	年度	2007年	2008年	2009年	2010年	2011年	2012年
3	主营业务利润	3,310	3,542	3,588	3,681	3,410	3,350

图 11-19　主营业务利润表

（1）单击工具栏中的“插入”按钮“图表”，打开“图标向导-4 步骤之 1-图表类型”对话框，如图 11-20 所示，使用图标向导来逐步创建图表。

（2）将对话框切换到“标准类型”选项卡，在“图表类型”列表框中选择“折线图”选项，如图 11-21 所示。

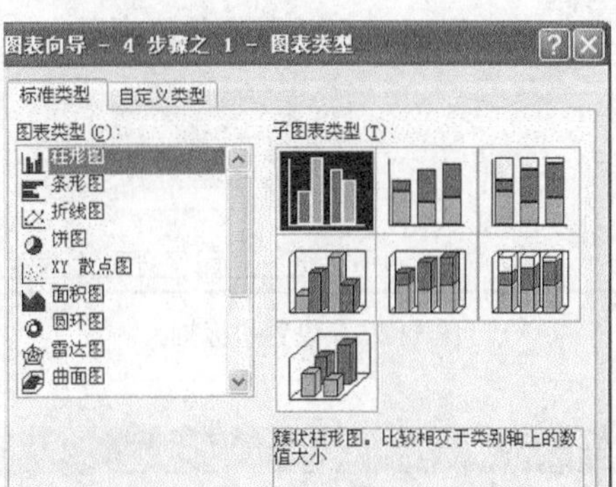

图 11-20　“图标向导-4 步骤之 1-图表类型”对话框

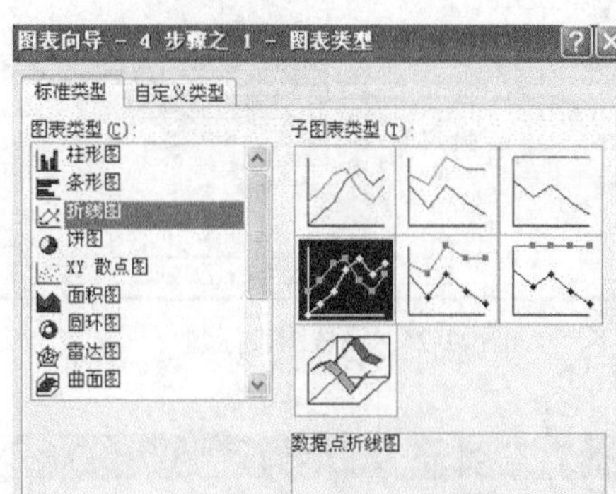

图 11-21　选择图表类型

（3）单击“下一步”按钮，打开“图标向导-4 步骤之 2-图表源数据”对话框，如图 11-22 所示。

（4）在“数据区域”文本框中输入数据所在的单元格区域，也可以单击文本框右侧的按钮在原表中选择。在“系列产生在”选项组中选中“行”单选按钮，效果如图 11-23 所示。

（5）单击“下一步”按钮，打开“图标向导-4 步骤之 3-图表选项”对话框。该对话框包含 6 个选项卡，包括标题、坐标轴、网格线、图例、数据标志和数据表等。“标题”用于设置图标的标题，本例需要输入“主营业务利润变化趋势图”，如图 11-24 所示；“坐标轴”选项卡用于设置图表的坐标轴，如图 11-25 所示；“网格线”选项卡用于增加图表的网格线，如图 11-26 所示；“图例”选项卡用于设置图例显示和位置，如图 11-27 所示；“数据标志”选项卡用于设置显示数据标志，如图 11-28 所示；“数据表”选项卡用于设置是否在工作表中显示数据表，如图 11-29 所示。

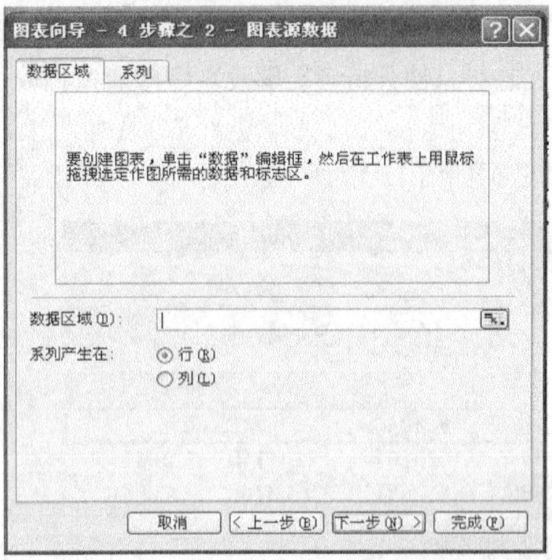

图 11-22 “图标向导-4 步骤之 2-图表数据源”对话框

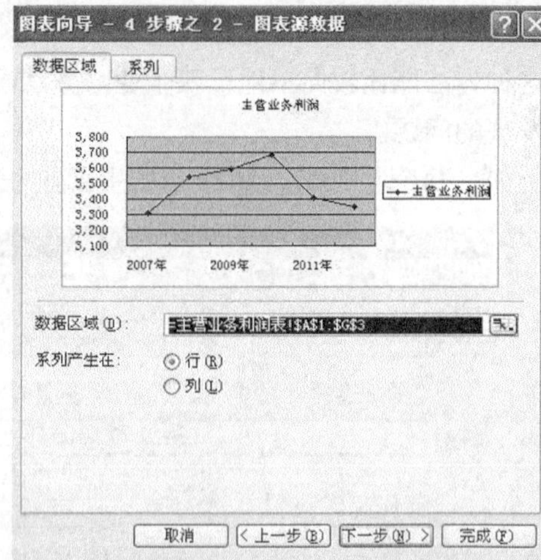

图 11-23 行系列效果图

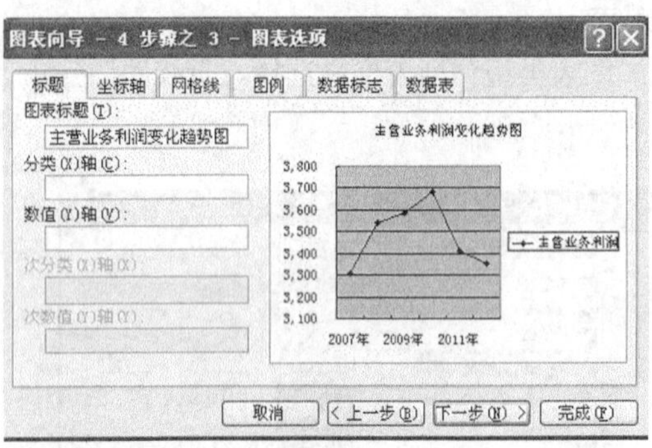

图 11-24 设置图表标题

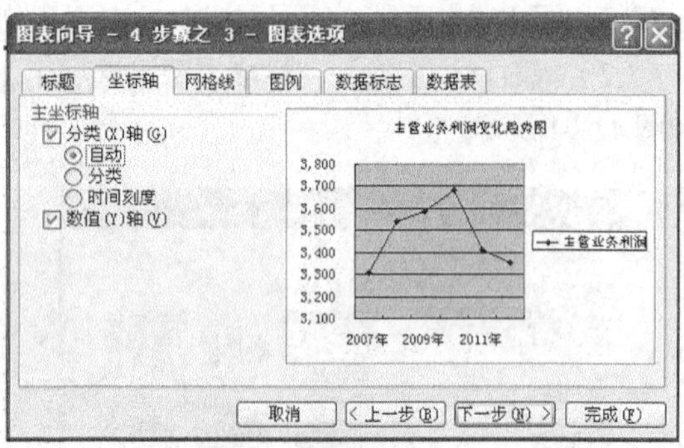

图 11-25 设置坐标轴

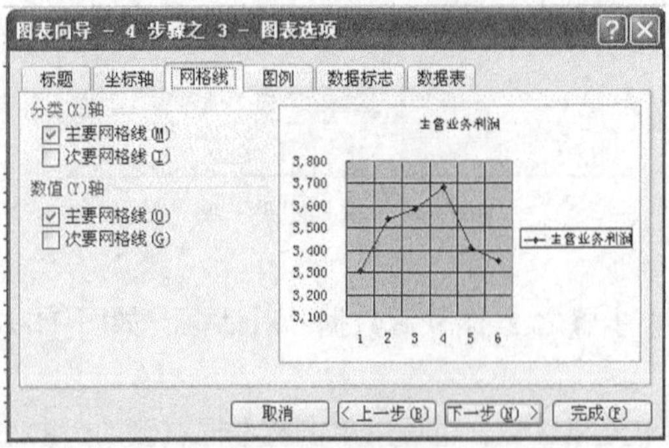

图 11-26 设置网格线

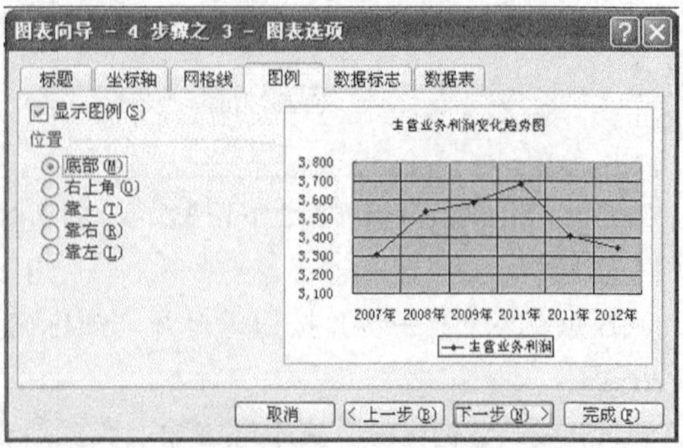

图 11-27 设置图例

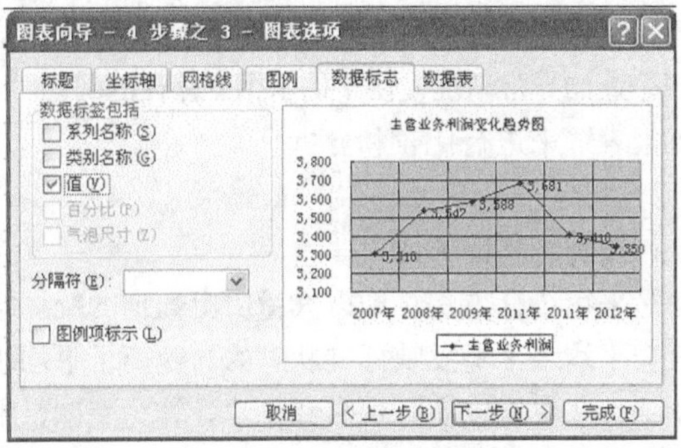

图 11-28　设置数据标志

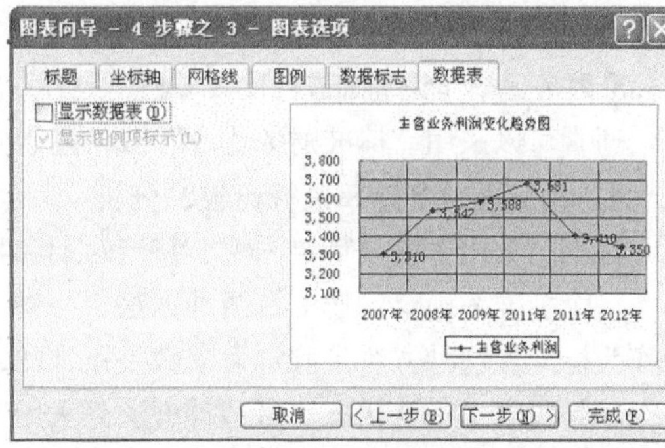

图 11-29　设置数据表

（6）单击“下一步”按钮，打开“图表向导-4 步骤之 4-位置图表”对话框，在该对话框中设置存放图表的位置，如图 11-30 所示。

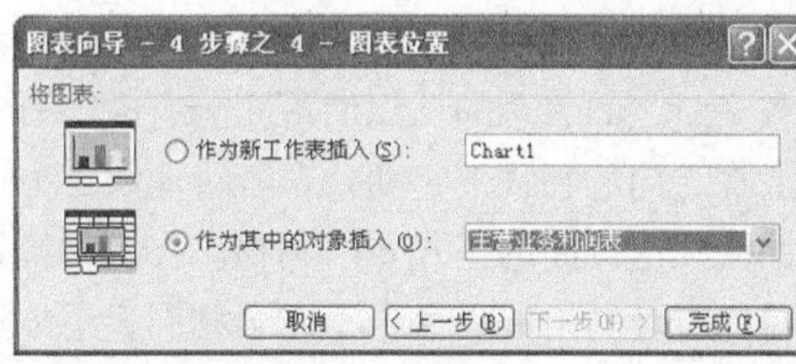

图 11-30　“图表向导-4 步骤之 4-位置图表”对话框

（7）单击“完成”按钮，创建的图表如图 11-31 所示。

从 2007～2012 年该企业主营业务利润折线图中可以看出，该企业的主营业务一直呈上升趋势，2010 年达到高峰，2011 年出现下降趋势。因此，企业应该寻找 2011～2012 年间主营业务利润发生趋势变动的原因，从而采取措施尽量提高主营业务利润率或维持主营业务利润率不再继续下跌。

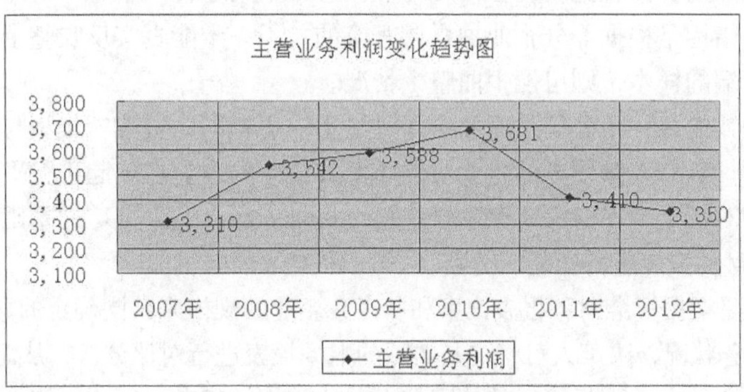

图 11-31　主营业务利润折线图

11.4　企业间财务状况的比较分析

11.4.1　财务状况比较分析的具体方法

在进行财务报表分析时，经常会碰到的一个问题是，计算出财务比率后，使用者会发现无法判断它是偏高还是偏低。如果仅仅将该数据与本企业的历史数据比较，只能看出自身的变化，无法知道在竞争中所处的地位。而如果将该数据与同行业、同规模的其他企业进行比较，则可以看出与对方的区别，为发现问题和查找差距提供线索。

行业平均水平的财务比率可以作为比较的标准，并经常被作为标准财务比率。例如，标准的流动比率、标准的资产利润率等。有了标准财务比率，就可以作为评价一个企业财务比率优劣的参照物。以标准财务比率作为基础进行比较分析，更容易发现企业的异常情况，便于揭示企业存在的问题。

通常可以采用“标准财务比率”或“理想财务报表”来进行比较和分析。

1. 用标准财务比率进行比较、分析

标准财务比率就是特定国家、特定时期和特定行业的平均财务比率。

一个标准的确定，通常有两种方法。一种方法是采用统计方法，即以大量历史数据的统计结果作为标准。这种方法是假定大多数是正常的，社会平均水平是反映标准状态的。脱离了平均水平，就是脱离了正常状态。另一种方法是采用工业工程法，即以实际观察和科学计算为基础，推算出一个理想状态作为评价标准。这种方法假设各变量之间有其内在的比例关系，并且这种关系是可以被认识的。实际上人们经常将以上两种方法结合起来使用，它们互相补充，互相印证，很少单独使用其中的一种方法来建立评价标准。

目前，标准财务比率的建立主要采用统计方法，工业工程法处于次要地位，这可能与人们对财务变量之间关系的认识尚不充分有关。有资料表明，美、日等工业发达国家的某些机构和金融企业在专门的刊物上定期公布各行业财务方面的统计指标，为报表使用人进行分析提供大量资料。我国尚无这方面的正式专门刊物。在各种统计年鉴上可以找到一些财务指标，但行业划分较粗，而且与会计的指标口径也不完全相同，不太适合直接用于当前的报表分析，在使用时要注意指标口径的调整。《中国证券报》提供了上市公司的一些财务比率，包括一些分行业的平均数据，在进行财务分析时可以参考。

对于行业的平均财务报表比率，在使用时应注意以下问题：

（1）行业平均指标是根据部分企业抽样调查来的，不一定能真实反映整个行业的实际情况。如果其中有一个极端的样本，则可能歪曲整个情况。

（2）计算平均数的每一个公司采用的会计方法不一定相同，资本密集型与劳动密集型企业可能在一起进行平均。负有大量债务的企业可能与没有债务的企业在一起进行平均。因此，在进行报表分析时往往要对行业平均财务比率进行修正，尽可能建立一个可比的基础。

2. 采用理想财务报表进行比较、分析

理想财务报表是根据标准财务报表比率和所考察企业的规模来共同确定的财务报表。该报表反映了企业的理想财务状况，决策人可将之与实际的财务报表进行对比分析，从而找出差距和原因。

（1）理想资产负债表。理想资产负债表的百分比结构，来自于行业平均水平，同时进行必要的推理分析和调整。以百分比来表示的理想资产负债表，如表 11-1 所示。

表 11-1　理想资产负债表

项　目	理想比率（%）	项　目	理想比率（%）
流动资产：	60	负债：	40
速动资产	30	流动负债	30
盘存资产	30	长期负债	10
固定资产：	40	所有者权益：	60
		实收资本	20
		公积金	30
		未分配利润	10
总计	100	总计	100

表 11-1 中的比例数据按如下过程来确定：

① 以资产总计为 100%，根据资产负债率确定负债百分比和所有者权益百分比。通常认为，负债应小于自有资本，这样的企业在经济环境恶化时能保持稳定。但是，过小的资产负债率，也会使企业失去在经济繁荣时期，获取额外利润的机会。一般认为自有资本占 60%，负债占 40%是比较理想的。当然，这个比率会因国家、历史时期和行业的不同而不同。

② 确定固定资产占总资产的百分率。通常，固定资产的数额应小于自有资本，占到自有资本的 2/3 为好。

③ 确定流动负债的百分比。一般认为流动比率以 2 为宜，那么在流动资产占 60%的情况下，流动负债是其一半占 30%，因此，在总负债占 40%，流动负债占 30%时，长期负债占 10%。

④ 确定所有者权益的内部百分比结构，其基本要求是，实收资本应小于各项积累，以积累为投入资本的两倍为宜。这种比例可以减少分红的压力，使企业有可能重视长远的发展。因此，实收资本为所有者权益（60%）的 1/3 即 20%，公积金和未分配利润是所有者权益（60%）的 2/3 即 40%。至于公积金和未分配利润之间的比例，并非十分重要，因为未分配利润的数字经常变化。

⑤ 确定流动负债的内部结构。一般认为速动比率以 1 为宜。因此，速动资产占总资产的比率与流动负债相同，也应该为 30%，存货因为占流动的资产一半左右，则盘存资产（主要是存货）亦占总资产的 30%。

在确定了以百分率表示的理想资产负债后，可以根据具体企业的资产总额建立绝对数的理想资产负债表，然后再将企业报告期的实际资料与之进行比较分析，以判断企业财务状况的优劣。

（2）理想利润表。理想利润表的百分率是以营业收入为基础的。一般来说，毛利率因行业而异。周转快的企业奉行薄利多销的销售原则，毛利率一般偏低；反之，周转慢的企业毛利率一般定得比较高。实际上，每个行业都有一个自然形成的毛利率水平。以百分比表示的理想利润表，如表 11-2 所示。

表 11-2 理想利润表

项　目	理想比率（%）
营业收入	100
销售成本（包括销售税金）	75
毛利	25
期间费用	13
营业利润	12
营业外收支净额	1
税前利润	11
所得税费用	6
税后利润	5

假设某公司所在行业的毛利率为 25%，则销售成本率为 75%。在毛利当中，可用于期间费用的约占一半，在本例中按 13%处理，余下的 12%是营业利润。营业外收支净额的数量不大，本例按 1%处理。虽然所得税税率为 33%，但是由于有纳税调整等原因，实际负担在一半左右，多数还可能超过一半，故本例按税前利润（11%）的一半多一点处理，定为 6%，这样，余下的税后利

润为 5%。

在确定了以百分比表示的理想损益表之后，即可根据企业某期间的营业收入数额来设计绝对数额表示的理想损益表，然后再与企业的实际损益表进行比较，以判断其优劣。

11.4.2 Excel 在企业间财务状况比较分析中的应用

以标准财务比率分析为例进行说明。标准财务比率分析的数据来源为已有的财务报表数据，可采用数据链接的方法来调用相关的数据。本例中的数据来源为 11.2 节中的“财务比率分析表”中的 2012 年数据，如图 11-13 所示。具体操作步骤如下：

（1）打开该工作簿，插入一个新的工作表，命名为“标准财务比率分析”。

（2）在选择项目“财务比率”时，根据需要，选择并输入财务比率（图 11-32 中单元格 A2～单元格 A9 中所选用的财务比率），如图 11-32 所示。

	A	B	C	D
1	项目	标准财务比率	本企业财务比率	差异
2	流动比率	2.58		
3	速动比率	1.75		
4	资产负债率	48.00%		
5	已获利息倍数	2.46		
6	应收账款周转率	8.58		
7	总资产周转率	1.43		
8	营业利润率	25.00%		
9	净资产收益率	18.00%		

图 11-32 选取合适的财务比率

（3）在单元格区域 C2～C6 中输入计算各个财务比率的计算公式（注意这里采用的是数据链接的形式进行数据的调用），如图 11-33 所示。

	A	B	C	D
1	项目	标准财务比率	本企业财务比率	差异
2	流动比率		2.01%	
3	速动比率		0.68%	
4	资产负债率		28.26%	
5	已获利息倍数		15.00	
6	应收账款周转率		16.31%	
7	总资产周转率		0.92%	
8	营业利润率		22.17%	
9	净资产收益率		19.09%	

图 11-33 调用图 11-13 财务比率分析表的数据

（4）在单元格区域 B2～B6 中输入从有关渠道得到的标准财务比率，在单元格 D2 中输入公式“=C2−B2”，得到企业实际的流动比率与标准的流动比率之间的差异值。利用 Excel 的公式复制功能，将该单元格中的公式复制到单元格区域 D3～D6 中，如图 11-34 所示。

	A	B	C	D
1	项目	标准财务比率	本企业财务比率	差异
2	流动比率	2.58	2.01	=C2-B2
3	速动比率	1.75	0.68	=C2-B3
4	资产负债率	48.00%	28.26%	=C2-B4
5	已获利息倍数	2.46	15.00	=C2-B5
6	应收账款周转率	8.58	16.31	=C2-B6
7	总资产周转率	1.43	0.92	=C2-B7
8	营业利润率	25.00%	22.17%	=C2-B8
9	净资产收益率	18.00%	19.09%	=C2-B9

图 11-34 财务比率差异计算公式

（5）形成标准财务比率分析表，进而对本企业财务比率与标准财务比率进行比较，找出存在差异的原因，并提出改进措施，如图 11-35 所示。

	A	B	C	D
1	项目	标准财务比率	本企业财务比率	差异
2	流动比率	2.58	2.01	-0.57
3	速动比率	1.75	0.68	0.26
4	资产负债率	48.00%	28.26%	1.53
5	已获利息倍数	2.46	15.00	-0.45
6	应收账款周转率	8.58	16.31	-6.57
7	总资产周转率	1.43	0.92	0.58
8	营业利润率	25.00%	22.17%	1.76
9	净资产收益率	18.00%	19.09%	1.83

图 11-35　标准财务比率分析表

11.5　财务状况综合分析

财务状况综合分析是指对各种财务指标进行系统、综合的分析，以便对企业的财务状况作出全面合理的评价。

企业的财务状况是一个完整的系统，内部各种因素相互依存、相互作用，所以进行财务分析要了解企业财务状况内部的各项因素及其相互之间的关系，这样才能比较全面地揭示企业财务状况的全貌。

11.5.1　财务状况综合分析的具体方法

财务状况综合分析与评价的方法分为财务比率综合评分法和杜邦分析法两种。

1．财务比率综合评分法

财务状况综合评价的先驱者之一是亚历山大·沃尔。他在 20 世纪末出版的《信用晴雨表研究》和《财务报表比率分析》中提出了信用能力指数的概念，把若干个财务比率用线性关系结合起来，以此评价企业的信用水平。沃尔选择了 7 种财务比率，分别给定了在总评价中占的比重，总和为 100 分，然后确定标准比率，并与实际比率相比较，评出各项指标的得分，最后求出总评分。沃尔所选用的 7 个指标及标准比率如表 11-3 所示。

表 11-3　沃尔指标及标准比重

财务比率	比重（%）	标准比率
流动比率 X_1	25	2.00
净资产/负债 X_2	25	1.50
资产/固定资产 X_3	15	2.50
销售成本/存货 X_4	10	8.00
销售额/应收账款 X_5	10	6.00
销售额/固定资产 X_6	10	4.00
销售额/净资产 X_7	5	3.00

则综合财务指标 Y 如下：

$$Y=25\%\times X_1+25\%\times X_2+15\%\times X_3+10\%\times X_4+10\%\times X_5+10\%\times X_6+5\%\times X_7$$

进行财务状况的综合评价时，一般认为，企业财务评价的内容主要是盈利能力，其次是偿债能力，此外，还有成长能力。它们之间大致可按 5:3:2 来分配比重。盈利能力的主要指标是资产净利率、销售净利率和净资产报酬率。虽然净资产报酬率很重要，但前两个指标已经分别使用了净资产和净利，为了减少重复影响，3 个指标可按 2:2:1 安排。偿债能力有 4 个常用指标：资产负债率、流动比率、应收账款周转率和存货周转率。成长能力有 3 个常用指标：销售增长率、净利增长率和人均净利增长率。

综合评价方法的关键技术是"标准评分值"的确定和"标准比率"的建立。标准比率应以本行业平均数为基础，适当进行理论修正。

2. 杜邦分析法

杜邦分析法利用各个主要财务比率之间的内在联系，建立财务比率分析的综合模型，来综合地分析和评价企业财务状况和经营业绩的方法。利用杜邦分析图将有关分析指标按内在联系加以排列，从而直观地反映出企业的财务状况和经济成果的总体面貌。该分析法由美国杜邦公司的经理创造，因此称为杜邦系统（The Du Pont System），如图 11-36 所示。

杜邦分析体系的作用在于解释指标变动的原因和变化趋势，为决策者采取措施指明方向。从杜邦分析系统图中可以了解到下面的财务信息。

（1）股东权益报酬率是一个综合性极强、最有代表性的财务比率，它是杜邦系统的核心。企业财务管理的重要目标之一就是实现股东财富的最大化，股东权益报酬率反映了股东投入资金的获利能力，反映了企业筹资、投资和生产运营等各方面经营活动的效率。股东权益报酬率取决于企业的总资产报酬率和权益乘数。总资产报酬率主要反映企业运用资产进行生产经营活动的效率如何，而权益乘数则主要反映了企业的筹资情况，即企业资金的来源结构如何。

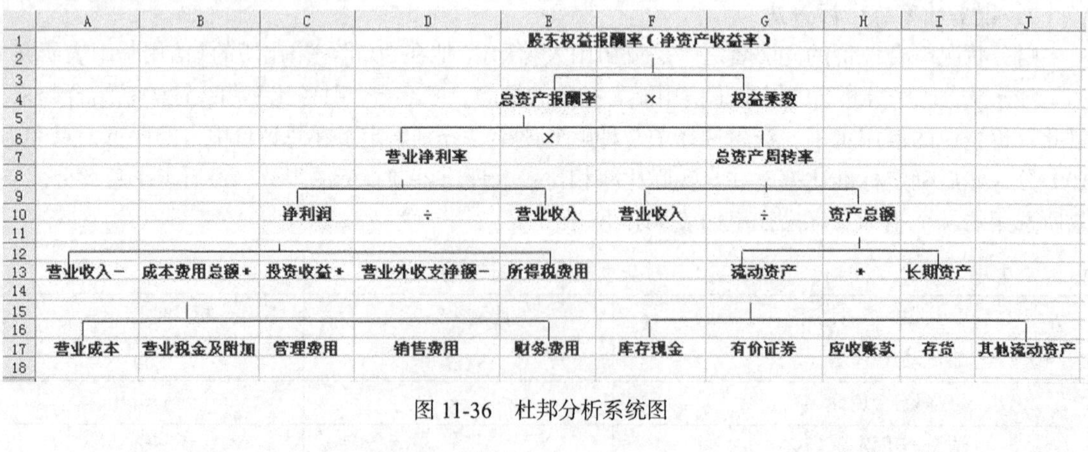

图 11-36　杜邦分析系统图

（2）总资产报酬率是反映企业获利能力的一个重要财务比率，它揭示了企业生产经营活动的效率，综合性也极强。企业的营业收入、成本费用、资产结构、资产周转速度以及资金占用量等各种因素都直接影响资产报酬率的高低。资产报酬率是销售净利率与总资产周转率的乘积。因此，可以从企业的销售活动与资产管理各方面来对其进行分析。

（3）从企业的销售方面来看，营业净利率反映了企业净利润与营业收入之间的关系。一般来说，营业收入增加，企业的净利也会随之增加。但是，要想提高营业净利率，则必须一方面提高营业收入；另一方面降低各种成本费用，这样才能使净利润的增长高于营业收入的增长，从而使营业净利率得到提高。

（4）在企业资产方面，主要应该分析以下两个方面：

① 分析企业的资产结构是否合理，即流动资产与非流动资产的比例是否合理。资产结构实际上反映了企业资产的流动性，它不仅关系到企业的偿债能力，也会影响企业的获利能力。

② 结合营业收入，分析企业的资产周转情况。资产周转速度直接影响企业的获利能力，如果企业资产周转较慢，就会占用大量资金，增加资金成本，减少企业的利润。对资产周转情况，不仅要分析企业总资产周转率，更要分析企业的存货周转率与应收账款周转率，并将其周转情况与资金占用情况结合分析。

总之，从杜邦分析系统可以看出，企业的获利能力涉及生产经营活动的方方面面。股东权益报酬率与企业的筹资结构、销售规模、成本水平、资产管理等因素密切相关，这些因素构成了一个完整的系统，而系统内部各因素之间又相互作用。只有协调好系统内部各个因素之间的关系，才能使股东权益报酬率得到提高，从而实现股东财富最大化的理财目标。

11.5.2　Excel 在企业财务状况综合分析中的应用

1. 运用 Excel 进行财务比率综合评分

以 11.2 节工作簿中“财务比率分析表”中的数据为例（参见图 11-13）。具体操作步骤如下；

（1）打开该工作簿后，插入一个新的工作表，并将其命名为“财务比率综合评分表”。

（2）选择评价企业财务状况的财务比率。在所选择的财务比率中，财务比率要具有全面性、代表性和一致性，根据企业的不同情况，选择合适的财务比率。经过综合考虑，将该企业中有代表性的财务比率分别输入 A3 单元格～A11 单元格中，如图 11-37 所示。

	A	B	C	D	E	F
1	财务比率综合评分表					
2	财务比率	评分值	标准值	实际值	关系比率	实际得分
3	流动比率					
4	速动比率					
5	资产负债率					
6	存货周转率					
7	应收账款周转率					
8	总资产周转率					
9	总资产报酬率					
10	净资产收益率					
11	营业利润率					

图 11-37　财务比率综合评分表

（3）设定评分值。根据各项财务比率的重要程度，确定其标准评分值，即重要性系数，并分别输入到对应的单元格 B3～单元格 B11 中，如图 11-38 所示。

（4）设定标准值。确定各项财务比率的标准值，即企业现实条件下比率的最优值。标准值也可以参考同行业的平均水平，并经过调整后确定。分别将标准值输入相应的单元格 C3～单元格 C11 中，如图 11-39 所示。

	A	B	C	D	E	F
1			财务比率综合评分表			
2	财务比率	评分值	标准值	实际值	关系比率	实际得分
3	流动比率	10				
4	速动比率	10				
5	资产负债率	12				
6	存货周转率	10				
7	应收账款周转率	8				
8	总资产周转率	10				
9	总资产报酬率	15				
10	净资产收益率	15				
11	营业利润率	10				

图 11-38　设定评分值

	A	B	C	D	E	F
1			财务比率综合评分表			
2	财务比率	评分值	标准值	实际值	关系比率	实际得分
3	流动比率	10	1.62			
4	速动比率	10	1.1			
5	资产负债率	12	0.43			
6	存货周转率	10	6.5			
7	应收账款周转率	8	13			
8	总资产周转率	10	2.1			
9	总资产报酬率	15	0.32			
10	净资产收益率	15	0.58			
11	营业利润率	10	0.15			

图 11-39　设定标准值

（5）计算企业在某一定时期内的各项财务比率的实际值。这里仍然采用数据链接的方式。每个财务比率计算所引用的公式及单元格位置如图 11-40 所示。

	A	B	C	D	E	F
1			财务比率综合评分表			
2	财务比率	评分值	标准值	实际值	关系比率	实际得分
3	流动比率	10	1.62	=财务比率!C3		
4	速动比率	10	1.1	=财务比率!C4		
5	资产负债率	12	0.43	=财务比率!C7		
6	存货周转率	10	6.5	=财务比率!C13		
7	应收账款周转率	8	13	=财务比率!C14		
8	总资产周转率	10	2.1	=财务比率!C16		
9	总资产报酬率	15	0.32	=财务比率!C20		
10	净资产收益率	15	0.58	=财务比率!C21		
11	营业利润率	10	0.15	=财务比率!C19		

图 11-40　实际值的引用公式

（6）计算企业在该时期内各项财务比率的实际值与标准值之比，即计算关系比率。单击单元格 E3，输入计算公式“=D3/C3”。利用 Excel 的公式复制功能，将单元格 E3 中所使用的公式复制并粘贴到单元格区域 D4～D11 中，如图 11-41 所示。

	A	B	C	D	E	F
1			财务比率综合评分表			
2	财务比率	评分值	标准值	实际值	关系比率	实际得分
3	流动比率	10	1.62	2.01	1.24	
4	速动比率	10	1.1	0.68	0.61	
5	资产负债率	12	0.43	0.28	0.66	
6	存货周转率	10	6.5	2.38	0.37	
7	应收账款周转率	8	13	16.31	1.25	
8	总资产周转率	10	2.1	0.92	0.44	
9	总资产报酬率	15	0.32	0.20	0.61	
10	净资产收益率	15	0.58	0.15	0.26	
11	营业利润率	10	0.15	0.22	1.48	

图 11-41　计算关系比率值

（7）利用关系比率计算出各项财务比率的实际得分。各项财务比率的实际得分是关系比率和标准评分值的乘积。单击单元格 F3，输入计算公式“=E3 × B3”。利用 Excel 的公式复制功能，将单元格 F3 中所使用的公式复制并粘贴到单元格区域 F4～F11 中，如图 11-42 所示。

	A	B	C	D	E	F
1	财务比率综合评分表					
2	财务比率	评分值	标准值	实际值	关系比率	实际得分
3	流动比率	10	1.62	2.01	1.24	12.42
4	速动比率	10	1.1	0.68	0.61	6.14
5	资产负债率	12	0.43	0.28	0.66	7.89
6	存货周转率	10	6.5	2.38	0.37	3.67
7	应收账款周转率	8	13	16.31	1.25	10.04
8	总资产周转率	10	2.1	0.92	0.44	4.39
9	总资产报酬率	15	0.32	0.20	0.61	9.17
10	净资产收益率	15	0.58	0.15	0.26	3.95
11	营业利润率	10	0.15	0.22	1.48	14.78

图 11-42　计算各项财务比率的实际得分

（8）计算总得分。单击单元格 F12，并单击“求和”按钮 Σ，按 Enter 键后得到合计值。或采用输入计算公式 “=SUM(F3:F11)”的方法得到合计值，如图 11-43 所示的是数据结果。

	A	B	C	D	E	F
1	财务比率综合评分表					
2	财务比率	评分值	标准值	实际值	关系比率	实际得分
3	流动比率	10	1.62	2.01	1.24	12.42
4	速动比率	10	1.1	0.68	0.61	6.14
5	资产负债率	12	0.43	0.28	0.66	7.89
6	存货周转率	10	6.5	2.38	0.37	3.67
7	应收账款周转率	8	13	16.31	1.25	10.04
8	总资产周转率	10	2.1	0.92	0.44	4.39
9	总资产报酬率	15	0.32	0.20	0.61	9.17
10	净资产收益率	15	0.58	0.15	0.26	3.95
11	营业利润率	10	0.15	0.22	1.48	14.78
12						72.44

图 11-43　财务比率综合评分表

如果综合得分等于或接近 100 分，说明其财务状况良好，达到了预先确定的标准；如果综合得分过低，说明其财务状况较差，应该采取措施加以改善；如果综合得分超过 100 分，说明财务状况很理想。

在本例中，该企业的财务比率综合评分为 72.44 分，说明该企业的财务状况不太理想，低于同行平均水平。需要决策者对此财务状况加以分析，了解造成不理想状态的成因，并加以改进。

2. 运用 Excel 进行杜邦分析

下面以某企业为例，借助杜邦分析系统，说明该方法在 Excel 中的应用。具体操作步骤如下：

（1）打开工作簿，建立新工作表，并将其命名为“杜邦分析表”，然后输入相关比率及数据，如图 11-44 所示。

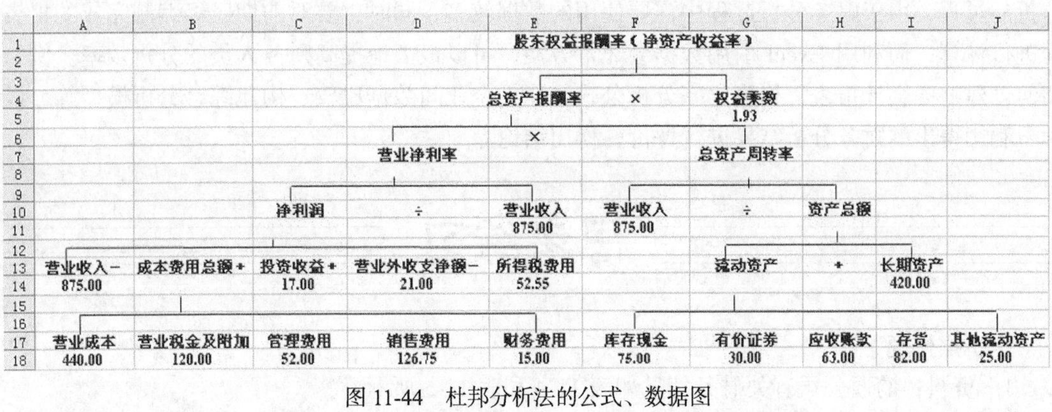

图 11-44　杜邦分析法的公式、数据图

（2）在图中需要输入公式的单元格中输入相应的公式，如图 11-45 所示。

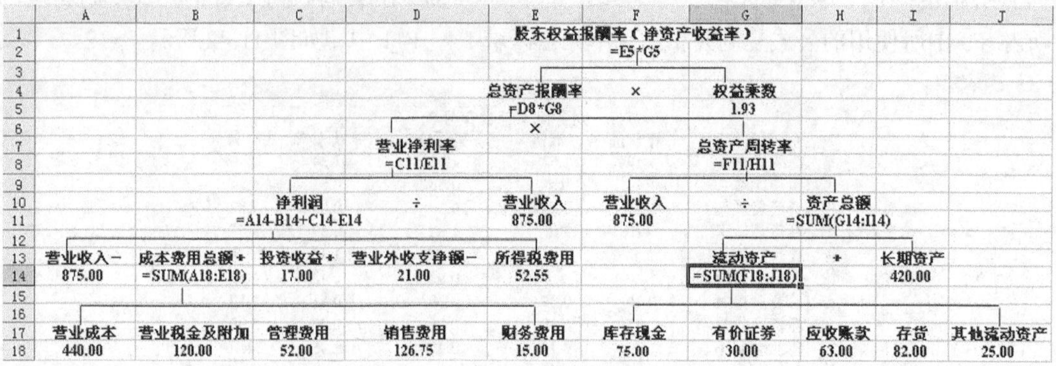

图 11-45　杜邦分析法的公式表示

（3）按 Enter 键显示计算结果，如图 11-46 所示。

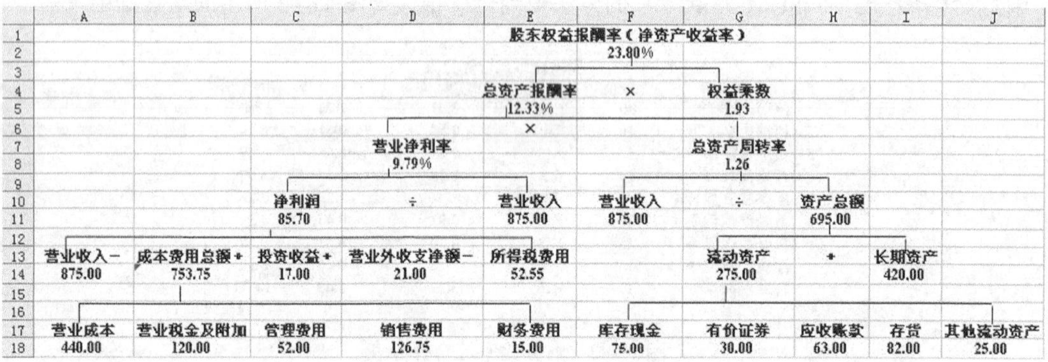

图 11-46　杜邦分析法的数值显示

本章小结

本章介绍了财务分析的各种方法：比率分析、趋势分析、比较分析、综合分析；以及如何利用 Excel 进行具体分析。首先，浏览了财务分析的基本概念和目的，使读者建立一种表的感性认识，接下来详细介绍了各种财务分析方法的内容和特点。之后，详细讨论了运用 Excel 进行财务分析的过程，由于财务分析过程中需要使用的数据较多，同时也要对前期已经编制完成的报表数据进行计算，而利用 Excel 引用数据会非常方便，可以极大地提高财务人员的分析效率。例如，如何创建财务会计报表、构建比率分析公式、建立企业间数据比较、构建综合分析模型等。最终学习利用得出的财务分析结果进行评价，得出结论。

思考练习

上机操作题

1. 资料：韵通公司有关财务信息如表 11-4 和表 11-5 所示。

表 11-4　　详细损益资料

项　　目	2011 年度	2012 年度
主营业务收入	42 768	48 253
减：主营业务成本	31 611	34 832
营业毛利	11 157	13 421
减：销售及管理费用	6 542	7 437
财务费用	960	1 086
营业利润	3 655	4 898
减：营业外支出	578	506
利润总额	3 077	4 392
减：所得税费用	936	1 182
净利润	2 141	3 210

表 11-5　　资产负债表（简表）

项　　目	2011 年 12 月 31 日	2012 年 12 月 31 日
资产总计	34 753	46 282
长期负债	10 760	18 491
所有者权益合计	12 993	16 793

（1）根据上述资料，计算以下财务比率：毛利率、成本费用利润率、营业利润率、销售净利率、总资产利润率和长期资本报酬率。

（2）对该企业的获利能力进行评价。（注：为简化起见，总资产和长期负债及所有者权益直接使用期末数。）

2. 下面是鸿运公司近 5 年的销售记录，如表 11-6 所示。

表 11-6　　销售记录

年　份	销　售　额
2008	1 890 532
2009	2 098 490
2010	2 350 308
2011	3 432 000
2012	3 850 000

请对该公司连续 5 年的销售情况作出趋势分析图。

3. 源天公司 2012 年年末资产负债表（假定全部数据均在表中），如表 11-7 所示。

表 11-7　　资产负债表

资　　产	年 初 数	年 末 数	负债及所有者权益	年 初 数	年 末 数
货币资金	1 000	960	短期借款	2 000	2 800
应收账款	?	1 920	应付账款	1 000	800
存货	?	4 400	预收账款	600	200
其他流动资产	0	64	长期借款	4 000	4 000
固定资产	5 790	6 400	所有者权益	5 680	5 944
总计	13 280	13 744	总计	13 280	13 744

补充资料：

（1）年初速动比率 0.75，年初流动比率为 2.08。

（2）该企业所在行业的平均流动比率为 2。

（3）该企业为拖拉机生产厂家，年初存货构成主要为原材料、零配件；年末存货构成主要为产成品（拖拉机）。

要求：

（1）计算该企业年初应收账款、存货项目的金额。

（2）计算该企业年末流动比率，并作出初步评价。

（3）分析该企业流动资产的质量，以及短期偿债能力。

4．资料：已知某企业 2011 年、2012 年的有关资料如表 11-8 所示。

表 11-8　　企业相关信息

单位：万元

项　目	2011 年	2012 年
营业收入	280	350
全部成本	235	288
其中：营业成本	108	120
管理费用	87	98
财务费用	29	55
销售费用	11	15
利润总额	45	62
所得税费用	15	21
税后净利	30	41
资产总额	128	198
其中：固定资产	59	78
库存现金	21	39
应收账款（平均）	8	14
存货	40	67
负债总额	55	88

要求：运用杜邦分析法对该企业的股东权益报酬率及其增减变动原因进行分析。

5．资料：假设大同公司所处行业各指标的重要性系数及其标准值和企业的实际值如表 11-9 所示。

表 11-9　　重要性系数、实际值和标准值对照

指　标	重要性系数	实 际 值	标 准 值
营业利润率	0.15	14%	15%
总资产报酬率	0.15	10%	9%
净资产收益率	0.15	13%	12%

（续）

指　标	重要性系数	实 际 值	标 准 值
资产保值增值率	0.10	9%	8%
资产负债率	0.05	45%	50%
流动比率	0.05	1.7	2
应收账款周转率	0.05	3 次	4.5 次
存货周转率	0.05	2.5 次	3 次
社会贡献率	0.1	18%	20%
社会积累率	0.15	25%	28%
合计	1.0	—	—

要求：运用综合系数分析法对该企业的实际状况进行评价。

参考文献

1. Excel 2003/2002/2000 函数大全（日）羽山博[等]著；甘能清，殷晓贤译. 人民邮电出版社，2007.

2. Excel 2003 公式·函数与图表应用大全. 神龙工作室编著. 人民邮电出版社，2007.

3. Excel 2003 公式与函数应用宝典.（美）John Walkenbach 著；邱燕明，赵迎等译. 电子工业出版社，2004.

4. Excel 2003 基础与提高. Excel 2003 基础与提高编委会编著. 电子工业出版社，2007.

5. Excel 2003 在财会中的应用实务. 荣钦科技著；杨志波改编. 电子工业出版社，2006.

6. Excel 2007 财务管理与分析典型实例. 秦晓宏，章小盛，张强编著. 电子工业出版社，2009.

7. Excel 2007 财务应用融会贯通. 卓越科技编著. 电子工业出版社，2009.

8. Excel 2007 财务应用范例精选. 鲍睿编著. 中国铁道出版社，2009.

9. Excel 2007 会计与财务管理职场应用实例. 周贺来，张建等编著. 机械工业出版社，2009.

10. Excel 5.0 数据处理与分析. 张宏等编著. 电子工业出版社，2005.

11. Excel 在财务会计中的应用. 孙惠民编著. 清华大学出版社，2006.

12. Excel 在财务会计与管理会计中的应用. 吴辉，任晨煜编著. 清华大学出版社，2006.

13. 财政部注册会计师考试委员会办公室. 财务成本管理. 北京：经济科学出版社，2011.

14. 财政部注册会计师考试委员会办公室. 会计. 中国财政经济出版社，2011.

15. 财政部企业会计准则—应用指南. 中国财政经济出版社，2006.

16. 财政部企业会计准则 2006. 经济科学出版社，2006.

17. 会计核算技能. 金婉珍，靳瑞主编. 经济科学出版社，2011.

18. 会计核算禁忌 100 例. 柳瑶琴著. 经济科学出版社，2010.

19. 财务报告与报表分析.（美）克莱德·P. 斯蒂克尼（Clyde P. Stickney）. 中信出版社，2004.